经营学入门

(第3版)

[日]伊丹敬之 [日]加护野忠男/著
黄赛芳 张叶秋晓 黄雪琴/译

图书在版编目（CIP）数据

经营学入门：第3版/（日）伊丹敬之，（日）加护野忠男著；黄赛芳，张叶秋晓，黄雪琴译. —— 北京：华夏出版社，2019.8
ISBN 978-7-5080-9483-0

Ⅰ.①经⋯ Ⅱ.①伊⋯ ②加⋯ ③黄⋯ ④张⋯ ⑤黄⋯ Ⅲ.①商业经营 Ⅳ.① F715

中国版本图书馆CIP数据核字（2018）第087248号

Original Japanese title: SEMINAR KEIEIGAKU NYUMON 3rd Edition
Copyright © 2003 Hiroyuki Itami, Tadao Kagono
Original Japanese edition published by Nikkei Publishing Inc.
Simplified Chinese translation rights arranged with Nikkei Publishing Inc.
through The English Agency (Japan) Ltd. and Eric Yang Agency, Beijing Office

北京市版权局著作权合同登记号：图字 01-2019-1422 号

经营学入门（第3版）

著　者	[日]伊丹敬之　[日]加护野忠男
译　者	黄赛芳　张叶秋晓　黄雪琴
责任编辑	裘挹红　卫清静
出版发行	华夏出版社
经　销	新华书店
印　刷	三河市少明印务有限公司
装　订	三河市少明印务有限公司
版　次	2019年8月北京第1版 2019年8月北京第1次印刷
开　本	720×1000　1/16开
印　张	34
字　数	530千字
定　价	88.00元

华夏出版社　地址：北京市东直门外香河园北里4号　邮编：100028
　　　　　　网址：www.hxph.com.cn　电话：（010）64618981
若发现本版图书有印装质量问题，请与我社联系调换。

推荐序一

《经营学入门》初版于 1989 年,后虽经两次修订,但贯穿始终的基本逻辑没有变,即:企业的最基本构成是什么?企业运营的本质是什么?

企业是一个系统,这个系统以企业战略应对外部环境,以经营系统构建了企业组织,以企业理念和组织中的人充实内部环境,即剖析了企业系统所蕴含的"战略——经营系统——理念和人"的内在关系轴;而企业的发展是动态的,其发展的动力源是三个矛盾,即企业组织与外部环境的矛盾、企业组织自身内部的矛盾、企业组织与组织中人的矛盾。

企业经营既要管理企业系统,又要管控企业矛盾,以矛盾激活组织,推进企业发展。

1.战略

任何企业在应对外部环境中,都要有战略思维,明确企业要达成的态势,并落实达成这个态势所需要的路径、脚本。

企业的战略受企业的能力和资源的约束,虽然有些资源可以通过另一种资源,如资金,通过交易获得,但是真正稳定的资源,如客户的信赖、品牌知名度、技术能力、生产经验、组织文化、从业人员积极性等,是不可能轻易具备的。就像货车谁都可以买到，但物流体系并非一蹴而就，况且配送员的培训也需要时间。

企业竞争战略有两个方面的思考，首先是企业本身商务系统（其他学者称为"企业内部价值创造流程"）所具有的系统能力，其次才是与竞争对手在客户接触层面所形成的差异化。这个差异不是企业自身认定的，而是客户认定的。由此，才能考虑是商品差异化、价格差异化、服务差异化，还是品牌差异化。

要进行差异化竞争，必须认清谁是客户，谁是竞争对手，以及企业本身商务系统的竞争优势在哪里，这样才能构建基本的竞争蓝图。必须明确选择什么样的商品、什么样的细分市场，对生物系统进行什么样的优化，以便实现差异化。

各个企业需要注意的是，IT革命及高速物流已经促使商务系统发生了根本变化，企业或许需要基于互联网重构商业系统，此间所要遵守的基本准则是，以速度经济代替规模经济。

当一个企业有了发展时，就不再是单一业务的经营，它进入了同时经营多项业务的时期。这就需要考量经营结构战略，深入思考企业所涉足的多项业务，考虑如何进行业务组合，如何进行业务取舍，如何进行资源的集中和分配。

当然，企业的发展会使业务持续扩大，企业就面临很多选择。如开拓一项新业务，那么，这项新业务与原有业务的关联性是什么？对企业原有目标是否有冲击？是否影响资源分配的优先顺序？是否需要从某些业务撤离？

但无论如何，企业在选择单项业务的时候，需要坚守三项基本的判断标准：该领域的发展性、该领域的企业竞争力、从该领域扩展到其他领域的辐射效果。这样做所要保证的是企业所在的经营领域具有未来意义。

企业也会采用购并的方式进行结构重组，扩大规模。企业收购和企业合并是两回事，具有本质的不同。企业收购就像一个国家吞并另一个国家，而企业合并是两个国家合并成一个新的国家。企业购并的两条原则：其一是达到规模经济的效果，其二能减少重复投资。还有一种方式是战略合作，其目标在于弥补经营资源的不足。

如果企业的发展必须走出国门，就要采用国际化战略。跨越国界，尤其是生产据点转移海外，就会遇到不同的经营环境、不同的社会风俗、不同的民族文化、不同的政府管理制度。企业国际化战略要考虑：(1)如何实现资源的跨国移动和全球化优化配置；(2)国际化的组织管理问题，即如何创建和运行适合企业国际化发展的组织结构。

一般情况下，企业国际化发展的顺序是：第一，做进出口贸易；第二，为了回避贸易摩擦而进行海外投资；第三，为了降低生产成本而进行投资；第四，为了更好地占有海外市场，对目标国家进行生产基地的投资；第五，全球化型投资，这才是真正的跨国企业。

2. 经营系统

企业组织是一个经营系统，作者从组织结构、激励系统、计划和控制系统三个要件分析其构成。所谓战略决定组织。在企业战略确定以后，需进行组织结构设计，其涉及五个基本变量：工作分工、权限分配、职能部门设置、传达和协商关系、规范化。规范化，就是各个员工的工作方式的规定要具体到什么程度。

在组织结构设计中要面对的主要问题是：(1)组织中的信息流动问题；(2)组织内人际冲突结构问题；(3)人员资质和能力问题；(4)不同组织不同的人际关系效应。

组织结构只是一个协同框架，要实现组织协同，必须调动人们的协同意愿，由此，需要给组织结构设计激励机制。这就如同给电车铺好路了，还要给电车通电。

这就要考虑人们一般有什么需求，人们希望从企业组织中获得什么，企业能给予个人哪些激励。

对应于马斯洛的需求五层次，人们常常想到的激励方式有如下五种：物质激励、评价激励、人为激励、理念激励、自我实现激励。

企业需要注意的是，激励机制之于员工不是一种交易关系。这是因为，企业首先是一个经济活动场所，同时是一个社会活动场所。如果企业和员工做一买一卖的交易，只能让员工感觉到这是一个经济活动场所，能获得金钱上的报酬，不可能在内心获得工作的自由度和权限、工作的趣味性和社会认可度。

有了组织结构、激励机制，还需要有一套计划和控制系统。在组织顺利推进协同作业的过程中，必然需要组织中各个部门的人来计划、执行和控制这一过程，所采用的工具就是PDSC绩效循环。

从个人层面上讲，计划是为了促进人们思考，提升员工和管理者的素养；从组织层面上来讲，制定计划的过程也是组织内进行交流的过程，是下属向上级做出承诺的过程，也是达成共识的过程。

而控制体系则采取某些管理行为、测量和检查这个行动的结果、将观察到的成果同标准进行比对并做出评价，它是绩效循环不可或缺的一部分。

3. 理念和人

组织结构、激励系统、计划和控制系统，这只是企业组织框架，要往里填充所必要的要素。就像房间里面布置家居一样，没有家具，房子只是一个空架子，不能住人。而往经营系统里面填充的是理念和人，即组织文化和理念、领导力、人才配置和培养。

经营理念和组织文化是企业的灵魂，没有经营理念和组织文化或者只是将其当作标语贴到墙上的公司，都是灵魂出窍的公司。

企业理念所要表达的是企业为何存在，是关于经营的方式和人们行为的基本思维模式。而组织领导者的职能就是为组织注入理念，由此，企业才能从人的集合体、功能的集合体，达到"有生命的社会有机体"。

企业文化则是指所有成员共同拥有的思维模式、认知方式、感知方式，这是企业文化的抽象层面，可以从两个层面来看：其一，企业的价值观，即人们看重什么；其二，企业成员的范式、认知环境的世界观和认知思考的规则。而企业文化的具象层面，是企业上上下下的行为规范。

促进企业拥有共同的组织文化，有几种方式：(1)要将企业文化用平实有力的措辞表达出来，让全体员工都喜闻乐见；(2)尽可能一起做事情，以便拥有同样的经历；(3)共同拥有某种事物，或共同认可某种事情；(4)加强企业内部的教育，以便大家拥有共同的管理语言；(5)聘用共同认可的人。

企业的经营理念和企业文化首先是由领导者承载的，领导者需要具有领导力、更大的影响和支配力以及统率他人的能力。

领导者具有领导力，表现为：（1）能让他人愿意跟随自己；（2）能将许多人团结起来。领导者的三大任务是：（1）落实工作，争取绩效最大化；（2）维系团队，带动团队人员成长；（3）带动团队进行工作变革，在原有资源条件下获取新的价值。

一般员工的配置、培养和选拔不只是由人事部门负责，还由管理者进行操作，所谓经理人管人事。对于有意愿而缺少能力的员工，要传帮带；对于有能力而缺少意愿的员工，要做好跟催工作。

人员的配置决定着人与工作的关系、人与人相互作用的地方以及人与工作环境的关系。用人的决策依据是用其所长，人尽其才。日本多数企业定期进行人员变动、人事变动的轮岗制度，是有效的，值得借鉴。

对人的培养，本质上是自学的过程。他有学习的内在动力，才有可能学进去。从组织管理的角度来说，只有选对人，才会不浪费教育资源。让那些胸怀大志、愿意进行全盘思考、具有大格局的人才，接受更多的教育，有更多机会脱颖而出。

对人员的选拔，往往具有赌博性质，这是一个零和游戏，因为一个职位只能有一个人占据，还要耗费时间成本，但这是人才选拔不得不冒的风险。为了降低这个风险，关键是两点：机会的公平、人事评价的公正。

4. 矛盾发展

以上由战略、经营系统、组织和人所构成的企业系统，其发展的动因来自哪里？是矛盾。矛盾是发展的必然条件。

矛盾是围绕着组织发生的，矛盾有以下三种：组织管理中显现的环境与个人要求的矛盾、企业自身产生的矛盾、组织的惯性与环境间的矛盾。

学习是信息与知识的获取过程，是让人们的认识发生变化的活动。组织中的人和组织都可以通过学习，在其信息储备与思维方式上发生改变。学习是调节矛盾、引导发展的主要途径之一。

组织的发展基于组织知识系统的发展，组织知识分为个人知识池、组织知识池两个层面。组织需要有意识地收集个人知识，并将组织知识以合适的方式和途径保存、传承下来。应将个人知识转化为组织知识，将个人知识融入组织决策。组织知识的管理和转化，也是调节矛盾、引导发展的主要途径之一。

组织战略的调整涉及企业内部范式的转换，需要经过四个阶段：高层对原有范式的动摇、中层取得涉及新范式的成果、引起组织内部变革的连锁反应、新范式的确立。

德鲁克曾经说过，一个企业经营模式的生命周期一般是6—8年，如果进行经营模式的调整，需要"脱成熟期"。它也有四个阶段：对成熟期的认识、战略性学习、战略重构、变化的扩大再生产。

一般情况下，往往是边缘性企业，或者是某一企业的边缘业务，更容易产生创新性的业务，向整个行业发起颠覆性的挑战。

如果从系统的观点来看企业组织，可以引入"场"的概念。人们参与其中并有意无意地互相观察、互相交流、互相理解，共同开展工作，由此构成共同体验的框架和范畴。可以说，场与矛盾是一对概念，如同一体化与分工。企业是分工一体化关系体系。分工引出了矛盾，而一体化就是场。

在一个场域下，共同理解得到增加，人们之间产生内在的共鸣。人们相互之间交互的，信息的内容、解读信息的方式、传递信息的媒体、关系需求，也构成了场的四大要素。

5. 写作风格

《经营学入门》既详尽地介绍了企业系统，也辨析了企业系统内所涉及的概念，并对这些概念做了精准的定义。如，明确了战略、组织结构、多元化经营、企业文化、领导力、范式、场、公司治理等概念的内涵，并围绕"战略——经营系统——理念和人"构建了一层一层的概念体系，如在经营系统下构建了组织结构、激励系统、计划和控制系统这一个层级的概念，而在组织结构下又构建了工作分工、权限分配、职能部门设置、传达和协商关系与规范化的要素概念，以及职能制、事业部制、分子公司制的组织分类概念。

《经营学入门》既然有了自己的概念体系，就可以将各家学者的研究成果纳入这个体系，为我所用，如纳入了波士顿经验曲线、通用电气的商业九宫格、马斯洛需求五层次、PDSC 绩效循环、有机性组织结构、事业部制（钱德勒的研究）、双因素理论、范式（托马斯·库恩的研究）、权变理论、霍桑实验、内行与外行（西蒙与蔡斯的实验）、SECI（组织知识创造理论）、盎格鲁-撒克逊模式资本主义、莱茵模式资本主义。

  在一些模型下面，作者还为读者提炼了操作方法、模型设计要素，方便读者理论联系实际，操练一把。每章的课后练习，方便大家反思所学内容，也是这章的概要。

  每一位学者都希望自己的研究成果能跨越时代，指导未来。《经营学入门》如此体大思精，各位读者一定开卷有益。是为序。

包政
2019 年 5 月 30 日

推荐序二

品味日本学者对经营管理的洞察力

能够向大家推荐当年在日本留学时给予我重要启蒙的经营学教科书，我深感荣幸。

伊丹敬之先生与加护野忠男先生可谓日本经营学界大师级学者，两人均对经营学的理论与实践具有坚实而宽广、系统而深入的理解，是将日本型经营思想、理论和方法体系化的集大成者。两位先生均是在日本开始其学术生涯，后在美国著名高校留学并任教，最终在日本一流大学传道授业解惑的"和魂洋才"型学者。两人虽以战略管理研究而驰名，但实际上几乎对经营学所有领域的认识与洞察远超常人，尤其在战略管理、公司治理、企业理论、创新管理、劳务管理和产业分析等领域，贡献了许多独到的思想和创见。

伊丹先生长期在一桥大学任教，加护野先生则一直耕耘于神户大学。一桥大学在日本的关东地区，神户大学在关西，素有"东一桥西神户"之说，它们被称为日本经营学教育与研究的双璧。两位先生意气相投，珠联璧合，互补相乘几十年，合作著书不下 20 余部，在文人相轻的学术界不失为一段佳话传奇，也是一桥与神户两所学校在经营学领域同气连枝、血脉相通的映照。我当年的博士生导师谷本宽治先生就毕业于神户大学，最终来一桥大学任教的。像他这种情况在这两所学校中有很多。

两位先生开篇就说要为读者撰写一本"生动的经营学教科书"。估计他们写这本书的初衷，源于对大部分管理类教科书的不满，它们过于注重概念定义和说教论证，或体系完整但缺乏机理阐释，或面面俱到但缺乏系统深入。基于多年来理论上的深厚积淀和对管理实践的直接感悟，他们试图从现实感受中阐释概念内涵，基于直觉构念进行演绎推理，在复杂辩证中寻求创见涌现，在抽象严谨与生动会意之间寻找平衡，将基本原理与生动现实有机结合……最终呈现给我们的这本书，就是他们多年来不懈努力的结晶。

书中处处可见两位先生对经营管理的真知灼见，试列举如下。

如"序章"中，将阐释企业的"环境管理""组织管理""矛盾与发展的管理"的"三位一体"关系作为统率全书的基本分析框架。这一安排既令人耳目一新，又体现出他们对企业经营管理的本质高屋建瓴般的洞察力。

第一篇"环境管理"部分。第 1 章"何为战略"中，对作为经营资源核心的"看不见的资产"的强调，揭示了企业间差异性的本质。第 2 章"差异化竞争"中，对"商品产异化""服务差异化""价格差异化"三者在时空结构中组合效果的分析，对现实中的企业竞争有直接指导价值。第 3 章"竞争优势与商务系统"中，对商务系统优劣的判断标准，提出了"有效性""效率性"和"模仿的困难指数"三个维度，并提出"小事即大事"的新颖观点。第 4 章"多元化经营与业务组合"中，从"互补与加乘"的角度分析多元化经营之间的关系，既新颖又深刻。第 5 章"企业结构重组"中，对企业结构重组的两难处境（即"必要性与能力不对等""业务的吸引力与竞争激烈程度的联动"和"组织惯性的拖累"）的有趣而深刻的分析，使我们理解了大部分重组并购失败的内在原因。第 6 章"国际化战略"中，对"信息类资源""产品附加值"和"文化"的移动困难及可能造成的问题的论述，使我们似乎感受到"文明的冲突"在企业国际化进程中的微观体现。第 7 章"资本结构管理"中，对"出资人构成及制衡"的论述，使我们感知到资本对于企业经营"放脚与铐手"的二重性。第 8 章"雇佣结构管理"中，关于构建企业管理与劳动力市场的结构关系时需做出的三个基本选择，即"核心员工的雇佣习惯""不同雇佣习惯的员工比例"和"劳资关系的基本方针"的判断，突破了传统劳动经济学单纯注重市场原理的局限，将雇佣关系的经济合理性与社会受容性有机结合起来，更接近了企业与劳动者关系的现实。特别是在企业经营中"人与钱分别提供不同的东西"部分的论述，阐释了人力资源独特的本质，引申出对日本特有的"企业内社会"的关注。

第二篇"组织管理"部分。第 9 章"组织与个人、经营管理的利器"中，作者指出，"人们在组织中的活动和行为主要包括工作、学习、决策和内在动力四种。这四者的总和就是人们活动的总和。企业经营管理就是为了统御这一总和"，而"目标、信息、思维模式和情绪是影响个人决策和内在动力的因素"。这就等于将认知心理学、动机心理学、社会心理学和管理心理学有机结合在一起。进而作者指出，统御组织的三种经营管理利器是"战略、经营系统、理念与人"，为组织在宏观、中观和微观三个层面影响员工行为提供了指引。第 10 章"组织结构"中，对设计组织结构时的基本考量因素——"信息整合、矛盾冲突的显现与解决、人才的匹配度和人际关系效应"的发掘，可视为对经典权变理论的重要拓展。第 11 章"激励机制"中，在"确定激励的基准：如何衡量贡献度"部分，作者指出，一般而言，企业会将个人对企业经济收益的直接贡献度——业绩作为……主要指标。但由于许多个人对组织的贡献度无法用直接业绩测量，还需关注其他两方面的内容，即第一，个人对积累组织资产存量方面的贡献，如对技术积累的贡献度，对提高企业信用、提升企业形象的贡献度等，第二，个人对营造和谐职场氛围的贡献度。这一论断解开了当前对员工绩效评价的迷惑。同时，作者指出了"有效的激励组合"具备的特征，第一"是对物质激励的依赖度不高"，第二是分散，不要集中于少数几个特定的人身上，而且要使不同类型的人获得不同形式的激励，第三是要限定团队所获激励的大小。以上观点无疑对中国企业摆脱目前的激励困境有重要启发。另外，作者指出，在设计激励系统时要考虑四组基本因素的平衡：鲜活的人与'腐烂'的人，竞争与合作，风险与努力，过去与未来。这既符合管理逻辑，又鲜活形象。第 12 章"计划和控制：过程和系统"中，作者指出，计划控制系统在制度理性基础上，还为组织成员提供了"交流的机会""相互影响的机会""横向评价的机会"。这一见解令人耳目一新。第 13 章"经营理念和组织文化"中，作者借用库恩提出的"范式"概念，认为从抽象层面看，组织文化是由组织价值观与组织范式所组成，两者互相支撑，相辅相成。这一表述体现出作者对组织文化本质的洞察力。第 14 章"领导力"中，在对关于领导风格的普遍主义论和权变主义论进行反思的基础上，提出领导哲学的必要性，即"卓越的领导者能够从对原理、哲学的执着中思考出能创造性地解决原理、原则与现实之间的矛盾的解决方式"。而且不同于一般的领导理论，他们特别提到了副手的重要作用，即从异质组合角度"弥补领导者的不足"，做好辅助、敢于谏言和发挥杠杆职能，拓展了对领导力的理解。第 15 章"人员的配置、培养、选拔"中，作者指出，人事选择面对几种深刻的矛盾，如"效率、培养、非正式群体的困境""核心员工管理的困境""零和博弈的困境""选拔精英的困境"，从而使我们感受到，人事安排不仅仅是效率合理那样简单，而是要在多重矛盾中寻求一种复杂而微妙的平衡。

第三篇"矛盾与发展的管理"。这一部分整体上都是以往管理学教科书很少涉及的领域，尤显其独创性。第 16 章"矛盾、学习、内在动力的动态平衡"中，作者指出组织往往都套着惯性的枷锁，它成为企业发展的障碍。惯性枷锁大致可分为系统枷锁和人员枷锁，前者指的是企业工作和组织架构等系统结构上套着的枷锁，后者指的是组织成员的思维方式和感情上套着的枷锁。而动态的组织学习是突破这些枷锁的有效途径。第 17 章"范式转换的管理"中，强调了中层突出团队在范式转换中的重要价值，并指出"隔离公司内的杂音"和"在组织内纳入足够多的异质性成分"是推动范式转换的前提条件。第 18 章"企业成长的双刃剑"中，视角独特地指出了"失败的效用"和"边缘的创造性"的价值，既使我们脑洞大开，又的确具有深刻的哲学内涵。第 19 章"场的管理"中，借用物理学"场"的概念，分析了组织在多重"场"的作用下其秩序与能量产生的机制，既不失科学的严谨，又让我们体会到日本独特的"暗默知"的神韵。

第四篇"企业与经营者"。第 20 章"企业与经营者的职责"中，从"企业是一个生命体"的角度，论述了经营者需担负的四种角色，即"纠纷调解人""统领人""战略家"和"传道师"，并指出经营者为此应具备宏观的思维框架和哲学逻辑，在其世界观维度上，能够冷静地看待自己企业存在与发展的价值意义；在组织观维度上，能对团队的机理与力学有深刻的理解。第 21 章 "公司治理"中，作者提出的"企业主权人与公司管治的参与"以及"主权获得认可的三大理论"，即"经济合理性""制度有效性""社会亲和力"等，无不闪烁着独到而智慧的光芒。

根据以上对这本书的理解，我可以肯定地说，管理类教科书何其多矣，但这一本一定是对我们启发最大的一本。

最后，书中前言的致谢中提到了我当年在一桥大学商学研究科的同窗天野伦文，这令我感慨万千。天野博士高我一届，是伊丹先生的学生，曾在伯克利进修一年，专攻国际经营，其博士学位论文得到极高评价，为商学研究科多年所少见。他毕业后先后任教于日本东洋大学、法政大学，成果丰富，业绩突出，最后就任东京大学经济学部副教授，成为其教授会中最年轻的成员。但不幸于 2012 年因突发脑溢血猝然病逝，年仅 38 岁。天野并非我的朋友，我二人性情不同，研究方式迥异，彼此交流不多，甚至可以说有些冷淡。但我会敬重他、怀念他、感谢他，因为他是我的好对手。每当我看到他多次去索尼、松下、日立、夏普、三洋访谈，渐渐积累起两抽屉的磁带录音，深夜戴着耳机，逐字逐句核对录入的时候；每当我看到他飞快地敲击键盘，形成一张张庞大的数据图表的时候，我就会感到一种无形的压力，让我无法懈怠。所以我三年能够攻下博士学位，相当一部分要归功于我有一个好对手。回顾天野短暂的一生，恐怕与他执着于追求学术卓越而过度透支有很大关系。就如同日本人所崇尚的樱花，花期极短，但盛开绚烂。

谈起天野，我自然想起另一位英年早逝的日本学者桥本寿朗先生(1946—2002)。我曾参加过他逝世后的追思会。我在翻译他的论文"市场的无知、企业家活动与能动的适应"最后，加了一段感言："桥本寿朗先生是日本著名的经济史、经营史学家，在其短暂的一生中致力于学问的钻研，笔耕不辍，著述颇丰。长期对学问的不懈追求和超越自我的巨大压力，使他积劳成疾。听说他生命的最后时刻，是在与一位中国学者的交流中度过的。在返回研究室的途中，突发脑溢血而猝逝。作为一位学者，达到如此境界，无法不令人感动叹息。这篇论文据我所知是桥本先生最后一篇公开发表的论文，从我的感觉来说，它与桥本以往的论著相比，语句可能显得有些散乱，有些论述似欠条理，结尾也不够清晰有力，可能是他在生命之火即将燃尽的时候已无精力细致推敲的缘故。但愿我们能从字里行间，依稀看到他在灯下倾注生命终端的气力书成一字一句的情景。"

天野与桥本无疑都是执着愚直之人，因为他们为了学术甚至透支了自己的生命。我绝对无意让大家去模仿他们。但我想，中国的管理学要真正发展，终是要有一部分人多一点执着，少一点游移；多一分愚直，少一分机巧的。相对于日本的研究氛围和学术高度，中国的管理学界虽然大师林立、名流丛生，课题繁多、成果倍增，但许多恐怕是"皇帝的新装"。很多研究追逐新奇的理论而远离厚重的经典，刻求工具和技法的机巧而不愿深究概念的是非。问题未明却轻率结论，堆砌信息却未能创造知识。荀子云："不积跬步，无以至千里。"中国的管理学，尚在路上……

我曾在 2010 年给学生们的新年寄语中写到："如同产品背后是人品，写出一篇有探索精神的论文既不是为了老师，也不是为了他人，而是为了自己。我一直认为好论文最高的境界是要感动自己，而人的一生也许只有一次这样的机会。只有你在电脑前连续 30 个小时敲入一个个单词，看到它们变成厚厚一叠文稿后再步行下山时，你才会感到就连北海道的空气都有甜丝丝的味道，而眼前一轮红日正从对面的港湾喷薄而出。只有你在新一年第一天的凌晨四点编好最后一个页码，穿越零下 20 多度的严寒，步入一家昼夜小餐馆时，你才会知道什么是真正的温暖和解脱。而你们之中总是有些人身处一个非常好的环境中，却从来未能看到过真正美丽的景色……"

但愿伊丹先生和加护野先生这本书，能成为我们步入经营学领域，欣赏到其中美丽景色的一个入口。

南开大学商学院 杨斌
2019 年春节前夕 于南开园

前 言

本书最初出版于 1989 年,1993 年首次修订,2003 年再次修订。本书为第三版,其基本框架和初版一致,但是篇章结构及各章内容变动较大。

本次修订距离初版发行已有 14 年。在这 14 年间,日本经历了 20 世纪 80 年代末的泡沫经济和 90 年代初的泡沫破裂,而后日本经济开始走向低迷。与此同时,随着苏联解体和冷战结束,整个世界格局发生了翻天覆地的变化。其后,世界进入全球化和美国霸权的时代,而日本的 10 年被笑称为"失去的 10 年",日本经济也在全球化资本主义浪潮中饱受风吹雨打。本书出版前后的时代恰是日本的动荡时期。

但是,本书的初衷并没有因为时代巨变和内容上大刀阔斧的修订而改变,相反,本书与第一版的目的始终如一,我们始终坚持为读者撰写生动的经营学教科书。这一基本理念自始至终没有改变,也不需要改变。确实,经营的表层是可见的流行趋势,比如,初版付梓之际,正值日本经营论著盛行之时,而到 20 世纪 90 年代末,时代的表层潮流发生变化,对日本经营的批评甚嚣尘上,对美国经营的推崇占据主流。但是,经营的深层趋势和本质并没有变化。即使时代变迁,光阴流逝,这些本质依然如初。即使跨越国界,其深层的经济逻辑依然相同。

从笔者的视角看，本书是对经营学深层趋势的系统描绘。这 10 年对笔者而言也弥足珍贵，因为这也是笔者为了更好地捕捉深层本质而与变动现实博弈的 10 年。博弈的内容也会在本书各章节以多种形式呈现出来。

所谓"生动的经营学教科书"究竟是什么样的？

首先，书的内容应该是"生动"的，即让读者真切感受到现实中的经营。即使有些用语是比较抽象的，也需要通过现实感的描述表达出来，否则就失去了生动鲜明的要素。同时，"生动"还意味着书的内容表现出经营的动态，传达经营"在变动"的动态发展特质。笔者潜心捕捉经营的动态变化，希望本书给读者带来鲜明生动的感觉。

其次，作为教科书，有必要系统阐释知识内容和逻辑思维，使广大读者便于系统理解本书的内容。如果只是罗列现实经营变动中的某些断章残页，根本不可能成为理论贯通的教科书。经营的基本逻辑或许没有变化，但是笔者也未必完全知晓这一逻辑。笔者也需要在前人的实践和研究基础上，进一步阐明新的思维和逻辑。正是出于对新的思维和逻辑的探索，笔者再三修订，以飨读者。

写作初版时，笔者在两个方面颇费苦心。一是构筑整体系统，二是让各章节内容生动、合乎逻辑。

可以说，在经营学领域中，目前还不存在被广泛接受的逻辑系统。因此，笔者更需要思考如何编著经营学的教科书。并不是为了让内容更加简单易读才系统化考量这一框架，而是在更深层的意义上思考系统构造本身，回答"何为经营学"的问题。

本书把经营分为"环境管理"、"组织管理"以及"矛盾与发展的管理"三部分。经营是经营者和管理者的工作，包括管理组织所在的（市场）环境（并非被动应对环境）及组织内部的人的集合。

不仅如此，环境管理也有各种方式，很多可能是相互矛盾的。组织管理同样会出现各种矛盾。其实，环境管理和组织管理对企业的要求常常相互矛盾，经营者和管理者常常处于两者的矛盾之间，左右为难。这也说明经营的本质在于管理各种矛盾。正是矛盾的管理带来发展。矛盾不正是发展能量的源泉吗？

笔者在编写初版时，按照框架深入思索、细致分析，方才写出自己认可的内容。从"生动鲜明"的要求而言,传统的理论书籍并没有描写矛盾和发展的关系,即使有也为数极少。因此,一般教科书可能缺乏趣味。此外,经营者的故事有些虽然是真实的,但也是矛盾和发展并存,如果只是片段摘录,或只强调矛盾和发展的部分,即使描述很生动,读者也难以系统地理解内容,并掌握理论。

第三版的主要修订内容

第二版的修订可以说是微调,而第三版则在内容上进行了大幅调整。本次修订沿袭环境、组织、矛盾与发展的基本框架,在原框架的基础上,重点修订以下三方面的内容。

一是日本企业和经营相关的内容。这一内容在第一版、第二版独立为第四篇,但是在第三版即本书中,笔者将其穿插到第三篇的各个章节中。编著初版书稿时,鉴于初版发行的时代背景,笔者认为有必要系统完整地叙述日本企业和经营。但是,时至今日,这些已是常识,无须专门统一说明,于是将其嵌入各个章节中,便于读者更清晰地理解。

二是第一篇至第三篇的说明更加详细,分章节阐述,并另开新章,探讨新主题。特别是第一篇的变化很大,战略相关的内容基本上都分割出新的章节。此外,新加入企业结构的重组、资本结构和雇佣结构的管理等章节。第二篇的章节框架本身并没有很大的变化。但是,各章的说明已全面重写,以便读者理解。第三篇也秉承同样的修订理念,新加入"场的管理"一章。

三是重新调整第四篇的内容——经营者的作用及企业治理。时代在变化,经营者的作用也与以前大不相同。企业治理把检验经营者看作更大的课题,这也是时下的热门话题。第四篇部分内容与前两版一样,在结构上独立成第四部分。因为其内容的重要性不言而喻,所以新开一篇详细介绍。

经营者和管理者的作用其实是一种视角,这一视角不局限于第四篇,而是贯彻全书。本书是为经营者、管理者书写的经营学。一些实业家曾对前两版做出如下评价:此书与其说是"经营学",不如说是在探讨经营的本质。正是对这一视角的坚持使笔者决定修订此前版本,终成本书(第三版)。

本书的目的及目标读者

虽是大幅修订，但本书的目的和目标读者与初版并无二致。

提及经营学，有人会立刻联想到：经营学即教人赚钱的良方。事实并非如此。

个体很难独立成就一项大事业，由此，组织便应运而生。而组织依据何种原理和原则运行？在什么原理下运行，组织方能高效运转，方可实现社会进步？研究以上这些问题即是经营学。

可见，经营不仅存在于企业中，还存在于政府机构、大学等所有的组织中。无论是何种经营，都可以借鉴本书的内容。但是，本书是以企业经营为直接的考察对象。日本战后经济的惊人成长源于企业的经营活动。以企业经营为主题的系统化教科书如此写作自然也是情理之中。此外，国际上对日本企业的关注度曾经一度高涨，而最近可能批评更多。从这一侧面可见此类书籍在日本存在的必要性。

作为系统化的教科书，本书基于以下两个目的进行编著：

1. 提供有助于理解经营现象的框架、概念和理论；
2. 提供有效的经营行动指南以及该行动之所以有效的理论支撑。

本书并非简单聚焦于企业整体管理的"经营"，而是旨在提供企业部门、科室等各种层次的经营管理共通的"经营"思维的基础。

第一个目的如果得以实现，读者将能体会企业经营的趣味；第二个目的如果得以实现，读者能了解实际的企业经营应具备的姿态，或掌握辨别经营好坏的判断基准。笔者期待，无论读者的管理级别如何，若能亲自参与组织管理，阅读本书一定能产生共鸣并反思自己的经验，也希望读者能整理出自己应做的工作及其理论依据。从读者对前两版的评价看——揭示经营本质的书籍，笔者是否可以认为以上的期待已经实现了一部分呢？

笔者同时也是读者，心系企业人士和学生。希望本书不仅可以作为大学的讲义或企业内部研修的教材，也可以供学生和企业人士自学。对于学生而言，可能会以前面提到的第一个目的为主。对于企业人士而言，两个目的都具有意义，只是第二个目的可能更为重要。

编著本书时，笔者十分重视以上两个目的及其对读者产生的影响，担心以第一目的为主的读者觉得本书关于"好的经营方式"的论述偏多，同时也担心以第二个目的为主的读者觉得说教的理论偏多。笔者努力权衡这样的风险。如果说平衡相互矛盾的两个目的是管理的本质，笔者其实也是在管理本书。从读者对第一版和第二版的反馈可知，笔者的冒险或许已经成功。

希望笔者的冒险能给读者带来以下两种共鸣。如初版的序言所写，笔者希望读者读完本书，可以理解经营是一项多么具有挑战性的工作。此外，也希望读者感受到经营的趣味和价值。正因为如此，许多了不起的人都致力于企业经营。其中的理由远非单纯的权力欲望或金钱欲望可以概括。希望读者能理解"经营"的学问，感受其内涵之深厚、变化之丰富。毫无疑问，经营学是一门有趣的学问。

本书的使用方法

本书的使用方法多种多样。全书由四篇构成，以便读者清晰理解。同时，独立阅读各篇中的各个章节也无妨。

以下简单介绍几种典型的使用方法。如要学习经营学总论的课程，则需要通读全书；如只学习战略相关的内容，读第一篇即可；如想了解战略的延伸，可继续学习本书第三篇的内容；如需了解组织内部管理的基础知识，可阅读第二篇；如对组织的革新感兴趣，还可继续阅读第三篇；如想了解企业的成长发展与矛盾之间的关系，也可学习第三篇；如只对经营者的本质、企业的本质感兴趣，则只阅读第四篇即可。

沿袭前两版的传统，笔者在各个章节均附带练习题。练习题都是为读者更深入理解本书内容而设计的，并不能直接从书中找到简单的对应答案。希望读者从书中受到启发，独立思考练习所列示的经营相关的各类问题。建议读者根据各章的内容自行设置练习题。当然，对应的答案也需要读者自行探求、解答。

不仅限于本书的修订，编著此类书籍时，前人的知识积累具有重大的意义。笔者迄今为止的学习及研究经历也起了很大的作用。这些经历中包括很多前辈及同僚的知识积累。虽无法在此一一列出前辈、同僚的名字，但笔者对前辈、同僚的感激之情丝毫不少，特别是为本书付梓做出诸多贡献的共同研究人员。在此，笔者再次致以深深的谢意。

本书出版时得到各方人士的鼎力支持。此次修订，天野伦文先生（东洋大学）、西野和美女士（东京理科大学）分享旧版用作教科书时的实际经验，并细读修订稿，告知书稿中难以理解的部分。也感谢各位编辑作为共同制作人在幕后鼎力相助。第一版的制作人黑泽绥武先生、第二版修订的负责人西林启二先生以及第三版的共同制作人员堀口祐介先生等日本经济新闻社出版局跨越三代的诸位编辑，倾力相助，笔者谨在此一并致以衷心的谢意。

伊丹敬之、加护野忠男

2003 年 2 月

目 录

序　章　何为企业管理 // 001
　　　　企业的存在形式 // 001
　　　　管理的行为模式 // 005

第一篇　环境管理

第 1 章　何为战略 // 015
　　　　战略的定义和内容 // 016
　　　　市场定位及经营资源的储备 // 021
　　　　战略与看不见的资产的动态机制 // 029

第 2 章　差异化竞争 // 035
　　　　锁定客户和竞争对手 // 036
　　　　差异化的重点与竞争武器 // 042
　　　　市场变化与动态差异化 // 047
　　　　反击的防范策略与非竞争的追求 // 051

第 3 章　竞争优势与商务系统 // 059

两个层次的竞争优势 // 059

商务系统的构建 // 064

竞争领域 // 071

第 4 章　多元化经营和业务组合 // 077

多元化经营逻辑 // 078

选择与集中 // 084

企业领域与业务关联模式 // 090

通过资源分配管理业务组合 // 095

第 5 章　企业结构重组 // 105

重绘企业界限 // 106

资源合体与版图重绘、并购与战略合作 // 110

界限重绘的管理 // 118

第 6 章　国际化战略 // 123

企业国际化及其动机 // 124

经营与国境 // 130

确定国家组合 // 135

经营资源的移动、有效利用和空洞化、摩擦 // 141

如何应对国际化经营的政治风险和汇率变动风险 // 149

第 7 章　资本结构管理 // 155

管理企业与资本市场的结构关系 // 156

选择资金调度方式 // 164

出资人构成及制衡 // 168

第 8 章　雇佣结构管理 // 179

与劳动力市场的结构关系管理 // 180

雇佣结构的多方面影响 // 185

雇佣结构的选择理论 // 189

日本企业雇佣结构特点及其原理 // 196

第二篇　组织管理

第 9 章　组织与个人、经营管理的利器 // 207

人们做什么 // 208

如何统御组织：经营管理的利器 // 214

组织管理概述 // 219

第 10 章　组织结构 // 227

组织结构设计的基本变数 // 228

设计组织结构时的考量因素 // 235

数个经典企业组织结构 // 246

选择组织结构时的基本权衡要素 // 254

第 11 章　激励机制 // 259

个人动机 // 259

组织的激励机制 // 263

激励系统的设计 // 270

设计激励系统时要考虑的基本平衡因素 // 279

第 12 章　计划和控制：过程和系统 // 283

人们进行计划与控制的过程 // 284

计划控制系统的意义 // 290

设计计划控制系统 // 293

第 13 章 经营理念和组织文化 // 303

经营理念是什么 // 304
组织文化是什么 // 307
组织文化的形成和共享 // 314
组织文化的反作用 // 322

第 14 章 领导力 // 327

领导力是什么 // 328
领导力的源泉与矛盾 // 333
领导力的条件 // 342

第 15 章 人员的配置、培养、选拔 // 349

人员的配置 // 350
人员的培养 // 355
人员的选拔 // 360
人事的动态平衡与困境 // 364

第三篇 矛盾与发展的管理

第 16 章 矛盾、学习、内在动力的动态平衡 // 373

产生的矛盾 // 374
矛盾与发展的管理 // 379
学习的动态平衡 // 382
内在动力的动态平衡 // 388
学习和能量的相互作用与矛盾的管理 // 392

第 17 章 范式转换的管理 // 399

范式转换的难点 // 400
范式转换的管理：四大步骤 // 403
范式转换的脱成熟化 // 411

第 18 章　企业成长的双刃剑 // 421

　　失败的效用 // 422

　　边缘的创造性 // 426

　　过度扩张 // 430

　　摇　　摆 // 433

　　矛盾、管理的本质 // 437

第 19 章　场的管理 // 443

　　场的定义与功能 // 444

　　场的地位与机制 // 449

　　场的管理是什么 // 454

　　管理的范式转换 // 462

第四篇　企业与经营者

第 20 章　企业与经营者的职责 // 471

　　企业是一个生命体 // 472

　　经营者的职责 // 479

第 21 章　公司治理 // 487

　　公司治理是什么 // 488

　　公司治理的主权论 // 492

　　公司治理的机制论 // 496

　　公司治理的国际比较 // 501

　　股份有限公司的双重失责与共同治理 // 508

序　章
何为企业管理

企业的存在形式

作为技术转化体的企业

本书尝试构建经营学的逻辑框架，以理解企业管理的整体面貌。首先，我们探讨企业的存在形式以及具体管理行为的内涵。

关于企业，可先从其定义谈起。

> 企业是经济体，执行技术转化的工作并产出附加价值。

日本有180万到200多万家公司。从代表性的丰田汽车、索尼等企业巨擘到大街小巷的餐饮店、小酒行都是企业。企业无一例外都从市场购入所需的要素，然后进行技术转化，最终产出商品投入市场或是提供服务。

餐饮店购入食材，将其烹饪加工成顾客喜爱的食物；小酒行预估消费者可能会购买，于是向批发商购入相应的酒类或饮品，陈列在店里吸引顾客；索尼或松下电器等公司购入原材料，制作构成DVD播放器等商品所需的零件，并与外购的零件一起组装成DVD播放器投入市场；钢铁公司用铁矿石制造钢铁产品。

食材烹饪加工为菜肴，酒类陈列于店铺，零部件组装成电子设备，铁矿石炼制成钢铁……这些都称为技术转化。精于技术转化的企业方能在社会中生存。

如果资金或服务唾手可得，企业就无用武之地。正因为供应与服务存在难度，才需要企业进行技术转化，解决难题。

流通或金融等服务行业虽非制造业，但其经营的核心仍是技术转化，如流通企业以商品空间移动为核心，以供应过程为业务内容，重点在于商品流通与展示。换言之，流通企业从世界各地购入商品，在店铺陈列，供顾客选购。包括供应过程在内，都属于"技术转化"。

银行是资金借贷中介。顾客对资金的需求周期（短期或长期）、资金的多少，风险大小的评估等都千差万别。如何才能具体情况具体应对，达到资金供求平衡？对此，银行需攻克技术难题。其业务核心依然是技术转化，具体而言是"资金"的技术转化。

由此可见，所有企业都是技术转化的平台。没有技术的企业不是真正意义上的企业。例如，只靠银行存款利息赢利的企业已然失去作为企业的意义。

创造附加价值

企业的产品或服务在市场上销售出去才有意义。销售收入与外部采购成本之间的差额称为附加价值。附加价值是衡量企业存在意义的基本指标，即在外购商品上附加多少价值才能销售出去。从附加价值中减去企业员工薪酬和借款利息等，余下的即是毛利。从毛利中扣除税金，余下的可进行股东分红。

技术转化即创造附加价值，通常由团队和组织完成。即便是小小的蔬果店，一般也会由店主、店主夫人和员工组成团队。仅凭个体力量实现技术转化的案例极其稀少。

员工在企业组织中工作。反过来说，是企业创造了就业机会。

企业技术转化的第一要义是在市场销售技术转化所得的商品。销售收入由需求决定，而非企业的一厢情愿。此外，企业能否生产目标产品，由企业现有技术决定。无论DVD播放器市场需求多大，如果企业没有技术可实现高效生产，所谓的技术转化也只是空谈。

企业需考量潜力技术与潜在需求，决定企业生产，进行技术转化，实现技术和需求的贯通。在这层意义上，企业是连接需求和技术的桥梁，同时还需要实现附加价值。

企业胜任桥梁的角色,才能生存下去。技术转化的经济效率就是企业存在的最基本意义。在社会意义层面,技术转化的经济效率(即附加价值的创造效率)不佳的企业就失去了存在的意义。

作为信息载体的企业

前文提到企业不断连接需求和技术,但企业本身并非被动应对需求和技术,而是主动应对。

企业不断尝试并发现新的需求动向,并且考虑能否创造新的需求,为此付出努力,开发新产品。

为了开发新产品,企业不断探索技术,积累经验。有的企业像大学一样设立基础研究所,在基础研究中投入大量资源。

更有趣的是,知识信息的积累并非仅依赖大量的资源投入,为了积累而积累,而是在企业日常经营活动中集腋成裘,进行知识和信息的储备。

例如,顾客使用产品后,会产生各种意见反馈,时不时还可能有投诉,这些就是非常宝贵的信息来源。又或者,致力于改善生产方法的员工可以仔细观察生产工序中的不协调情况,进行多角度的观察,最后对工序进行改良。或者在观察中产生灵感,将产品稍微进行改造后即可用作他途。

以上都是在日常工作中积累技术和市场相关知识。这些积累之所以能成为可能,是因为人类善于学习,尤其是在工作中学习。

企业基于需求积累大量经营知识、信息和新技术。事实上,很多积累就来自经营,如果企业不开展经营活动,就无法产生这些积累。企业需要赢利、积累资金,但是积累不仅仅是这些,在开展业务时,信息与资金一样在流通,这些都会积累下来。

信息和知识储存于企业各环节员工的头脑和手上,这是最自然的存储方式。同时,以团队的形式积累下来的也很多。比如,团队中有整体积累的系统化的知识,如果简单地解雇团队中某一成员,企业不仅会失去被解雇的那位员工的知识,在某种意义上,还会令团队余下员工拥有的知识量变少。

也就是说,企业是个体成员无法完全还原的信息载体,是有机的存在。这也是重视企业组织所具有的传承性的理由之一。企业是有组织的信息载体。我们经常说到"企业即人",其中有深意,这里的"人"并不是指作为体力劳动主体的人,如果只是进行体力劳动的人,可以用机器取代。真正重要的是作为信息载体的人以及不断学习的人。

企业里的人作为组织和团队成员学习和积累信息,成为创新的源头,也是新的技术转化的知识源头。因此,当这种信息积累以及知识创造具备社会意义时,企业方能在竞争中生存。

作为组织和资金载体的企业

企业员工积累信息,创造知识,不仅如此,技术转化也由企业员工完成。如,索尼的技术员工负责产品开发,现场员工负责生产,营业员负责销售;小酒行店主夫妇根据顾客需求采购并销售酒类。由此可见,企业是人的组织。这种组织不是偶然发生或单纯由感情构筑的,也不是个体随意行动,而是以团队组织的形式开展工作。企业的存在意义也在于此,企业员工协力合作,方可超越个体的界限,完成个体所无法成就的技术转化。

毫无疑问,在市场经济中,企业并非简单召集员工,而是要历经各种程序,如购入材料、销售产品、收取款项等。复杂的市场交易伴随着资金周转,同时也是利润积累的过程。

企业除了完成技术转化,还需应对市场和企业之间产生的资金流入和流出。企业会计部门记录的即是资金流入流出的整体过程。

企业经营需要资金。如,需要运转资金,以便购入零件、支付货款;需要建设资金或设备资金,以便建造工厂、店铺或购买机械设备。资金来源途径多样,典型的是企业向银行借款或获得股东以股份形式提供的资本。

各种资金性质大不相同。向银行借取的资金有约定的期限,需要按期返还,且有支付利息的义务。而股东出资的资本没有返还的期限,是企业的资金基础。一旦企业倒闭,股东的剩余财产请求权排在偿还顺序的最后,其他债权人则优先。可见股东出资存在风险。此外,企业并没有义务向股东支付利息,股东仅通过分红获利,而且只有在有利润时才能分红。从这层意义上说,股东比银行承担更大的风险。

如上所述，企业是各种资金的载体。企业进行技术转化时，承载着资金的流入与流出。复杂的资金流通是企业的本质之一。更为重要的是，我们必须深刻认识到企业具有双面性，即企业既是由员工构成的组织，也是资金的载体。

不可能存在没有员工或没有资金流通的企业。就像硬币的正反面，企业既是组织又是资金载体。

管理的行为模式

小酒行的管理

企业进行技术转化，积累信息，是人的组织，也是资金的载体。企业经营的行为内涵如何？管理的具体工作是什么？

企业最高管理层的工作是什么？在此以小酒行的经营为例，简化企业的构造。小酒行的店主即企业最高管理层。

店主自然希望业务发展，而最关键的问题是如何超越当地的竞争对手，提高酒行在当地的市场占有率。在竞争中获取的市场份额可转化为企业的成长。具体来说，应该重视哪些顾客群体，需要制定什么样的销售策略以便占据更多市场份额？

另外，其他区域的扩展也不容忽视。如，在相邻地区新开分店，或掌握酒类销售的未来趋势，或导入便利店的业态，扩大销售商品的范围。

小酒行由店主制定策略，付诸行动。店主需要考虑哪类顾客可成为销售对象，具体销售何种产品，以何种业态销售。当然，制定决策不等于店主的任务已大功告成。

实情远不止如此。店主还需考虑以何种途径向哪些批发商采购，如何处理与批发商的关系（专属采购商还是根据资金状况另行约定），以及用哪家公司的酒作为主力商品。

特别是在资金周转方面。如，是否需要把小酒行变更为株式会社，并接受店主以外的自然人或法人出资？如何与银行保持良好的关系，通过向银行借款确保资金周转顺畅？管理层需要考虑如何建立与出资方之间的关系。

除此之外，企业需要招募员工。如果只靠店主夫妇，小酒行无法顺利运营，需要雇用员工。而以何种形式雇用，需要兼职还是全职，雇佣关系都由店主决定。

以上内容均为店主对外界做出的决策，包括顾客、供应商、出资方、员工等。企业需要与外界建立何种关系，即企业如何应对外部环境，可以称为"企业外部环境的管理"。这是经营管理的重要组成部分。

店主的管理职能不只是对外，还需对内——管理店内员工。这也是经营的重要组成部分。

假设包括店主在内，有三个人在店里工作。比起个体经营，店主可更加游刃有余。如，可安排员工A接收订单、接待客户，可安排擅长驾驶的员工B负责物流配送。这样可以加快配送速度，扩大配送范围。

雇用员工并非百利而无一害，店主可能遇到新问题。与个体经营不同，店主需要考虑三人如何协作。

一开始是店主直接给员工A和员工B下达指示，亲自安排工作流程，调整员工的任务。如果所有工作都依赖店主的指示，一旦店主外出，小酒行就无法运转。因此，店主需要考虑如何让员工自主完成工作。

如，先分清员工分别负责哪些工作。大致确定分工，员工可按分工自主完成任务，无须一一指示。只是有时需要调整分工。

如，员工A接电话、记录订单，由员工B配送。这样的分工由店主传达，至于传达方式有待探讨。如果店主负责采购，则需要员工A报告当天商品的销售情况，以便正确采购。如有突发事件，报告途径如何，应联络何人，这些都需预设。如上所述，内部管理同样需要投入精力，不断调整分工合作的方式。

内部管理还不止这些。除了恰当的分工，还需激励员工A和员工B。员工也有梦想、愿望和欲求，而店主需要想方设法助其实现。最简单的即是支付薪酬，论功行赏，根据工作成果支付薪酬，由此调动员工的工作干劲。

然而，金钱并不是唯一的动力。如，员工A希望工作更加自由，店主可安排其负责配送商品。另外，以何种形式评价员工的干劲，特别是在无法时时刻刻监控员工的情况下，更需要使用客观数据评价，如员工获取的订单量或者一天的配送量等。当然，只参照以上两个指标，可能无法了解员工对顾客的服务态度如何。

可见,店主的烦心事一桩接一桩,需采取各种措施应对。这些措施即内部管理的核心。内部管理的本质在于促进协作。员工和店主三人组成团队。团队如何协力合作?合作有加乘效果,超过个体单独行动成果的简单相加。内部管理也可称为组织管理,是管理的重要组成部分。

环境管理:在环境中掌舵

小酒行经营案例虽小却五脏俱全,方便读者形成对企业管理的整体印象。

管理可一分为二——环境管理和组织管理。这个二分法适用于所有的企业管理,也是本书的基本框架。环境管理是指企业在所处的环境中如何定位、如何掌舵。企业最高层可比作船长,船长在波涛汹涌的大海中掌舵航行。环境的管理也有异曲同工之妙。

企业不得不在环境中奋力生存,而且企业是行动单元,与环境中的外部人士有资金和商品的频繁往来。如,在海外建工厂、筹备资金、发布新产品等都是企业应对外部环境的行动。

与外部环境的往来是否顺畅决定企业是否可持续发展。如果海外生产难以推行,企业处理国际贸易摩擦时会捉襟见肘;如果资金调配不当,会造成资金成本高昂。

资金与商品的往来可以参照图 0–1。图 0–1 是企业与市场中各种外部元素之间的往来,即整体关系图。

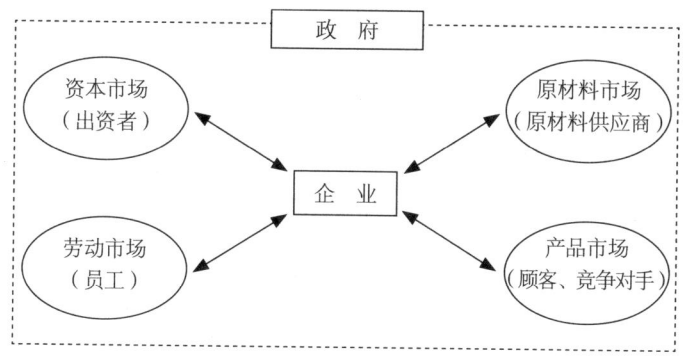

图 0–1　身处市场的企业

小酒行经营也适用该关系图。在产品市场中，有当地的顾客，也有便利店等竞争对手。如何在市场竞争中取胜，是小酒行进行外部环境管理时最为重要的一点。如何与原材料市场的批发商建立关系？如何与资本市场中的银行和出资方建立关系？企业需要根据发展的需求，权衡银行贷款与股东出资的比例。此外，还需在劳动市场解决雇佣关系等一系列问题。

　　政府的存在同样不容忽视，政府是决定以上关系的重要基础条件。如，以前在日本卖酒的店铺需要取得许可证，而现在日本政府逐步放宽了这项规定，这使得卖酒的店铺在产品市场中的竞争越来越激烈，从根本上改变了店铺的市场环境管理。

　　企业在市场环境中并不只是被动开展经营活动。企业可以选择自己所处环境的某一部分。如，开展哪一项业务或进军哪国的市场。企业还可以在某种程度上影响环境。如，说服顾客或影响政府的决定，或开发出具有划时代意义的新技术，或给市场提供前所未有的新产品，改变市场的流行趋势。即企业在选定的产品市场或原材料市场中展开行动重新定位。

　　企业并非单纯地在固定的环境中与外部往来。企业甚至可以改变自己所处的位置，更换场所，更换对手。企业可以选择不成为环境的牺牲者，能动地开展经营活动，不断调整、变更自己在环境中的定位。

　　当然，环境也并非时时都如企业所愿。企业应该把市场环境的哪一部分选为自己的活动领域，在该领域和外部构建怎样的关系，这就是企业管理的内容，决定企业的航路以及企业在环境中与利益相关者的关系。企业通过这两项行动掌舵，决定自己的航路。

　　以上即是环境管理，也是本书第一篇的主题。

组织管理：通过他人执行事务（或与他人协力合作）

　　经营的本质是"Doing things through others"，也就是通过他人来实现自己想做的事，这个名言由来已久，也是组织管理的本质。组织就是人的集团。设想人的集团会沿着集团整体所期待的目标及管理层锁定的方向运转。如果从高层的立场看，其实就是为了"自己所期待"的目标引导企业朝着该方向前进，并由自己之外的人执行。

这与自己如何决定或约束自己的行动有着根本的区别。其他人也有感情、有智慧、有想法。企业要让他人为自己工作，实现自己的愿景，需要集团的每位员工都充满干劲，努力向前，管理层必须充分关注他们的心情、能力和习惯等。

从小酒行的案例可知，多人分工合作时，只关注单独的个体是不够的。还需要巧妙统筹员工的工作，突显分工合作的优势。员工的协力合作是成就事业不可或缺的要素。

促进协力合作也是经营的另一本质。企业分配工作、安排员工的同时也需要疏通和调整人与人之间的关系，还需考虑如何激励员工，需要关注集团的氛围和组织文化等无形的东西。

如果是较小的组织，特别是短暂成立的组织，相关人士自发意识到合作的必要性，自然会协力合作。但是，如果合作的人数增多，持续的时间变长，就不能依靠员工的自发意识，而需要督促、激励员工协力合作。这就是组织的管理。

Management一词，多被译为支配或管理。而我们认为组织的管理本质在于员工协力合作的条件形成和维持，重点是条件的"形成"和"维持"。这也是经营者的作用所在。切勿把管理的本质理解为"控制、支配员工的活动"。这样的理解可能会让人误以为经营者或管理者能够完全支配人的活动。

现实并非如此。每个人有各自的判断力，有自主行动的能力和需求，也能相互沟通。组织成员其实时常以某种方式进行自我管理。对人的集团而言，协力合作是理所当然的；对个体而言，协力合作的能力也是应该具备的。经营者能做的是影响员工，巧妙利用人所具备的协力合作的能力。而组织管理即是创造员工协力合作的条件。

这与人类的大脑和身体的状态管理类似。人类的大脑并非不分巨细完全控制身体。人体的各个部位或细胞其实是自律合作的。如果血管破裂，伤痕附近的细胞会起作用，自主修复，而非由大脑一一发出指令，调动细胞。也就是说，大脑并非一一控制每一个细胞的工作。

当然，不能说大脑与身体状态的管理完全没有关系。比如切伤手，流血时，大脑会感知并下达指示，让人意识到需要止血。各个细胞的工作总体都由大脑以某种形式干预，确实是由大脑形成并维持细胞之间"协力合作"的结构。

组织成员确实有自律性，不过，一旦放任不管，则很可能方向错误，变成一盘散沙。之所以经常强调一项组织管理的秘诀——"委任而不放任"，其原因也在于此。

人类集协力合作的意愿、个性的主张和工作的懈怠等相互矛盾的特性于一身。管理由人构成的组织，使其协力合作达成企业期待的目标即称为"组织管理"。换言之，这是人的集团的管理，需要深入洞察人以及由人构成的群体。

以上是本书第二篇的主题。

矛盾与发展的管理：发展源自矛盾

如果说环境管理是对外的管理，组织管理则可以说是对内的管理。

关于对内和对外的管理，基于各自的基本逻辑和对应的管理要求，我们会在第一篇和第二篇详细说明。令人困惑的是对内和对外有时互相矛盾，可能对企业提出截然相反的要求。如，一方面要求企业灵活应对市场环境，希望企业尽早撤离竞争对手已开发出新技术的行业或市场份额大部分已被占据的行业；另一方面，内部管理要求企业维持组织内部的协调和秩序，要求企业按部就班，让企业员工达成共识，采取组织内的管理措施，调整业务内容。

很多时候，环境管理要求企业改变与革新，组织管理则更多要求规律和稳定，两者看似相互矛盾。企业应如何权衡两者的矛盾？

企业偶尔会做出从外部看自相矛盾的决策。当然，企业确实有可能决策错误。实际上，虽然两种矛盾对企业提出的要求甚为奇怪，很多时候企业却不得不执行。如，组织管理要求企业不能突然改变原有的组织文化，只能走迂回路线以应对环境的变化，或者利用环境所带来的压力，调整组织内部。由此可知，企业在组织管理方面有时需要为不可为之事。

而且，企业不仅存在外部管理和内部管理之间的矛盾，还面临各种各样其他的矛盾或权衡（此消彼长）。其实，矛盾的产生并非因为企业进行了相互矛盾的经营活动，而是在多变的环境中，一旦企业中有员工强烈抗拒变化，自然会产生矛盾。积极应对并解决这一矛盾，也是企业管理极为重要的部分。我们会在本书中强调其重要性。

对企业而言，矛盾是烦恼的祸首，也是发展的能量源泉。企业以矛盾为杠杆，不断革新，适者生存。正如加拉帕戈斯群岛（Galapagos）的动物为适应岛屿的环境不断进化才能得以生存，企业同样可以直面环境变化所带来的矛盾，实现自身的发展。

一般有两种方法应对矛盾。一是保留矛盾双方中的一个，舍弃另一个。二是不把矛盾看成二选一的难题，不断摸索，开辟出新的道路以解决问题。

以上两种方法即本书所强调的"矛盾与发展的管理"。企业采取第二种方法时，能够实现自我革新。在探索新的解决方案时，企业员工的能力发生变化，思维也有所改变，资源的积累也不同，由此开辟新的发展之路。

其实，很多企业的发展历程都是如此，绝非完全按照经营者的计划毫无矛盾地发展。可以说，解决矛盾正是企业经营的精髓所在。

如何在矛盾中实现企业的发展？有时甚至需要考虑如何创造理想的矛盾。矛盾与发展的管理是第三篇的主题。

经营的多重结构：多层次管理

我们从企业高层的立场解说三大管理（环境、组织、矛盾与发展）。小酒行虽小，其店主也算是企业的高层。以此为例，我们从企业组织的金字塔和双重三角形顶点的高层视角来考察管理。

以上三大管理并非企业最高层才有的职能。理论上，企业的中层管理者同样适用，虽然形式和责任的范围有所不同。

对于中层管理者而言，管理自己周边的环境同样很重要。而且，他们所处的环境不仅仅是市场等外部环境，还有企业上一级组织中自己管辖范围之外的部分，即组织内部的环境。对中层管理者而言，内外都是环境，需要考量环境的要求，确定管辖单元对环境应采取的行动。这与主要考虑应对外部环境的公司高层有相同之处。中层管理者身处自己管辖的员工组织之中，所以组织的管理对他们而言是最熟悉的。

对部下的管理和对环境的管理要求有时会相互矛盾。中层管理者同样会遇到这种问题，面临矛盾与发展的管理大课题。

如果把组织划为分层次的三角形，处于三角形顶点的则是管理职能。如图 0–2 所示，我们把大三角形想象成企业组织，其顶点即是管理企业整体的高层。在三角形中画一条辅助线，分出小三角形，小三角形其实也有顶点，该顶点即中层管理。小三角形也需要以上所说的三大管理。小三角形和大三角形在所需的管理方面大同小异。

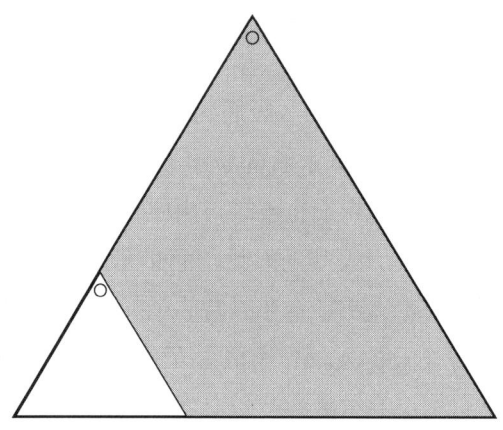

图 0-2　管理的多重结构

理想的情况下，小三角形在大三角形之中，即大三角形的框架中需要小三角形。中层管理的自由和裁量的余地当然会比公司高层少，而且中层管理的决定需要按照高层的方针和战略执行。不过，小三角形也可能超出大三角形的框架，或大三角形突然变大，小三角形则必须相应变化，随之改变。所以，大小三角形之间可能产生矛盾或不协调之处。矛盾和不协调也是企业发展的动力之一。

各个管理层次都适用同样的经营原理。我们会贯穿全书详细解说共通的经营原理。

阐明三大管理的基本框架后，我们会进一步探讨经营者的作用及其"治理"（企业治理问题的本质），阐述我们对日本企业和日本经营者的观察结果。以上内容构成本书的第四篇——回归探讨"公司高层管理"。

其实，对于中层和高层而言，三大管理的原理大部分是共通的。三大管理的基础理论即是本书描绘的企业管理的整体面貌。

第一篇
环境管理

第 1 章
何为战略

———

在环境管理中，企业经营的基本设计图（即战略）是重中之重，由此阐述市场与企业的关系。如，企业其中一项业务锁定的细分市场如何？需要与对手全方位竞争，还是针对某些业务各个击破？要选择何种"作战武器"？企业同时开展多项业务时，应该把主要资源集中于哪一项业务？未来需要开拓何种新业务？

以上均为企业在商品市场中应对客户和竞争对手时采用的基本方针，可参照序章的图 0-1。很多经营学教科书把企业战略的核心内容视为经营中最重要的决策。

商品市场是企业外部环境中最重要的部分，因此也就不难理解企业环境管理的核心为何是商品市场的关系构建。这是基本方针，也是重要的战略。正因为有市场需求，企业才能赢利并发展，而需求源自商品市场。因此，商品市场优先于其他，是企业经营中最为重要的环境因素。

如图 0-1 所示，与其他市场的关系构建也是企业经营中至关重要的环境管理内容。毫无疑问，企业需要满足商品市场的需求。即使企业有雄厚的资本、优秀的人才、优质的原材料和健全的零部件供应体制，若在商品市场失败，企业的前进道路也不免戛然而止。

企业与原材料、零部件市场的关系建立将会在第 3 章中详细阐述；与资本市场、劳动市场的关系建立的基本方针会在第 7 章和第 8 章中分别探讨。

本章主要探讨企业战略的定义、内容，以及作为战略动态核心的经营资源。下一章探讨竞争战略以及业务结构战略。

战略的定义和内容

战略的两项定义

战略最简洁的定义是"建立商品市场关系的基本方针"。但是，这个定义未免过于简约。基本方针应包含什么内容，起到什么作用以及具有何种现实意义？我们思索这些问题，发现需要更详细地定义"战略"。

首先，在定义中加入战略应起到的作用及其关键词。

战略是"企业在市场中开展经营活动的长远的基本设计图"。

企业经营是否赢利，由以下两个条件决定。一是客户选择企业的产品或服务。二是产品或服务的成本比客户支付的价格低。

企业开展各种经营活动，是组织的活动，同时也是人的协同体。满足以下两个条件方能实现企业员工的通力合作。一是企业员工朝着共同的方向行动；二是企业作为组织应该有完备的资源和能力，以保障员工高效地开展工作。要满足这两个条件，需要制定组织成员达成共识的方针，即战略。由此可见战略之重要。

为了长远的发展，企业需要创造客户青睐的产品，整顿组织活动。这些看似简单，其实很重要。而战略是实现这两个要件的基本构想。上述的战略定义由五个关键词构成，这五个关键词符合战略的基本构想。

第一个关键词是"在市场中"。战略的好坏需要在市场竞争中进行判断。企业在市场上竞争是因为需要与对手竞争，赢得如"恋人般"的客户。为此，企业不仅需要占据优势，还需创造出客户青睐的产品。战略常常由华丽的辞藻修饰。但如果仅有华丽的辞藻，描述得冠冕堂皇，实际上没有任何意义。战略必须是与对手竞争、赢得客户的基本构想。

第二个关键词是"组织"。战略是引导组织和企业员工集体的构想，而不是为没有生命的财物制定的。战略的角色应该是企业员工集体开展业务活动时用的设计图。因此，战略的设计应把人考虑在内，其内容应该让人燃起斗志。战略需要结合有心智、有感情的人这一要素，需具备令人为之奋斗的力量。

战略也是组织成员共享的设计图。如果没有基本设计图为导向，组织内的个体在行动时会零散不一，无法集结难得的潜力。因此，企业需致力于制定战略，使企业员工达成共识。

第三个关键词是"活动"。战略必须是可执行的行动构想，需要以资源分配作为后盾。单纯的号召、口号并非战略。下文会介绍误把口号用作战略的例子。

第四个关键词是"长远"。即战略必须是高瞻远瞩的，是对企业长远未来的展望，而不局限于眼前的现状。

所谓人无远虑，必有近忧。如果企业没有长远的蓝图，不知道以怎样的形式将目前的成果转化为将来的发展，那么企业将会处于动荡不安的状态。有时候，企业为了将来的发展，甚至需要牺牲眼前的利益，不断积累成长。如果目光短浅，没有积累储备的计划，企业的储备很快会枯竭，经营活动也无法进行。解一时之忧的短期构想算不上是明智的战略。

第五个关键词是"基本设计图"。在这里我们使用"基本"一词主要是想强调战略关注的是全局的构想，而不是细节的设计。因为根本不可能提前事无巨细地制订详细的实施计划。详细的实施计划应该是根据实际情况制订的。战略应该是能灵活应对实际情况的基本方针。

另外，"设计图"一词的意义在于设想如何制造出新事物，应该包含"想为之"的意图和梦想。天方夜谭的构想并非明智的战略。现实已存在或自然而然即可形成的也称不上好战略。加入"想为之"的意念，所谓的构想才能成为出色的战略。你的团队究竟想打造何种企业？企业的前景描绘才是战略与构想。

战略作为企业的基本设计图，需涵盖哪些要素以产生现实效果？思考这一问题，可得出战略的第二项定义。

战略是设计图，描绘"企业和业务将来应有态势以及达到这一态势所需的变革脚本"。

图 1-1 是企业应有态势和变革脚本等战略的两个组成部分与目标、现状的关系图。

目标指应抵达的终点。如，获取世界第一的市场占有率。企业应如何执行经营活动以达到这一目标？即思考企业应有的态势如何。根据企业经营活动，制定基本设计图。如，在美国市场开展业务时，应以何种产品为中心？在欧洲市场又应采用何种销售和生产体制？

然而，结合企业的现状会发现，现状和应有的态势之间有落差，需要进行各种变革以填补落差。如，开发美国市场畅销的新产品，或者进行大刀阔斧的改革，强化欧洲销售体制。没有革新很难突破现状，实现企业应有的态势。为达到企业应有的态势而设计的变革脚本即构成战略的第二部分。

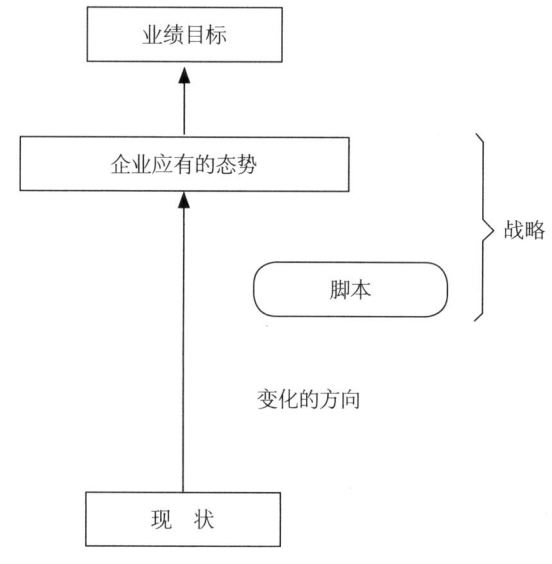

图 1-1　目标和战略

图 1-1 看似简单，其实包含两层含义。第一层含义是图中并未把目标本身的设定列为战略的内容。当然，如果不先设定目标，就无法描绘企业应有的态势。设定恰当的目标是决定战略的重要步骤。但是，设定目标只是一个准备环节，并非战略本身的决策。为了强调这一点，我们把目标划分为与战略内容不同的概念，分开探讨。

分开探讨主要是因为很多人误以为确定了目标就确定了战略。其实，单纯的目标不过是口号而已。而战略是企业经营活动的设计图，必须明确企业经营活动应有的态势以及达到这一态势所需的变革脚本。单纯的口号无法成为战略。

图1-1的第二层含义是明确地把"变革脚本"列为战略的一部分。仅显示企业应有的态势还算不上是战略，企业应有的态势和变革脚本两者兼备时，战略才得以确定。很多时候，如果没有变革脚本，战略就完全无法执行。因此，必须强调两者兼备，配套执行。

在战略制定的初期，不可能事无巨细把将来所有的变革脚本都写得很清楚。重要的是确定变革纲要以及如何迈出变革的第一步。纲要和迈出的第一步是变革脚本不可或缺的内容。

组织层面的不同内容与视角

战略作为基本设计图，是企业负责人率领组织开展经营活动必不可少的长期构想。

大家可以回顾序章图0-2（组织的三角形及其顶点）。处于三角形顶点的高层应该制定自己管辖范围内所有组织的战略，而处于企业整体三角形顶点上的总经理应该制定企业整体的战略。其中，较小的三角形如业务分部的管理层——分部部长需要制定业务分部整体经营活动的设计图，也就是业务分部的战略。如果业务分部再细分为各类产品部门，负责各个产品部门的科长也应该有相应的科室战略。

正如前面的定义，各种组织层面的所有三角形顶点均需要相应的组织活动设计图。

企业开展多项业务时，负责其中一项业务的业务部长的战略称为业务分部战略，即业务战略。业务战略的焦点在于该项业务在市场中的竞争发展，所以也可以称为竞争战略。该项业务如果要在市场竞争中胜出，首先需要获得客户的青睐，因此也需要制定设计图，即业务战略，从而与竞争对手拉开差距，在竞争中脱颖而出。

例如，松下电器的半导体业务分部的负责人需要制定业务战略，在竞争中引导半导体业务整体朝有利的方向发展。而对于只有一个业务分部的企业而言，总经理的企业战略即竞争战略。又如，对于堪称半导体专业户的美国英特尔公司而言，半导体业务分部的竞争战略即为企业战略。

对于经营多个业务分部的企业而言，总经理制定的公司整体战略亦称为企业战略。企业战略决定多个业务分部之间的资源分配和共同的能力基础，是企业资源分配和能力培育的设计图，用以推动新的业务发展。多项业务整体的结构是焦点，所以也可以称为业务结构战略。选择、集中以及业务整体的巧妙组合是业务结构战略（或企业战略）的关键。

再以松下电器为例。松下电器以影音业务为主，有白色家电、半导体和通信业务分部，还有干电池、电灯泡、电子零部件、产业机械等各类业务。业务性质和竞争对手都各不相同的业务分部之间如何进行资源分配？如何制定松下电器整体的方向？这些即是企业战略应对的问题。本书也将其称为业务结构战略。

业务结构战略和竞争战略的内容和关键大不相同。对于业务结构战略而言，企业内的资源分配是关键，而对于竞争战略而言，市场的应对计划是关键，需绘制设计图专项应对的内容也大不相同。多项业务的竞争战略简单相加并不等于所谓的业务结构战略。所以，在此分开讨论，以免概念混淆。本书第 2 章和第 3 章探讨竞争战略，第 4 章和第 5 章探讨业务结构战略。

我们先整理术语。在战略论中，常使用战略和战术两个词。战术指为执行战略而制订的详细的计划。其实，很难真正区分战略和战术。

我们沿用三角形图来理解这两个术语。战略指一个组织的高层所制定的整体经营的基本设计图。当组织中有更小的单元，也就是更小的三角形时，下位组织的负责人也有相应的战略。从上位组织即较大的三角形顶点的高层立场来看，下位组织的基本设计图只是为了执行上位组织战略而制订的活动计划。所以，下位组织的战略对于上位组织的高层而言是战术。

也就是说，下位组织的高层战略作为基本设计图的构想同时有两个名称。下位组织的三角形顶点的基本设计图相对于小的三角形而言是战略，相对于大的三角形而言则是战术。

令人意外的是，很多企业只有战术而没有战略。这些企业其实只有某一个点的战略，而没有业务整体、企业整体的战略。

市场定位及经营资源的储备

市场定位及组织执行能力

无论是竞争战略还是业务结构战略，作为基本设计图，必须具备两个条件方能成功——对外和对内的成功要件。

对外的成功要件

战略所描绘的设计图，应该是在充分理解市场状况、产业动向的基础上制定的。在市场环境中，公司必须进行准确的定位。举一个极端的例子，19世纪三四十年代，美国迎来汽车时代，在那时无论公司制造何等出色的马车都无法获得成功。因为这种业务概念无视客户动向，没有理解市场。又如，20世纪90年代，东亚企业的竞争力快速提升，而日本企业不以为意，无视实际情况，把日本市场的竞争对象局限于日本国内的企业。在这种错觉下制定的企业基本设计图自始即有偏差，企业无法在竞争中取得胜利，因为企业并未了解实际的竞争状况。

对内的成功要件

企业需要足够的资源和能力以确保企业的设计图和市场活动的基本方针有效执行。

在资源和能力严重不足的情况下，企业即使制订优异的市场应对计划也不过是画饼充饥。所以，制定战略时，至关重要的是充分考量公司的资源和组织能力。

例如，20世纪90年代，日本的商品流通行业中，很多企业积极开设连锁店。然而令人感到意外的是，很多企业并没有充足的开店投资资金作为后盾，也不具备店铺管理能力。大批这样的企业在2000年前后相继破产。日本的崇光百货和麦卡尔（Mycal）综合超市正是这样的案例。企业把大规模开分店获得成长作为基本设计图，在市场环境构建方面无可厚非。但是，这样的设计图未免过于轻视企业资源和能力在企业成长中起到的作用。

以上两个成功要件必不可少。那么，企业在构想战略时，应该优先考虑哪一个？可参考以下两种选择。

一是优先考虑企业在市场中的定位，我们可以称之为定位学派。第二种是优先考虑企业的资源和能力，我们可以称之为经营资源学派。

当然，无论选择哪种顺序，欠缺任何一部分，都不是明智的战略。即使定位准确，制定的战略可以很好地抓住竞争对手的弱点，企业若没有相应的执行能力，同样无法成功；若企业制定能力范围以内的战略，却无法在市场中很好地向客户展示，获得客户的青睐，同样无法成功。

无论如何，企业基本设计图的绘制方式都无法回避以上两个倾向。这与自画像的描绘方式类似。采取定位学派的做法，就像描绘世界地图时通过自己与他人的关系界定自己的存在，重点在于关系的描绘。而经营资源学派在描绘设计图时，更多的是思考自身的情况，着重于自我的剖析。

总而言之，企业是环境中的"生物"，描绘企业的基本设计图时，若着重描绘企业与环境的连接点，即为定位学派；若重点描绘企业内部的模样，即为经营资源学派，两者缺一不可，只是强调的重点有所不同。

可以说，美国企业的战略为定位学派，而日本企业的战略为经营资源学派。定位学派设计图首先考虑定位，其后再根据设计图调配执行时所需要的资源。而经营资源学派设计图则事先储备经营资源，其后再寻找能够有效利用储备资源的企业定位。

选择两种方式中的哪一种，还涉及企业自身倾向的问题（倾向于对外还是对内），此外，还要考虑市场中资源调配的难易程度。若所需资源可通过多种方式广泛获取，则适用定位学派；若资源调配依赖内部的储备，则适用经营资源学派。两者之间的不同其实也反映了一个特征，美国经济在资源和能力的市场调配上，具有更大的可能性和流动性；反观日本经济，则重在内部储备资源和能力，市场调配的可能性较低。

其实，要成功实施战略，企业需要同时具备以上两种思维方式。提及战略，很多人容易偏向以定位学派为中心思考问题。但是，如本书所述，经营资源学派思维方式也不容忽视。在本章，我们先探讨何为经营资源。

所谓的资源有各种内涵。资源一词首先让人联想到实物与金钱。企业拥有机械设备、信息系统、短期运转资金、长期资金等各种财力和物力资源。若提及组织能力，大家可能会联想到人力、技术能力、销售经验或者信用度、品牌等。

以上的资源、组织能力和战略之间有两层关系。第一层关系是战略作为商品市场中企业行动计划的基础，执行战略的同时需要制订资源分配的计划。而且，在企业基本设计图中，有组织能力作为后盾的市场行动计划（市场定位）的重要性不言而喻。即市场应对行动在前，其后应有完备的资源和组织能力的"使用"计划作为后盾。

第二层关系是资源和组织能力的储备计划嵌入企业基本设计图。企业需要另制定一份资源和组织能力的储备设计图，与市场应对行动的设计图并驾齐驱，两者结合构成整体的企业基本设计图。即市场应对行动的计划与资源、能力的储备计划是并列的关系。

在第一层关系上，资源和组织能力由企业获取"使用"，而在第二层关系上，资源和组织能力由企业储备"积累"而得。在战略和资源、能力之间存在以上两个侧面也是理所当然的，因为过去积累至今的资源和组织能力可以"使用"，而考虑到将来的发展，则应该"储备"新的资源和组织能力。

由以上两层关系可知，战略作为企业的基本设计图，其本身就需要涵盖资源、组织能力的使用计划以及储备计划。市场应对计划和资源、能力的使用、储备计划是战略的两个主要部分。

无论如何，战略的两个主要部分应同时纳入企业的基本设计图之中。问题是应该以哪一个为主，哪一个为次。在此也可分为两种思维方式，与前文所述的两种自画像的绘制方式类似。

一是以企业活动和商品市场的交接点为中心描绘企业基本设计图，即以定位为中心。具体内容包括向客户提供什么样的产品，如何展示产品以获得客户的青睐，如何对抗竞争对手等。也可以称为以市场行动为中心绘制的设计图。二是以企业自身的资源、组织能力的储备和使用为中心。其核心内容包括公司本身凭借何种能力销售产品，公司本身的独立性以及应该具备的能力等。

作为经营资源核心的看不见的资产

人力、物力、财力等资源与技术能力、信用、品牌等组织能力统称为经营资源，可理解为经营所需的资源和能力的总体。前文已明确指出经营资源的使用和储备的基本方针是战略的重要组成部分。

经营资源本身也有多种内涵。其中，哪一种经营资源最容易成为企业的竞争优势来源？厘清这一问题即可把企业的注意力集中于该项资源，以便制定战略。究竟何种资源能成为企业优势的来源？首先，我们需要从资源的通用性和稳定性两个方面考虑经营资源的分类。

企业拥有的经营资源中，通用性最高的是资金。因为市场经济基本上是以货币为交换媒介。有资金即可购买市场上的在售商品。而资金无论在哪里，都具有购买力。所以，资金的通用性很高，其形式包括现金、存款和有价证券等。

土地和设备等物质资源也具有相当的通用性，虽然其通用性与资金相比较低。如流通网虽然是企业外部的资源，但其他企业也可以使用，具有通用性。若是企业内部特制的机械和设备，则通用性较低，特异性较高。特异性指只对某一个企业有意义。同样，仅限于某一系列企业共用的流通网通用性也较低。

和物质资源一样，同时具备通用性和企业特异性的是（作为劳动力的）人力资源。根据资源的特性，人力资源的通用程度也有所不同。缺乏经验的劳动力通用性较高，而具备特定能力和工作经验的劳动力通用性较低。比起人力资源和物质资源，企业内外储备的知识——信息化经营资源具有更高的特异性。如，企业内部储备的经验、技术、熟练程度、客户信息以及企业外部储备的信用、形象、品牌等。前文提到的组织能力，其实质也是一种知识，也是信息化经营资源。企业的资源竟可以在企业外部储备，这可能令人感到意外。不过，这确实是有趣的事实。

技术等信息化经营资源并非没有通用性，只是各个企业的经验大不相同。如，虽然同样是汽车生产的经验，但丰田的经验很难用于日产的日常生产中。

很多信息化经营资源都是企业特有的，其他企业无法自由使用。因为信息化经营资源大多数是在企业日常工作流程中积累下来的副产品。经验就是典型的例子。如果日常事务的流程并不相似,其他企业就无法直接运用这些经验。

此外,令人难以理解的是组织文化和员工的动力等也是企业信息化经营资源。虽然这些资源都已经内化于人的身上,但是人本身并不是重要的资源,重要的是占据于人脑、铭记于人心的"看不见的东西"。这些眼睛所看不见的东西也是一种信息,是信息化经营资源的一部分。

经营资源分类的另一个轴向是对企业而言是否具有稳定性。即增加或减少某一资源的量需要耗费的时间和成本如何,由此可分为固定资源和可变资源。换言之,可以按照外部调配资源的难易程度来分类。如签订短期合同的劳动力、原材料或简单的机械等物力、外部导入的资金等财力都是相对可变的资源,而熟练的劳动力、大规模的工厂设备、长期固定的企业资本等都是固定的资源。

需要注意的是,只要出资即可获得所谓的固定资源。从这层意义上来说并没有稳定不变的"真正的稳定性"。相对而言,客户的信赖、品牌知名度、技术能力、生产经验、组织文化、从业人员积极性的高低等本书所定义的信息化经营资源是眼睛所看不见的,其稳定性反而更强。这些并不是出资就能购得的,而且其积累一般都循序渐进,而不是通过支付金钱就唾手可得的。这是信息化经营资源和其他资源本质上的差异。

按照以上两个轴向划分的经营资源如图1-2所示。

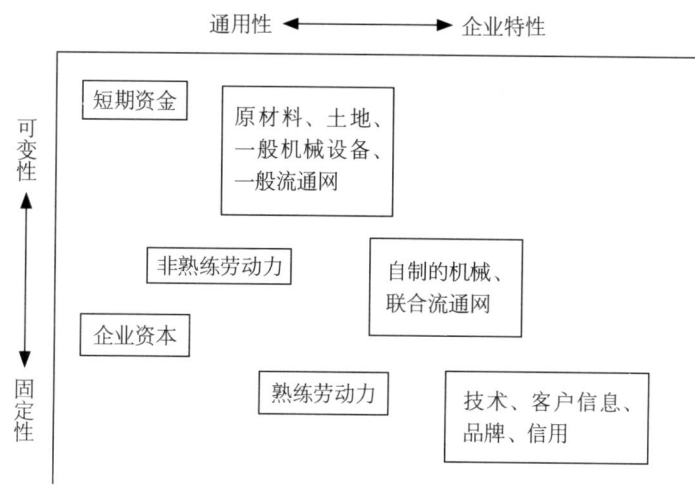

图 1-2 经营资源的分类

如图 1-2 所示，通用性和稳定性是反向关系。通用性高的资源一般可以从市场直接调配，在较短时间内即可获取并储备。而企业特性较高的资源较难从市场调配，需要花费较多的时间。

在以上的经营资源中，哪些可以成为其他企业所无法模拟、效仿的竞争优势？答案就是看不见的信息化经营资源。理由在于只有信息化经营资源同时具备企业特异性强和稳定性强这两种特征。

换言之，正因为信息化经营资源同时具备以下三个特点，才成为与其他公司拉开差距的根本优势来源。

- 很多都是无法用金钱购买的（因此需要自行创造）；
- 需花费大量时间创造；
- 可同时用于多个产品领域。

如果是出资即可购买的资源，一旦竞争对手准备好资金就可以夺取该资源；若轻易即可制作成功，无须耗费很多时间，则竞争对手同样能在短时间内成功制造。这样的资源不可能成为企业拉开差距的竞争动力来源。

信息化经营资源具有信息的特质，一旦完成即可通过各种形式多重利用。若一个产品获得客户的信赖，这种信赖可能会辐射到其他产品，即其他产品也更容易出售。在某一项目上培育、积累的高超技术可以同时应用于多个领域。"同时多重利用"是高效构筑竞争力的源泉。

这种特质（同时多重利用）亦可称为"搭顺风车"，除了信息化经营资源之外，其他的经营资源并不具备这种特质。如，工人在 A 产品的生产工厂工作，则无法同时在 B 产品的生产现场工作。因为在物理上，这是不可能的。即使是设备，虽然轮流使用闲置设备，看似多重使用，但是并不是"同时多重利用"。资金也一样，同一资金不可能同时用于其他的领域。

为何看不见的资产能让企业"搭顺风车"？原因在于信息所具备的特性和物力、财力等实物不同，信息的特性使得企业可以"搭顺风车"。

一般而言，信息具有以下三个特征：

- 可同时多人使用；

· 不易损耗；

· 使用过程中可与其他信息结合产生新的信息。

第一，以技术信息为例。即使该信息由A所掌握，B也可能知道；即使A已向B传达这一信息，也不能说A就不再知道这一信息了。因为一项信息可以同时多人使用，也就是说可以"同时多重利用"。

第二，即使A在使用该技术信息，该技术信息本身并不会减少。当然，该信息在更多的人群中传播时，其与众不同、物以稀为贵的价值会变小。至少，可以说信息不会越用越少。即相对而言多重使用不容易产生负面效果。

第三，普遍使用该技术信息时，A有机会获得其他的技术信息。单独使用该技术信息可能没有创造太大的价值，但是很多情况下，可以和A获取的其他技术信息结合，产生更有价值的新信息。信息的多重使用是产生新信息的源泉。

信息化经营资源的特性决定其可以同时多重使用，而且不会出现越用越少的损耗问题，还可以通过多重使用创造新的信息化经营资源。

业务开展的成果

经营资源种类繁多，而本书重点是强调看不见的资产——信息化经营资源的重要性。不仅仅因为它是企业竞争优势的来源，还因为它是能产生事业活动成果的少数经营资源之一。企业使用这些看不见的资产以实现企业战略，而实现企业战略的同时也会带来看不见的资产。

一般而言，资源可以理解为业务活动所需的投入。为开展业务，需要人力、物力和财力，即需要投入资源。而开展业务活动会产出资源，即开展业务活动需要投入资源，也会产出资源。在考虑业务活动蓝图时，需要兼具投入和产出两种性质的资源。

业务活动产出的资源中，最常见的是资金。企业获得高于成本的收入，收入与成本的差额就是利润，毫无疑问，这是由开展业务活动产出的。由此可见，资金既是开展业务活动的投入，也是产出。

信息化经营资源是看不见的资产，源自企业经营活动。可以形象地说，积累前所未有的信息，确实是企业循序渐进"孕育"出来的。此外，这些储备也会成为企业未来开展业务的重要资源。

　　夏普和卡西欧的LSI技术正是如此。这两家公司在电子计算器业务上倾注了大量的心血，最终产出LSI技术资源，而这一技术资源给两家公司未来的业务开展带来了深远的影响。企业在多个业务领域进行技术储备，把这些技术储备结合在一起，成为向新领域进军的敲门砖。在经济活动实践中有很多这样的发展流程。

　　而且，产出的并不仅仅是技术等信息化经营资源。业务活动带来的信息化经营资源储备还会辐射到其他地方。如果一家零售店能推出一种优质产品，随之而来的还有一种信息化经营资源——零售店的信用。它会给零售店未来的业务带来良好的影响。即使仅开发出一种显著优异的商品，其带来的总体效果也会比开发几十个普通产品的效果更好。出色的商品开发等业务活动会带来信息化经营资源。

　　如图1-3所示，业务活动产出资金和信息。资金和信息是开展业务活动时的投入，同时也是产出。从这层意义上看，资金和信息这两种资源是企业竞争力和业务发展的源泉。而在这两种资源中，只有信息化经营资源作为看不见的资产，兼具通用性和稳定性特征。正因为如此，看不见的资产才成为企业经营资源的核心。

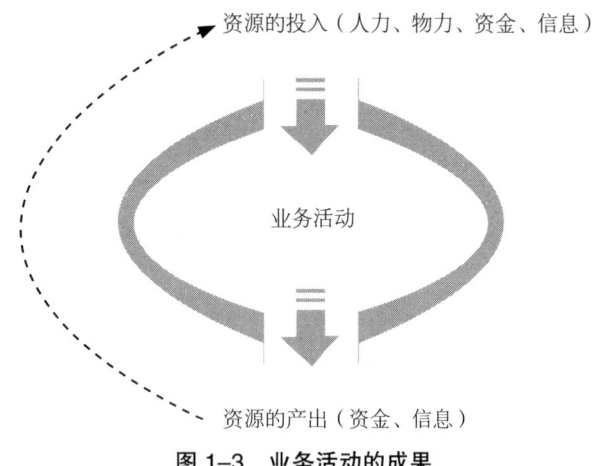

图 1-3　业务活动的成果

　　信息化经营资源绝大部分由组织的员工承载。因为信息需要储存于某个地方。正因为如此,人力资源才成为竞争力的源泉。人力资源是最大的资产。执行体力劳动的人可以用机械置换,但是最终只有人才能成为信息化经营资源的载体。而人之所以重要,毫无疑问正是因为人是信息化经营资源这一看不见的资产的载体。

战略与看不见的资产的动态机制

看不见的资产的两条储备路径

企业在开展业务活动的同时也在积累看不见的资产,可见战略和看不见的资产之间存在有趣的双向反馈关系。其中一个方向是为实现战略需要利用看不见的资产。另一个方向则相反,企业在执行战略的过程中积累新的看不见的资产。在第一个方向,看不见的资产是因,而战略是果;在第二个方向,战略是因,资产是果。

积累看不见的资产一般有两条路径——直接路径和派生路径。直接路径指企业以积累看不见的资产为第一要义,直接投入资源进行积累。如,为推广品牌,进行广告宣传;为开发新技术,开拓项目;为提升从业人员服务质量,组织研修等。

派生路径指企业开展业务活动,进行日常业务和工作,并且通过这一流程,积累派生出副产品——看不见的资产。如提供优质的产品和服务,持续保障日常工作的顺利开展,逐步打造品牌。企业在以往的产品改进和工序改良等日常业务中也会积累经验,如,耐心接待挑剔的客户时,服务质量会因为客户的要求而有所提升。

要成功开展业务,必须落实日常工作。虽然日常工作是必须完成的,但并非毫无差异。在日常工作中倾注的心血不同,积累的看不见的资产也不同。若对挑剔的客户敬而远之,则相当于放弃经由客户积累资源这一途径。

对于看不见的资产的储备,派生路径尤为重要。企业通过直接路径或许能够更快地积累,但是积累的资源深度和稳定性不够。派生路径储备速度可能较慢,但是积累的资源更稳固。

在很大程度上，工作方式决定看不见的资产的储备，而决定工作内容的则是企业战略。战略给看不见的资产的储备带来很大的影响，而且企业执行战略时也会积累新的看不见的资产。

之所以出现派生的资源储备，其根本原因在于负责开展业务的员工在执行工作的过程中不断学习。人有极强的感悟能力和学习能力。从这一点看，人和机器完全不一样。人会在工作的过程中观察思考。眼前所见、脑中所想的信息都会经过大脑处理储备，由此学习。对人而言，工作的过程也是学习的过程。

企业成长背后的双向动态机制

企业员工不断学习，从而形成战略和看不见的资产之间双向的动态关系。

如，当前的战略即运用积累至今的看不见的资产，而在执行当前的战略时，企业可以通过派生路径积累新的看不见的资产。新的积累则可能成为企业未来的新战略。

以上发展逻辑引发各种有趣的"动态战略现象"，如技术驱动战略；又如，企业追求某一项业务的绝对竞争优势时，反而积累了企业的应变能力。企业还可以吃一堑长一智，从挫折中获得积累。

技术驱动战略指一项深厚的技术储备使以之为核心的战略自然而然地深入到每一个员工心中。夏普的液晶技术即是一个很好的例子。

为了在电子计算器业务上获得竞争优势，夏普从近三十年前开始自行制造半导体和液晶，并取得了成功。由此，夏普的液晶技术得以延伸发展。其后，夏普走在全球液晶技术开发的前端，还在家电领域开发出很多应用该技术的产品。

夏普还成功开发了液晶显示屏的摄像机（液晶摄像机）和笔记本电脑。不仅成功开发应用液晶显示屏的终端商品，还把液晶显示屏作为零部件销售。夏普启动企业战略，最大限度使用一项看不见的资产——液晶技术。

波士顿经验曲线

美国的波士顿咨询集团发现，在某一时点企业的累计生产量（从生产商品开始到该时点的累计数量）与成本之间存在一种明确的关系——累计生产量和成本用对数坐标轴表示，会出现一条基本没有弯曲的直线（图A）。这表明累计生产量增加10%，成本减少a%（a的大小由该直线的倾斜度决定）。用一般的坐标轴绘制，则会出现图B中的曲线。波士顿咨询集团把这一曲线称为"经验曲线"。

出现以上现象的原因如下：①熟练工人的效率提升；②工作标准化和工作方法的改善；③制造工序的改良；④生产设备效率提升；⑤资源搭配使用；⑥产品的标准化；⑦产品设计的合理化等。经验曲线表明累计生产量大的企业可以低成本生产，比竞争对手具有更强的价格竞争优势。企业可以利用这种优势，采取先行降价的战略，低价激发消费者的需求，然后扩大累计生产量。不过，若竞争对手也采取同样的战略，企业容易陷入价格竞争的泥潭。

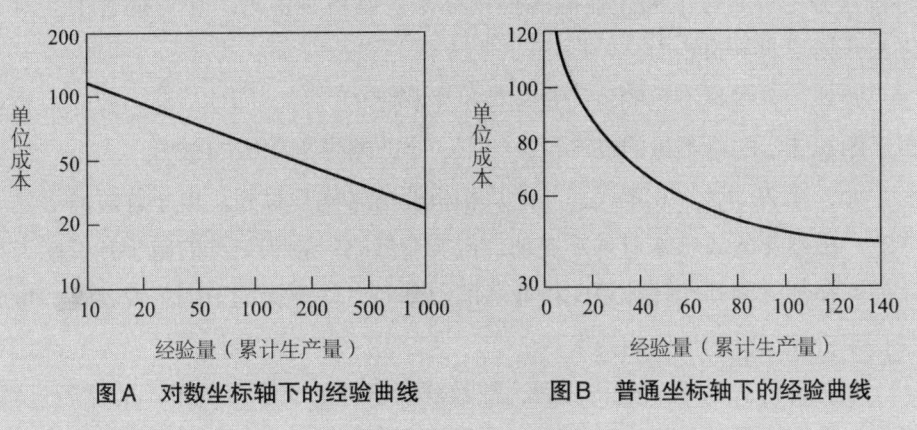

图A 对数坐标轴下的经验曲线　　图B 普通坐标轴下的经验曲线

液晶技术储备成为夏普公司的技术核心。夏普也开始以液晶技术的使用和储备为中心，构想企业整体的战略。技术储备给战略的构想带来两种深层的影响。一是企业开始制定尽可能使用液晶技术（看不见的资产）的战略。二是不断探索开发新技术，以进一步延伸该资产，增加深度，同时也开始思考新的业务结构战略。

在夏普的各种战略性新行动中，以液晶为核心的技术理念贯穿整体。即公司采取技术驱动战略，而看不见的资产处于战略的中心。

看不见的资产成为压倒性的竞争优势和应变能力的源泉。如，日本大和运输开创了日本的快递市场，在急速扩大的市场中，至今依然拥有压倒性的市场占有率，其背后隐藏着看不见的资产的储备。

大和运输成功开拓市场的关键在于构建日本全国的配送系统，使小件配送商业化，巧妙顺应经济逻辑。该业务结构成立的关键还在于从收件到配送的整个网络都有相应的系统管理（如货物追踪系统），还培养了胜任现场收件和配件的配送员。这些都是典型的看不见的资产。

货车谁都可以购得，但是物流体系并非一蹴而就，配送员的训练也需要花费时间。如此细密的积累、庞大的储备，竞争对手很难赶上。

为应对不断扩大的配送需求而开发的货物追踪及管理的庞大信息系统也成为新的看不见的资产，这使得货到付款成为可能。利用信息系统进行支付，并不是多大的跳跃。但是，经由传统的快递行业积累的看不见的资产，为下一代的新业务（货到付款和企业间的信用往来）储备了实力。企业拥有了应对变化、开拓新业务的能力。

此外，有些看不见的资产是从挫折中积累的。如，即使战略失败了，企业员工勤勉储备的看不见的资产也会给下一个战略带来积极的影响。

如，在20世纪70年代，佳能从相机业务转向复读机、电子计算器等电子产业。虽然业务战略本身并不成功，但实施战略过程中培养的电子开发能力和流通路径都成为其后佳能复印机业务的奠基石。从更大的范围来说，这些也成为打印机和相机电子化的技术基础。

在各种模式的企业成长背后，都隐藏着有趣的看不见的资产的储备过程。看不见的资产的核心作用毋庸置疑，本书两位作者参与编著的《日本企业多元化战略》中已强调信息化经营资源等看不见的资产的重要性。看不见的资产的延伸性及其重要性也在美国学者倡导的概念——"核心竞争力"中有所体现，成为资源库战略论的核心概念。

练习

- 请列举一些企业战略失败的案例，并思考案例中哪些内容不符合本章的"两项战略定义"。
- 企业偏向于定位学派或经营资源学派时，分别会出现什么样的战略缺陷？
- 据说市场占有率高有助于提升企业竞争力。其中，很大的原因在于市场占有率高能够带来看不见的资产的储备。为什么会有这种现象？请从企业的生产经验和企业与客户的接触这两个方面来思考回答。

第 2 章
差异化竞争

第 1 章讲解了战略的主要内容，第 2 章到第 6 章具体探讨制定战略时需要考虑的内容，并阐述战略的理论依据。大致分为以下三大内容。

第一是竞争战略。限定一个商品市场，探讨在该市场开展业务时能够使企业脱颖而出的战略。竞争战略可分为两部分：一是为满足客户需求，与竞争对手拉开差距的差异化战略（第 2 章）；二是为实现该项差异化，企业拥有的供给系统——商务系统战略（第 3 章）。

第二是经营结构战略。经营结构战略即同时经营多项业务的企业如何制定多项业务整体的战略。企业的目标商品市场增加到多个时，应制定企业整体的战略。经营结构战略也可以分成两个部分进行考虑：一是在第 4 章重点讨论企业的业务组合、选择和集中的问题，二是在第 5 章进一步探讨企业合并带来的业务结构变化、合作等业务版图重组的问题。

第三是国际化战略。这一部分主要围绕企业目标商品市场和原材料市场跨越多国时的管理。如，原来仅依赖日本内需的大型企业开拓海外市场需求，进而把生产据点转移到海外。此时，企业面对的不仅是新的市场，还有相关政府部门以及当地的文化法律制度等。这些都与原来的市场有差异。

锁定客户和竞争对手

谁是客户

竞争战略指企业某一项业务应对市场竞争时采取的行动和计划的基本设计图。该设计图目标在于取得该项业务在市场竞争中的胜利。具体而言，企业需要设计战略，向客户推广，并与竞争对手拉开差距，创造企业的优势。

企业具有与对手不同的优势，意味着差异化、脱颖而出。因此，竞争战略这一基本设计图的核心是实现差异化。

所谓的差异化只有在客户认可企业与竞争对手的差异、实际选购企业的商品时才算真正实现。在此极其重要的是，不能单纯地认为与竞争对手有一项不同就算差异化。企业单方面认为自己的商品在某一点上与竞争对手的商品不一样，也只是一厢情愿，没有实质的意义。这里强调的差异对客户而言应该是有价值的，而且必须足够鲜明，可以左右客户选购的决定。换言之，只有在客户认可该差异的价值时，差异化才算有效，企业才能脱颖而出。

企业绘制设计图以实现差异化时，需要明确意识到两个基本因素：一是客户是谁，二是竞争对手是谁。这两个问题分别对应着"由谁认可价值差异"以及"让客户认识到差异的对象是哪家企业"。以上两者都很重要。

虽然这是基础的知识，很多企业却没有明确这些基本因素。实际上，客户是谁，这是由企业自己选择的，竞争对手是谁也根据企业的选择有所不同。

当然，并不是一旦锁定客户是谁，就不能销售商品给目标对象之外的人。在此，我们强调的是制作企业设计图时，应考虑以谁为主要的客户。如果轻视目标客户的锁定，则可能开发出看似面向很多人实则谁也不会购买的商品。一般情况下，设定的目标客户需要有的放矢。

如，大和运输准备进军快递行业时，一开始设定的目标客户是家庭主妇，所以大和运输的具体战略是采取便于家庭主妇的快递收取方式（以小酒行或米店为收取件网点），设定家庭主妇容易接受的价格（全国统一价 1 000 日元），提供便捷的服务（次日送达）等。

缩小目标范围的最大目的是确保企业制定设计图时能够聚焦于重点，因为过于宽泛的目标实际上只是模糊的设想。

聚焦成功的目标客户会带来连锁反应，很多情况下其他的商品也会逐渐被各种客户群所接受。如快递，不仅家庭主妇在使用，而且已经被日本国内的广泛人群所接受。这是"窄入宽出"的典型现象，常见于成功的战略。

对企业而言，一个商品市场所面对的客户同时存在各种类型。要捕捉各个客户群，企业需要脱颖而出。另外，还需要把握各个细分市场的情况，聚焦目标客户，以实现企业的差异化，即需要把一个市场细分为更小的单元，分别锁定目标客户。

一个市场不可能由行动和爱好完全相同的客户构成。可能存在对广告敏感或对价格敏感的客户，又或是更注重质量和设计的客户。另外，客户收入、年龄层不同，各个地区的客户喜好或文化背景也不同。

汽车市场可以细分为多种市场，如讲究技术和造型的年轻人的市场；对车辆的承载能力、经济性要求较高的家庭市场；还有身份象征和追求奢华的市场等其他的各种各样的细分市场。同样，磁带和CD也可以按形式、内容或年龄细分市场。

企业需要细分出各个市场，确定焦点，即使不聚焦，也需要整体把握市场情况，确定战略，如开发各个细分市场特有的商品。这是企业决策的基础，可见市场细分的重要性。

企业需要进行独特的市场细分，而不应该囫囵吞枣地直接使用教科书上千篇一律的市场细分案例，单纯根据收入细分。其实，市场细分的方法本身已经体现了企业如何准确理解市场。

通过独特的视角细分客户，并在此基础上锁定某一细分市场，考虑如何在所选的细分市场中集中攻克设定的目标，是回答"谁是客户"这一问题的重要思路。

谁是竞争对手

锁定的客户就是价值差异的认识主体。企业需要向这一认识主体展示出与谁之间的差异？这回答的是"竞争对手是谁"的问题。

锁定某一商品市场后，竞争对手是谁多半是不言而喻的。如，电视机市场的竞争对手很明显就是其他的电视机生产商。然而,并非所有案例都如此。有时候,竞争对手会在意料之外的地方。或者,竞争对手并非直接分配给企业,而是企业自己选择的。又或者,即使没有选择的余地,在众多的竞争对手当中,企业也会强烈意识到谁是主要的竞争对手。

无论出现以上哪种情况,既然要制定战略,把企业与竞争对手的差异传达给客户,首先就需要回答"竞争对手是谁"的问题。如果不明确这一点,就无从锁定差异化的重点,更谈不上如何传达给客户。回答"竞争对手是谁"的问题直接影响差异化战略的制定。

市场细分的维度

市场细分指根据客户特性识别出与其他客户群需求不同的客户群体,这需要详尽的客户调查。可以从以下几个方面切入调查。

①用户的类型;②使用的场所;③使用频率;④客户诉求的功能和性能;⑤对价格的敏感程度;⑥用途;⑦品牌认知和品牌忠诚度。

也可以根据人口统计学的数据,以客户的一般特性为基准,进行市场细分。这种情况下,可以从以下几个方面切入调查。

①地区;②收入水平(消费品);③规模和行业(工业商品);④年龄和性别(消费品);⑤职业。

当然,以上两类切入点是有关联的,人口统计学的分类与前一种分类方式有近似之处。

市场细分为多个模块时,各企业可以选择在哪些细分市场竞争。企业在所有细分市场都展开竞争时,称为全线战略;聚焦于单一或少数的细分市场时称为焦点战略。采取后项战略的企业也被称为市场利基者。

有两种竞争对手是意料之外的,但也是经典的类型。一是客户本身,如配送晚餐食材的业务。企业确定客户当天的食谱,备齐所需要的材料,然后配送

给客户。对于企业而言，最大的竞争对手是客户本身。主妇可以选择自己购买食材，或使用晚餐食材配送企业的服务，可见主妇是企业的客户，同时也是竞争对手。对服务行业的很多企业而言，最棘手的竞争对手就是客户本身。

二是表面上完全不同的其他商品或服务却和自己企业所提供的商品或服务具有同样的功能。我们称之为替代品。

替代品的范围很广。如果不彻底洞察其广泛性，则容易在把握差异化的真实情况时出现失误。如，关注圆珠笔写字的功能，则可以了解企业和其他的圆珠笔或者笔记用品的供应商在笔记用品市场的竞争。但是，从广告宣传的角度看，一次性打火机和纸巾的供应商也是企业的竞争对手，因为这些企业会在"定制纪念品"的市场上相互竞争。不同的商品市场所需要的差异化的重点也不一样。

在多个竞争对手中，谁才是主要的竞争对手？这也是很重要的问题。如果企业判断失误，战略也会出现错误。如，20世纪90年代的日本半导体产业。在20世纪80年代，不仅仅是半导体产业，许多其他产业的日本企业也一样，只需要面对其他的日本企业和美国企业的竞争。但是，到20世纪90年代，东亚的企业如韩国、中国的企业也逐渐加入全球市场，日本企业不得不重新定位主要的竞争对手。

即使如此，还有很多产业依然以日本国内其他生产商或美国企业为竞争对手，而对东亚企业的竞争意识并没有达到应有的高度。半导体产业就是其中一个例子，日本企业没有意识到主要竞争对手是谁，因此在思考有效应对策略时为时已晚。

市场范围与竞争结构的分析

前面提及的圆珠笔企业在纪念品市场也存在竞争对手。并不是说圆珠笔企业一定要在纪念品市场竞争，企业可以战略性选择不在纪念品市场竞争。如果企业自身的特征决定其难以和该市场中的竞争对手拉开差距，则应该避开这个市场。企业可以自行决定目标市场的范围。这是企业自主的选择。

市场范围并不是别人给予的，这听起来或许会让人觉得奇怪。如果是日本的钢铁市场，市场范围清晰明了；如果是日本的高性能低价建筑材料市场，市场范围则不太明确。

钢铁是供给方提出的商品定义，而对于购买方而言，真正购买的并不是钢铁本身，而是钢铁的功能。一旦出现可以替代这一功能的商品，如铝、钛或工程塑料等替代品，都可以取代钢铁。生产商会把化妆品界定为化学产业的一部分，与此同时，从"购买梦想"的角度也可以界定为形象产业。

市场范围相关的讨论基本围绕如何进行商品定义或者业务定义。如彼得·德鲁克的名言——我们的业务是什么？我们在卖什么？我们把铁路产业理解为运输服务业，还是简单的电车在两根铁轨上行驶，运载人和货物？定义不一样，市场范围也不同，客户和竞争对手也大不相同。

市场范围之所以难以定义，不仅是因为商品业务本身难以掌握，还因为市场上有很多类似的商品，存在较稳定的替代关系。以音响设备为例，有盒式录音机、随身听、迷你立体音响等具备稳定替代关系的一般音响市场，另外，也有一台几十万日元的扬声器或扩音器的高端市场，也有DVD等影音类的音响设备市场，还有游戏中心的游戏机等相关市场。

市场不仅仅由替代关系来连接，还可以通过商品的互补关系串联成一体。

如，搬家企业在搬运货物的意义上属于运输企业，然而，提供纸箱等搬家时需要的物品，也是搬家服务附带的必要项目。搬家企业把自己的市场界定为搬运货物还是提供搬运所需的各种物品和新入住的生活安顿相关的服务？迁入申请、煤气安装、电话安装等手续的代理是否也是企业的目标市场？以上问题由企业自行回答，做出自己的选择。

市场界定并不存在普遍通用的东西，而是企业自主的选择。企业对市场范围的界定是最为重要的战略性决定。

市场主要由该市场的目标客户以及彼此互为竞争关系的竞争者构成。企业做出有效的市场范围选择，等同于独特定义商品，确定竞争对手以及真正的客户等差异化战略的三项基础要素，由此产生独特的差异化战略。

另外，市场并非只由客户和现存的竞争对手构成。在相应的市场中，还有替代品、新加入者的威胁或原材料零部件的供给商变化等探讨市场竞争结构时应考虑的因素。因为以上因素也会影响企业的差异化战略。

如，企业核心零部件和商品组装如果依赖外部供应商，则需要洞察供应商的动向，否则无法制定出企业的差异化战略。如果相应的零部件供应商很可能给竞争对手或新企业供应零部件，则差异化的重点不应该是零部件的性能和组装效率，因为竞争对手很可能快速成功模仿。

数码相机市场便是如此。三洋电机承包数码相机生产商的商品组装OEM（定点生产）生产。差异化的重点是包括设计在内的商品开发以及与其他相关商品构建关系。零部件的性能本身无法提炼出差异性。

最后，给大家介绍一个市场竞争结构的分析模型。图2-1是波特的"决定行业结构的五力分析模型"（五力分别是供应商的议价能力、购买者的议价能力、新入市企业进入的能力、替代品的替代能力、行业内竞争者现在的竞争能力。五种力量的不同组合变化，最终影响行业利润的变化）。从模型可见其对差异化战略的意义（该模型可用于判断哪一项业务利润率能提高，有利于经营结构战略的制定）。

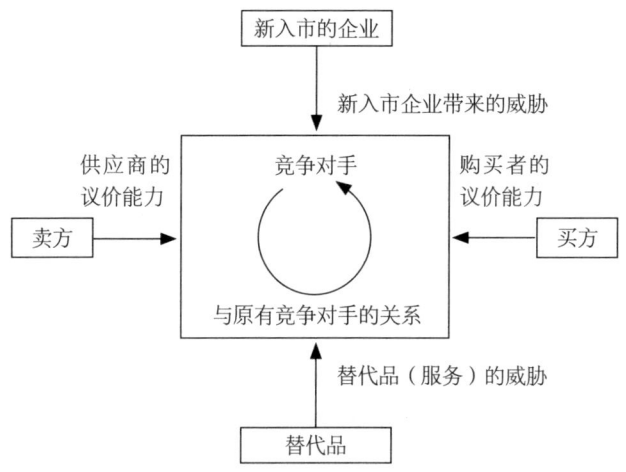

图 2-1　决定行业结构的五力分析模型

使用这样的分析模型探讨市场竞争结构时，市场范围本身可由企业选择。企业应该对可能存在的多个市场进行定义，进行如图2-1所示的分析后再确定市场范围和商品定义。

差异化的重点与竞争武器

给客户带来的价值与竞争武器的差异化

差异化战略关键在于同时获得两项胜利：一是与竞争对手拉开差距，获得相对的优势，二是获得客户青睐。这两项胜利未必能同时实现。如，在竞争中获得优势，但未必能抓住客户的心，销售额也不见增长。

在决定差异化的对象时，有一个重要的前提，即需要充分理解市场竞争的焦点是什么。企业必须围绕这个竞争焦点力争差异化。

考虑市场的竞争焦点时，其出发点应该是对客户而言的价值，意识到企业之间的差异并认可某一企业优势的主体是客户。因此，企业必须考虑客户有什么需求以及如何应对这些需求，提供客户认可的价值。令人感到意外的是，很多企业忽视这一点，只单纯追求"卖方才懂的差异化"或"只考虑竞争对手的差异化"。

给客户提供有价值的商品时，必须捕捉到客户多方面的需求。我们把这一整体称为"需求束"。"需求束"可以概括为客户的以下四个需求：

- 价格；
- 商品本身（性能、质量、设计、附带软件等）；
- 服务（售后服务、支付条件、购入时的简便性等）；
- 品牌（商品和企业的社会评价等）。

这种需求束根据商品的特性和客户群的特性有所不同。而且，客户对需求束中某一项的偏好也各不相同。客户购买化妆品时，价格并不是很重要的考虑因素，但是购买纸巾时，价格则是压倒性的重点。而在销售解暑饮料时，"方便购买"是关键。除此之外，客户本身也有区别，如所谓的"先锋用户"往往对新的商品起到领航作用，有些客户则讲究商品的性能和形象，而一般的客户可能最关注价格。不同的商品所面对的市场情况也不一样。

最重要的是认识到客户的需求是束状的，而不是单一、单向的。

如果把多方面的需求全部定为企业推介的重点，会产生两个问题，从而导致业务无法顺利进行。一是所有商品都是重点，向客户传达的信息模糊不清，企业丧失特色；二是即便企业的资源非常丰富，也很难在所有需求层面确立比竞争对手更优异的地位。企业的战略可能变得八面玲珑，但有很大风险导致资源分散，无论在哪一项业务上优势都不突出。

因此，首先要考虑的是，在客户的需求束中客户最为关注的是什么。其后再对症下药，对重点进行差异化。即最关键的是把"需求的核心"作为差异化的重点。

企业需要在核心点上与竞争对手拉开差距，使客户充分认识到差异性。以该核心点为中心，实现竞争武器的差异化。

在以上四大类需求的基础上可以进一步把竞争武器的差异化分为以下四个模式：

第一，商品差异化；

第二，价格差异化；

第三，服务差异化；

第四，品牌差异化。

第一，商品差异化。在商品、服务的功能和质量上与竞争对手拉开距离。一般而言，这是最有效的差异化战略。持续进行商品功能和质量差异化，需要一项信息经营资源——技术。除此之外，要比其他企业更快地捕捉客户的功能和设计需求，需要建立机制，探讨客户的喜好。

第二，价格差异化。类似的商品可以在价格上拉开差距。商品有同样的功能和质量，但是售价可能更低。如果大家不熟悉"价格差异化"一词，可以换一种说法——低价战略。企业可以从商品开发到销售一路压低价格，彻底控制经济规模，降低成本。

具体而言，如何实现低成本？产业或企业不同，其方式也各异。如，日常用品的销售，基本上没有什么流行趋势，关键是大量生产、大量流通；对保鲜度要求高的生鲜食品，关键是减少浪费。这些关键点也是竞争的重点。

第三，服务差异化。即使商品和价格都类似，服务不一样也可以分出胜负。辅助服务能产生客户关系的差距，如交货入库时的协助、售后服务、金融附加服务、提供方便购买的途径等各种各样的服务。如，销售解暑饮料，重要的是客户想要喝的时候立即能买到。由此，可以构建自动售货机网点，以提高购买的简便性，此时流通和物流是竞争的关键。

第四，品牌差异化。如果在客户心中树立了品牌形象，即使价格较高、商品相似，客户也会买单。索尼由于这一原因获得了很大的成功。有很多客户单纯因为索尼这一品牌就选购索尼的商品，而不会特别关注商品的功能、质量或价格。

通过竞争武器的差异化实现客户的核心需求是差异化战略中最为基本的一项。差异化战略有三点需要注意：第一点是除了核心需求外，企业需要自行设置客户能容忍的最低限度的基准。如，针对关注价格的客户，至少需要保障最低限度的商品质量，否则，无论多便宜，客户都不会买单。需求是束状而不是单一的，需求束的所有要素都需要达到客户最低限度的容忍水准。在此基础上，再把焦点放到其中的某一点。

第二点是在所有需求束都达到最低限度的容忍水准后，再选定需求的核心，需求核心根据竞争的实际情况来选择，可能不止一个。因为一个市场上有各种各样的客户，客户群不同，需求核心也可能不同。如，日本汽车产业中，丰田在服务上进行差异化，本田在商品方面进行差异化。企业可以分别选取自己的核心竞争武器。

第三点是竞争武器的差异化并非决定重点就大功告成了，企业需要根据经济规律自主建立竞争武器差异化的体制，以使其切实可行。如果追求规模经济，则需要大量的生产设备，如果以品牌差异化为企业战略，则需要充分考虑品牌的构建和商务系统的维系。我们会在下一章中详细探讨企业的供给系统。

强调个性的差异化

需求核心的差异化指在商品、价格等各个竞争武器上争取优势。其实，不仅要实现各个竞争武器的差异化，企业还需要通过强调个性获取客户的青睐。差异化战略并非通过各个竞争武器的差异化拉开和竞争对手之间的距离，而是在企业提供的商品和服务整体上与竞争对手拉开差距，脱颖而出，以企业自身的优势取胜。

强调个性的差异化一般有两种模式。

第一种模式是以和竞争对手完全不同的商品特性或企业形象为卖点的战略。所谓的商品特性指结合商品特征和附加服务，包括品牌在内的整体革新。如，本田的差异化战略强调商品的崭新特性，索尼的战略强调"索尼特色商品"，两者均以个性差异为卖点。星巴克也是其中一个案例，它提供与其他咖啡店明显不同的个性服务，即使价格较高也能被市场接受。企业成功强调个性差异时，客户购买的就不是特定的某一商品，而是"企业"。

刚进军某一市场的企业多半需要强调个性差异。作为该市场的"玩家"，需要被客户认识，自然需要强调自身的与众不同。有些企业以价格为核心强调与众不同之处，也有些企业以商品开发为强调的核心。

不仅是新企业，市场占有率较低的企业采取"重点突出"的差异化战略，也有很多获得了成功。比起被市场整体接受，企业应该优先考虑突破哪一个细分市场，因为企业所处的位置本身决定了重点出击的战略更易实施。反之，市场的龙头企业较难采取这样的战略。

第二种模式是"积累微妙的差异化"。前文的四个差异化竞争武器如果全部都实现微妙的差异化，则其积累结果会成为客户选用企业商品的动机。能够积累微妙差异化的企业数量有限，所以这种积累也可能成为企业自身的个性。

丰田的差异化战略即是如此。丰田以服务为中心，看重微妙的差异化积累，虽然不是特别突出某个方面，但整体上确实有压倒性的差异，这其实就是丰田的个性。

微妙的差异在不起眼处一项一项积累。当然，也有资源分散的风险。所以，企业必须意识到风险，谨慎积累微妙的差异化。

微妙的差异化积累与散漫的焦点分散有两点不同。第一点是虽然所有竞争武器均涉及，但散中有聚，预先设定中心再行积累。

第二点是企业需要意识到并真正完善供给系统，以在众多需求点上执行微妙的差异化。因此，企业需要努力构建商务系统。该战略适用于有较强的成本优势且能轻松构建覆盖市场整体的商务系统的企业。如市场的龙头企业或与之地位接近的企业。我们会在下一章阐明商务系统的重要性。

过度差异化反而忘却客户的存在

企业如果过度追求与竞争对手之间的差异，可能开发出对客户而言毫无价值的商品。

这类失败案例多发生于以不特定客户为目标对象的企业。企业不清楚目标客户及其需求，反而更关注竞争对手的举动。营业部门有较大发言权的企业也常常会被竞争对手的举动干扰，忘却客户所关注的价值。营业部门如果提出"竞争对手已生产某一种商品，我们应如何应对"，该观点会促使企业开发新商品以对抗竞争对手。此时，客户追求的价值反倒成为其次。

此前，家电厂商竞相提升录像机的功能和性能，结果开发出极其复杂的商品，一般消费者无法适应。"竞争对手已生产某一种商品，我们也应紧追不舍"的想法导致企业给商品追加不必要的功能。电脑行业也重蹈覆辙。一味竞争，追求消费者无法企及的高端功能和性能，却丝毫没有提供主体软件的质量保障以及让消费者安心使用等客户真正诉求的价值。

和军事战略不同，经营战略的目的不只是战胜敌人（竞争对手）。如果企业无法获得客户的支持，可能会和竞争对手同归于尽。所以，企业必须关注竞争对手，同时洞察客户的需求。实际执行起来会困难重重，但企业必须思考为对抗竞争对手而采取的行动对客户而言是否有价值。

客户追求的价值、与竞争对手的差异化以及企业自身的独特性、实际情况和实力等三大方面的精准把握缺一不可。在现实世界中，要贯彻这些单纯的原则并非易事。或许可以说正因为单纯简单，反而更难执行，因为制定企业战略的是思考能力有限且会受到情感左右的人类。

强调个性差异的差异化战略以及不断积累的微妙差异化是竞争日益激烈的现代市场中急需的战略类型。以需求核心为主的差异化可能会成功，但是市场竞争并不会如此顺风顺水，因为竞争对手会迅速反应。所以，企业制定战略时需增加对方反击的难度，努力加深个性的差异化。

个性的差异和微妙的差异积累也需要满足客户的需求束。充分满足需求核心的同时，在非核心的需求方面也必须满足必要的最低限度的需求。在此基础上，企业积累微妙的差异或者强调个性的差异。

前面提及需求核心的差异化战略是各种竞争武器的必备，而强调个性的战略是企业自身提供的商品和服务的整体性。与竞争对手拉开差距、呈现显著的不同是差异化战略最关键之处。

由此可见，日本企业有太多雷同和所谓的并驾齐驱，这与战略的根本要求背道而驰。

市场变化与动态差异化

市场变化

前面探讨了差异化战略的基本要点。应用于实际市场时需注意：竞争市场是日新月异的。

如，在某一时点上，竞争的焦点是商品功能。此时，如果出现类似功能的竞争商品，商品的功能差异化就会举步维艰，而竞争焦点也许会转移到价格上。客户的需求也会因为此前的需求已被满足而产生新的需求。应对这种市场变化时必须制定差异化战略。

企业考虑差异化战略时，需关注以下三种市场变化：

- 竞争焦点的变化；
- 需求的进化；
- 技术的进化。

三种变化可能同时产生，也可能独立产生。即使需求未进化，技术未进化，与对手的竞争更为激烈时，竞争焦点也会变化。若需求或技术进化，竞争焦点自然也会变化。需求会随着商品的进化得到满足，而提供与需求进化步伐一致的商品则需要技术进化。很多情况下，需求和技术的进化是配对出现的。

我们接下来会探讨如何应对竞争焦点的变化，以及需求进化和技术进化同时发生时市场变化的应对策略。后面的内容主要围绕企业应对日新月异的市场时采取的动态差异化战略展开。

灵活应对竞争焦点的周期变化

在很多情况下，竞争焦点有一定的变化周期。这一变化周期源自市场的"合成悖论"现象。

竞争武器的差异化可分为商品差异化、价格差异化（即低价战略）、服务差异化、品牌差异化四个差异化武器，前面也已提及，品牌的差异化并非适用于所有企业（自行创建品牌其实相当困难），在市场竞争中，其他三种差异化的任何一种都会被所有竞争对手用作武器。

按三种差异化对企业的适用程度而言，一般可排序如下：商品差异化最为理想，服务差异化其次，价格差异化排在最后。多半竞争企业都会考虑同样的事情，因此竞争的焦点从商品到服务，再转到价格。由此形成图2-2所示的周期变化。

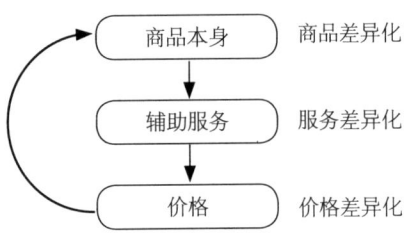

图 2-2　竞争焦点的循环周期

很多企业倾向于抢先实现商品差异化。因此，市场上会出现类似商品，而商品差异化最终只在某一期间内有效。紧接着会进行服务竞争，这也无法持续很长时间，最后转到价格竞争。

各个企业在考虑差异化武器时思路基本一样。如果对冲各企业的行动，会发现所有的武器都不再是有效的武器。这样的悖论使竞争焦点出现周期变化。竞争焦点的周期变化和商品的寿命周期变化方式一样。在商品导入期、成长期是商品差异化，从成长后期到成熟期是服务差异化。进入成熟期后，价格会成为主要的竞争焦点。

商品的竞争焦点呈周期变化。企业制定差异化战略的方法有两种：一种是根据竞争焦点的变化，相应改变自身的武器；另一种是确定自己所擅长的武器（常以商品差异化为中心），组合多个商品和细分市场，落实在某一处与竞争焦点契合。

第一种做法是尝试在所有市场都获得胜利；第二种做法则是认识到若在自己不擅长的市场上竞争，会处于不利的地位，因此努力在某一点取得胜利。

企业如果能实现经营资源的积累或组织的敏捷反应，可选用第一种做法。实际上，很多企业并没有快速的应变能力，也没有充足的资源。因此，一般企业采取第一种做法时往往会捉襟见肘，成效甚微。

很多时候，第二种做法更为理想。当然，即使不是主要武器，如果没有最低限度地满足各个阶段作为竞争焦点的需求核心，企业也会一败涂地。所以，企业需要看透周期的变化，提前做好准备。但企业不应该因为周期变化而改变主要武器。在某种意义上，这也是悖论式的战略定位。即使市场发生变化，企业自身的竞争武器的核心始终维持不变。

如日本的家电行业，索尼常以商品差异化为中心，而松下电器常以服务差异化为中心，三洋电机以价格差异化为中心，各个企业有各自的武器。家电产业有很多商品领域和细分市场，商品周期不一样，客户群也不同，周期变化的商品市场领域也多种多样。因此，各个细分市场对应的竞争焦点都不同，根据这种特性，三家企业的三种不同做法都是有效的。

采取第二种做法时，能实现品牌差异化的企业较为强大。如，当竞争焦点转移到价格时，如果企业有品牌支撑，则在很大程度上可以取得品牌差异化的胜利。可以说，品牌给予企业超越市场变化的能力。

肯定技术和否定技术的组合

下面讨论第二个类型的市场变化——需求进化和技术进化组合出现时的动态差异化应对战略。

打印机市场是需求进化的典型例子。最初的主要技术是点矩阵打印，噪音很大，打印的质量也欠佳。因为该技术通过点的集合来呈现文字，是机械式的打印。之后市场出现新的需求，需要更安静、打印质量更好的打印机，如果不开发新技术就无法满足这一进化的需求。喷墨式打印机应运而生。

在很多市场需求进化的背后存在满足原有需求的旧技术以及满足新需求的新技术。跟进需求变化、开发新技术以满足新需求时，最为理想的战略是商品差异化。若需求已进化，企业即使采取低价战略满足原有的需求，市场也不会有很大的反应。

我们称这种旧的技术为肯定技术，即应对现存的大量需求，肯定该技术。该技术是企业原有的商品、原有技术延长线上的技术。另一方面，我们把应对新需求的技术看成否定技术，即最新的技术否定原来应对旧需求的技术价值。电脑打印机的点矩式打印技术是肯定技术，喷墨式打印技术则是否定技术。

有些企业在原有业务方面满足旧需求，具有竞争优势时往往在否定技术的开发上有所延迟，这样就会在需求进化时败下阵来。另一方面，积极推进否定技术可能会成为企业原有业务衰退的原因。所以，企业内部也会有人反对投入资源开发否定技术。

应对需求的进化，企业需要结合肯定技术和否定技术，以实现动态差异化。这是必要的战略。毕竟，企业不能在市场变化时节节败退。

以技术为后盾的动态商品差异化战略可以实现以下三种效果。

第一种效果可能出乎意料——改良肯定技术。抗拒否定技术的反弹作用反而会促进原有技术的进步。

第二种效果是促进否定技术。否定技术如果不超越肯定技术，就没有市场意义。因此，否定技术的进步会加速。

第三种效果是在较大的商品领域分类中成功开发的否定技术依然处于同一市场（如打印机市场）。所以，肯定技术在该市场构建的看不见的资产也可以用于否定技术的商品，即肯定技术的商品和否定技术的商品可以共享市场相关的经营资源。

第一种效果意在保底，不至于一时失算造成糟糕的情况。实际上，比起新技术的应用，原有技术的改良成功率更高。而且，企业发展否定技术的同时还有内部竞争，因为有人"抗拒否定技术"。可以说第一种效果很明显。相反，肯定技术对于否定技术而言是应该超越的"动态标的",由此会加快否定技术的研发。

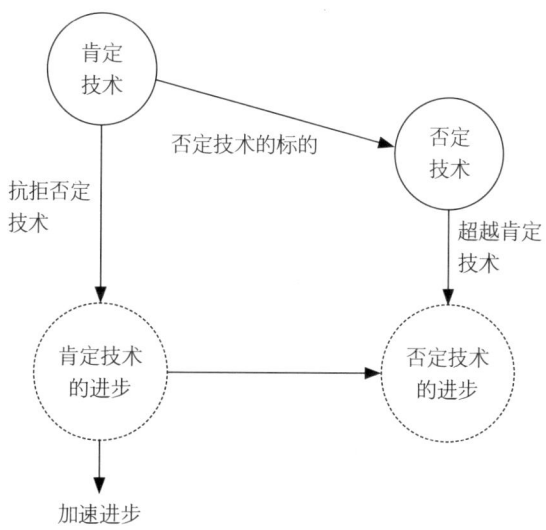

图 2-3　肯定技术与否定技术的关系

然而,从组织的特性而言,肯定技术和否定技术难以同时存在。原有的龙头企业很多在否定技术上落败。在电脑打印机的领域,爱普生曾经是点矩打印的龙头企业,其在喷墨打印的否定技术上也夺得头筹,这是肯定技术和否定技术成功结合的典型案例。

下面具体探讨如何应对竞争对手的反击,以及如何实现非竞争。

反击的防范策略与非竞争的追求

反击的防范策略

既然是竞争战略,自然需要预想采取某一战略时,竞争对手会对此发起反击。实际情况往往是牵一发而动全身,市场整体的动向会变化,竞争对手也会变化。因此,企业必须考虑有防范策略的竞争战略和差异化战略。

正如前面所探讨的,很多时候,企业需要超越单纯的差异化,强调个性以使差异化难以被模仿。对很多产业而言,单纯的价格差异化即低价竞争并不适合作为战略。最重要的理由是无论哪家企业都可以模仿降价，这种差异化很容易受到对手反击。

当然，竞争对手是否能够在提升利润的同时对抗低价战略，这一点不得而知。若要实现商品差异化，则需开发新商品；若要实现服务差异化，则需加强服务体制。无论哪一种，都需要企业投入时间和各种资源。如果忽视利润，企业随时可以采取单纯的低价战略。由此可见价格差异化较易成为反击的对象。

企业需要先设想竞争对手反击时企业可采取的对策，其后再制定竞争战略。防范竞争对手反击的策略大致可分为以下两种。

一是设想对方的反击，根据设想考虑应对方法，分阶段执行竞争战略。如果以商品差异化为中心，不仅需要考虑新商品的开发，还应考虑半年后新商品投入市场以及次年新商品投入市场的情况，在此基础上向市场投入系列新商品。为防范竞争对手反击，企业抢先投入新商品的开发，发售新商品。

电脑行业常采取该战略。电脑的新商品基本上每个季度都会更新，而且限定商品的生产量，即使销路很好，也不会增加产量，而是把资源划分给下一代商品的开发。

二是一开始就制定令对方难以反击的战略。难以反击的战略可分为两类：一是让竞争对手反击意愿变小的战略，二是竞争对手想要反击时会受到阻碍的战略。

如，开发替代品，取代竞争对手的畅销商品就是典型战略。竞争对手若反击必定会失败，这样的战略就会削弱对方的反击意愿。如果竞争对手也开发出类似的商品以反击替代品，则会产生和自己的畅销商品对抗的矛盾。此时，畅销商品的负责人会提出异议，企业会犹豫，不确定是否开发类似商品。这种战略往往会令竞争对手难以反击。

又如，在设备投资方面，先下手为强，进行大规模投资，竞争对手就难以对抗投资。竞争对手如果也进行大规模的投资，整个产业会因为供给过剩导致商品价格骤减，企业的利润减少，原有工厂的预算也会减少，这对竞争对手而言毫无好处。因此，对方无法贸然对抗，其结果就是竞争对手的反击意愿被削弱。

第二种是即使对方有意愿要反击，也会因为受到重重阻碍而无法反击。其中，最容易理解的方式是使其难以模仿。如，投入新商品时通过使用专利形成技术上的壁垒。

提高进入壁垒的战略都属于这一范畴。除了技术壁垒外，抢先一步获取必要的资源也可以提高壁垒。如便利店的竞争，若抢先一步垄断易转变为便利店的小酒行的经销权，那么竞争对手垄断便利店的经销权、快速铺开店铺时的可用资源就会变少。即企业采取先下手为强的反击策略。又如设立专卖店或同一系统的店铺，这样就能防止竞争对手利用本企业的流通网，同时也使竞争对手不得不投入巨额成本自行开发系列店铺。

企业自身需具备强有力的成本体制，以形成难以反击的优势。实现成本优势的同时，企业还需让竞争对手知晓自己的成本优势（具有威慑作用）。

企业具备较大的成本优势时，即使售价相同，盈利额也不同，充足的资金可以使企业有足够的实力对外进行价格竞争。积累的资金也是企业投入广告、促销等开展各种竞争手段的原始资源，使竞争对手不敢轻易采取价格竞争，更谈不上反击。企业如果有较大的成本优势，还可以抑制价格战，或为价格战做好准备。不仅如此，企业的成本优势还是各种差异化战略的动力来源。

企业压倒性的成本优势若与微妙差异化或个性差异化组合，效果更好。特别是在企业积累微妙的差异化时，随价格优势而来的资金——原始资本就会增多。因此，很多龙头企业采用大规模的成本优势和以商品优势为基础的微妙差异化。丰田就是典型的例子。

仅有成本优势还称不上竞争战略，并非差异化。真正的差异化指能比竞争对手更好地满足客户的需求，为客户提供价值。若不采取低价战略（价格差异化），成本优势并不会直接为客户带来价值。但是，巨大的成本优势带来的资源上的充裕会成为给客户提供各种价值的源泉。因此成本优势是竞争战略背后的重要因素，具有重大意义。

锁定市场空隙

考虑到竞争对手反击的问题，企业一开始主动加入竞争对手较少或还未有竞争对手的领域较为理想。如果强劲的潜在竞争对手无意愿进入该领域，则该领域更加理想。实际上，并不存在未经开发的大板块的市场领域，但在某些市场领域还存在很小的市场空隙。

在中小企业对抗大企业时，可以采取瞄准这样的市场空隙的战略。这种战略可以称为"壁龛战略"，或者"空隙战略"。不仅中小企业会使用"空隙战略"，大企业在开拓新的业务时也常常使用。

采用空隙战略需要满足两个要件：一是先发现这一空隙；二是成功进入这一空隙。很多人发现市场空隙的存在，但是真正要使这一空隙成为符合商业理论依据和经济预算的事业则需要付出极大的努力。因此，这一空隙很可能被忽略，而未做好充分准备的企业往往在进军市场空隙时落败。

企业需要通过开阔的视角观察客户的需求，缜密思考是否还有未被满足的客户需求，以此发现空隙。

一般人会把客户需求理解为客户已有的某种需求或已有的购买意愿。其实，客户的需求不止这些。客户需求主要可分为以下三类。

第一类是客户自觉的需求，很多企业也知道客户有这一需求；第二类是客户已意识到存在的需求，但现有企业并未察觉这一需求；第三类是客户自身尚未明确察觉自己已有的需求。

客户对市场中现存商品的需求典型地属于第一类需求，企业围绕这一需求展开竞争也是差异化战略的核心内容。

第一类需求会出现市场空隙，因为现有企业虽察觉到这一需求，但在预算方面欠缺满足这一需求的条件，比如在人工费过高的情况下，大企业无法满足预算要求，无法快速灵活应对，此时这一需求将由中小企业满足。以快递业务的初期阶段为例，从小件邮寄业务的存在也可以看出需求实际存在，但如何在预算层面满足这一需求？所有的运输业者都百思不得其解。由此可见，即使知道需求存在，也未必能满足需求。

第二类需求不仅在市场空隙中存在，还隐藏于很多企业开拓市场的成功案例背后。准确地说是挖掘潜在的需求。

从与市场空隙的关系而言，现有企业未察觉这一需求可能是因为企业缺乏现场信息，也可能是因为企业压根儿不知道这一市场的存在，从未进行调查。归根结底是因为"企业先入为主"或"思维僵化"。无论哪种情况，都存在获取和未获取需求信息的企业，即企业间存在信息落差，从而出现市场空隙。反而言之，正因为有信息落差，缜密思考的"壁龛狩猎者"或称为"利基者"才能发现市场空隙。

第三类需求是在很多爆发式增长的市场中获得成功的商品需求。如家庭电脑出现之前，即使问小朋友是否想在电脑上玩游戏，小朋友也不知道能玩游戏的电脑是什么，因此他们可能会说自己并不需要。

又如，电子计算器现在已在办公室、家庭中广泛使用，但在电子计算器刚出现时，很多消费者认为"有算盘就好了，根本不需要电子计算器"。快递行业也一样，一开始虽然有高尔夫道具或者滑雪道具的邮寄需求，但直到快递服务实际出现时，消费者才意识到这种需求，才意识到快递使用方法的多样性。

当然，企业针对第三类需求制定战略时，不仅需要说服客户，还需构建可提供商品和服务的商务系统。

针对第一类需求，企业需构建商务系统。针对第二类需求，企业察觉需求后，大多数情况下并不能即刻提供相应的产品或服务，仍需构建新的商务系统。

企业为了锁定市场空隙，很多时候都需构建新的商务系统，特别是从市场空隙发展到大市场时。

在商务系统的构建过程中，企业需要接纳发展导向的革新，打破现存的管理和组织。空隙原本是"在常识上被忽视、不足以引起关注的存在"，所以才称之为"空隙"（市场）。

在这里，重点是"实行"。可能很多人都察觉到空隙的存在，却很少有人能采取实际行动填补这个市场空隙。

从市场空隙到市场开拓就需要企业革新，打破原有的秩序。通过打破原有的秩序，构建新的市场秩序。如本田在美国市场自行建立流通网，大和运输从米店、小酒行等配送网点的构建开始。

革新和对原有秩序的突破很多时候并非源自勇猛果敢的开拓精神，而是通过一步步进行小实验，不断尝试才产生的。企业通过小实验的反复探索以及偶尔的跳跃发展，实现了企业革新，打破原有的秩序。

实际上，小实验对于形成信息落差（以发现市场空隙）也是必要的。积累市场信息最为有效的方法是通过现场试验性的业务活动直接收集客户的反应。

技术信息的积累也不仅源自研究所和实验室，还在现场工作的反复实验中产生。由此可知，填补市场空隙最大的要件是不断实验。企业需要深刻认识到实验就是所谓的战略。

非竞争的追求

瞄准市场空隙的战略实际上是指瞄准竞争状态较缓和的市场，即避开竞争。其中，有一个悖论——以非竞争为目标的竞争战略。

这个悖论在考虑如何应对竞争者反击以及如何实现武器差异化、个性差异化时是共通的。

关于如何防范对手的反击，前面已探讨过降低对手反击意愿或妨碍对手反击的战略必要性。其实，这也是为了营造对手无力反击或不反击的竞争较缓和的状态。

差异化战略也是如此。差异化的成功案例一般指在差异化重点上能满足客户需求的只有该企业，所以客户会选择该企业的商品。在这层意义上，"只有该企业能给客户提供满足需求的商品"，即使只能满足一部分，也是独占的要素，竞争在这种情况下就能变得缓和。总之，差异化战略追求的就是竞争较缓和的状态。

为什么企业厌恶竞争激烈的状态？理由很简单：竞争越激烈，越容易进行价格竞争，商品价格下降会导致市场中所有企业受损，面临零利润或赤字、亏损的问题。经济学教科书常常提及这样的竞争结局，现实中也确实会出现这样的情况。

市场整体零利润的情况在经济学者看来是资源分配的理想状态，但从各个企业的角度看，这种状态并不理想。企业是为了获取利润才进入市场，冒着风险，奋力生存。即使如此，市场的竞争依然会调整各个企业的利润，使之趋向于零。这种矛盾关系正是市场调整机制的有趣之处。在现实市场中，这一机制并没有得到贯彻。很多企业获得相当多的利润；或者在很多案例中，企业在某些终将失去的利润消失之前，在相当长的一段时间内都享受着这种利润。

因为企业执行竞争战略，使得市场竞争调整机制无法在短时间内贯彻趋零调整。如企业构建较高的技术壁垒，生产其他企业无法简单模仿的商品，或者通过各种形式极力避免"经济学教科书常提及的激烈的市场竞争"。

以上是以非竞争为目的的竞争战略悖论，换言之，竞争战略的本质是企业逆经济学教科书所言而行。

企业处于市场竞争中，而为了挣脱这一状态，需要制定战略，实现竞争的缓和。即使成功，这样的状态也不会持久，竞争会再次加剧，其后企业需要再次以非竞争为目的制定新的战略。

在非竞争的追求和竞争现状的反复交替的悖论中，隐含着竞争战略的本质。

练习

- 音乐CD产业在扩大需求和竞争白热化下举步维艰，该产业会出现什么样的新对手？请思考CD生产商应采取的竞争战略。可以从CD本身的消费市场的竞争或取代CD的其他商品等多个视角广泛思考。
- 企业应具备哪些条件才能使强调个性的差异化战略获得成功？
- 应对客户核心需求的武器如价格、商品、服务和品牌等会在时间上呈现什么样的周期变动？请列举具体案例。市场初期，哪一要素会成为核心武器？其后，随着竞争的推移，核心武器将如何变动？为什么会发生这种变动？

第3章
竞争优势与商务系统

―

两个层次的竞争优势

两个层次的竞争

企业执行竞争战略的主要目的是与竞争对手拉开差距,获取竞争优势。这一进程可分为两个层次,这样更有助于理解现实情况。

第一个层次是客户接触层面上的差异化竞争,前一章已探讨该主题。客户需求核心差异化和企业个性差异化都是企业向客户展示自身与众不同的战略,而竞争战略的最终目的是让客户选用本公司的商品。所以,第一个层次是与客户接触的竞争,也是最基本的竞争。

然而,在商品和服务最终抵达客户之前,有很长的供应活动过程。第二个层次的竞争是企业凭借供给系统整体获取优势的竞争。该系统优势也能带来第一个层次竞争的胜利,即成功实现差异化。所以,第二个层次竞争的焦点在于使企业在第一个层次的竞争中获取胜利,以构建持续差异化的系统。

总而言之,第一层次是客户接触层面的差异化竞争,第二层次是与客户接触之前的系统的竞争。

与客户接触前的工艺流程系统在本书中统称为商务系统。以典型的生产商为例，生产商需要确保原材料、研发商品、生产零部件以及组装商品等。此外，还有成品库存的物流和销售活动，以及售后服务和货款收取。

如图 3-1 所示，业务流程呈线状（可将流程整体称为价值链）。如果没有构建确保整体流程运行的系统，则商品无法抵达客户。流程的重点环节可能因企业而异，因为不同企业的客户接触层面的差异化重点不同。系统整体能否顺利运行关系着第一层次的差异化能否成功。

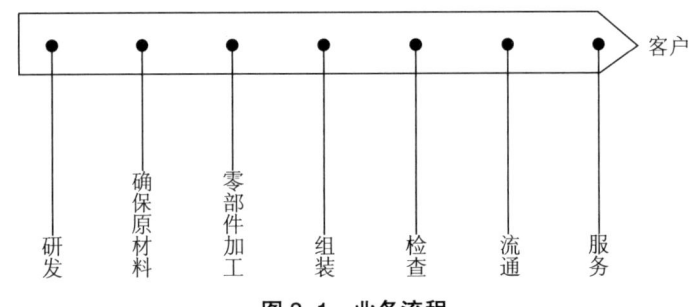

图 3-1　业务流程

商务系统由业务开展需要的资源和资源得以灵活使用的企业结构两者共同构成。其中，主要因素包括开发商品和服务需要的生产技术、工厂设备和配置、销售人员的人数、销售和流通的结构、信息系统、流通渠道管理经验和组织员工的架构等。

比如，美国的联邦快递公司在美国本土最先实现次日送达服务，获得极高的成长。美国还有UPS等快递服务公司，但当时快递企业均认为次日送达很难实现。因为要在美国实现次日送达，只能使用飞机，而要在夜间飞遍美国所有城市，需要很多飞机，成本过高。

然而，联邦快递发现有更便宜的方式可以实现次日送达。具体而言，先把所有货物集中在深夜送往美国中部的城市，然后在中部城市进行分类，之后送到各个目标城市。看似效率不高，但通过从中心城市辐射扩散的方式使用飞机配送，比飞机在各个城市之间往来成本更低。这种运行模式就像自行车车轮的轮轴和轮辐，所以该系统也称为"轮轴轮辐系统"。实际上，美国联邦快递以田纳西州的孟菲斯为"轮轴"，最终实现次日送达。

在该案例中，联邦快递的差异化重点（与客户接触层面）是次日送达的服务。在符合预算的前提下，"轮轴轮辐系统"构建了与众不同的商务系统。联邦快递的成功源自其商务系统竞争优势带来的服务差异化。

企业可以决定差异化的重点，但并非每个企业都能构建商务系统，并且在成本经济的前提下执行差异化。能做到这一点的企业才真正具备竞争优势。商务系统层次上的竞争优势是竞争对手无法模仿或需要花费很长时间才能模仿的。因此，这样的商务系统优势在很多情况下都能长期保持。为何商务系统难以模仿？

其中一个理由是商务系统本身并不突出。因为客户看到的是商品、服务和价格，而差异化武器背后的经营资源和系统构造是客户看不到的，当然，竞争对手也难以看到。因此，商务系统难以模仿。

另一个理由是在商务系统构造要素——经营资源中，有的部分需要花费时间积累，还有的部分竞争对手无法介入，或是竞争对手初期能介入，但后期难以插手。此外，即使企业拥有某种经营资源，要进一步构建能充分运用该资源的企业结构和系统也绝非易事。即使竞争对手能成功模仿其中一部分，也无法构建整体结构和系统。

商务系统的多样性与日本的系列化产业链

各个产业中的常胜企业多半依赖其商务系统上的优势，即使短期受挫，长期运营也能获得成功。丰田、索尼、松下电器、资生堂、日本可口可乐和日本IBM公司等日本国内顶级企业的成功案例不胜枚举。

常胜企业并非单靠偶然实现的差异化，就能维持顶级企业的地位，而是打造出独特的商务系统，以此竞争优势为基础，成为行业中的龙头企业。如果企业只进行商品差异化，很容易被竞争对手超越。纵使企业采取低价战略也于事无补，无法长期维持龙头企业的地位。企业即使实现了服务差异化，也可能在竞争中落败。如果企业能够构建商务系统，商品竞争武器中的单项差异化即使被超越也可以挽回。这些都有赖于公司内部优异的商务系统。

即使向客户推介时成功实现差异化，如果企业无法构建起经济的商务系统，也无法实现稳定的成长。如亚马逊等互联网企业，网购图书确实很便利，但是亚马逊在图书库存和配送系统的构建方面并不成功。亚马逊销售额虽然有所上升，但是受库存和配送成本的影响，一直处于亏损的状态。

成功的商务系统各不相同。各个国家的产业状况不同，企业需要构建多样的商务系统以适应本国的状况。

不同的产业，企业的商务系统也大不相同。建筑行业的商务系统和自行车行业的商务系统迥然不同。在建筑行业，订单的数量和场所并不确定，为了应对这种不稳定，很多大建筑公司在设计和接受订单方面进行特色化管理，但在进行建筑施工时则一般使用其他独立的承包公司。相对而言，制造业企业拥有更多的员工。

同属流通行业，百货店和超市的商务系统大不相同。百货店通常直接销售或批发商品，未售出的商品可以退还给厂商。所以对于生产商和批发商而言，进行低价销售的同时还要维护商品质量和品牌形象。而超市的商务系统需要承担滞销的风险，但能以更低的价格向厂商或批发商采购。

在不同的国家，相应的企业商务系统也大不相同。以日本的汽车、家电生产为中心发展起来的商务系统的典型表现是零部件厂商和经销商的系列化，这也是独特的商务系统。

美国的很多汽车生产商采用的主要商务系统是在商品企划和组装生产之余，公司内部还开发生产零部件，但销售、售后服务等由独立于生产商的经销商负责。与此相对，以丰田为首的日本汽车生产商，只在公司内部进行商品企划和组装生产，大部分零部件向独立第三方或系列中的零部件生产商采购，由同系列的经销商销售及提供售后服务。

日本的零部件生产商、经销商都是从汽车组装厂商、家电企业独立出来的企业。组装企业和零部件生产商、经销商之间的关系稳定，长期维系。交易方一般数量有限，一旦开始交易，不会简单停止交易。美国通用汽车公司的零部件供应商多达 12 500 家，而丰田仅有 300 家左右。

这样的交易方称为"系列企业"，受到母公司的影响极大。母公司设计商务系统，构建零部件供应和商品销售的系统。在该商务系统中，原本作为卖方和买方、容易产生对立利害关系的组件生产商和零部件厂商之间却处于有趣的合作关系。这一系列合作包括新车开发初期的开发合作，组件生产商的技术支持，零部件生产商的成本控制指导，以及灵活应对紧急情况下汽车企业的一些特殊要求。

多个企业构建利害共同体的长期关系，相互合作。长期合作使得彼此更加了解，沟通也更为顺畅。因此，企业之间更容易产生合作关系。日本制造企业很多都积极认可这种以有趣的分业关系构筑的商务系统。由此，可以低成本生产更优质的零件。

正因为有紧密联系的商务系统，丰田公司零部件生产和组装同期进行的构造——看板生产方式才成为可能。

所谓的看板方式指调整生产线各工序之间的作业量，极力减少中间库存。其原则是后一道工序提前在前一工序领取所需的材料，只按量、按类领取需要的零部件。看板随着零部件移动而移动，根据看板的量，前一道工序自动显示出什么时候应该生产的数量是多少。该原则的终极表现是——在销售与最终需求之间的连接点上，只领取销售所需的材料，在最终工序生产适当数量的最终商品。执行最终工序的前一道工序的生产，只生产最终商品生产时需要的量，然后往前倒推，直至所有工序启动生产。简而言之，根据市场销售的数量，启动所有的生产工序。

以上生产流程与欧美及以往日本企业的管理方式有几点不同。如，采用该生产流程的企业竭力减少生产工序的中间库存。如果做到"需要的时候生产需要的数量"，甚至可以实现半成品的库存为零。

此外，构筑调整生产工序的复杂信息流时，需要"把市场看作信息流的启动点"。需求量的信息通过看板一道道工序往前倒推，这种做法和以往的根据总部生产计划从前一道工序开始生产，然后把半成品送至下一道工序的生产流程明显不同。看板生产方式适合多品种少量生产。

这种生产方式也存在风险，如果生产工序中某一处出现大故障，则系统整体都必须停止。即使故障很小，并且在波及其他工序前迅速处理，也可能对系统整体产生影响。企业若采用看板方式生产，必须稳定、快速地解决故障，否则无法实现零部件的供给。因为存在这样的风险，欧美企业难以采用这种生产方式。但是，在零部件生产商系列化的日本是可能的。

商务系统的构建

商务系统的基本决策

前面已详细说明各类商务系统的案例以及日本企业独特的商务系统——企业系列化和看板生产方式。这些案例虽已略有提及，但仍需详细说明战略决策的基本内容，即设计商务系统时需要确定的事项。

设计商务系统时，一般需要以下三大类的决策：

- 确定分业关系结构；
- 设计信息、物力、财力流程构造；
- 系统调整和规律机制。

①确定分业关系结构

分业关系指企业并非在商品最终抵达终端客户前较长的业务活动流程中独自完成所有活动，有些活动需要其他公司完成（如家电零售店）。与其他公司分担业务活动的关系称为分业关系。

分业关系可分为两类。一是确定公司承担的业务活动以及委托其他公司的业务活动。如，某一个生产商外购零部件，自行企划和组装商品，把流通和销售交给其他公司，形成企业的商务系统。日本的汽车生产商一般自行开发商品和组装整车，委托其他公司生产汽车零部件。

此外，还有企业只负责商品企划和销售，委托承包商制造。对于这样的企业，能否称之为生产商？从没有制造能力的生产商的意义上，可以称之为"无制造生产商"。

决定分业关系需要先确定委托方与被委托方的关系。日本的汽车生产商通常选择"系列"形式的长期交易关系，而美国的汽车生产商则选择更为单纯的接近市场交易的关系——根据各时期的实际情况，向零部件最便宜的厂商采购，供应商可能频繁更换，是相对简单的关系。因此，通用汽车公司才需要与12 500多家供应商保持交易关系。

②**设计信息、物力、财力流程构造**

这是商务系统设计最基本的工作。

企业构建便利店的商务系统时，需要在信息和物资的流转方面下功夫。便利店一般会受店铺面积的制约，需要把店内的商品种类限制在 2 000~3 000 种。因此，便利店需要锁定销量好的商品，但是销量好的商品并非固定不变。因此企业需要使用 POS（销售店铺信息管理系统）系统，以锁定热销商品。便利店每售出一件商品都在柜台机扫描，数据传送到中央控制电脑，形成数据库。根据数据库可知什么样的气候和日期内哪些商品销量好，由此可以调整一天内配送至各店铺的商品量。随机应变的配送系统和商品订购系统整体启动，使便利店得以正常运营。

意大利的服装企业贝纳通（Benetton）成功开发出了成品染色的生产技术，根据终端销售店面反馈的信息成功缩短商品供给的周期，而且实现了公司总部和各店铺的信息连通，构建信息系统，使得各店铺除架上商品外没有存货。为减少库存，贝纳通需要具备快速供应商品的机制。因为没有库存意味着可能错过最佳的销售机会，所以贝纳通采取在缝制或编织工艺之后再对成品进行染色的措施，缩短补给周期，更快捷地供应商品。

日本的便利店和意大利的服装企业都从客户的立场出发，提高商品与客户需求契合的概率，从而建立适宜的商务系统。快速精准的商品供应使商品差异化或服务差异化得以实现。如果企业最终无法实现差异化，商务系统就没有存在的意义。因为客户并非购买企业的商务系统，而是购买商品。

③**系统信息、物力和财力流转的调整及规律机制**

信息、物力和财力的流转并非自然发生、自然调节的。系统构建者必须通过某些形式设置阀门，以控制流向。如便利店实行直接从店铺下订单的规则。

企业需要统合机制，用作生产商、批发商、物流和零售等纵向贯通的系统，以便整体调整。但是，并非所有业务活动都需要垂直统合，由一个企业来执行。真正需要的是流程的整体调整。

有些情况下，企业整体统合调整后运营更顺畅，有些情况下，不统合的机制反而使经营更顺畅。如，有些便利店并不自行持有连锁店，而是依靠加盟授权这一形式。加盟授权制度使加盟店遵守执业规则，同时使信息交流成为可能,另一方面也通过加盟增加更多的企业家,实现经营的多样化。各加盟店的不同特点使企业整体的业务调整更有效率。

前面提到的看板方式是指企业通过看板调整信息和物资的流转,是一种新的调整方式。

商务系统整体的规律机制是指在系统中员工分工合作的规律。通过规律机制约束分工,以免出现懈怠。如果没有规律机制,组织人员容易怠惰松懈,导致商务系统无法正常运转。

规律机制常见于日本的系列企业,是企业促进商务系统人员竞争的机制。如,生产商承包生产零部件,在系列化制度下,可能因为交易关系稳定不变而出现生产商生产进程缓慢或信息不及时的风险。为防止这些风险,需要作为买方的母公司进行调节,促进零部件同业者的竞争。

如,采购零部件时买方公司向多个(少数)公司订购(多方订购)。从源头施加压力,与此同时寻找供应商的同业竞争对手。或者,买方密切关注少数几个供应商的技术和设备,获取更详细的商品质量和成本信息,进行比较,形成竞争促进机制。

买方有时需要提醒供应商:A公司的生产设备有所改进,你们可以学一下。买方通过积极比较各方信息,可促进供应商之间的竞争。

普通的市场交易一般有多个竞争者参与其中。随时可能被取代的紧张关系同时也是有约束力的规律机制,即通过看不见的手促进竞争,制造约束。

日本的系列企业的关系基本上是少数几个企业之间的竞争,无法利用看不见的手进行调控,但是买方可以通过"看得见的手"进行调控,促进竞争。如前面的案例所示,零部件生产商之间的相互比较、信息交换等,都可以由看得见的手调控。在看得见的手未起到充分作用的情况下,日本的汽车生产商也曾陷于与承包商复杂的合作关系之中。这是商务系统规律机制不健全的反面例子。

商务系统优劣的判断基准

商务系统优劣的判断有以下三个基准。

·有效性：对从商务系统购买商品和服务的客户而言，该商务系统是否具有更大的价值；

·效率性：比起向客户提供同样价值或者类似价值的其他商务系统，该商务系统经济效率是否更高；

·模仿的困难指数：竞争对手是否难以模仿该商务系统。

商务系统的评判基准中，最为重要的是对客户而言价值如何。竞争对手同样向客户提供价值，满足客户需求。所以企业能否通过该商务系统向客户提供与竞争对手明显不同的优势商品或服务，是商务系统有效性的基准。

企业用这项基准衡量商务系统为差异化所做出的贡献，由此可见商务系统为差异化战略服务。这是商务系统的定位。

若同时有两个商务系统向客户提供同样价值或类似价值的商品或服务，则投入的资源（人力、物力、财力）更少而效果一样的商务系统更好。以上判断基准用于衡量商务系统的效率性，即评价商务系统优劣的第二个基准——以更低的价格提供同等的价值。对企业而言，这也是判断经济效率的准绳。

效率性和有效性在很多情况下是此消彼长的关系。此消彼长是指一方成立而另一方不成立的关系。如，企业虽然构建有利于差异化的商务系统，但成本增加、完全无法赢利时，会出现经济效率差的问题。此前提及互联网产业的商务系统失败的案例，其中很多是以有效性为卖点而牺牲效率性。评价效率性真正的难点在于效率性和有效性的平衡。

商务系统的第三个评判基准是竞争对手是否难以模仿。比起其他差异化武器，商务系统虽然更难模仿，但是也有可能被模仿。

商务系统的竞争优势产生于与差异化竞争并列的第二个层次的竞争。由此可见，对于商务系统真正的竞争优势而言，竞争对手是否难以模仿至关重要。因此商业模式专利应运而生，即为商务系统构造中的某一部分申请专利，禁止模仿。

商务系统并不限于看得见的构造，还可能是看不见的力量在支撑。为了确保难以模仿，必须积累更多看不见的无形资产，如员工素质、公司文化和信用等。

由以上因素支撑的构造难以简单模仿。这要求企业在看得见的体系如信息系统以外，努力打造富有特色的商务系统。

难以模仿的商务系统的其中一个类型是微妙的差异化积累。能力突出的看得见的系统自然很好，若微妙的差异化有特别的效果，竞争对手更难模仿，因为对方不得不模仿这些细小的积累。

可参考一个极端的案例。京瓷公司的创始人与京瓷收购的公司（竞争对手）的总经理之间有一段故事。京瓷成功收购了美国的一家公司，收购之后由原公司总经理经营，那位总经理应邀到日本参观京瓷的工厂，参观后，总经理觉得很失望。因为他在京瓷的工厂没看到特别的技术，反而都是众所周知的通用的技术。然而，京瓷的稻盛和夫却说对方就输在这里。

论据如下：如果京瓷有特别的技术，那么竞争对手开发出特别的技术就能获胜，但京瓷只有通用的技术，却能生产出与众不同的商品。这些很难模仿。

还有一类难以模仿的商务系统是现场学习。通过现场学习、反复实验不断促进商务系统的进化。

如便利店产业，7-11便利店拥有压倒性的商务系统优势，因为7-11便利店通过实验不断验证假说，提出新的信息，把这些信息储备为自己的知识，不断学习。

实验能传递各种各样的信息。这些信息是企业专属的，也是在商务系统下收集得到的。有一天其他公司或许也能了解到这些信息，但是先行拥有信息意味着持续领航。不仅如此，商务系统承载的现场学习和实验积累有助于企业进化，练就领航能力。

商务系统与看不见的资产的双向关系

现场学习、反复实验以及看不见的构造会增强企业商务系统的模仿难度。优异的商务系统和看不见的资产之间存在有趣的双向关系。

企业商务系统的优势很多由看不见的资产支撑。

所有使用该商务系统的人员工作的习惯和付出的努力形成整体，如企业文化、员工资质等，使商务系统顺利运转。看不见的资产对企业而言具有重大的意义，同时也可以使商务系统被模仿的可能性变小，因为看不见的细微要素是现场学习积累的信息（是企业特有的）。

总之，看不见的细微之处和看不见的资产很重要，因为这有助于确保商务系统的有效性、效率以及难以被模仿。

另外，战略系统的构筑会左右看不见的资产的积累，影响企业将来的能力基础。如7-11便利店的商务系统，其作用是促进现场学习，检验假说，由此产生大量的现场改良的信息。因为商务系统推动现场员工不断学习，这也可以称为学习促进型系统。

从根本上说，"对现场学习的影响"源自企业设计商务系统时应考虑的第一个决策——分业关系结构的确定。分工合作的核心是公司负责哪些业务活动，将哪些业务活动委托给其他公司。第1章已探讨现场员工具备的学习能力。自行完成一项工作，学到的信息属于自己，而委托他人，则变成他人在学习。这些信息积累对企业的业务改良、研究开发和战略执行等方面都至关重要。有学习机会的工作不应外包给其他公司，企业应该自行实施，并以此为基础构建公司的商务系统，让学习成果在公司内部积累。第1章中所说的看不见的资产积累的业务派生路径可以归结于此，可见学习的重要意义。

松下幸之助曾说："经营者的工作是思大局、重小节。"有一层意思是中等程度的工作可以交由手下完成，但是强调"重小节"这一点很有趣，松下幸之助似乎很重视商务系统中的细微之处。据说，有很多人因为忽视"小节"受到松下幸之助训斥。为什么松下幸之助如此看重"小节"？有一个答案是因为这些"小节"支撑着商务系统整体的功能。

另外，还有一个原因是如果企业无视细微之处，可能会出现组织松懈的问题，削弱现场学习和实验的干劲。由此可见，人受细微之处的影响，才会发奋努力，现场学习。是否注重"小节"关系着看不见的资产是积累还是分崩离析，正如"千里之堤，溃于蚁穴"。

小事即大事

小事即大事这一谚语也适用于企业经营。

如，以前日本的银行每天都要在各个分行核对账面金额和现金。如果有一日元对不上，全公司都得加班寻找原因，直到账目对上为止。有时候，甚至全体员工都必须查看零钱是不是掉在桌子下面。但是，后来银行开始设置一定的金额，出现低于设定金额的账目差异时，即可中止结算（忽略不计），理由是"为了一日元，银行要花费更多加班费"。看起来这个理由很合理，但是从那时起，日本的银行就开始在小事上妥协，之后的情况变得一发不可收拾。甚至有人认为就是因为这样，银行才陷入泡沫危机。

松下幸之助的案例也一样。细微的东西之所以重要，有以下几个理由。

第一个理由是：细节中隐藏着前人的智慧。

所谓的经济合理性其实是在已知情的前提下考虑费用，再做出判断。但是，我们不是神，不可能提前预知所有的事情。反而言之，我们对世间的了解其实少之又少。以知情为前提的经济合理性在偏见导向下可能会使企业无视不知情的事实，由此产生决策失误。所以，企业需要综合考虑，具体做法就是借用前人的智慧，注重其中隐藏的细节。

第二个理由是：细小的妥协可能是未来溃败的开始。如同"千里之堤，溃于蚁穴"。从日本的银行案例也可见这种现象。从人性的弱点看，一旦对某项事件做出妥协，就很难继续坚守原则。

第三个理由是：注重细节是经营者向员工传达价值观的重要手段。员工知道经营者追求什么，同时理解经营者最真实的价值观。正因为如此，经营者注重细节的形象会成为员工理解经营者价值观的重要手段。

竞争领域

板块战略

总结上一章以及本章的讨论，会发现竞争战略可以理解为以三种选择为核心的事业活动的基本设计图。

- 选择怎样的商品、细分市场为业务对象；
- 选择如何在该商品、市场进行差异化；
- 选择构建怎样的商务系统以实现该差异化。

第一项和第三项作为结构性选择是基础，也是至关重要的。企业从选定的商品、细分市场中撤退并非易事。而且，商务系统的构建耗时费力，无法简单替换。此外，很多时候差异化的重点随商品、市场的周期变化而变化，需要企业灵活应对。

如果以第一项和第三项结构性的选择为横轴和纵轴绘图，企业的竞争战略整体面貌可参见图 3-2。

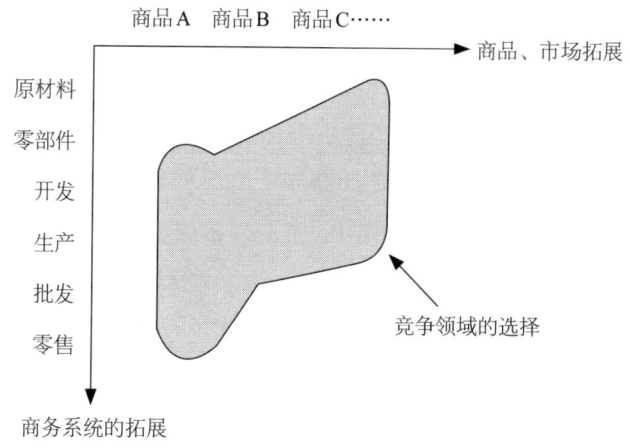

图 3-2 竞争领域

如图 3-2 所示，企业选定的商品、市场和商务系统在企业自行选择的范围之内延伸，形成板块，即竞争领域。板块的选择是竞争战略的基本选择。

板块的选择也是面的选择，不单是纵轴或横轴。企业可以从大小和形状两个方面选择覆盖的领域。如何选择竞争领域的大小和形状是竞争战略的核心设计图。在此基础上，企业才能在领域中描绘更具体的设计图，以实现差异化。

如前一章所述，企业自行选择商品和市场的延伸，也意味着企业自行选择市场范围。很少企业只有一个细分市场或只有一种商品，即使是中小企业，也可能在一个业务领域中拥有多个商品线，横跨多个细分市场。这也是最基本的决策——企业向谁销售什么。

如果说商品和市场的延伸是应对市场需求的横向延伸，商务系统的延伸则是业务流程的纵向深度延伸。企业确定自己实际执行的业务也是基本决策。商品和市场的横向延伸和商务系统的纵向延伸相乘即可得竞争领域的面积。面积越大，企业在这项业务上进行差异化可选用的方法越宽泛。

企业拓展商务系统，使企业业务范围变广，管控的竞争手法也会增多。如，电子产品生产商如果选择延伸性较弱的商务系统，从外部采购主要零部件，则无法实现商品功能差异化，也无法形成成本优势。如果从零部件到原材料都由企业自行生产，则这部分投入的资源虽然增加，但是降低生产成本的手法增多，也在开发新零部件以及商品功能和质量上预留了竞争余地。

增大商品和市场的横向延伸，商务系统衍生的各种竞争手法加乘，使用的范围也会扩大，更利于企业投入资源、强化竞争手段。

竞争领域的大小与竞争手段（武器库）的多样、企业的实力联动，可扩大差异化的可能性。企业需要投入相应的资源以扩大竞争领域，核心问题是武器库是否充足。另一方面，随着领域的扩大，企业应对的范围也更广，企业的竞争武器部署离不开企业的实力。

如，日本的很多企业都选择扩大竞争领域，积极构建从上游到下游特别是包括流通在内的商务系统。宽泛的商品线和源源不断的商品革新战略总体而言会获得更大的成功。丰田、本田（特别是摩托车业务）、松下电器和资生堂等企业的战略都是其中的典范。

这种战略的强项在于拥有多样的竞争手段，使微妙的差异化积累的成本效率更高，积累下来的经营资源多样、庞大。企业由此可获取其他公司无法简单模仿的战略性地位。"战略性的壁垒"使企业的相对优势更持久。

商务系统与竞争领域的变化

以商务系统为基础的竞争优势并非永续存在。20世纪90年代后,在迅猛发展的IT革命和高速物流系统等大型技术革新浪潮影响下,商务系统的技术可能性发生巨变,企业也必须顺应潮流,构思新的商务系统。

如本章列举的案例,近几年具有杰出商务系统的企业多半依赖于强大的物流系统。美国联邦快递、日本大和运输和7-11便利店等无一例外。在强大的物流背后有强大的信息系统。IT革命和高速物流促使商务系统发生根本的变化。最近,依赖信息网络技术的商务系统也如雨后春笋般层出不穷。

与此同时,新的商务系统由信息网络技术牵引,而非自动生成。很多情况下,企业消解以往的系统瓶颈,以此为契机构建新的商务系统。其实,消解瓶颈的智慧在信息网络技术发生巨变之前早已存在,是不断实验积累的成果。如,大和运输的货物追踪系统从以电话为主要信息传达方式的20世纪80年代开始便已构建,适逢信息网络技术革新,这一货物追踪系统也取得了巨大的突破。

在商务系统变化的过程中,主角常常更换。有压倒性商务系统优势的企业在面对新变化时的脆弱常常出乎意料。企业一旦在商务系统上构筑优势,就很难再改变商务系统。其中有很多理由。

一是原有商务系统的员工只能理解该商务系统的工作方法,无法构思新的商务系统。二是重组已成系统的商务系统比从零开始构建全新的商务系统更难,因为原有商务系统的利害关系保护既得权益,阻碍系统的革新。三是原有系统的成功和优越感使组织的企业家精神弱化。

令人意外的是,原有的龙头企业会包容、粉饰这种脆弱。企业可能会忽视商务系统的巨变给竞争领域带来的影响。

其中一个影响是:商务系统的变化使业务领域和商品市场领域差异化发生根本的改变。另一个影响是:对于在一个业务领域成功构建了新商务系统的企业而言,该商务系统也是进入其他业务领域的切入口,由此可能实现跨领域的业务融合。

从竞争领域的角度看,第一个影响给予企业纵向商务系统延伸的广度和深度，第二个影响给予企业横向商品市场的广度。

关于第一个影响，新商务系统有很大的可能性实现差异化，但也有可能颠覆以往龙头企业的优势。

戴尔公司作为全球最大的个人计算机生产商之一，颠覆了原有的大公司（康柏公司）的优势。戴尔采用网络直销的按订单生产方式，还在市场附近设置最终的组装基地，同时具备快速交货、电话咨询等新颖的商务系统。

以往的龙头企业难以应对新商务系统的很多侧面。原有的计算机生产商大多采用间接的流通体制，即经由批发商再到零售商，需要大量的营业员。此外，生产方式也是按照预测生产，有大量的库存，从远离市场、生产成本更低的海外生产基地供应商品。戴尔的商务系统完全颠覆以往的形式，同时采取对手无法回击的低价战略和服务差异化。戴尔构建新的商务系统有赖于IT革命和物流高速发展的时代背景。

商务系统的变化影响商品市场扩张的可能性，是给竞争领域带来的第二个影响。包括信息储备等看不见的资产在内，优异的商务系统所包含的大容量高速信息网络和高速物流网在各种商品市场领域可同时多重使用。多重使用是企业进军新的产品市场领域的资源库和能力库。

如，大和运输进军货到付款式快递业务，着手经营金融和货物销售。不仅销售书籍，还进军无店式零售业。这些业务都以大和运输公司内部的运输网和信息系统为后盾。

又如，7-11便利店开拓以结算功能为核心的银行业务，其背后有7-11便利店为管理销售信息构筑的庞大信息系统。这一系统有货币往来的电子信息，从技术上看，结算业务其实是水到渠成。

如上所述，商务系统可以突破各行业之间的壁垒，实现多个产业领域的融合，即商务系统的变化使商品和市场得以扩大。其结果是出现原有商业分类范畴无法涵盖的企业，以往的产业结构发生巨变。

有趣的是，这些变化的起点在于商务系统，由此可知商务系统的重要性。而竞争领域的纵向变化也源自IT革命和物流的高速发展。纵向（商务系统）进化、融合和统合的可能性增加。而发生纵向变化之际，也会影响横向变化（商品市场扩大）。

速度经济

传统商务系统的基本设计思想是规模经济,与之相对的是速度经济。有充分的信息就可以去除不确定性,避免浪费,提升商品生产和销售的速度。由此产生了速度经济。速度经济有以下四个优势。

第一,速度经济本身是竞争优势的来源,有益于客户。通世泰(TOSTEM)公司从代理店的信息终端收到订单,次日即可交货到施工现场。这对在混乱的施工现场赶工期的承包商和提供商品的代理公司而言帮助很大。速度本身就是竞争的重要武器。

第二,速度经济可以通过信息的应用提升库存的周转率和投资效率。资本收益率是销售收入利润率和周转率的乘积。

$$利润/投资 = 利润/销售额 \times 销售额/投资$$

利用信息可以提升投资周转率。大阪堺市的Falma公司综合使用电脑信息系统和配送系统,使零星分散的小药店起死回生。各药店根据电脑上的销售记录,填写并发出订单。总公司以批发商为单位收集订单,并由批发商配送单品。由此减少库存,同时让畅销的商品快速周转,有效改善存货投资的周转率。

Falma公司加盟店存货周转率是一般零售店的5倍左右。利润率虽然是平均利润率的80%,相对较低,但是存货投资收益率是一般零售店的4倍左右。像这样巧妙使用信息、改善存货周转率、提高投资效率的方式常用于便利店的经营。

第三,提升速度后可以减少浪费。加快发订单、生产、配送、销售周期,可以减少滞销的存货。这种效果在服装行业尤为显著。意大利的服装企业贝纳通开发出成品染色技术后,根据终端商店的信息成功缩短了商品补给的周期。

第四,也就是第三个效果的延伸作用——减少实验成本,即加快速度可以减少实验成本。

企业的业务结构本身受到商务系统变化的影响。竞争领域的变化也给企业的业务组合（业务结构）带来很大影响。

决定企业业务结构战略的理论依据究竟是什么？下一章会深入探讨。

练习

- 日本的快递网络高速发展，便利店的店铺网络密度极高。在此背景下，应用互联网且以消费者为对象的零售业（B2C）商务系统的典型发展形态会有怎样的变化？而其他一些快递网络滞后、便利店较少的国家，其B2C企业的商务系统有何不同？
- 请思考外包的优点和缺点。对于生产商的战略而言，会计业务的外包和设计业务的外包在战略重要性上有什么不同之处？
- 竞争领域的广度与竞争的武器库多样性、企业实力之间有何种内在关系？请结合具体案例思考回答。

第 4 章
多元化经营和业务组合

——

无论是东方还是西方,随着企业的发展,单一业务的企业多半会通过经营领域的多元化,开拓多项业务。松下电器从插座制造和销售起步,日立制作所从马达的制造起步,之后两者相继扩大业务范围,都成为综合电子设备生产商。

很多时候,企业扩大业务范围是为了规避环境变化带来的风险。产品普及的结果是市场的成熟、衰退。此外,新的技术革新会威胁产业的基础。虽然有发展中国家后来居上、发达国家企业失去国际竞争力的先例,但是无论原因如何,一个产业通常会经历从发展到成熟的周期变化。在环境变化的风险下,为了不成为牺牲品,也为了不让自身衰退,很多企业都通过多元化经营来维持企业成长。很多情况下,企业并不只是消极地为了降低风险,而是为了更广泛地开拓业务机会,扩大经营范围,即所谓的多元化经营战略。

无论出于怎样的动机,企业并非不加思考,一味扩大业务范围。企业在扩大业务的同时,还面临很多选择,如开拓哪一项业务,如何确定现有业务和目标业务的关联性,如何设置资源分配的优先顺序,以及如何重组业务结构,撤离哪项业务等。

以上的基本设计图是企业整体业务结构的设计,称为"业务结构战略",是本章和下一章的主题。相对于前两章所探讨的单项业务中的竞争战略问题,本章和下一章将探讨企业整体的多项业务组合战略。

本章先探讨多元化经营以及多元化经营产生的业务组合管理问题,而后在下一章探讨业务组合重组与企业收购合并等企业自身结构重组的问题。

多元化经营逻辑

范畴经济、风险分散与成长经济

如前所述，企业的多元化经营有多种动机。动机分很多种，有激进的也有保守的，如企业已有业务出现增长问题时的多元化经营，为有效使用企业内部已储备的资源而进入新领域的多元化经营，或富有企业家精神的领导层开拓新的潜在业务的多元化经营。

仅有动机，多元化经营并不会成功。只有在多元化经营的目标领域中存在成功的必要根据时，多元化经营才可能成功。成功的根据指多元化经营的理论依据。企业需要锁定符合理论依据的新业务进行多元化经营。

下面将从范畴经济、风险分散和成长经济三个方面进行说明，理论依据是"组合之妙"。

"组合之妙"指的是将多元化经营的目标新业务与原有业务组合起来，换言之，可以理解为妙用资源。组合后，企业的新业务和原有业务共享资源，还会产生适得其所的妙处。"组合之妙"主要是为了削减风险。比起单项业务，开展两项业务时企业整体的风险会降低，寻找其中的合理性正是组合的妙处所在。我们可以从多项业务组合的妙处出发，说明多元化经营的理论依据。

下面分别探讨三种组合的妙处。

①范畴经济

比起各企业独自开展各项业务，同一企业经营多项业务可以减少成本。企业如果综合利用资源，成本会更低，所以扩大业务范围后，企业能成功实现多元化经营。

如，企业A和企业B分别开展半导体和计算机业务，企业C同时拥有两项业务，规模和业务内容与企业A和企业B相同。企业C两项业务的合计费用比企业A和企业B的费用合计更少，即两项业务之间存在范围经济。此时，企业C相对于企业A在半导体产业上占有成本优势（至少也对等）。从计算机产业的成本上看，企业C也比企业B有优势，至少不会处于下风。在扩大业务范围节省成本的意义上，范围经济确实实惠。

这种优势是因业务的扩大而产生的，相比单一业务的企业分别开展相应的业务，经营多项业务的企业在成本方面也更有优势，所以企业会利用范畴经济开展多项业务，执行多元化经营战略。

范畴经济源于企业巧妙运用闲置的资源。一项业务需要的资源实际上并没有被这项业务充分使用，或者说在进行一项业务时，虽然产生了新的经营资源，但这种经营资源并没有被原有业务充分使用。因为各种原因，企业有闲置的资源。此时，如果巧妙利用闲置的资源，企业可以用更低的成本开拓新业务。对于企业内部而言，闲置资源再次利用是免费的。这便是范围经济的由来。

闲置资源在原有业务经营过程中出现的形式主要有以下几种。最容易理解的是在原有业务的生产活动中产生副产品，也可以称为结合产物。如，从石炭中提炼焦炭时，产品不单是焦炭，还有树脂等副产品。这些是化学工业的原材料，所以制作焦炭的企业在化学工业上也有成本优势。

最为普遍的是原有业务积累多年的信息经营资源（看不见的资产）也可以在其他领域使用。如，原有业务带来的技术就是典型的例子。信息经营资源的特性之一是可以同时共用，其他业务领域也可以使用这一技术，对于企业而言是免费的，比起需要单独积累这一技术的企业，拥有"免费"使用资源的企业更具有成本优势。

品牌、顾客的信赖和流通网络等各种资源都可以在其他领域使用。在原有领域未被充分使用的资源可以再利用，并以此为基础开拓新业务。

合成纤维企业就是很好的例子。企业致力于开发纤维领域的技术，积累的化学技术也可用于塑料和药品等领域。又如，在相机开发生产流程中积累的电子技术，还可以用于办公设备的开发和生产。通过资源共享，技术开发的固定费用可以由多项业务和产品共同分担，从而使分摊到各个业务的固定费用减少。

除了原有业务的副产品，原有业务因为某种原因闲置的资源也可以成为范围经济的源泉。如，利用闲置的土地开拓休闲产业和不动产。或者利用工厂和员工季节性空闲期和繁忙期的实际情况，可以在空闲期生产其他商品。如，企业导入计算机等大型机器但并不能独自充分使用时，可以开拓诸如向外部提供计算服务等新的事业领域。需要注意的是，利用闲置资源的范围经济对企业而言规模有限，并不会成为新业务的支柱。

②风险分散

如果把所有的资源都集中于单一业务，随着该项业务产业环境的变化，其风险将会成为企业整体的风险，影响企业的成长，所以企业需要多元化经营发展，分散风险。

企业面临的最大风险是该业务所在市场周期变化，产业本身从成熟走向衰退。日本的纤维产业很早就受到这种风险的影响，不得不进行多元化经营。又如，企业某一业务的主要技术已滞后，当竞争对手成功开发出新技术导致差距扩大时，公司必然面临极大的危机。这也是只把资源集中于原有业务的风险。

味之素公司曾经面临很大的危机。当时，协和发酵公司开发出谷氨酸苏打的新生产技术，味之素公司的主力——谷氨酸苏打业务的技术优势从根本上被协和发酵公司颠覆。味之素公司后来不得不往加工食品业务等方向发展，进行多元化经营。

公司同时拥有多项业务时，即使其中一项业务处于危机状态，其影响也能得到缓和。这种效果与证券投资中的分散投资理念类似。为实现这一效果，企业需要组合在环境影响下互不相关或者受到的影响互为反向关系的业务。这正是组合的妙处所在。当某种变化对其中一项业务而言是负面影响，但对另一项业务而言是正面影响时，可以将这两种业务进行组合。

③成长经济

所谓的成长经济是指源自企业自身成长的经济优势。这一优势可以促进企业新业务的成长，使多元化经营更有意义。

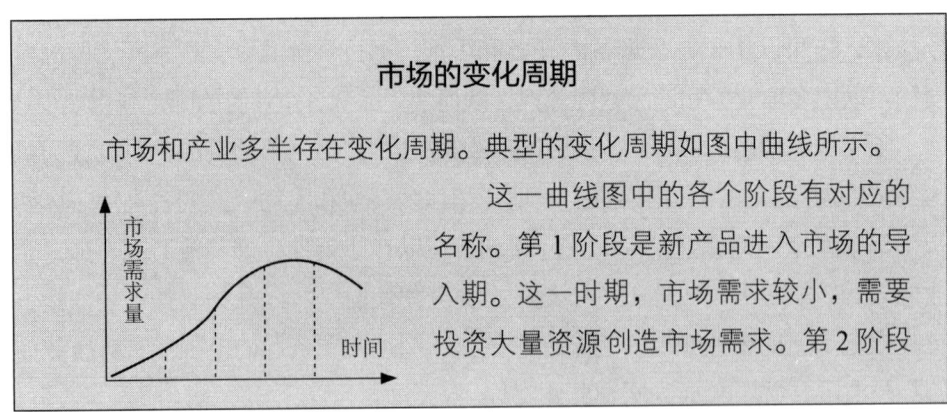

市场的变化周期

市场和产业多半存在变化周期。典型的变化周期如图中曲线所示。

这一曲线图中的各个阶段有对应的名称。第 1 阶段是新产品进入市场的导入期。这一时期，市场需求较小，需要投资大量资源创造市场需求。第 2 阶段是需求急速增长的成长期,随着竞争对手的增加,价格开始下降。第3阶段是竞争期,虽然需求量进一步扩大了,但竞争对手之间的市场争夺也更加激烈。产品的差异化和市场的细分都更加明显。这一阶段的后半期企业会相互竞争,淘汰部分对手。第4阶段是成熟(饱和)期,需求停滞,价格更低,竞争更加激烈。退出的企业增加。第5阶段是衰退期,需求缩小,很多企业退出。

在变化周期中的各个阶段,企业的竞争战略各不相同:导入期采取高价锁定高端顾客的撇脂定价战略,而在成长期,很多企业开始以低价为竞争的武器。进入成熟期,差异化和市场细分成为企业的重要战略。在变化周期的初期阶段,企业倾力开发产品技术,而成长期之后生产技术的革新变得尤为重要。

这种变化周期产生的原因有以下几个:对不同的顾客导入产品和服务时,存在时间差;经久耐用的产品普及后,销售收入会减少;一段时间后,顾客会对之前流行的产品失去兴趣;通过技术革新创造出了更优秀的产品;国际竞争结构的变化等。但是,产品和产业的需求按照这种完美的曲线推移的实际案例极少,商品的需求量的周期变化很多时候接近下图的钢铁和纤维产业的变动曲线。

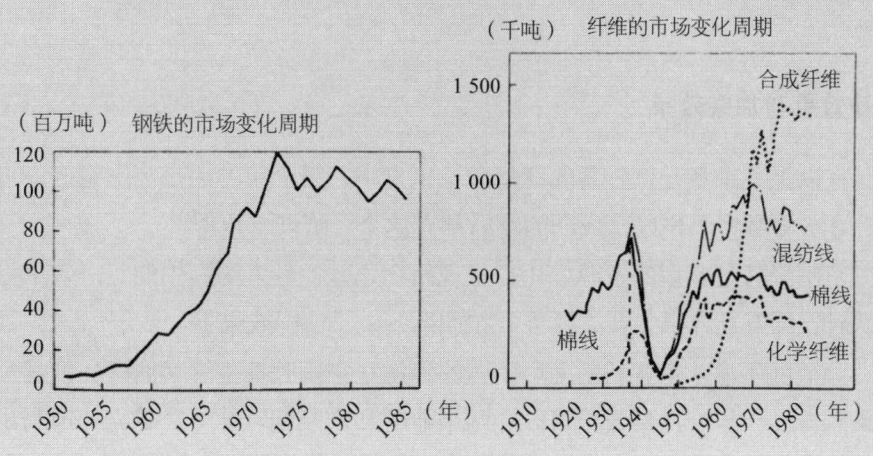

成长经济很容易被误解为规模经济，实际上这两个概念完全不一样。规模经济指企业成长扩大后产生的"大企业的状态本身"带来的好处（费用降低），也是大量生产优势的典范。成长经济指的是成长过程本身为企业带来的经济效益。换言之，企业的成长率在某一水准时，经营最有效率，企业会根据这种成长趋势，添加新业务。

成长过程本身为何会带来优势？一般而言有以下两个理由。

一是成长带来成本结构的变化。平均费用下降后，企业的竞争力会上升。如，随着企业的成长，员工的年龄结构变得更年轻，人均工资也会变低。在这种结构下，一旦企业停止成长，成本负担会急剧增加。因此，企业有强烈的愿望维持这种成长。

二是成长为员工注入心理能量。如，正在成长的企业会让员工充满干劲，更加忠诚，从而使员工更有效率地执行企业的业务。

众所周知，企业的成长会给企业内部人员带来各种激励效果，使员工产生为企业做贡献的意愿。如，公司成长给员工带来晋升的机会，这也会成为企业发展的能量。

要实现并维持成长经济，企业需要保持一定的成长率。原有业务市场不断扩大，超过必要的成长率时，企业可以借势实现成长经济。即使原有业务市场的成长率减缓，企业只要能够获得更大的市场占有率，也可以维持成长经济，只是有一定的局限性。可见，企业可以通过多元化经营维持成长。这也是理想的做法。

互补效果与加乘效果

在以上三个多元化经营的经济理论依据中，最为重要的是范围经济。可以说，在大多数多元化经营成功的背后都有这个经济理论依据。

范围经济是典型的资源妙用，呈现组合之妙。其资源利用的经济效果可分为两种，即互补效果（补充效果）和加乘效果（协同效果）。

如前面所述，企业利用工厂闲置的资源在空闲时期生产其他产品就是互补效果的典型例子。这种效果可以让两个业务和产品相互补充，更充分地利用物质资源。如同加法运算，可以表现为1加1等于2。

一旦把物质资源的空闲部分用完，就不再存在空闲部分。所以工厂闲置的部分一旦使用完毕，在物理上就不可能再继续使用。

至于加乘效果，纤维生产商积累的化学技术应用于高端化学产品的范围经济是典型的例子。看不见的资源（信息资源）可以同时在两个领域使用。而且，在化学产品领域使用该技术后，该技术依然可以在纤维领域使用。两者之间互不干涉，可以共同使用，也可理解为"搭顺风车"。反之，在新的化学产品领域开发的技术也可用于纤维的高端化发展。相互加乘，经济效果更好。

加乘效果可以说是1加1等于3的组合效果。之所以会出现乘法运算的效果，原因在于加乘效果背后的信息经营资源。信息经营资源不但在一个领域充分使用而不会减少，还可以在两个领域的信息组合中产生新信息。

互补效果是两项业务共享物质资源的巧妙组合。相对的，加乘效果是两项业务共享信息资源。物质资源数量有限，而信息资源的数量并不存在物理上的局限。因此，加乘效果会比互补效果层次更高，更有效率。

传统的多元化经营理论书籍多半使用"加乘效果"一词，同时包含我们所说的互补效果和加乘效果两者。相对于传统定义，本书中的加乘效果范围更窄，区分使用互补和加乘两个概念，以便于读者更透彻地理解多元化经营理论的广度。

互补效果是看得见的物质资源共用的效果。如此界定，更易理解，但其效果有局限性。而加乘效果是看不见的资源共用的效果，相对较抽象，难以理解，其效果的界限并没有预先设定，因为其本质是"搭顺风车"。两个领域相互作用才能产生"加乘效果"。

多元化经营经济理论依据最核心的是加乘效果。更为理想的是业务组合，因为它可以产生静态的加乘效果（静态协同）和动态的加乘效果（动态协同）。

动态协同指时间差的加乘效果，某一业务在某个时点创造一个信息资源，而这个信息资源在将来的某个时点为其他的业务所使用。典型的例子是积累的技术储备成为新业务开拓的发展基础。正因为有这个基础，企业才能顺利开展新业务的竞争战略。而且，在将来某个时点，两项业务可以同时使用这项技术储备。这个案例其实包含着两种效果：一个是在将来时点的静态的加乘效果，一个是从现在动态过渡到将来的加乘效果。这也是组合的妙处所在。

追踪优秀企业的成长历程，我们发现其核心很多都是动态协同。企业的多元化经营战略也应指向动态协同。

如，生产喷墨式打印机等设备的爱普生公司就有这种动态协同。爱普生公司原来制造钟表，后来将生产钟表时积累的金属精密微细加工技术应用于喷墨式打印机的喷头生产，成功开发出相比其他公司产品具有压倒性优势的画质清晰的打印机。金属精密微细加工技术带来的信息经营资源的动态协同也是爱普生成长的一大原因。

选择与集中

两个层次的业务组合战略性决策

在进行多元化经营时，很多企业会组合出业务群。这一整体称为业务组合。

组合本来是财务或证券业的通用词汇，也有有价证券一览表的意思。证券投资中不单要决定投资个别的证券，还需要进行证券投资组合，整体组合的观点也很重要。稳健型和成长型的股票组合就是其中的例子。为了强调这一点，投资者会采用投资组合，在决定业务领域时，同样可以应用这种思维。企业可以考虑选择具有吸引力的业务，也需要整体组合业务，看实际效果如何。

企业需要在战略上决定如何设定业务组合。这种决策可以分为两个层次。最为基础的第一个层次是各项业务逐一决定，即业务的选择和集中。选择指企业应该进入怎样的个别业务，集中指企业应该把经营资源集中到组合中的哪一项，即主次分配的问题。这两个战略性决策都是为了把目标锁定到个别业务上。下面将探讨选择进入哪一项业务以及集中在哪一项业务这一基础层面上的问题。

在业务组合的第二个层次中，组合整体层面的决策、组合整体的特征、平衡和方向性等都是我们研究的对象。要在怎样的大领域中集中多半的业务，或者整体的指向如何，业务之间的关联性应该如何构建，我们将会在后面探讨这些问题。

最理想的做法是先进行第二个层次即整体的决策，然后在框架中针对各个业务进行选择和集中。这样的顺序虽然比较理想，但是实际情况大多是在个别决策不断积累之后才考虑领域和关系模式。

这是一般的思维方式，不是从总体到个体，而是从个体出发回顾整体之后再理解整体，继而回到个体。考虑到现实情况，在说明这两个层面的决策顺序时，我们先从个别业务的决策开始探讨。需要注意的是，这只是说明的顺序，而不是做决策时应有的顺序。

应该选择什么样的业务：个别业务选择的依据

首先从如何选择单项业务开始探讨。

选择单项业务的判断基准大致有以下三项：

- 该领域的发展性；
- 该领域的企业竞争力；
- 从该领域扩展到其他领域的辐射效果。

第一项，该领域的发展性。市场成长性是最为重要的基准。业务结构战略是环境管理战略，其本身就是为了应对市场盛衰变化的风险，保持企业的成长。所以，这一点是最为重要的选择。

发展性的基准不仅仅是市场成长性。假如新业务成长性并不理想，但与该企业原有的领域有较强的替代关系，从风险分散的角度看，这项业务对这家企业而言吸引力很大。当然，如果有替代性且市场成长性高的领域，于企业而言就是发展潜力极高的新业务。天然纤维和化学纤维的企业会发展合成纤维业务就是典型的代表。

发展潜力的另一个判断基准是技术的发展可能性。新业务需要的技术将来对企业而言可能至关重要，这项业务给企业带来的是新的技术而不是新的需求。日本的很多电机和通信设备生产商从 20 世纪 50 年代开始积极开拓半导体领域，因为对这些企业而言，比起市场的成长性，更重要的是技术的发展性。考虑到半导体技术是将来电子技术的核心，即使不考虑市场需求这一要素，企业还是必须进入这个领域。

第二项，该领域的企业竞争力。在新领域的竞争力很大部分取决于以往领域所积累的经营资源能在多大程度上用于新领域及其效果，即企业在新领域的竞争力与原有领域的范围经济的程度有很大的关系。

即使市场的发展可能性很大，如果企业没有办法确保足够的竞争力，该企业获取的成果也有限。就算是低成长率的业务，只要企业的竞争力够强，能深耕市场，就可以从此类业务中获取更大的成果。

企业在新领域中投入的经营资源的质和量也决定了在新业务领域的竞争力。因此，企业需要判断在各项业务中开展何种竞争战略，需要多少经营资源，以及企业能够投入多少经营资源。

范围经济的源泉在于原有领域的经营资源可以转用在新领域中。若是完全未曾使用的资源，则可以不花费其他费用直接转用；若是低成本即可转用的资源，企业在该领域的竞争力也会相应增强。信息经营资源的加乘效果也是企业在新领域提升竞争力的源泉。

加乘效果可以分为市场相关的加乘效果和技术相关的加乘效果。市场相关指转用与企业的市场活动相关（如市场营销或者流通）的经营资源带来的加乘效果。运用这种加乘效果即是市场相关领域的多元化经营。技术相关指技术相关领域的多元化经营，这种多元化经营因为企业技术资源的转用而成为可能。如，味之素起初只有调味料一项业务，后来开拓了市场相关的加工食品领域，在技术相关方面进行多元化经营，发展到利用氨基酸技术开发化学产品的领域。

企业在新领域的竞争力由进军新领域的能力以及进入后差异化的能力两者构成。若企业的经营资源既有助于企业进军新领域又有助于企业进入后的差异化，企业在新领域的竞争力将会大幅提高。一般情况下，市场相关的经营资源有利于企业进入该市场，而技术相关的经营资源有助于企业实现差异化。

因此，市场相关的多元化经营使企业更易成功进军新领域，而之后在差异化方面，企业仍需花费大量精力；相反，技术相关的多元化经营在进入时会遇到困难，一旦成功入市，技术上的差异化逐渐形成，较容易获得巨大的成功。市场和技术两者都相关的多元化经营发展是最为理想的，因为在入市前和入市后的差异化两个方面，企业都会受益匪浅。

第三项，从该领域扩展到其他领域的辐射效果。前面提到以竞争力作为判断基准的关键在于企业业务活动整体积累的经营资源能在多大程度上助力新领域。这里的辐射效果是逆向发散的。在新领域开展业务会给原有领域或企业整体带来何种效果，此前提及的多元化经营经济理论依据——风险分散和成长经济就是评价这种辐射效果的基本理论依据。

在此，我们要探讨的内容和以上基本理论依据在视角上有些差异，可以分为辐射效果给经营资源的积累带来的影响以及给组织的人员心理带来的影响两个方面。在实际判断辐射效果时，可以结合风险分散和成长经济这两个经济理论依据综合考虑。

从选择个别业务到整体受到辐射影响主要有两个途径：一个是经营资源的储备带来效果，即新领域的经营资源的积累会给企业整体带来怎样的好处？另一个是心理上的效果。开拓新领域对企业内外相关人员的心理会带来怎样的影响？如何把企业活动引导到更好的发展方向上？

首先探讨经营资源的储备带来的辐射效果。多元化经营和经营资源是相互影响的双向关系。多元化经营是有效利用原有经营资源的一种手段，同时也是获得新经营资源的手段。第二种手段之所以可行是因为现实中存在我们前面所说的看不见的资产的副产品派生路径。

开拓某一项业务可以从日常业务活动及商务系统的构建着手，推动新的经营资源的产生。

企业在新业务领域全力以赴开展竞争，并积累该领域相关的经营资源。日本的通信设备生产商的半导体业务就是一个很好的例子。佳能也是一个很好的案例。佳能开拓同步读取器等磁性录音业务和电子计算器，虽然在业务运营方面未能成功，但公司内部却因此积累了电子技术。这项技术成为佳能在摄像机以及办公设备领域获得成功的铺路石。

实际上，具有经营资源辐射效果的新业务与业务发展性相关的技术发展潜力关系密切。技术的发展潜力包括技术的辐射效果在内。有发展潜力的技术指有深度和广度的技术。具有这种性质的技术能够带来辐射效果，可以说新业务的辐射效果依赖于在该项业务活动中积累的经营资源的深度和广度。

第二个辐射效果是心理上的效果。新业务的开拓会给企业内外相关人员带来心理上的影响。如前面在探讨成长经济时提及的心理上的能量供给指的就是这种情况。企业积极开拓有潜力的领域，其姿态会振奋人心。另一种情况是新业务具有象征意义，象征企业将来前进的大方向。在这种情况下，即使存在预算问题，最终也能继续开拓这项业务。

企业在选择个别业务时，若只考虑市场的发展潜力和竞争力，可能会做出不合理的选择。特别是企业在竞争力不足时，因为辐射效果最终选择继续开拓新业务。这种战略也称为过度拓展（突出或伸展）。很多企业在成长期都会过度拓展，有一些可能是无意的。无论如何，企业应该在慎重考虑战略带来的经营资源储备效果和心理效果之后，谨慎地过度拓展。

集中理论

"集中"指拥有多项业务（组合）的企业特别选定某一项业务集中投入资源。极端集中业务最终会导致非多元化经营，回归至单一业务结构。无论如何，我们可以先探讨多项业务（组合）的企业应该把资源集中于何处。下面先探讨"原有业务组合中的集中选择"。

为什么企业已经有业务组合，还要特意再集中投入？理由是很多企业的业务组合其实处于"过度分散"的状态。至于为何会分散，是因为企业在选择各项业务时，其实是逐一选择的。这些分散的选择随着企业的发展一项项积累。企业并没有充分考虑整体的协调，而是累加个别的决策，所以会产生过度分散的情况。因此，企业需要再次考虑业务组合中的集中问题。总而言之，企业过去的业务结构战略多半没有充分考虑业务整体平衡的问题，所以需要重新选择如何集中。

至于企业为什么会逐一决定个别业务、投入资源，而非从一开始就注重整体的协调性，关于这个问题，我们可以先了解在选择集中时应该注意哪些问题。

过度分散的原因在于各项业务之间频繁的横向投资与再投资。

横向投资是因为竞争对手也会在该项业务中投资，所以企业不得不跟进。企业并没有深刻考虑长期战略的合理性。虽然竞争战略的本质是差异化，但是在各项业务的发展过程中，企业未必能保持竞争战略的本质。

再投资指公司在某一业务领域获取利润，积累了投资资金，该业务领域为谋求自身的发展，会要求企业把这部分资金继续投入同一业务领域。企业不得不考虑"这笔钱是谁赚的"。若自己为之奋斗的业务领域不能继续获得投资，业务责任部门的士气会变弱。所以，再投资很有可能会超过合理的界限。

当然，再投资并不是都不可取，在成熟、稳定且今后有某种程度成长的业务领域进行再投资是理所当然的。问题是再投资超过合理限度的风险很大。

为了对抗这种风险，企业需要有的放矢，集中投入。这一点可以理解为抵抗组织惯性的经济理论，也是人性所在。

当然，除了抵抗组织惯性的经济理论外，集中投入的做法背后还有另一种较为积极的理论依据，即扩大差异化的可能性和组织的焦点理论。

扩大差异化的可能性指企业在选定的某项业务中集中投入资源，由此实现该项业务竞争武器的差异化和个性差异化。该业务的成功率也会上升，而为了实现差异化，企业需要投入资源，开发新产品，创造新的有附加价值的服务供给系统，或利用规模经济，获得成本优势。

组织焦点理论指通过某一特定业务的资源集中，让组织员工明白自己应该做什么，目标是什么。企业拟定大方向，通过大方向的指引，组织的焦点就会出现，由此更容易集结员工的智慧和能力。

以上内容探讨的是集中本身的必要性。比起对其必要性的理解，企业其实更应关注特定业务的选择问题——集中于何处。如果选择错误，则可能出现"集中错误"，导致整体战略惨败。

特定业务的选择与前面提及的个别业务的选择别无二致。需要确定的并非可否进入该业务领域，而是可否向该业务集中投入资源。理解目标核心后，企业直接套用个别业务选择的理论即可。

原有业务组合的集中投入与开拓新业务不同。如，原有业务中哪一项需要集中分配资源，意味着需要从其他业务中分割出相应的资源。

从原有业务中分割出资源，也意味着原有业务的资源投入会减少，企业整体的资源有限，对于资源变少的业务可能产生不良的影响，对这种负面影响以及集中后的正面影响的综合判断不可或缺。实际在组织中执行这些操作并非易事。正因为难以执行，才经常出现上述的横向投资和再投资盛行的情况。企业还需要关注资源投入减少的业务相关员工的工作热情。

企业若有业务结构整体战略等发展设计图，将会有助于判断。选定减少投资的部分很困难，一旦确定其在整体组合中承担的角色，就要坚持向前。

很多日本企业回避减少资源的做法，即使是业绩较差的领域也高喊"加油"，硬撑到底，而业绩好的领域则只是大喊"更上一层楼"的口号。此时，浪费早已铸成。即使企业计划集中投入资源，前提也是企业有整体设计图。总而言之，没有业务结构整体设计图的企业无法采取集中投入的战略。

企业领域与业务关联模式

业务组合管理的两个方面

前面探讨了个别业务的选择和集中，下面开始探讨业务组合整体的战略理论。

企业的业务组合是在多种历史情境下积累而成的。企业不可能贸然从零开始打造新业务，而应循序渐进发展原有业务组合。业务组合的管理需先认清这一立场。

业务组合的管理可一分为二，以便理解。一是确定组合整体的性质。如，把各种业务活动大致分类，用领域板块表示，提炼出组合整体的特性。或者根据业务关联模式的基本方针，投入更多资源到理想的关联业务，而对不理想的业务则减少投入或剔除。

二是根据确定的整体特性，实际管理业务间的资源分配，即把第一步确定的特性转化成第二步实际可行的资源分配。

企业领域的意义

确定企业领域和业务间的关联性即大致确定了业务组合的特质。

企业领域指企业开展业务活动的领域。从"企业在怎样的领域中生存下去"的课题出发，给业务组合整体定性。

企业领域有多种选择。最为普遍的是和集团的做法一样，选择在所有领域都开展业务。在这种情况下，企业不预先限定领域，而是将其看作多元化经营的结果，开拓多种业务领域。

不过，大部分企业会选择某些相对特定的领域。如，日本NEC到20世纪

80 年代为止，选择计算机和通信领域，把计算机和通信统合成自己的主要活动领域。这样的界定易于理解，效果很好。

决定企业领域也意味着企业需要同时决定两项内容。一是多元化经营的广度，即在多大的范围"广度"下扩大业务领域？若是集团层面，其广度基本是经济整体或制造业整体。若界定为综合材料产业，其广度限定于材料相关的领域。

确定企业的领域最为重要的是企业的身份（基本性质）。选择何种业务领域作为企业活动领域是定性的问题。

我们在探讨竞争战略时也提到过竞争领域。这是一项业务的商品市场广度和商务系统的广度相乘得到的领域。在"市场和技术加乘确定的企业活动领域"这一意义上，企业领域和竞争领域有共通之处，只是适用的场合不同。企业领域指企业整体的活动领域，而竞争领域指各项业务竞争的领域。本章提及的领域指企业的整体领域。

为何这样定性？大家可能觉得不需要任何规定，企业只要能一直开拓业务即可。那么，领域设定的意义何在？

领域设定的意义在于：第一，限定领域能有效锁定企业决策者的焦点。社会发展日新月异，为了发现新的商机和威胁，需要收集信息，限定领域可以收集该领域较深层的信息，而不加限定就像人在荒野中徘徊，漫无目的，相当危险。

另外，焦点的集中也能给企业员工制作业务发展方案提供参考基础。并不是所有的业务方案均由企业高层制定。企业高层在很多情况下并不掌握制定方案所需要的信息，而是期待现场的员工创造出新的业务商机。若大家的方案没有共通的基础，可能出现各有导向、不分主次的方案。高层难以选择，最终导致资源分散。由此可见焦点的集中效果很明显。

第二，限定领域能提供方针，明确企业需要积累怎样的经营资源。如，胶片公司若从其产品功能上定义为"影像的记录"，企业员工就能达成共识，知晓不应单纯限定于银盐胶片技术，还需要电子影像、印刷、出版和图像处理等技术储备。

限定领域后，企业今后发展所需要的经营资源就会变得明显，而且在这个领域中企业活动所需要的关键经营资源储备也不言自明。另外，还需要与企业迄今为至积累的强项资源紧密联系。在此基础上，企业的业务强项也随之加强，资源分配的重点也得以确定。企业员工可以在这一方针的指导下开展日常工作，积累经营资源。

如，在通信领域中，如果企业的强项是促进计算机和通信技术融合，那么企业可以把资源积累的重点集中于该领域。例如计算机分散处理的技术，或分散处理过程中通信技术与网络技术的融合，或通信的计算机化技术及推进计算机化处理的半导体技术。

第三，使企业凝聚为一体。这个效果可以消除企业内部分裂感，防止进行多元化经营时各个领域的员工觉得相互之间没有关联进而变成分裂的组织。一体感的源泉之一是"对自己负责的多种业务有共通的身份认可"。如果没有这样的一体感，企业内部业务之间的合作就难以实现，何谈发展范围经济。

在现实中，常见的情况是企业向多个业务进军后才确定企业领域。很多企业都深切认识到，在面临身份认可危机或资源分散的负面影响时，急需设定领域统合企业。当然，企业最好在初期阶段开始考虑领域的划定。

企业领域的表现

领域的意义在于它是组织人员思考的方针。设定领域时，需要格外注意其表现形态，选择更易传达、更有影响力的表现方式。

探讨领域的定义和表现时，有多种切入口。领域本身由市场、企业的职能和技术等三项加乘确定，所以切入口可以分为以市场为轴心、以功能为轴心和以技术为轴心三大类。

第一是以市场或者客户为轴心的领域，以共同的客户为中轴提供综合服务。如，以阪急电铁为首的日本铁路公司大多聚焦于铁路的用户，同时也开拓百货商场、剧场、娱乐、零售、住宅开发、不动产和出租车等领域的业务。这是以共同的用户为切入口的领域限定。

第二是以企业应执行的职能为切入口。如，财产保险公司选择保障安全相关的综合业务作为企业的经营领域。不仅销售保险，还开拓警备保障、事故防范业务。这是以功能为轴心的领域限定。

第三是以技术或企业实力为切入口,以企业的核心技术和能力为基础定义将来的发展领域。松下电器的强项是人机交互技术和相关经验,其战略就是以此为杠杆开拓新业务。

无论以哪一种轴心设定领域,企业都需要创造力。企业需要努力寻找合适的语言来表达领域。最重要的是正确界定"自己存在的意义"。如果缺乏创造力而只用笼统的语言表达,则无法影响企业员工,无法达成共识。

理想的领域表达应满足以下三个条件。

第一个条件是领域圈定的业务板块应该具有"未来导向性和广度"。应该让人感觉到企业梦想,而且允许员工的想法不受束缚。

第二个条件是用富含企业特征的易于理解的语言表达,给企业员工以信心或指向。

第三个条件是"切实的感受"。使现场工作人员切实感受到企业的领域和自己工作的紧密联系。若把领域的表达看成现场工作的翻译或总结,则翻译不能太过直白,也不能天马行空乱译,需要的是能带来切身感受的表达。NEC的通信领域就同时满足了以上三个条件。

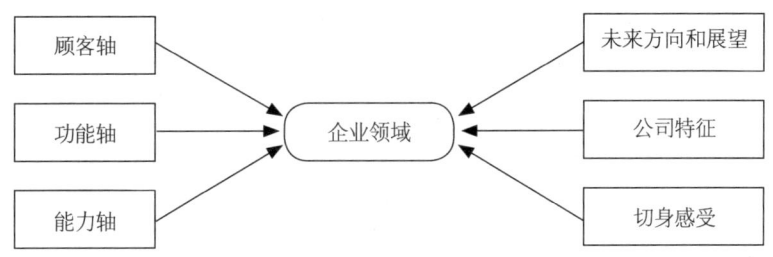

图 4-1 企业领域的切入口和条件

然而,企业设定的领域有很多并不具备这些条件。有一种错误的领域表达是"可以囊括现在正在做的所有的经营活动"。如百货店设定的领域是市民产业,超市设定的是综合零食领域,钢铁生产商设定的领域是综合材料产业。这些设定过于抽象笼统,并不可取。

因为各种原因,长久以来企业在各领域都投入资源,令人感觉其领域是"无所不包"的伞状物。因为是伞状的,包含所有(或大部分)的业务领域。但是,"综合电器生产商"等伞式的表达太抽象,范围也太宽泛,同时因为企业的强项不突出,并没有给人切身的感受。

这样的错误原因在于人在无意识中会产生"无论在何种情况下,开拓的业务都不能抛弃"的想法。领域的设定不能是以往决策的简单叠加,而应该是为确定未来的方向设定的。

领域因为"限定"才具有意义。"包含一切"毫无意义。企业需要剔除某项业务时,应另做计划处理,而不应该在设定领域时,强行将其包含在企业领域之内。

业务关联模式的确定

我们从业务关联性的视角观察,会发现业务组合整体呈现出某一种模式,即各项业务之间的关系呈现某种模式。若用点表示各项业务,点与点之间相关时,可用线连接。线的连接方式就是业务间的关联模式。

作为整体模式,企业选择的主要对象应该是影响关联密度的关键要素。密度指关联性是否强烈,而判断关联性强弱的关键在于各项业务是否可以共用技术或共用市场,业务之间共用的是什么。

多项业务间的关联密度即业务组合在点与点之间绘制出的线条密度。线条集中的是集约型模式,线条扩散的是扩散型模式,如图 4-2 所示。

集约型模式看重范围经济,采取增强经营资源有效利用密度的战略,业务间的距离比较近,相互关联的程度也比较高。其中,很多都是收益性较好的战略。扩散型模式则更看重成长经济和风险分散,更易开拓经营资源,业务间的距离较近,但相互之间的关联度较弱。虽然拓展性较好,或者说成长性较好,

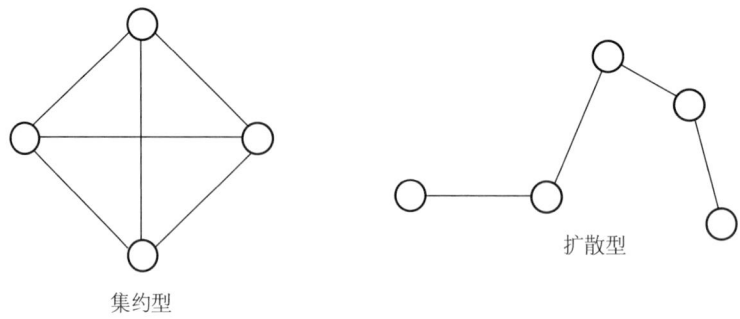

图 4-2 业务间的关联模式

但是经营资源的使用密度较低，比起集约型模式收益性较差。

最明显的扩散型模式是降落伞模式。从关联性的视角看，先开拓稍远的领域，然后再弥补新的经营资源和原有经营资源之间的空隙。降落伞模式注重空隙领域的多元化经营。原有经营资源难以转用于其他领域但资金相对充裕的企业偶尔会采用降落伞模式。

业务间联系的关键可以归于一个问题——两个领域之间产生的经营资源（范围经济的基础）究竟如何？前文探讨的市场相关的资源、技术相关的资源以及以此为基础的关联方式都属于这种资源。很多时候，选取的关键点会在很大程度上决定企业业务组合的特性。

如，对于爱普生这样技术指向很强的企业来说，业务间的关联性很多时候在于技术。钟表行业和打印机行业则通过精密金属加工技术建立联系。打印机业务和有机EL显示屏业务通过喷墨技术建立联系。对于拥有高密度整合多项业务的夏普而言，液晶技术就是高密度整合业务的基础，甚至可以说是以液晶技术驱动战略。

如前面所述，以技术为基础的关联性要想被市场接受，需要企业下很大的功夫，一旦被接受就可能成为企业保持差异化优势的利器，同时也更易向市场展示企业的独特之处。若以市场关系圈定客户，可能指向各种业务，目标可能指向任何人，而实际却无法向任何人展现出自己的特色，有很大的风险变为"万事屋"（没有专长的万金油公司）。

通过资源分配管理业务组合

资源分配的重要性

无论领域设定多出色，业务间的关联模式界定多明确，企业即使确定了选择和集中的业务，如果没有按照战略方针对各个业务进行资源分配，这一切都只不过是画饼充饥。开展业务活动需要投入资源，也必须决定如何在各项业务中分配资源。特别是资金和人才等经营资源的分配会成为一大问题。只有做好资源分配，才能妥善管理业务组合。

实际上我们至今一直在讨论的业务结构战略核心是确定依照何种方针分配资源，包括选择、集中投入哪一项业务，把领域界定于何处，以及如何构建关联性的模式。

并不是说只要做好战略决策，企业就可以轻而易举地分配资源，因为战略决策和实际的资源分配结构并非联动，所以现实中容易出现一种错误——有出色的业务结构整体构思，却没有良好的资源分配。如，企业准备开展领域核心的新业务却缺乏优秀的人才，或者原有业务过度强调"盈利功劳在于己"，拒绝把资金周转到新领域。

因此，企业需要考虑构建战略和资源分配联动的系统。资源分配的决策很重要，做该决策时，企业内在的利害关系和思维方式的差异最为突出，容易产生组织内部的对立，最终放弃决策的执行。

业务间的资源分配对企业而言是整体的分配问题。因此，讨论资源分配的做法时，应考虑企业整体层面的决策方式。可以先从一般的方法及问题开始探讨。

自下而上的积累方式及其问题

最常见的积累方式即自下而上积累。这种积累方式也有具体的分类，基本上和国家的预算分配一样，让各项业务申报需要的经营资源的量，核查后进行经营资源分配。这种情况下，高层更多地考虑如何削减申请的额度。

一般而言，业务需要的资源量以及业务未来发展相关的信息多体现在各项业务的现场，业务间的资源分配必须有某种形式的积累过程。问题的关键在于资源申请的处理流程。

企业若置之不理，可能会出现企业总部未充分掌握信息，一味调整需求额度的情况，导致"痛苦均分"的做法，即一律削减或只在前一年度的资源分配的基础上增加。

由此可见，自下而上的方式难以保证一项原则——根据资源的需求和投入后的贡献进行资源分配。之所以如此，主要有以下三个原因。

一是难以正确把握各项业务资源的需求程度以及相应的贡献。业务现场本身就有过度要求的倾向。

二是各项业务之间的需求度和贡献度难以相互比较。即使掌握的信息是正确的，但是相互之间比较起来很棘手。如，某一项业务需要 10 亿日元投资于研究开发，另一项业务需要投入 10 亿日元到流通方面，以防止市场衰退。即使双方的信息都正确，企业也难以判断，加上组织内部利害关系的对立，则更难以抉择。

三是不仅各项业务之间需要相互比较，各项业务本身还需要用一种统一的视角评价企业整体的资源需求和贡献情况。因为企业的整体情况确实难以把握。若企业整体面貌不清晰，则无法做出资源分配的决策。另外，用易于理解的方式把企业整体情况传达给资源分配的决策者也绝非易事。

有一种新的方法——产品组合管理可以解决以上三个问题，帮助企业有效进行整体的资源分配。这一方法是细化自下而上的积累方式，在框架中加入整体战略的视角。

产品组合管理架构

产品组合管理的基本架构由两部分组成：一是描绘由各项业务的需求度、贡献度、发展潜力等构成的企业整体面貌，二是在整体面貌中提炼出理想的资源分配方式。

采用第一种方式描绘企业整体面貌时，虽然产品组合管理架构有各种细分，但其基础是捕捉各项业务中对该业务、对企业而言的吸引力和该业务的强项（竞争力）两部分，并以此为横纵轴构成一个平面，在平面中确定各业务所处的位置。业务的魅力指数可以通过该业务未来的成长性预测，而竞争力可以通过当前的市场份额来衡量，这是最简单的做法。由此，可以绘制出图 4-3 所示的分布图，在该图中一个圆表示一项业务，圆的大小表示该业务在企业整体中的比重。一般采用的数据是各项业务的销售收入比例。

若能在相对较少误差、可比标准（成长率和市场占有率等可以相互比较的指标）下呈现企业整体面貌，则该面貌作为资源分配的基础具有很高的参考价值。以整体面貌为参考基础，企业可以根据战略构想分配资源。

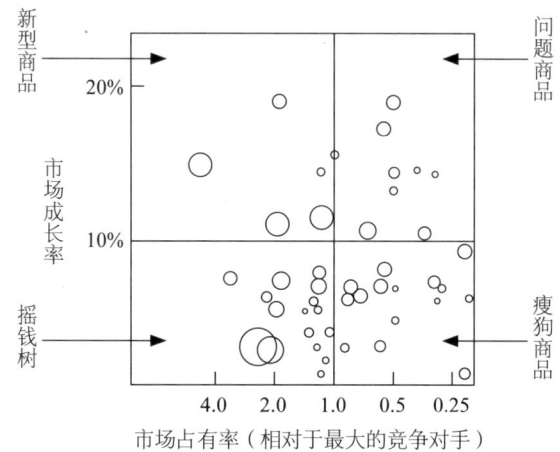

图 4-3 产品组合管理的分布图

采用典型的产品组合管理方法，可以从现金流出发确定各项业务竞争战略的基本方向和资金分配方针，以使现金流保持平衡。这是产品组合管理的第二个要素，下文将具体介绍这种思维方式。需要注意的是基于现金流原理的资源分配的指导方针和业务组合整体面貌的描绘方式在理论依据上并没有必然的关系，所以前文的整体面貌分布图和下文的现金流量原理没有关系，可以分开使用。

产品组合管理中各项业务特性不同，现金流的形式也不同。举一个典型的例子，不太需要投资但可能赢利的业务能产生现金流。此外，为了未来的发展，需要先行投资的业务会消耗企业的现金流。根据各类业务的特性，企业需要制定方针，考虑如何向各项业务分配资金，如何组合业务更易保持企业整体资金的运转平衡。

由此可见，企业不宜同时拥有太多需要先行投资的业务，也不能只有赢利但无须先行投资的业务。

现金流指会计上的利润加上折旧分摊等非现金支出被计入费用的部分，再减去未直接计入会计费用的现金支出（如设备资金、存货投资和营运资金等）。考虑到现金流平衡，设定业务组合至关重要。现金流业务带来现金收入的成果输出，也是资金投入战略中的现金支出（资源输入）。当然，不能单纯用会计上的利润来判断企业的情况。

一项业务带来的现金流会有周期变化，在时间轴上呈现各种模式。在周期中，某一时期要求企业投入资金，某一时期需要把资金返回给企业，即资金会流转到资金需求方，也会流转到资金供给方。

在现金流周期变化的初期，可能只是投入资金而未产生营业额。一般到后期情况会相反。即使某一产品有相似的变化周期，其整体成长的速度和能达到的市场规模不同，现金流量的类型也不同。如，在成长速度过快时，可能需要在短期内投入大量的资金。

在产品组合管理中，业务战略结构方针需要强调两点。一是业务组合的平衡，指同时拥有现金流量特性不同的业务；二是根据业务的特性，设定典型的竞争战略的基本方针。

根据业务的不同特性，波士顿咨询集团进行了有趣的分类。产品组合管理的业务组合整体面貌的平面分布图把业务吸引力和企业竞争力一分为二，一大一小，再把业务定位到以下四个板块。

"摇钱树"指处于成熟期的业务，本身在未来潜力方面并没有很大的吸引力，但企业在竞争中有较大的优势，这种业务相当于企业资金的主要供给方。

"新型商品"指处于成长期的业务，未来有很大发展潜力，且是公司竞争优势较强的领域。当前带来大量的资金流入，同时也需要大量的资金投入，未来会根据变化周期，减少资金的投入，可能会变为企业的"摇钱树"。

"问题商品"指处于成长期、产业吸引力很大，但企业在竞争上并没有优势的领域，现在需要相当多的资金投入（因为需要确保成长和优势），但未来并不知道会不会成为很大的资金来源。因为前期需要投入资源，以应对成长期的周期变化，这种商品会侵蚀企业的资金，但未来产业发展潜力很大，对于企业而言也是两难的选择。

"瘦狗商品"指成长缓慢、没有未来发展潜力的业务，企业在该领域没有竞争力，不需要成长投资，也没有优势，所以没有资金流入。瘦狗商品在业务组合中属于资金的需求方，未来不太可能成为资金流入的领域。企业需要认真考虑是否战略性撤出该项业务。

如何组合这些特性不同的业务才能获得理想的现金流平衡？

没有瘦狗业务当然是比较理想的,同时企业也需要几个摇钱树类型的业务。若只有这两种业务,企业未来会存在很大的不稳定性。因此,新型商品自然越多越好,但是只有新型商品也行不通,因为没有现金供给业务的话,只依靠将来可能流入的现金,企业无法运转。企业不可能在所有潜力领域都保持竞争优势。因此企业需要选择性地持有几个问题商品业务,并且在将来把这些商品培育成"摇钱树"。

以上架构是保持现金流平衡的理想模式之一,也是特性不一的领域组合的典型例子。考虑到现金流的决定因素之一是竞争战略,保持现金流平衡的第二个重要的因素也浮出水面,即企业需要根据当前的资金供应业务、未来的资金供应业务等各种业务特性(企业为各业务制定的战略角色),制定竞争战略。

此外,企业即使在"摇钱树"业务上进一步投入资金,提高市场占有率,也无助于提高企业的资金效率。若是新型商品,企业为了维持竞争上的优势,需要竞争战略,此时不能吝惜资金的投入。这种情况下,当前的资金效率在某种意义上是次要的。问题业务的竞争战略最为棘手,企业只能有选择地投资。

以上只是业务类型划分和竞争战略的对应案例,不能对号入座。不同企业的各种业务应该承担的角色也各不相同。考虑到不同的现金流需要不同的竞争战略,对任何企业而言,都需要选择符合各项业务角色的竞争战略,以保持整体现金流的平衡。

企业使用产品组合管理架构可以在资金的维度上,综合各项业务的资源需求和贡献能力,使业务之间的相互比较成为可能,也更易绘制出业务组合的整体面貌。产品组合管理作为大企业系统执行的方法具有重大的意义。出人意料的是,在大组织中反而有很多瘦狗类型的业务。在这层意义上,可以广泛使用这种产品组合管理方法,当然产品组合管理也不是完美的方法。

最大的问题在于产品组合管理把业务带来的资源限于资金。如本书第 1 章所强调的,业务活动会产生资金和看不见的资产(信息经营资源)两者,而信息经营资源是企业竞争力的源泉。如此重要的资源在各项业务中来回流转,动态应用,但产品组合管理方法却无视这一流程。对于企业长期的战略而言,现金流和看不见的资产两者的动态变动都很重要。

第二个问题与"干劲"相关。产品组合管理的特征在于明确设定各项业务的角色，所以各项业务单元的目标和任务是确定的，但是在业务单元中会包含让业务单元意志消沉的部分。特别是定位为瘦狗类型或摇钱树类型的业务单元得不到充足的资源，因为内部的投资毕竟有限。如果业务未来的发展受到限制，单位内部员工就难以动员。

产品组合管理的另一个作用是明确区分出不需要资源分配或不应该再投入资源的业务单元。尽管产品组合管理存在一些问题，但是很多企业依旧在使用产品组合管理，最大的理由即在此。实际上，产品组合管理可以解决退出哪项业务的难题，明确退出的必要性。企业考虑这些重要的问题时，若有多方面的顾虑，事情就无法顺利进行。在这种情况下，企业可能用极其简单的理论依据说服企业员工。在这一点上，产品组合管理很有效。

商业九宫格

下图是美国通用电气公司的商务滤网，也是图 4–3 的进化版本。可以根据下图的多项基准评价业务的竞争力和吸引力。横纵两轴各三等分，即把业务分为九大类型，由此决定资源分配的方针。

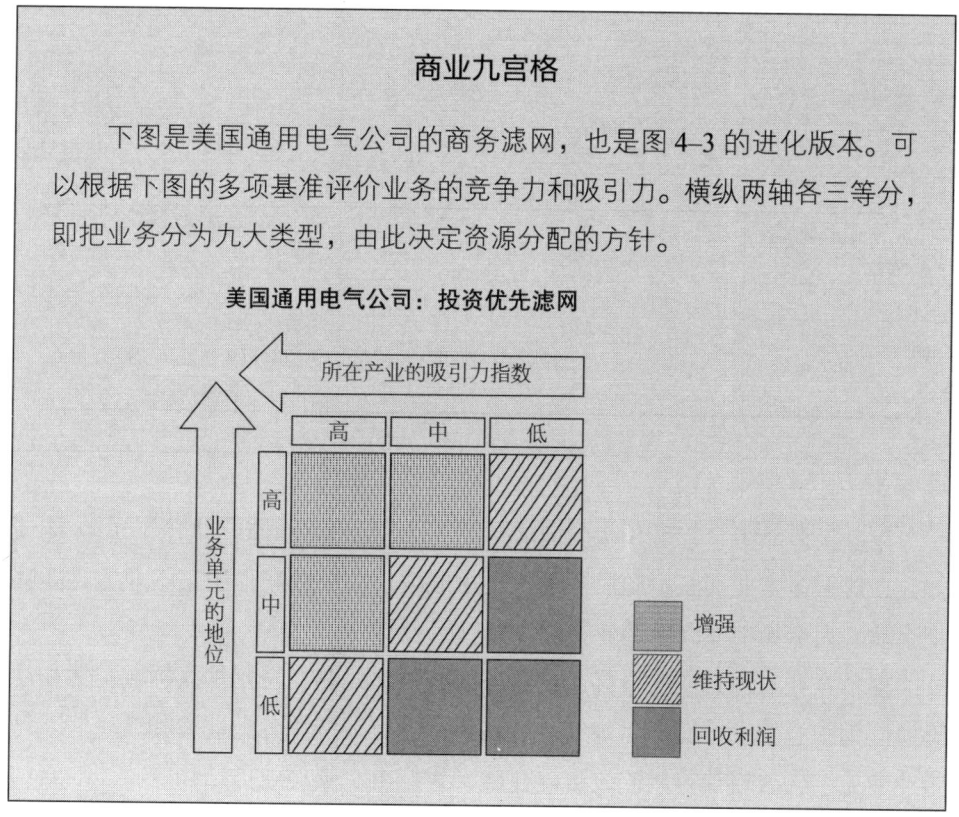

美国通用电气公司：投资优先滤网

所在产业的吸引力评价基准		业务单元的地位评价基准	
评价基准	指标	评价基准	指标
1.市场规模	3年平均的产业规模（美元价格）	1.在市场中的地位	市场占有率（全球市场），3年间平均国际市场占有率，相对市场占有率（SBU对3大竞争对手），2年平均值
2.市场成长率	10年的实际年平均市场成长率		
3.产业的收益性	业务单元及3大竞争对手3年平均销售收入利润率（ROS）：名义利润率和调整通货膨胀影响后的实际利润率	2.竞争上的地位	在以下项目中与竞争对手相比，处于什么位置：品质、技术上的领航能力，制造/成本上的领航能力，流通/营销上的领航能力
4.循环性	与销售倾向数值的年平均乖离率		
5.对通货膨胀的反应	通货膨胀引起的成本变化率与价格变化率+生产性变化率之和的比率，5年平均值		
6.海外市场的重要性	海外市场占全球市场的比率，10年平均值	3.相对收益性	3年的业务单元销售收入利润率减去平均销售收入利润率（3大竞争对手的3年平均销售收入利润率）：名义利润率和调整通货膨胀影响后的实际利润率

可以说产品组合管理积极向前的性质并不突出，更倾向于消极向后。即便如此，对很多企业而言，向后回顾也不可或缺。向后回顾退出某些业务，能够把企业的力量集中在向前的业务中。

提示企业前进方向的最终还是业务结构整体战略，特别是以领域实情和动态协同为中心的设计图。巧妙结合产品组合管理等资源分配理论和领域协同是企业业务结构战略执行时的关键。在此，我们再次强调业务结构的整体战略构想的重要性。

练习

- 啤酒公司进行多元化经营，把工厂用地转用于不动产业务；利用生产啤酒的酵母技术，开拓药品和生物领域，进行多元化经营。请从范围经济的源泉、效果类型以及多元化经营的发展潜力等三个方面比较说明。
- 在较接近原有业务的领域进行多元化经营的优点和缺点分别是什么？请从短期和长期两个方面展开探讨。
- 发展几项多元化经营业务之后再设定企业的领域较好，还是多元化经营之前事先设定较好，又或在多元化经营的过程中设定更好？具体考虑时请把现实可能性包括在内。

第 5 章
企业结构重组

——

技术革新和产业结构变革期间，企业常常需要考虑如何彻底重组业务。组合中的选择和集中必然与重组挂钩。企业处于各种环境变化的风险中，不管是东方企业还是西方企业，都需要重组业务组合。

在业务组合的重组中，可能存在企业结构本身的整体重组——企业合并和业务统合。而且，企业合并和业务统合的目的不仅在于管理业务组合，还在于强化商务系统。

各种形式的企业结构重组实际上是在企业之间划分界限，重绘业务版图。不仅是大规模的战略结构变动，还包括企业活动基本设计图的改革工作。不仅会改变公司内部的资源分配，还会给企业所在产业的结构带来很大影响。可以说，大型企业合并会使产业版图发生巨变。

企业会考虑怎样的变化对自己有利，而企业结构的重组也是改良产业结构等企业周边环境，使其有利于企业发展。企业结构重组也是一种环境管理，是最高端的战略决策。

以上才是真正意义上的重组。当前环境瞬息万变，波及全球，对此，企业必须保持应对状态。我们将在本章深入探讨这一问题。

重绘企业界限

业务组合重组与撤离

业务组合重组的"重"字其实很棘手。因为重组和从零开始重新组合业务不同，是另一个维度的棘手问题。这种情况下，为了打破原有业务组合滋生的惯性，企业必须重新组合业务。

当这种惯性成为企业最大的困扰时，企业必须决定撤离哪一项业务，重组业务组合。然而，考虑撤离时，即使该项业务创造的利润并未达到要求的水准，很多企业还是难以接受该项业务的撤离。因为普遍存在以下四种"撤离障碍"。

一是撤离会给该业务的交易相关人士（商品客户、原材料和零部件供应商等）带来麻烦，也会损害企业的信用。

二是撤离影响的不单是该项业务，还会给组织内部带来心理上的负面影响。企业员工会觉得"终究还是失败了""公司没有竞争力"等，会出现意志消沉、组织士气荡然无存的情况。不仅是撤离某项业务，做出其他消极的战略决策时，经营者也都必须考虑这些负面影响。

三是撤离相关的责任问题。真正探讨撤离时，责任落在当时的经营负责人身上，而该业务也未必处于很糟糕的状态。实际上，此前的负责人或决定开拓该业务的决策者的责任更大。但是，一旦决定撤离，责任的问题就会突显出来。相关人士会阻碍撤离，以免突显责任问题。很难想象该业务当前的经营负责人会主动提出撤离的建议，归根结底也是因为责任问题。

四是员工安置问题。企业要撤离某项业务时，牵扯到该项业务的员工雇用问题。一旦撤离，员工会失去工作。企业需要考虑如何安排这些员工。单纯的解雇会带来很大的负面情绪，削弱员工整体的干劲。另一方面，也不能为了雇用他们，勉强让这项亏损的业务维持下去。很多日本企业在无法通过某种形式确保员工退路时，往往不会简单撤离该项业务。

企业需要花费很大的精力减少这四种障碍带来的负面影响，才可以从业务组合中成功撤离某项业务。

最彻底的做法是完全废止这项业务，把经营权全部转让给其他企业。确保有企业继续经营该业务，这样能最大限度减少给客户带来的影响。即使是这样，为确保相关员工继续被雇用，企业需要协助处理废止这项业务之后的内部配置转换以及企业原有员工到其他企业任职的问题。

有时候企业也采用业务转移和业务统合的方式。业务转移指包括员工在内整个业务完全转移给其他公司，在形式上，可以理解为出售业务。业务统合指两家企业在同一个业务领域共同出资建立新公司，并将业务移交到新公司。

若最后新公司由其中一家企业吸收并购，则这种业务统合实际上是业务转移，因为其中有过渡流程，较缓和。如果两家企业以某种关系继续持有该新公司，也可以理解为战略合作。

无论是业务转移还是业务统合，虽然企业的形式发生变化，但业务本身不变，可以最大限度减少对交易相关方的负面影响，也可以继续雇用原有的员工。但是，多数情况下，对方企业接受转移和统合的前提是转移或统合的对象不处于员工过剩的状态。员工过剩的部分对策和废止该项业务的情况相同。企业需要特别注意员工归属问题的重要性：并非确保员工有工作就万事大吉了，归属感等心理问题也不容忽视。我们会在第 8 章详细阐述。

企业可以通过各种努力解决问题，但是无论是业务转移还是统合，从企业原有业务组合中撤离某项业务的事实并没有改变。业务组合重组其实也是一种撤离。

问题是：企业应撤离什么样的业务，应依据什么经济逻辑选定撤离的业务？

其基本逻辑和前一章的新业务选择相同，需要考虑以下问题：企业如果维持该业务，范围经济和风险分散的效果是大还是小？业务的发展性如何？辐射效果如何？

实际考虑需要撤离的业务时，可以参考本书第 2 章图 2-1 "决定行业结构的五力分析模型"。五力分析模型的目的在于探讨哪一项业务更有吸引力，哪一项业务可能带来更高的利润率。关注、聚焦买方和卖方的交涉能力。买方交涉能力增强时，公司业务盈利空间会变小。如，买方交涉能力变强（买方数量较少，提供类似产品的企业数量过多时），企业商品的售价会下降，利润率降低。

撤离一项业务的最大理由是该业务无法赢利。企业在分析无法赢利的原因时可以使用这个框架。若企业的竞争战略较差，以致该项业务的收益性降低，则不应该撤离而应该从根本上改变竞争战略。然而，很多时候是产业结构本身导致了低收益。此时，企业只能制定战略应对产业结构的变化。终止一项业务即撤离该产业结构的战略。业务转移和统合意味着减少竞争企业的数量，扩大剩余企业规模。在这层意义上可以说是"对产业结构的战略性应对"。

美国的通用电气公司的撤离原则很有名——若在该项业务中无法做到世界第一或第二位即撤退。这个原则很简单，也很容易理解。但是撤离时存在前文所述的障碍，所以，大家会有疑问：这样简单的原则可行吗？

如果贯彻并应用这样的原则，可能有些企业需要从绝大部分的业务中撤离出来。世界第一、第二的原则，其意义在于让各项业务的负责人朝着这个目标奋进。当然，用作撤离的规则未免过于简单。另一方面，若不执行简单的规则，在各种撤离障碍的阻挠下，企业就无法做出撤离的决定。上一章解说产品组合管理架构时，也提及过产品组合管理之所以被广泛使用，其中一个原因是增强"撤离的说服力"。由此可知，撤离是很麻烦的事。

五种类型的界限重绘

撤离某些业务，进而转移和统合相关业务属于企业之间的界限重绘。这种企业结构重组实际上也是基本设计变更、战略变革的一部分。

企业之间的界限是在产业和市场大板块的背景下，对企业进行界定划分。可以把它想象成世界地图上的国境线。界限可以分为两种：一种是在同一业务中竞争对手之间的界限。例如，合并为瑞穗银行之前的日本兴业银行、富士银行和第一劝业银行之间的界限。另一种是由工序流程和市场买卖关系划分的两个企业之间的界限。日产汽车和零部件供应商之间的界限就属于这种。这些界限被不断重绘。企业结构重组就是企业界限的重绘。

业务转移就是界限重新划分的例子。企业A的业务a被划分出来，其后被企业B的业务b吸收。企业A界限中的业务a的相关员工和资产转移到企业B。业务a的相关界限则划分到企业B的版图上。日本旭化成公司把食品业务出售给日本香烟企业就是其中的一个例子。

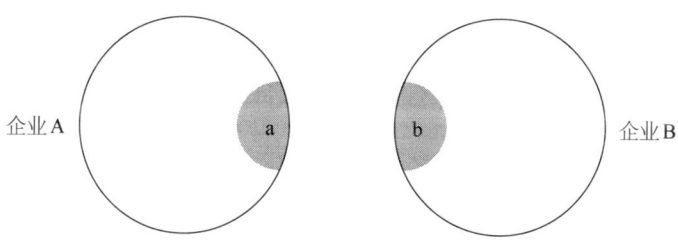

图 5-1　企业的界限

在进行业务统合时，企业 A 中的业务 a 和企业 B 中的业务 b 同时剔除，两个类似的业务组成新企业。这两项业务都会划到企业 A 和 B 的界限之外，然后进入新企业的界限中。如东芝和三菱电机统合马达业务，日立制作所和 NEC 统合半导体记忆体（存储器）业务。石油化学产业也按照各个产品业务，多家企业共同出资成立合资子公司，让新公司继承母公司或子公司经营的业务。这也属于统合类型的界限划分。

业务 a 和业务 b 同属一个产业时，业务转移和统合是与业务组合重组相关的界限重绘。业务 a 和业务 b 存在工序或市场交易关系的相关性时，相应的业务转移和业务统合实际上是转移或统合后的责任企业的商务系统结构重组。

业务转移的极端案例是企业收购。企业 B 完全转移到企业 A。在界限划分上，企业 B 的界限完全纳入企业 A，两个企业之间的界限完全消失。

两个企业之间的界限完全消失的另一种方式就是企业合并。两个企业相互之间的界限消失，合并为一个新企业。也可以理解为业务统合的目标业务占两个企业整体业务的一大半或全部，是业务统合的极端案例。企业 A 和企业 B 的界限都嵌入新企业的界限中。

企业合并和企业收购看起来相似但本质并不相同。以国家为例，企业收购更像是某个国家把另一个国家殖民化或吞并，哪一方有经营权是明确的。而企业合并更像两个国家合并成为一个新国家，哪一方对另一方拥有权利并没有事先明确。

在日本，即使要合并的两家企业在规模等方面有巨大的差距，但在法律的意义上都属于大型企业吸收合并小型企业。从概念上理解，这是两个资源的合体。在常识上，也只是把它们看作两个企业的合体和并购。合体即合并。在这层意义上，日本企业常利用合并但是少有收购。

并购这一用语包含企业合并与收购，常常用来表达笼统的概念。在日本和美国该词的主要意思其实并不相同。使用并购这个词时，日本多表示合并，而在美国多表示收购。

企业界限重绘的第四种类型是从企业A中分离出某项业务的员工和资产，单独成立新公司，即直接在企业A的界限内划出新的界限，新界限囊括的员工和资产独立成为新企业的界限。这种"业务独立"也是企业的一种撤离结果和业务组合重组。管理层收购、分店经营和分支公司，以及员工接受公司资产借贷的创业等都是具有代表性的类型。

业务转移、业务统合、企业收购和企业合并等四种类型的界限重绘是多个企业共同参与，在某种意义上出现"资源合体"。与之相对的是第五种类型——业务独立，这种类型是"资源的分离和独立"。

企业进行上述资源合体时，其界限可以明确地划分，也可以采用较为宽松的形式，如战略合作。战略合作并非完全重新划分两个企业的界限，也不是其中一方进入另一方，而是两个企业之间建立密切关系，构建资源的互补和共享关系。

合作关系对两个企业而言看似好处很多，有利于彼此进行资源共享。但是，在实际执行的过程中，因为企业界限划分模糊，共同分担的工作也很模糊，很多情况下无法真正执行任务。根据安德森咨询公司的调查，1999年之后的3年间，全球大型企业之间的351项企业合作案例中，有六成是失败的，大多数合作没有达到预期的效果。

资源合体与版图重绘、并购与战略合作

资源合体与业务版图重绘的优点

从经济意义上看，企业的界限划分（企业结构重组）可以分为两种，一是资源合体，二是业务版图重新绘制，换言之就是产业结构重组。

企业的界限指经营权的界限。重绘界限指经营权、企业结构的重组。根本的问题是由谁经营怎样的资源集合体更有效率。企业结构重组的本质在于经营

重组的效率。

资源合体较易理解，但业务版图的重绘究竟指什么？为什么对企业而言，业务版图的重绘具有重要的战略意义？

根本原因在于业务版图即产业结构，作为所谓的"结构"，其本身对业界有很大的影响。从决定行业结构的五力分析模型也可以看出，若卖方数量过多，买方的交涉能力会变强。在这样的产业趋势下，产业内的企业无论如何努力都无法提高利润率。如，日本很多产业都是企业云集，数量很多，其中很多还是小企业。正因为如此，日本的一些产业没有足够的国际竞争力。

这种产业（如医药品和化学品）内的各家企业的规模比国际竞争对手（外国企业）小，而且产业内的业务分工太过细致，即企业界限范围太小，分工过细，需要大规模投入资源，才能提高这些产业的国际竞争力。这种时候需要重新绘制业务版图，改革产业结构。

产业结构本身的问题并不是指该产业面临的员工过剩或设备过剩等产业整体资源总量的问题，而是资产和员工在企业之间的分布问题，即"结构"本身存在问题。

如，当同一业务的技术人员分布于多个企业时，各家企业单独的技术团队很小，无法开展广泛的研发。又如，当很多企业同时拥有同样的小型生产设备时，哪一家企业都无法享受量产带来的利润。这两者都是没有效率的例子。问题不在于产业整体的资源总量，而在于企业之间的资源分布。业务版图的重绘对于修正这种无效率的情况有重要的意义。

从单个企业看，其意义源自资源合体带来的优势。把同样的资源量散布至产业整体还不如把资源集中到一个企业。

资源合体产生的潜在优势有两点：一是便于享受"规模经济"和"范围经济"带来的效果；二是可以减少重复投资的浪费，更有效率地利用投资。

规模经济是指企业达到较大的业务规模后，可以分摊固定费用，提高业务的成本效率。而范围经济指一个企业进行多项业务，各项业务之间产生加乘效果，可以共享资源，提高成本效率。

规模经济和范围经济的共通之处是投入大量资源，并大规模广泛使用该资源，从而提高效率。资源合体使企业之间的界限得以重新规划，从而让大规模的资源投入成为可能，便于利用规模经济和范围经济发展企业。

研发和信息系统的投资是规模经济和范围经济的源泉，地位越来越重要。全球化和IT革命使这两种投资的重要性急速提升。

为了在国际竞争中取胜，日本企业越发需要技术的优势。随着东亚各国的崛起，对日本而言，以单纯的生产效率为国际竞争力源泉的时代逐渐终结。而研发投资是能使规模经济和范围经济更易生效的方式。因为企业投入研发的资源若用于应对全球市场的大需求，自然会比用于小需求更有效率。换句话说，如果日本企业努力研发出可以用于多项业务领域、应用范围广泛的基础性成果，更容易产生范围经济。

此外，IT方面的革新也是规模经济和范围经济更易生效的一种投资。企业若拥有一个优异的信息系统，即使规模或范围扩大，也可以共享。因此，在很多产业中，IT正从根本上改变商务系统。金融就是一个很好的例子。

另外一个优势是避免资源浪费、重复投资。若企业A和企业B都有类似的业务，则会重复同样的投资，若能进行资源合体，就可以节省资源。

银行的线上系统就是典型的例子。银行运营时，一家银行不得不对应配置一个线上系统。若两家银行合并，线上系统原理一样，只取其中一个即可。在一个电脑系统上运行两家银行的信息也不会有什么问题。

研发的投资也一样。研发出的技术可以在两个企业的同一业务中应用，而且研发出的技术是一种知识，多处使用也不会减少。

并购的目的与风险

在各种形式的企业界限重绘中，总会出现某种形式的并购。若是业务转移，便收购要转移的业务；若是业务统合，即合并业务单元。企业收购或合并就是企业整体层面的合体。

并购的本质是前文所述的资源合体。从并购的主体——企业的立场看，并购是企业从外部成套获取资源的方式。

到目前为止，日本企业在进行多元化经营或商务系统改革时的资源调配以内部调配为主。但是，以并购为中心的外部调配也越来越重要。特别是很多企业进军海外市场时均采用企业收购的方式。如索尼收购哥伦比亚电影公司（现在的索尼影视娱乐公司），普利司通收购凡士通等。

在这些案例中，并购并不只是为了多元化经营。索尼进军文化产业，属于多元化经营，而普利司通收购轮胎业务是为了在轮胎业务中确立全球地位。

近期，不仅有海外的大型收购，还有很多随着业务转移一并进行的业务重组相关的并购。这些并购背后的目的和逻辑是什么？

并购包括两种"玩家"，即合并或收购的双方。通常，两种"玩家"意见达成一致时进行并购。双方意见一致的并购称为善意并购。如果不是基于双方一致意见的并购，即不顾被收购方的意愿强行收购，则称为恶意并购。

恶意并购指收购公司在证券市场购买目标企业股票，设定比市场价格高的收购价，宣布高价收购公司股票，这种宣布也称为要约收购。股票市场价格与收购价格的差称为收购溢价。

收购溢价不仅在恶意收购中有，在善意收购中也有。了解企业为什么要支付收购溢价就能理解为什么要进行并购。

市场中的股价反映该企业今后作为独立的企业时股东未来的盈利状况。更准确地说，一家上市公司的市值是公司每股股票的价格乘以发行总股数，即该企业未来产生的利润的现值。收购方认为目标企业具有超过市场价的价值，所以愿意支付收购溢价。

如前文所述，两个企业如果合并为一个企业，会产生资源合体的优势。其实资源的内部调配和企业的内部开发也能产生与合体效果一样的巨大资源，企业之所以选择并购这种外部调配方式，根本原因在于节省时间。

内部调配的方式需要花时间积累资源，以及构建新业务的组织。相对来说，直接配套购买已有的经营资源和组织能节省时间。这是企业宁愿支付收购溢价也要进行并购的根本原因。

即使企业能够节约时间，通过并购获取的资源价值也未必与预期一样，可能会出现各种问题。

第一个问题是并购进程中获取的信息有局限性。企业恶意收购时，无法得到目标企业经营者的协助，难以正确掌握目标企业的实际经营情况。即使是善意收购，被收购方也倾向于展现企业和业务好的一面，传达的信息容易出现偏颇。

美国并购浪潮

第 1 波浪潮

第 1 波浪潮发生在 1895 年到 1905 年之间。这一时期，因为铁路网发展，技术革新，美国地方市场向全国市场扩张，企业竞争很激烈。当时，企业追求高生产效率，回避竞争，与此同时扩大市场，相继进行水平统合，形成大型独占企业。

这一浪潮波及美国所有的制造业，特别是石油、香烟、钢铁业。USX、标准石油和美国香烟等巨头都在这个时期诞生。第 1 波浪潮被称为"独占/垄断并购"。

第 2 波浪潮

第 2 波浪潮发生在 20 世纪 20 年代。第 1 波浪潮之后，法律开始加强对垄断的规制。因此，企业水平统合受到制约，开始盛行垂直统合的并购。

第 1 波浪潮产生垄断企业，而第 2 波浪潮则产生了名列第 2 位的企业。第 1 波浪潮是"垄断并购"，第 2 波浪潮则是"寡头并购"。由此可见，比起第 1 波浪潮，第 2 波浪潮带给社会和经济的影响较小。

第 3 波浪潮

从 1950 年开始到 1960 年顶峰期，一直持续到 1970 年的第 3 波浪潮可以说是集团的诞生。经过第 1 波、第 2 波浪潮后，企业受到反托拉斯法加强后的影响，通过不同行业间的收购、合并逐渐成长。因此，第 3 波浪潮被称为"成长并购"。

以上 3 大浪潮的并购有一个明显的共通点：无论哪一时期的浪潮都发生在经济繁荣期。因为在这期间，企业为了实现更高的利润，开始进行并购,股价由此上升。相反,随着股价的下降,并购逐渐衰落。

第 4 波浪潮

第 1 波、第 2 波、第 3 波浪潮都发生在经济景气时,而 1975 年之后的第 4 波浪潮却发生在经济不景气的股市低迷期。

这一时期也称为巨头合并的时代,其特征是大型企业之间的并购。大型企业收购和合并时,其交易金额很大,给社会和经济带来的影响也很大。

此外,前 3 波浪潮中善意收购居多,而在 1975 年之后恶意并购进行得如火如荼。与此同时,收购相关的技巧也五花八门。如,企业为了避免被恶意收购者收购而自行寻找合适的企业(白衣骑士)来收购自己。像这种反收购的策略也在这一时期诞生。

即使企业是善意收购,为防止竞争对手开展恶意收购,也必须快速做出决定,导致企业不能深入调查。所以,很多时候并购都是在有限的信息基础上进行,企业买到的价格常常偏高。

第二个问题是并购经营者的心理和相关人士的想法。顶层经营者的决策立即能带来并购的显著结果。一旦进行大型并购,多半会成为经济报的头条新闻,成为热门话题。进行并购决策是大事件甚至是历史性的事件,顶层经营者特别是有野心的经营者可能倾向于自己进行决断以此引发更大的事件。

另外,并购很多时候有投资银行介入,投资银行通过促成项目获取中介费,因此更倾向于往好的方向推进并实现并购。在这种情况下,相关人士难以冷静地分析事物的发展状况,从结果看,容易做出不恰当的判断。

第三个问题是统合两家企业绝非易事。企业为了实现收购时的溢价,不得不在短时间内统合两家企业。但是,真正的统合其实极为困难。

其难度源自很多方面,最根本的是企业文化的不同。每个人看待事物的方式、思维方式和感受方式都不同。被收购方和收购方都有各自不同的文化。拥有不同企业文化的员工要协调沟通甚至合作，绝非短时间内可以实现的。

第四个问题是在并购进程中可能失去重要的经营资源。如，收购时，相对于收购方的经营者和管理者，被收购方的经营者和管理者处于不利的地位。即使现实并非如此，被收购方的员工也容易产生类似想法。被收购企业的经营者和管理者中或许有人喜欢独立的企业，因而在收购后选择离开企业。这会导致内化在人身上的经营资源也随之丧失，组织无法顺利运转，也难以实现收购的价值。

何为战略合作

并购的目的在于有组织地统合企业和企业，建立牢固的关系。并购使其中一方失去企业的独立性，因为并购使多个企业统合成一个大组织。

另外有一种方式既可以保持企业的独立性，又可以在企业间构建宽松的关系。包括提供许可、技术合作、共同开发、共同生产、设计合并业务、委托销售和委托生产等各种形式。为了实现这种合作，可投入资本作为合作契约的一种担保。

企业间的联合、合作关系可以统称为"战略合作"。战略合作可以在不同行业的企业之间、同一行业互相竞争的企业或企业及其供应商之间进行。大学和政府机关也可以加入合作关系。问题是：为什么要进行战略合作？其背后的经济逻辑是什么？

战略合作最基本的目标在于弥补经营资源的不足之处。如果只是为了这一目标，也可以选择其他方式。如，企业可以在市场购入经营资源。这种方法也称为市场交易的资源购入。这种交易方法并没有建立持续稳定的关系。相反，也可以如前文的并购案例，企业统筹资源，实现组织统合。

战略合作处于市场交易的资源购入和并购之间。因为它具有两者无法实现的优点，企业才折中选择战略合作。

与市场交易关系、组织统合关系进行比较，就会发现战略合作关系的优点。

我们先与市场交易关系进行比较，思考企业为什么选择战略合作。其原因在于两家企业很难在市场上获得互补的资源。市场交易指在需要时购入所需的东西，根据具体的情况定价交易。但是，在技术开发成果和流通渠道共享等方面，很难根据需要支付技术使用费，也很难像支付运费一样按量支付流通系统的使用费。

大多时候互补的资源不是物质资源，而是信息经营资源。信息经营资源的市场交易之所以难以进行有以下两个理由。一是信息资源难以定价。因为定价前需要知道资源的具体内容。但是，信息公开后，企业就会失去为该信息支付对价的动机。二是有些信息难以做成手册等在市场上交易。因此需要构建能持续合作生产的场域，让员工学习、传授信息。在多个企业之间能力的共享、能力的创造方面，市场交易起不到什么作用。

若全方位进行组织统合，而不只是资源互补，企业合体之后就没有这种困难。但是，组织统合会引发新的问题。这个问题不是市场交易关系这种不稳定的关系，而是产生过于稳定的系统，反而给组织带来负面影响。

如员工的干劲问题。员工可能意志消沉，要调动组织员工的干劲并非易事。为了往适合的方向调动组织员工的干劲，企业需要建立激励系统。本书第二篇也会探讨激励系统建立的难度。组织统合之后成为一个更大的组织，员工会产生"背靠大树好乘凉"的心态，干劲也会下降。

另外还有内部的等级关系。组织中存在上下等级关系。这种关系有利于工作调整，但也有一些弊端。如，有上司判断错误，全盘皆错的风险；也可能有下属不敢反对上司的意见，无法向上司传达恰当信息的问题。而且，统合为一个组织后，关系过于固定。这也是组织统合的弊端之一。

企业为了回避组织统合的弊端，舍弃全方位的统合，进行战略合作，保持独立企业所具有的优点。如，独立经营会带来动力。两者不是组织中的上下级关系，而是独立企业的对等关系，有利于形成更好的信息传达路径，相互学习，传授知识。通过建立多种关系，可以导入各种信息，增加获取新知识的机会。

在难以进行市场交易，组织统合也有很多负面影响的情况下，战略合作具有非凡的意义。同时，这种微妙的关系也是战略合作出现问题的祸根。战略合作中内含着摧毁自身的力量。

竞争对手合作时，有可能会相互背叛。即使相互学习，合力工作，也可能优先自行学习而不是教对方。当双方获得的价值和学习的速度不一致时，其中一方可能感到不公平。各个企业派遣出的员工也可能偏袒自己所在的企业，以致实际的合作没有进展。也有很多案例是在不同的企业文化背景下，彼此无法顺利合作。

界限重绘的管理

新业务体的业务合理性和组织合理性

鉴于前文所述的战略合作的难度和并购风险，企业界限的重绘工作确实面临种种困难。因此，重绘企业界限时，完备的管理不可或缺。下面将深入探讨具体的管理方式。

这种管理的第一要义是确保界限重绘产生的新业务体具备业务合理性和组织合理性。即需要在企业战略、经营体制和组织文化等三个方面绘制新业务体的设计图。

新业务体的业务合理性是指重绘后的独立业务体具有更强的经济合理性。所以有必要制定战略以使新的业务体具备该优点。能制定战略蓝图本身就证明了其具备业务的合理性。

业务合理性的重点在于通过资源合体带来的新资源的融合是否有助于企业竞争力的增强。正因为企业竞争力较弱，急需企业结构重组，所以更应该落实规模经济和范围经济，以增强竞争力，避免资源的重复投入，削减成本。

很多业务统合受限于两个企业的资源的结合方式。即使统合了两个小的业务，很多时候也无法实现规模经济和范围经济。需要格外注意的是企业不能随意进行业务统合。

即使企业完成合并，合并后的新业务体内如果有过多重复，只会增加企业成本负担，丧失经济合理性。如果企业无法制定战略以解决资源重复的问题，就无法确保合并之后新业务体的经济合理性。

重组的新业务体不仅需要经济合理性，还需要集团的组织合理性。问题的核心可以归结到新业务组织的经营体制和组织文化。

首先，能绘制经营体制的设计图就表明企业能够处理新业务责任体制、对应业务的经营管理体制和负责人的人选等问题。

合并方式的业务统合的责任体制容易半途而废，导致业务统合的潜在作用无法显现。如果无法明确哪一家企业有主导权，决策会不会太慢？相关人士会不会只顾自己所属的公司？如上所述，需要考虑的内容还有很多。

企业能否描绘组织文化的设计图，决定了企业在多大程度上准备好策略，以使新业务体中的员工心理矛盾、组织文化冲突最小化。

业务转移和企业合并后的设计图难以绘制。业务统合也很难，但毕竟是"构建新的小组织"，所以统合过程规模较小，问题更易解决。业务转移时，被转移业务的相关人员应入乡随俗。企业合并时，可能长期存在两种组织文化格格不入的状况。

组织文化摩擦的问题很棘手。企业容易采取压制的态度，避免冲突和摩擦浮出水面。但这是最糟糕的方式。若是经济合理性强的界限重绘，应该在早期阶段尽快处理，去除可能产生摩擦的要素。若业务合理性无法对抗这种摩擦，那一开始企业就不应该重绘界限。

企业战略、经营体制和组织文化三种设计图可能会互相矛盾。如，业务合理性可能会要求优先使用有资源优势的企业的员工，这样会使组织内的心理摩擦更大。

以上三种设计图缺一不可，但需要明确先后顺序。大多数情况下，为了提升资源效率、加强竞争力，需要把企业战略的设计图放在第一位。

企业结构重组的两难处境

界限重绘管理的要点是先理解这种管理常常是进退两难的，企业需要有超越这些困难的战略构想和视野，同时还需要决策的哲学。

第一种两难处境是必要性和能力不对等。

如，急需撤离某些业务进行业务组合重组的企业很多时候却没有完成重组的能力。需要业务组合重组意味着企业内部有需要撤离和整理的业务，企业之所以面临两难的处境，是因为"失败的历史和原因"在企业中根深蒂固。值得思考的是：这样的企业具备成功进行业务组合的重组或撤离的能力吗？

单纯的企业界限的重绘并非企业的多元化经营，多元化经营应该是扩张企业，在这个过程中也会出现必要性和企业实际能力的不对等。一般而言，不太需要开展多元化经营的企业反而拥有充分的资源进行多元化经营。急需多元化经营的企业反而容易因为缺少实现多元化经营所需要的资源而失败。

之所以出现这种问题，原因是企业用于多元化经营的资源来自企业的主要业务。主要业务资源充沛的企业进行多元化经营的能力更强，然而企业拥有能带来充沛资源的主要业务，也意味着企业并不急需多元化经营。

第二种两难处境是业务的吸引力和竞争的激烈程度联动。

重组业务组合时，并不是撤离业务就能解决问题，还要考虑集中到哪种有吸引力的业务。业务统合和企业合并需要寻找目标企业，企业进行多元化经营，同样需要寻找有吸引力的业务领域。

但是，企业应该认识到，对自己而言有吸引力的业务领域或目标企业对其他公司而言同样有吸收力。向该业务领域集中投入资源的竞争对手很多。对于有吸引力的目标企业，大家都虎视眈眈。所以企业结构重组的目标企业、目标业务的竞争都会变得很激烈。可见，吸引力和竞争的激烈程度是联动的。竞争越激烈，最终产生的利润可能越小。在很多成长型的市场，过度竞争可能导致谁也无法赢利。这就是两难处境的典型例子。

吸引力和竞争的另一个难题是，在企业进行多元化经营，选择新业务时，已有业务的竞争可能会直接带入多元化经营的目标业务。一般情况下，已有业务的竞争对手同样积累了类似的经营资源。正因为如此，竞争对手才在这一业务领域中生存下来。很自然地，竞争对手也同样想把积累的经营资源用于多元化经营。若企业未制定独特的多元化经营战略，可能会直接把原有业务的竞争关系直接带入目标业务领域。

此外，还有一种倾向是门槛低的领域即使进入，其后也难以实现差异化，而门槛高的领域成功进入后较易进行差异化。若一开始因为容易进入而选择某一领域，之后竞争会变得激烈，难以获取长期的成功。反之，若要实现长期的成功，则会遇到进入某个领域的壁垒问题。

第三种两难处境是组织惯性。

关于这一点，本书在第三篇会具体讨论。组织追求的是稳定，但是，企业结构重组时某些业务的撤离和企业界限的重绘都要求"改变企业自身的结构"，要求企业实现飞跃或转变方向。这种要求使企业处于两难境地。若重视共识和组织内部的认可，则无法进行大型的结构重组。若不进行结构重组，则可能面临全军覆没的风险。

即使企业当机立断，重绘企业界限，也可能陷入新生企业组织的惯性。如果新业务体不具备组织合理性，企业的界限重绘就无法获得成功。但是，如果为了组织合理性而牺牲新业务体大方向上的经济合理性，新业务体可能会彻底失败。或者说，成功重组的概率会变低。

如上所述，企业结构的重组会遇到各种悖论和两难处境。多元化经营也会遇到类似的两难处境。以多元化经营和企业结构重组为主要内容的"业务结构的战略"可以与这样的悖论和两难处境对抗。要解决以上问题，企业不仅需要扎实的积累和努力，还需要可行的战略构想。企业领域和业务的选择方向和理论依据、业务组合整体的模式、选择和集中的理论依据、业务转移和企业合并的理论依据和构想等相关的企业基本设计图准备完备，才能促使企业人员齐心协力摆脱两难处境。

总而言之，没有设计图的指引，企业人员无法摆脱两难处境。企业战略的作用在于提供这一设计图。

练习

- 请用图 5–1 的框架，绘图展示企业界限绘制的五种模式。如，业务转移时，企业间和业务间的界限在现有界限中如何变化。
- 在日本，企业结构重组没有进展的原因在于经营者顾虑企业员工的雇佣问题。请思考在解决雇佣问题时，严格遵守战略第一、员工第二的利与弊。对严格遵守这一原则的企业进行结构重组时，需要进行怎样的经营方面的准备？
- 企业合并常常因为两家企业难以融合而无法顺利进行。请思考两家企业成功融合的条件以及需要采取的具体方法主要有哪些。请详细探讨日本银行在 20 世纪 90 年代相继合并时，在多大程度上满足这些条件。

第6章
国际化战略

———

很多日本企业已经走出国门，走向世界，足迹遍布全球。当一个企业的市场跨越国界、囊括国外市场，或者企业的业务基地跨越国界时，也就是一个企业的市场与活动范围不再局限于本国国内时，说明该企业实现了国际化。

市场既包括产品的销售市场也包括企业所需生产要素（人、物、财）的供应市场，而对制造商来说，活动范围则包括生产基地和研发基地。因此，企业国际化是指企业销售、采购、生产、研发等各项生产经营活动的活动范围走出国门，扩展到国外。

当然，一个企业的市场和活动范围扩大对企业来说并不稀奇。例如一个主要在大阪地区销售产品的区域型企业把销售范围扩大到日本关东地区，或者一个只在东京附近有一家工厂的企业在九州新建了一家工厂，这些都属于企业活动的扩大。那么，企业国际化与上述的企业在国内扩大活动范围有何本质上的区别？在哪些方面有区别？这些区别又为企业的生产经营活动带来了哪些必须面对的课题？本章将就上述问题进行论述。

依照本书的基本架构，可将国际化分为两个大的问题进行论述。其一为国际经营环境管理问题。这个问题属于企业国际化的战略问题，需要思考在多个政治经济环境极为不同的经营环境中，如何实现资源的跨国移动和全球化优化配置。其二为国际化组织管理问题。也就是在企业生产经营活动全球化的过程中，如何创建和运行适合企业国际化发展的组织结构。在本书第一篇和第二篇中论述的基本理论在探讨这两大问题时仍然适用。

当然，国际化的过程中必然会出现"国际化"特有的问题，也就是国际经营环境管理问题。本章将重点就该问题进行论述。

企业国际化及其动机

企业为何要实现国际化

日本企业很久之前就开始了国际化的道路。由于日本国内资源贫乏，日本企业自明治时期就实现了供应市场的国际化，也有很多企业很早就着手进行销售市场的国际化，主要以"出口"的形式进行。

近年来，随着经济全球化的发展，日本企业也加速了其国际化进程。例如快速推进生产基地国际化。日系企业在美国本地生产的汽车已经超过200万辆，规模颇巨；在日本国内销售的大部分服装都是由中国的工厂代工生产的。此外，还实现了研发基地的国际化。比如有的日本企业在中国和印度进行软件开发。

那么，企业为何要进行国际化呢？其根本原因如下：

- 需要市场；
- 需要有比较优势的资源。

"需要市场"主要是指需要销售市场。当国内市场饱和或者开始衰退时，就需要寻找替代市场以实现企业的持续成长。这是企业国际化的第一个根本原因。大部分从事出口活动的企业都是因为这个原因走上国际化道路的。此外，随着中国经济的飞速发展，部分日本企业看中了中国的巨大市场，开始在中国投资建厂。

第二个根本原因是"需要有比较优势的资源"。像铁矿石、煤炭等可以进口的资源，直接在国外采购即可，这是供应市场的国际化。在国外调度资金也是其中一种。但是，还有些资源无法轻易跨国移动，比如劳动力。企业若是需要此类有比较优势的资源，就只能把使用此类资源的活动基地搬到国外，而无法通过在国外采购的形式获得与使用。这就是生产基地的国际化。常见的例子还包括企业利用国外廉价的劳动力进行生产经营。这也是基于"需要资源"这一原因的国际化。

国外某个国家拥有比较资源优势是指该国的该资源采购价格低于国内或者资源品质高于国内同类资源。同样的资源，国外采购价格低于国内，主要有如下几个原因：一是不同国家的供需不同，例如该资源的储藏量在该国比较丰富，或者是该国还处于不同的经济发展阶段，劳动力价格较低等，都属于供需条件不同。二是某些产品的生产需要精细作业，这就需要技能较高的劳动力。此外，设计品位这类极大依赖生活习惯的技能也是具有比较优势的资源。

不仅如此，不同国家经济制度的不同也会造成某些资源具有比较优势。例如日本由于执行粮食流通管制制度，人为导致大米的价格较高，而美国没有相关制度，米价就较低。利用这一价格差，可以实施在美国制作仙贝饼干或者酿酒的战略。如果某个国家实施外资税收优惠政策，在该国投资就可以获得较高的税后利润，这也是一种比较资源优势。

上文提到的例子都属于第二种原因的国际化，也就是企业国际化是为了获得某些具有比较优势的资源。

企业活动本质上是经济活动，因此基于上述两大原因进行企业国际化很正常。而企业基于这两大原因进行的国际化又成为企业进一步国际化的原因。例如一些企业向美国出口商品，开拓了美国市场，后来为了应对美国的贸易保护主义政策，又不得不在美国设立生产基地。要是没有一开始的因为"需要市场"而进行国际化，就不会出现第二步的生产国际化。

企业进一步国际化的原因是在企业国际化的本质原因上派生出来的，因此，本书将这种进一步国际化的原因称为"派生原因"，这种原因可以大致分为三大类：

- 需要规避国际政治风险；
- 需要规避国际经济风险；
- 为了提高国际化管理效率。

"需要规避国际政治风险"是指要尽力降低国与国之间出现政治立场对立对企业生产经营活动造成损失的可能性。

规避国际政治风险中最典型的例子，就是在国外投资建厂或者推进市场国际化、活动基地国际化以规避贸易摩擦。此类国际化并不是为了开拓市场而是为了保住市场，不是为了创建比较优势而是为了保住比较优势。因此，基于第三个原因进行国际化的企业都是基于前两个原因已经实现国际化的企业，是一种防卫型的国际化，是为了避免企业的生产经营活动受国际政治形势影响失去既得利益。

"需要规避国际经济风险"既指防卫型国际化，即避免企业生产经营活动因国际经济体制的特性而受阻并遭受经济损失，又指巧妙利用国际经济体制的特性为企业创造利润。

规避国际经济风险中，最典型的例子就是企业在国外采购原材料或者建立生产基地以规避汇率风险。这是一种防卫型国际化。当企业的销售额以美元计价时，成本也采用美元计价的形式可以有效降低汇率变动对利润的影响。此外，还可以利用不同国家之间金融制度的差异进行财务国际化。例如在欧洲发行公司债券募集资金后签订外汇掉期协议，之后将资金投入国内证券市场以赚取差价。

上述的规避国际经济风险主要是指规避汇率风险和金融制度风险。此类国际化基本上也只发生在基于前两个原因国际化过的企业，大多是因为汇率变动和经济制度不同而进行。

第三个派生原因是进一步国际化可以促进现有生产经营活动的顺利开展。企业基于前两个原因国际化之后，为了提高生产经营活动的效率而进一步国际化。例如某企业向美国出口汽车。之后为了提高在美国的生产经营活动效率，及时提供更符合美国民众需求的产品，企业开始在美国生产汽车。大部分企业在市场国际化后又进行了生产国际化，都是基于上述原因。

当企业的生产经营活动走出国门时，企业的管理负荷增大，难度急剧提高。走出国门不仅意味着范围变大，还意味着必须面对语言、文化、习惯以及喜好上的种种差异。对此，企业通常想到的解决方式就是在最接近市场的地方研究、生产产品。

综上所述，企业国际化与在国内扩大生产经营活动地域最根本的区别，就是存在上述的三大派生原因，且这些原因在企业国际化的原因中占据了相当大的比重。在国内扩大生产经营地域,政治体制仍然相同,经济制度依旧一样,不存在汇率问题,地域文化差异以及语言差异较小。这是国内经营与国际经营的本质区别。

存在派生原因说明国际化具有促进企业进一步国际化的特质。之前的国际化会成为企业进一步国际化的原因。企业国际化的基本路径是企业为了发展而走上国际化道路,而国际化也带来了相应的风险,企业为了降低该风险选择了进一步国际化,而进一步国际化又促进了企业的发展。因此,国际化一旦开始就有自我繁殖的倾向,大多数企业的国际化都像爬楼梯一样,步上了相似的典型发展路径。

国际化的各个发展阶段及其典型发展路径

如上文所述,企业国际化的原因是按照一定的顺序出现的,其常见顺序如下:

- 进出口;
- 回避贸易摩擦型投资;
- 成本领先型投资;
- 市场型生产基地投资;
- 全球化型。

首先,第一阶段是从事出口贸易或者进口贸易。出口商品是销售市场的国际化,进口原材料是供应市场的国际化。

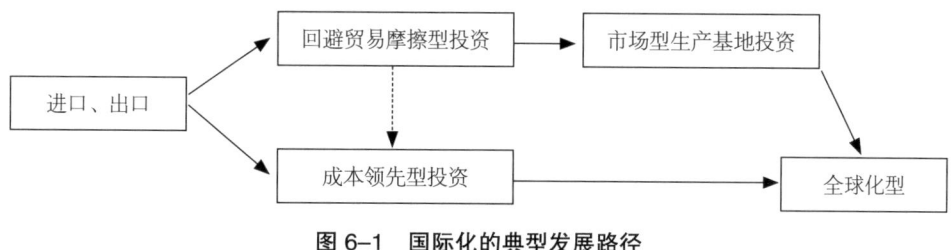

图 6-1 国际化的典型发展路径

此类国际化的根本原因是企业在国内遭遇了"市场瓶颈"。例如国内市场已经饱和，企业只好由内销转为出口，其典型代表就是汽车的出口业务。另一种情况是国内市场尚未成熟，企业只能执行以出口为主的销售战略。市场不成熟也属于国内市场的瓶颈。例如VTR市场首先在美国成熟，因此日本制造商一开始只能采用出口为主的战略。

供应市场也是如此。由于国内原材料供应市场的局限性，企业只能从国外进口原材料，从而走上了供应市场国际化的道路。供应市场的国际化既包括直接进口国外的原材料（如石油，日本几乎没有石油供给，只能直接从国外进口），也包括日本企业在国外将原材料进行加工。

企业由于国内市场的局限性进行进出口的国际化后，第二步就是为了回避贸易摩擦开始在国外建立生产基地的国际化，自此企业真正开始了国外直接投资。回避贸易摩擦型投资是指企业为了避免与出口对象国的各种保护政策发生冲突而在该国投资设立生产基地，主要是为了保住进出口时期确立的市场地位、品牌地位以及市场份额等。

此类国际化还分为发达国家型和发展中国家型两种类型。发达国家型国际化是指日本出口商品到某发达国家，导致该发达国家的本土产业受到冲击，为此该发达国家制定了相关的贸易保护政策，要求相关日本企业提高国产化率（当地供应率）以保护本土产业，因此日本企业只能进行产地国际化。日本汽车制造商进军美国市场就是此类模式。发展中国家型国际化是指某发展中国家为了大力发展当地产业或者获得外汇储备，出台相关政策，要求外资企业在国内建厂生产此前直接进口的商品或者是将此前直接出口的商品进行进一步的加工后再出口，因此日本企业开始在该国设立加工厂或者生产工场。日本的纺织企业以及家电制造商很久之前就在东南亚设立工厂，基本都是因为上述原因。

以上两种类型，都是为了避免在当地政府的政策下发生贸易摩擦，为了保住市场而进行的生产基地国际化。

继回避贸易摩擦型国外投资后出现的是成本优势型国际化。此类国际化主要是由国外生产基地的成本低于国内生产基地促成的。这是一个在全世界（含日本在内）成本最低的国家进行生产的战略。20世纪90年代后半期日本企业争先恐后地涌进中国就是此类国际化的典型例子。日企在中国投资，固然是因为中国市场的潜力，但更重要的是看中了中国相对低廉的劳动力价格，是成本优势型投资。

成本优势型国际化的下一个阶段是市场型生产基地投资。市场型生产基地投资是指在销售市场建立生产基地，在建立生产基地这一形式上与回避贸易摩擦型投资相同，但国际化的原因是不同的。这是一种认为在当地生产可以更符合市场需求从而提高经营效率的进取型（主动）国际化，而非为了避免与销售市场所在国发生贸易摩擦而采取的保守型（被动）国际化。

市场型生产基地国际化投资的特点是：即使本地化生产成本较高，仍然进行生产基地投资，因为企业更看重的是在市场建立生产基地所带来的隐形价值。当然，如果成本实在过高，企业也不会进行市场型生产基地投资。

若是一切顺利，那么企业就可能进行终极类型的国际化——全球化型国际化，在全世界拥有生产基地和研发基地，全世界都是其供应市场和销售市场。企业在衡量市场型生产基地、成本优先型和回避贸易摩擦等诸多战略后，确立将全世界作为企业经营管理环境的战略。20世纪90年代后，有很多日本企业采取了这一全球化型战略。

以上是企业国际化的典型发展路径。当然，随着全球化进程的推进，国际化不必再如此循规蹈矩，已经出现了更积极的国际化模式。例如经营服装的优衣库，其进行国际化与出口和回避贸易摩擦没有任何关系，纯粹是为了满足国内市场需求而直接进行了成本优先型国际化。20世纪90年代的一大动向是此类国际化在其他产业也很盛行。此外，还有不少企业像万宝至马达（Mabuchi Motor）那样，在全世界进行成本优先型投资以获得当地的市场。这两类国际化，在产品销售市场上有所差异，前者是日本国内市场，后者是第三国市场，但是在建立生产基地这一点上都彻底执行了成本优先型战略。

综上所述，现在成本优先型战略非常盛行，企业想要进行国际化时可以参考国际化的典型发展路径，根据以下两点选择适合本企业的国际化发展路径。一是企业本身处在国际化发展路径的哪个阶段，二是根据企业实际情况，厘清企业所处的国际化阶段，选择适合该阶段国际经营环境的基本管理方针。

选择的重点是在不断变动的环境中确定国际化的时机和阶段。有不少企业在犹豫要不要进行国际化。企业的确需要注意国际化的时机，但是很多时候国际化是由国际环境决定的。也就是说，国际环境是不会给你机会一直停留在某个阶段的，这也是国际化的特性。

经营与国境

国际化就是跨越国境

企业国际化是指企业的市场和活动基地跨越国境。跨越国境引发了很多国际化特有的（与在国内扩大生产销售地域不同的）问题。因此，国际化经营的问题就是经营与国境的问题。

产生这些问题的原因是：跨越国境后，企业经营管理的各大环境要素发生了变化。主要有以下三大环境要素的变化。

第一个变化是市场环境。企业需要在与国内市场环境完全不同的市场环境中进行生产经营。市场环境不同既包括市场需求、贸易习惯、市场结构等不同，也包括不同国家在收入、人口结构等市场基础环境上的不同。不管是作为销售市场还是原材料、零部件供给市场，跨越国境就意味着市场环境的变化。

第二个变化是政治和军事制度。企业同时在数个国家开展生产经营活动时，就需要适应不同的政治制度。有时企业的生产经营活动甚至会牵涉到国家的安保问题。例如，富士通打算在美国购买半导体厂家的计划以及新日本制铁公司准备购买美国的有色金属公司的计划，最终都因为美国国防部的反对而宣告失败，因为牵涉到了美国的安保问题。

第三个变化是文化和语言环境。企业内部的沟通交流变得更加复杂，而且在不同的文化圈中，社会所"认可"的企业生产经营活动的行为也完全不同。

综上可知，国际化经营就是在上述三大环境因素叠加倍增的情况下进行的生产经营活动。因此，国际化经营的经营环境管理比国内经营更为复杂，企业需要应对各式各样的问题。例如，企业的经营活动可能涉及国家的利益、国与国之间的对立立场，要面对不同货币的汇率变动问题，要应对不同税务制度等制度上的矛盾问题，小到人与人之间的沟通，大到民族尊严等众多文化和民族相关要素在经营活动中必然出现的林林总总的问题。

信息类经营资源、产品附加值、文化的国际移动

企业国际化就是为了获得跨越国境后与国内不同的环境，企业经营活动的国际化就是在跨越国境后努力克服不利的环境因素、巧妙利用有利的环境因素谋求企业发展的过程中实现的。那么，不管是市场国际化还是生产基地国际化，企业的经营活动跨越国境时，哪些资源跨国移动了？哪个视角可以更清晰地看到上述问题的本质呢？

最简单的答案是物、人、资金跨国移动了。确实，企业的不同国际化类型会对这三者中的一个或者几个要素产生影响。例如，进行进出口国际化的企业主要进行了物的移动，从而发生了资金的逆向移动，人员几乎不发生移动；如果企业直接在国外投资的话，作为成品的物基本不发生移动，资金在投资的初期从本国到投资国进行了大量移动，但是初期投资完成后资金基本在当地结算，从投资国移动回本国的资金量不会太大，而人的移动则会变得相当频繁。

在上述人、物、资金跨国移动的过程中，包含了以下三大资源的跨国移动。这三大资源的跨国移动是企业国际化的关键，能否创建适合企业这三大资源跨国移动并在该国顺利接收和发展的条件将决定其国际化的成败。

- 信息经营资源；
- 产品附加值；
- 文化。

信息经营资源在第 1 章已经论述过，主要指包括技术、技巧、品牌、经营管理能力在内的信息这一看不见的隐形经营资源。企业国际化其实就是企业的技术、技巧、经营管理能力等跨越国境在其他国家进行应用。只有本国的上述资源可以移动到国外时，企业才有可能在国外开办工厂或者建立研发基地（一般称为技术移动）。这是由国内向国外移动信息经营资源的实例。

企业的技术移动发展到一定程度后，会产生由国外的工厂或研发基地向国内移动信息经营资源的情况。例如，不少美国企业就将日本子公司的品质管理技巧应用到美国的母公司的经营活动中。同样，日本的汽车企业也将其在美国西海岸设立的设计中心所开发的设计作为模板，在全球推广应用。

当然，这也会引发另外一种担心，即本国的技术移动到国外的工厂或研发基地会不会导致本国的技术空洞化。这是一个让很多直接进行国外投资的企业头疼的问题，头疼的原因是企业国际化就意味着企业的信息经营资源的国际化。

从信息经营资源跨国移动这一视角来看，不难发现企业活动基地国际化过程中比企业市场国际化过程中跨国移动的资源要多，这意味着企业活动基地国际化难度更高。与此同时，也意味着目标国更希冀的是企业活动基地国际化，而非仅仅作为企业的出口市场，因为企业活动基地国际化将给目标国带来更多的资源。

企业国际化过程中的第二个移动是产品附加值的移动。产品附加值是指产品的销售额减去生产销售所需的支出（原材料费用、服务费用等，不包括人工费）后剩下的价值，相当于企业的利润与所支付的利息、折旧费、人工费的总和。产品附加值是企业所创造的价值。

当企业进行国际化时，企业创造的产品附加值也实现了跨国移动。假设日本企业向美国出口产品，那么产品附加值基本都属于日本企业，这些产品附加值将被分配给日本的劳动者、企业以及投资人。产品附加值跨越国境从美国移动到了日本。从日本企业夺取美国企业的市场份额扩大自身的市场份额这一角度来看，能更好地理解产品附加值的移动。本来这些产品附加值是在美国由美国企业分配给美国的劳动者和企业的，现在却由日本企业分配给了日本的劳动者和企业。而支付该产品附加值的却是美国的消费者，这意味着这些产品附加值全部移动到日本了。

如果日本企业在美国建立生产基地的话，日本企业需要向在当地从事生产的美国劳动者支付人工费，这意味着产品附加值中有一部分分配给了美国的劳动者。与单纯的出口相比，劳动者所得的那部分产品附加值由日本移动到了美国。

同样的，如果日本的纤维企业将生产基地转移到中国，将产品逆进口到日本，生产过程中产生的产品附加值就从日本移动到了中国，结果就是日本劳动者的所得减少，中国劳动者的所得增加。

如上所述，产品附加值跨国移动的方式是由企业的国际化类型决定的。所举例子中的产品附加值是否跨越国境取决于企业在哪个国家雇用劳动力。由此可见，国与国之间争夺产品附加值的模式取决于企业国际化的方式。因为直接在国外投资建厂进行生产可以让目标国获得更多的产品附加值，所以此类企业国际化更受当地政府的欢迎。而国内当然比较排斥此类企业国际化，因为直接在国外投资会导致国内雇佣空洞化，产品附加值移动到外国。

最后，在企业国际化的过程中，文化也在国与国之间产生了移动。这是企业国际化过程中发生的第三个资源移动。

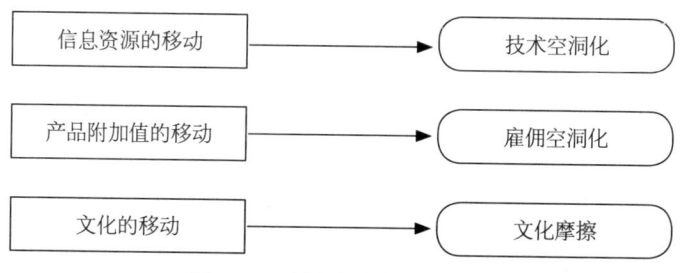

图 6-2　跨国移动内容及课题

文化的移动发生在各个层面的国际化过程中。例如，出口意味着物品跨国移动的同时该物品所蕴含的文化也自然移动到了进口国。如出口葡萄酒的同时也出口了法国文化。企业国际化必然会引起人员的频繁移动，在此过程中也会发生文化的移动。如被企业派去坦桑尼亚工厂或者基地工作的日本人也会向坦桑尼亚人展示日本的文化。

企业国际化也意味着某国的经营方式走上了国际舞台，该经营方式里蕴含的文化内涵（如人与人之间的交往方式、说话习惯等）也往往会随之发生移动。生产现场的制度和技术中也可能含有较多的文化要素。因此，企业的国际经营问题其实是与异文化的接触问题，企业国际化过程中伴随着文化的移动，企业国际化成功与否取决于文化的移动能否被接受。

跨国移动的难点

在人、物、资金的跨国移动过程中包含了信息经营资源、产品附加值和文化的移动。这些资源的移动有一个共同的问题，国际化战略的主要课题就是要解决该问题。

这个问题就是：企业国际化要想成功，必须移动一定的资源去国外，但是移动太多又会引发其他问题。

对于信息经营资源来说，"企业的国际化要想成功，必须移动一定的资源去国外"，这一点很好理解，因为可移动的资源也是企业国际竞争力的来源。产品附加值的移动这一点可以从以下角度理解。若是国内无法接受本国企业将产品附加值移动到国外，企业就无法直接进行国外投资。国内反对向国外移动产品附加值的呼声越高，企业国际化的进程就越慢。

文化的移动也是如此。文化的移动有可能被拒绝，如抵制日本产品，排斥日本企业的生产经营方式，与日本总公司的交流习惯不同等。文化的移动不可能把国内的文化全部照搬到国外，但是如果无法找到国外能够接受的方式就进行移动，日本企业的国际化也会以失败告终。

另一方面，信息经营资源、产品附加值和文化对外移动过多的弊端也很好理解。信息经营资源移动过多容易导致国内技术空洞化，产品附加值移动过多容易导致国内雇佣空洞化，文化移动过多则容易与当地的文化产生摩擦，引起反感。

上述跨国移动的难处催生了三个问题：移动本身是个难题，为了顺利移动要有意识地思考移动的战略；好不容易成功解决移动这一难题后，又会出现国内空洞化的问题，因此要考虑移动成功后怎么做；千辛万苦移动成功后，国外的基地终于步入正轨，可以对接当地的各种资源，此时如何有效利用世界各国丰富的资源促进企业的全球化是企业要考虑的第三个难题。

国际经营环境管理特有的三大问题

上文提过，国际经营包括国际经营环境管理和国际化组织管理。做好这两大管理都需要对企业国际化中到底是什么跨越了国境这一问题有深刻的认识，因为跨越国境的内容引发了国际化特有的问题。这一问题已经在上文进行了分析。

在对"国际化特有"的问题进行整理后，下面将就企业思考和解决国际经营环境管理三大问题的逻辑和思路进行论述。这属于国际环境中企业生产经营活动的基本设计图——国际化战略问题。

第一大问题也是最基本的问题：企业国际化时要选择哪个地方进行生产经营活动？选择哪个国家作为目标国？通常企业国际化不会只在一个国家进行，而是在数个国家进行，因此这个问题跟业务组合问题一样，是确定国家组合问题。

第二大问题是国际移动问题，即上文总结的移动难点中的三个问题，主要包括经营资源的跨国移动问题、世界资源的全球化应用问题和由此派生的本国空洞化问题。

第三大问题是国际化需要应对数个国家的政治经济体制引发的问题，包括处理好国际政治关系问题和国际经济关系问题等环境管理问题，特别是如何应对由经济摩擦引起的政治问题和使用多种流通货币必须面对的汇率变动问题，这是最为具体且重要的问题。

确定国家组合

确定单个国家的思路

确定国家组合是指，若是市场国际化应选择哪些国家作为市场，若是活动基地国际化应选择哪些国家作为研发生产基地，即选择哪个国家或哪些国家作为销售市场、供应市场、生产基地、研发基地这一问题。

确定国家组合的思路与确定业务组合的思路一样，也分为选择单个国家的思路和选择数个国家确定国家组合的思路。

当然，这一问题比选择业务组合更为复杂。因为在决定是否将某国作为目标国时，不仅仅是选择国家的问题，还必须考虑将企业经营活动的哪些环节转移到该国，是将该国作为销售市场还是供应市场，还是要将生产和研发等基地也都设立在该国？

确定单个国家的基本思路：

- 国家的潜力；
- 企业在该国的竞争力；
- 在该国的业务对企业的整体影响；

・国家风险。

可以从上述四点进行论述。其中，前三点与事业结构战略中确定单个业务的考量内容完全一致。

第一点是国家的潜力。国家发展潜力的考量是指：作为销售市场，要考虑其市场需求规模、成长潜力；作为供应市场，要考虑其能提供的企业所需生产要素的供应量、价格优势和质量优势、成长潜力等。

在考虑选择哪个国家作为生产基地时，应主要衡量生产的基础条件（如劳动力素质、原材料的供给体制、平均技术水平）是否具备，生产费用是否具有比较优势。选择研发基地时则应主要考虑该国的技术人员的供给状况。

在选择目标国、考量一个国家的潜力时，不仅要考虑上述微观角度的具体问题，还应该对该国的情况进行宏观的历史考量，如该国的经济发展水平处在历史上的哪个阶段，宏观经济的发展方向是什么，产业结构的调整动向是什么，金融结构将会有何变化，国家政治体制未来有何变动等问题。在确定国际化目标国时必须对一个国家的政治经济进行宏观判断。

第二点是企业在该国的竞争力。如果把该国作为销售市场出口商品，只要考虑本企业产品的国际竞争力就可以了。但是如果打算将该国作为供应市场，就需要考虑本企业是否有足够的竞争力在较为有利的条件下获得企业所需的原材料和零部件。否则，不管该国多么有潜力，企业也不宜将该国作为供应市场。

例如，企业想要取得矿山这一类需要当地政府许可才能进行开发的资源，就需要企业本身能够与当地政府建立良好关系或者能够提供有吸引力的开发项目。

生产基地国际化时所需的竞争力大致可以分为两种：一是向目标国移动的技术等信息类资源具有国际竞争力。企业能够在国外建立生产基地，并且比该国的企业以及其他国外企业更加具有优势，需要该企业移动到国外的技术等资源具有较高的国际竞争力。例如，日本的汽车企业能够在美国建立生产基地，就是因为当时的日本企业在生产技术和生产系统方面都很优秀，具有相当大的竞争力。

在国外建立生产基地所需竞争力的另外一个来源是在国外生产基地的经营能力。经营能力除了管理工厂的能力外，还包括向国外生产基地移动技术的能力以及在当地获得所需生产要素（如人才、资金、原材料）的调度能力。若是企业缺乏在当地的资源调度能力，在当地建立的生产基地也无法具有国际竞争力。其中，向生产基地移动技术的资源移动能力是国际化特有的课题，也是国际化成功的关键所在。

在选择目标国时，分析本企业竞争力这一问题的基本思路是：迄今为止企业在国内的生产经营活动中积累了哪些经营资源？积累的这些经营资源对企业进军目标国能提供多大帮助？因此，企业国际化本质上是企业积累的经营资源向国外移动的问题。

在确定目标国时，第三个考虑要点是在该国的业务对企业的整体影响，即企业进军该国能给企业在国内外的生产经营活动带来哪些好处。

这种影响也与选择事业组合一样，包括两个方面：对积累经营资源的影响和对组织的心理影响。例如有些国家是世界市场的引领者，第二次世界大战后的美国在很长一段时间内就是如此，现在仍在很多领域内处于引领地位。在这样的国家取得销售市场能带来各种各样的影响，如能作为晴雨表搜集信息，了解全世界的需求动向，在全世界有较高的信用值，能打磨全世界通用的技术等。企业国际化会产生信息资源的移动，要注意移动不只是由本国单方面移动到国外，而是双向的。

第二个影响是对组织的心理影响，如"在国外实现梦想"等积极的心理影响。时尚品牌企业进驻米兰或者巴黎，很有可能会给整个企业组织带来"我们的能力得到了时尚之都的认可"这样积极的心理影响。

在选择目标国时，还应该考虑到国家特性对企业发展带来的风险，也就是第四点——国家风险。这既包括在第一、第二、第三点——国家潜力、企业竞争力和影响中要考虑的作为市场、活动基地时的一般风险，也包括跨国特有的风险，此风险可以大致分为两类。

一是发生革命以及大的政治变动等政治风险，包括政治体制变动、国家政策（停止还债等金融政策、贸易保护政策、税务政策、资本政策等）变动等风险。

二是国家风险源自汇率变动。很多情况下，某国的流通货币发生变动，与企业本身的经营状况无关，而是受到了国际金融形势变化的影响。汇率的变动将直接影响企业在全世界的销售额和利润。如亚洲金融危机时在泰国、印度尼西亚投资的企业就受到了极大的影响。

在加上国家风险这一点进行综合比较后，会发现某些国家虽然在上述三点中的条件和别的国家差不多，却更适合作为国际化的目标国，如以美元结算销售额大的企业，选择流通货币与美元联动的国家作为目标国建立生产基地，可以有效减少汇率变动带来的损失。

综上所述，在确定国际化的目标国时，不应只考虑一个国家的市场吸引力，而应该综合考虑上述四点后再做决定。

确定国家组合的整体思维框架

企业进军多个国家后，就会有国际化所在的国家组合。企业国际化需要确定国际化所在国家组合，进行战略判断，即在综合考虑企业国际化所在各个国家的关系后确定企业所在国家组合的特点，从而做出决策。其中，最重要的是确定国与国之间合作方式的基本方针，主要有三个方针。

第一个方针是多国本土化战略。该战略是将各个国家当作独立的个体，根据不同国家的不同市场，采取更适合当地市场的产品研发、市场营销和生产的战略。当然，供给各个国家的产品可以在某个基地进行集中生产，并且为各个国家提供不同的产品。

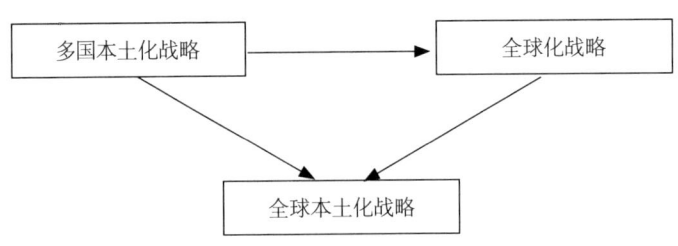

图 6-3　国际化之国家组合战略

多国本土化战略的方针只是单纯将各个国家相加，各个国家战略的简单相加就是企业的整体战略。各个国家间的合作程度不高，很多情况下，不仅市场独立，生产和研发也各自为政，较为分散。

该战略可以精确满足当地市场的需求，也可以避免关税、非关税壁垒上的政治风险，还有不受汇率变动影响等优势。当然，其缺点就是全球化有效协调难度大，不容易在当地确立竞争优势。

第二个方针是全球化战略。该战略将全世界看作一个整体，将世界上有共同需求的产品统一生产后提供给多个市场，其目的是在全世界范围内建立起最高效的生产和供给体制。因此，该方针的特点是生产场地和销售场地都集中在世界上最适合生产和销售的地方。如之前日本企业的战略——在日本进行生产和研发，然后把产品卖到全世界，就是典型的全球化战略。

全球化战略与上文提到的多国本土化战略相反，优点是可以实现全球化高效率协同，在当地确立竞争优势；缺点是难以精确满足当地的市场需求，在国际经济风险面前较为脆弱。

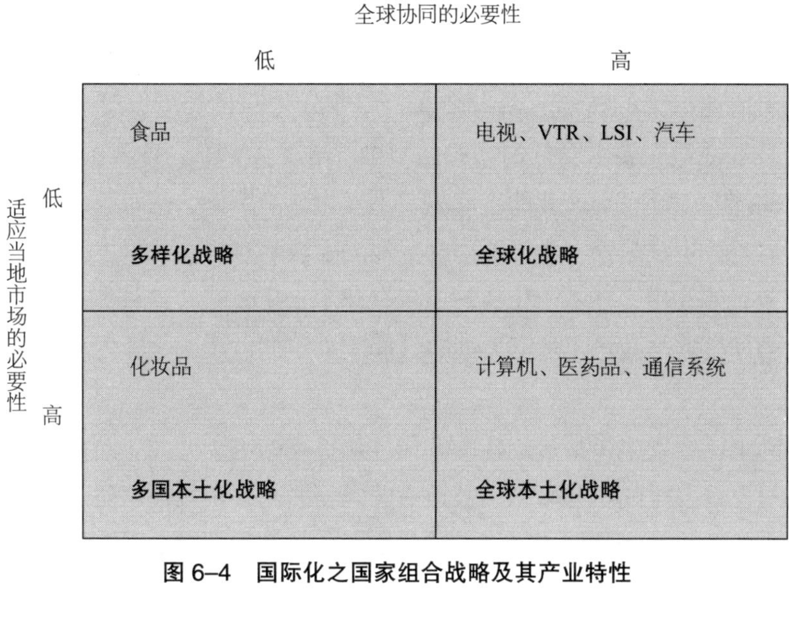

全球协同的必要性

	低	高
适应当地市场的必要性 低	食品 多样化战略	电视、VTR、LSI、汽车 全球化战略
适应当地市场的必要性 高	化妆品 多国本土化战略	计算机、医药品、通信系统 全球本土化战略

图 6-4　国际化之国家组合战略及其产业特性

第三个方针是全球本土化战略，是前两个方针的结合，从战略名称也可以看出来是全球化与本土化的有机结合。该战略既率领所有分公司在全球视野上往同一方向努力，又给了各国分公司自主处理当地事务的权利。全球本土化战略不是各国战略的简单叠加，各国战略也并非只是构成世界战略的一个零部件。各国分公司的战略是在全球视野下形成的，各国的分公司之间的合作既不是各自为政、杂乱无序的，也不是严格由中央集权分配的。

全球本土化战略的特点是取长补短，既改进了前两个战略的不足，又巧妙地应用了前两个战略的优点。但是，为了达到取长补短的目的，需要企业做好国际经营管理，而这一点是最难的。

企业采用哪种战略进行国际化，取决于企业的历史、业界的竞争结构、企业的国际经营能力等诸多因素，其中起决定作用的是产业特性和产品特性。

产业和业界的特性会对企业国际化的国家组合战略产生重大影响，我们可以从两个必要性——全球协同的必要性和适应当地市场的必要性维度来分析产业和业界的特性。

产品研发费用高昂的产业、生产和开发依赖规模经济的产业、效率是最大竞争优势的产业需要较高程度的全球协同。相反，需要考虑当地文化与当地生活习惯的产品、最大竞争优势是研发出精确满足顾客需求的产品的产业、运输费比产品本身价值高的产业需要较高程度地适应当地市场的需求。

综上所述，我们按照这两大维度将产业分为四种类型：第一类是协同要求度高且本地适应要求度低的产业，如生产电视、VTR、钟表、LSI等国际标准产品的产业。这一类产业的企业只要不发生政治摩擦，基本都会采用全球化战略。但是，也正是这一类产业容易导致国际政治摩擦。如果发生国际政治摩擦，企业只能改用多国本土化战略或者全球本土化战略。这种情况下，由于经济上的合理战略与政治上的必要战略之间有一定的差距，企业内部容易产生各种问题。

国际上已经发生了很多这样的案例。如日本的电子产业、汽车产业的企业为了应对已经发生的贸易摩擦，被迫在美国、西欧等市场建立生产基地，但是建立起来的这些生产基地的经济效益并不高。此类问题源于经济层面的合理战略与政治层面的必要战略之间的差距。

第二类是全球协同要求度低而本地适应要求度高的产业，如与生活习惯密切相关的食品产业、与生活条件相关的化妆品产业等。此类产业中国际化的企业不多，不过也产生了宝洁、尤尼莱佛等国际化企业。这些企业基本都采用多国本土化战略。

第三类是既需要高度全球协同又需要高度适应当地市场的产业，如医药品产业。医药的开发需要高昂的开发费用，因此需要高度全球协同，同时医药的销售又需要各国的认可，因此需要适应当地市场。同样，计算机产业也是如此，研发需要很高的成本，推广又必须有适合当地市场需求的软件。此类产业一般采用全球本土化战略。

第四类是对全球协同度和适应当地市场的需求度都不高的产业，如速溶咖啡、清凉饮料等食品产业，此类产业的企业在选择国家组合战略时就有较多的选择。

经营资源的移动、有效利用和空洞化、摩擦

国际经营环境管理的第二大问题是在国际化过程中发生了经营资源和产品附加值的跨国移动问题。该问题可以分为三个课题：

- 经营资源的移动；
- 全球资源利用高效化；
- 雇佣空洞化与技术空洞化。

只有将企业迄今为止积累下来的优势资源移动到其他国家才能取得企业国际化的成功，因此第一个课题是如何移动企业积累的优势资源。第二个课题是：企业国际化成功后可以对接分散在世界各地的资源，应该如何有效利用这些资源发展企业。第三个课题是：企业国际化时将本国的产品附加值和技术移动到国外后，企业在本国的业务会不会出现空洞化。

经营资源的移动

企业要想成功进军国外获得国际化的成功，需要拥有在该国保持竞争力的源泉。一般情况下，企业要想在国外的生产经营活动中保有较高的竞争力，需要向当地移动必要的资源，而这些资源一般来自国内的母公司。

比如生产基地国际化。日本的汽车企业要在美国投资建厂生产出具有市场竞争力的汽车，需要将其在日本积累多年的生产技术移动到美国才能进行高效

率的生产，从而保有竞争力。若只是销售市场的国际化，问题相对少一些，因为在日本生产的产品本身就具有国际竞争力，只需要考虑在当地的品牌渗透问题即可，这就涉及品牌这一资源的国际移动。

为了在国外成功开展经营活动，企业需要从日本移动与该国当地企业同样的，甚至更多的经营活动所需的资源。国际化成功与否主要取决于在日本积累的经营资源优势及其能否进行恰到好处的移动。

经营资源的移动中最容易出现问题的就是直接对外投资，通常是在国外建立生产基地时产生问题。因此，下面将重点就此问题进行论述。

在经营资源的移动中，最关键的是信息经营资源的跨国移动。企业国际化所需的物质资源大部分可以在当地调度，例如人力资源方面就是雇用当地的人员，因此经营资源的移动中需要考虑的是信息经营资源的移动。

在确立信息经营资源的移动战略时，第一要务是厘清要移动什么和不移动什么。企业在国内开展生产、销售业务时需要的信息类资源种类繁多，不可能一下子将它们全部都移动到国外。因此，必须对资源进行分析，确定需要移动的核心资源是什么。企业国际化需要移动的核心资源有两个判断依据。

- 哪些信息经营资源是本企业的竞争力所在？
- 哪种信息经营资源的可移动性更高？

在国外生产的产品将在世界上的某个市场销售，与某些企业进行竞争。那么，哪些信息类资源能够让企业的产品拥有竞争力？哪些信息类资源在创造产品竞争力时不可或缺？国际化成功的关键就是移动那些对创造产品竞争力不可或缺的信息类资源，其他的可以直接利用当地的资源。

假设，某企业在国外生产和销售，与该国当地的企业进行竞争时其核心竞争力是成本优势，那么企业就应该思考，为了在该国保持生产上的成本优势需要移动哪些资源。如果保持生产成本优势的关键是零部件的采购成本较低，那么企业最重要的课题就是创建同样的具有成本优势的零部件采购机制。如果生产机制本身是企业比当地企业拥有较大价格优势的关键，那么就需要将移动的重心放在生产系统的移动上，全力以赴移动生产系统，确立技术优势。

第二个判断依据是资源的可移动性。信息经营资源中必然有可移动性高的资源和可移动性低的资源。例如，内化在生产设备里的技术可移动性最高，只要把机械搬到国外就完成了大部分技术资源的移动。与此相对，现场工人的熟练度这一资源的可移动性就比较低。此外，企业的优势若是与下游企业的密切合作，那么该优势就很难移动到国外的分公司中，除非连同下游企业一起进行国际化。

一般来说，可移动性最高的是技术资源，而技术资源通常也是企业国际化时移动的主要资源。当然，技术资源也分为硬件技术、软件技术和人件资源三大类：硬件技术是指已经内化在机械设备中的技术，软件技术是指应用硬件技术的技术，人件资源是指生产现场的劳动者与机械设备（硬件技术）和生产系统（软件技术）之间配合的方式。因此，机械与系统及人的互动技术称为人件技术。人件技术包罗万象，包括标准化的方法、职务分配的方法等。

硬件技术的可移动性最高，软件技术次之，而人件技术的跨国移动最难。因为人件技术与人、集团的行为习惯等密切相关。但是众所周知，日本企业生产技术的多数特征都体现在人件技术这一部分。

综上可知，生产技术是日本企业创造竞争力的关键所在，那就需要努力寻求可能的管理方式来提高该资源的可移动性。目前，日本企业国际化中日式生产体系的跨国移动有相当大一部分属于人件资源的移动。

那么，在厘清哪些信息类资源需要进行跨国移动时，需要优先考虑哪些内容？

第一点是确认国内有足够深厚的资源积累可供跨国移动，而且这些资源是容易移动的、国外容易接纳的形式。例如，工厂现场的技巧以量具、治具的形式移动过来，人人都可简单上手（也就是技巧的简化、硬件化）。或者是以流水线的形式移动过来，而且是自动化程度较高的流水线，即使不熟练的工人也能很快上手。

第二点是深刻认识到人件技术所代表的"看不见的无形的资源"通常拥有巨大的竞争力，并努力开发出一个流程，让国外的组织及员工习得这一"看不见的无形的资源"。

第三点是要认识到推进此类无形的信息经营资源的移动，企业需要为国际化目标国的员工提供与日本企业现场直接接触的机会。换言之，企业要认识到现场研究的重要性、员工之间进行交流的重要性。很多成功实现技术移动的日本企业的共同特征就是派遣大量国外工厂的员工到日本进行长期研修。这说明信息经营资源跨国移动的过程中极大地依赖现场观察和人与人之间的直接接触。人是资源移动的最终媒介。

第四点是应该将内化了信息经营资源的机械装备进行改良，给国外生产基地带去最新、最先进的机械设备。改良机械设备是为了便于后期做进一步的调整，使其更适应当地的生产条件，最新、最先进的自动化机械设备中内化了最先进的技术，给当地带去最先进的机械设备可以提高当地员工学习机械设备操作的积极性。工作积极性极其重要，不要抱有"发展中国家用旧机械设备就可以了"这样的消极想法，因为这会伤害当地员工的民族自豪感，导致不必要的摩擦。

全球资源利用高效化

一个国际化企业在顺利进行跨国资源移动之后，其竞争优势之一就是在各国积累的经营资源以及在各国能够对接到的资源。因此，全球化经营的企业应该以全球化的视野有效利用在各国积累的经营资源和对接到的资源。

欧洲的设计品位、日本的生产技术、美国的企划能力、印度的软件开发能力、中国优秀但价格低廉的劳动力等，世界上不少国家和地区都拥有其优于其他地区的优势资源。企业如果能站在全球化的高度，有效利用这些资源，就能生产出其他企业无法匹敌的具有强大国际竞争力的产品。问题是企业能做到这一点吗？

现阶段已经有相当数量的企业做到了其中的一部分。很多日本企业在中国建立生产基地生产产品并将之卖到了全世界。这些企业成功的原因是将日本的生产技术和中国的人力资源优势实现了有效结合。

有效利用国外的资源需要两个基本条件：一是有条件对接到能利用的优势资源。若是无法对接到优势资源，也就谈不上有效利用了。二是企业建立起了在全球范围内有效利用该优势资源的体制。

如果做到以下三点，企业就具备了有效利用国外优势资源的基本条件。一是企业在全球或者至少在某些地区（多个国家）拥有分工网络。只要企业拥有分工网络就可以将这些网点作为企业对该国或地区优势资源的接口。

二是这些网点人才本地化的程度较高。这些本地人才可以为企业对接当地资源牵线搭桥。

三是企业的经营体制和经营能力可以让这些来自各个国家、能对接各国优势资源的员工通力合作。若是企业无法做到这一点，就无法实现全球协同，无法物尽其用。

20世纪90年代，日本有不少企业建立了以东亚为中心、横跨欧美的分工网络。特别是日本的电子仪器设备产业和精密仪器产业的企业，已经建立起了世界一流的分工网络。

例如，在日本研发和生产主要零部件，在东亚其他国家进行基本组装，最后在欧美进行最后组装和调整后直接在欧美市场销售。日本企业在20世纪90年代积极对外投资建立了上述的分工网络。虽然企业最初建立分工网络的目的是创建成本优势、提高产品竞争力，但是这个分工网络后来却成为企业对接各国资源，实现全球资源高效利用的窗口。

由此可见，企业有必要为了实现全球资源的高效利用积极建立分工网络。而分工网络的建立，仍需用到企业在日本国内积累的经营资源优势。有经营资源优势，企业才能建立分网点，才能将优势资源移动到分网点上并使其建立起竞争优势。上文也强调过企业经营资源移动的重要性，企业若能移动其优势经营资源建立起分工网络，就能实现全球资源的高效利用。

雇佣空洞化与技术空洞化

不管是经营资源的移动，还是分工网络的构建，抑或是各国资源的高效利用，企业国际化的过程中推进的这几项事务都会让日本国民感到不安。因为国际化会带来空洞化，解决空洞化问题是企业进行资源的跨国移动时要面对的第三个课题。

有两个方面容易产生空洞化。一是雇佣空洞化。企业的经营活动移动到国外并在国外开展业务，容易造成国内业务减少，从而导致雇佣人数减少。由于日本企业的经营目的之一就是确保长期稳定雇佣（终身雇佣），因此上述问题是让日本企业在国际化时犹豫不决的一大原因。另一个空洞化是技术空洞化，向国外移动技术容易造成国内的某些领域无法打下技术基础。

不管是何种空洞化，都是由于活动基地移动到国外而直接或者间接造成的。直接造成空洞化的情况包括国内基地撤销或者规模缩小，间接造成空洞化的情况包括国外的活动基地成为国内活动基地（特别是工厂）的竞争对手，国内活动基地在竞争中失败、事业衰退等。不管是国内市场被夺走还是国外市场被夺走都导致国内活动基地竞争失败。

两种空洞化中，能够直接对国内造成冲击，并让人们短期内比较担心的是雇佣空洞化，但是从长远来看，技术空洞化才是更可怕的。只要有其他业务提供雇佣机会就可以解决雇佣空洞化问题，但是没有技术基础则会带来无法挽回的损失。

技术有两大用途。一是产品的生产需要技术。二是研发新技术时需要拥有旧技术或者基础技术、关联技术相关的知识和技能，也就是说生产环节和技术开发环节都需要技术。

若是仅仅从生产环节需要技术这一点来看，就算没有技术，只要进口该产品就可以消除没有技术带来的负面影响。但若是国内没有新技术开发所需的关键技术，就不是简单的进口能解决的问题了。技术是内化于人的，只有将拥有该技术的人进口到日本才能解决问题。

例如，20世纪70年代到80年代，美国企业无法开发出VTR技术和CD技术，主要是因为美国在零部件技术和精密安装技术方面没有足够的技术储备。有人可能会认为把零部件技术和安装技术进口过来就解决问题了，但现实情况是这些技术广泛分散于各行各业的企业手中，而且每个技术进口都必须将掌握该技术的整个技术团队进口过来。若是零部件技术和精密安装技术所需的技术储备都通过进口，相当于要进口大部分电子产品产业的技术团队和大部分民用电子仪器设备的生产团队，根本无法做到。

另外，技术空洞化的可怕之处在于技术开发过程中需要进行团队沟通和合作，而技术空洞化会极大地增加团队沟通和合作的难度。假设我们知道开发某技术需要某个关键技术，那么我们就需要找到掌握相关技术的人来做这一工作。技术空洞化是指国内找不到能胜任该工作的人。

如果国内找不到合适的人选，就要先花时间调查哪里有人能胜任该工作。如果找不到技术负责人，整个技术开发团队的工作都无法开展。就算找到了合适的人，邀请对方来加入国内的技术开发团队也需要一定的谈判时间，并且需要支付费用，而这些费用肯定比直接在国内找到胜任工作的人要高得多。

最后，就算找到了可以胜任该工作的人而且对方也同意过来工作，还要面临沟通的问题。让语言和习惯完全不同的外国人在技术开发这种时间紧、任务重的压力下进行团队合作并不是一件容易的事。

基于上述原因，技术空洞化不管是发生在本企业内还是国内其他的企业内，都会给企业带来麻烦。因此，企业必须深刻认识到丧失技术基础带来的长期深远影响，并在这一基础上做出正确的选择。

那么我们应该如何降低乃至消除雇佣空洞化和技术空洞化带来的不良影响呢？

基本思路是雇佣的空洞化需要从其他地方增加工作岗位。企业将生产基地移动到国外，大部分是因为单个企业无法在保有国际竞争优势的情况下对抗经济摩擦。因此，企业生产基地国际化也是身不由己的。

幸运的是，大多数日本企业都站在了技术革新的前沿，在国内还有很多开展新业务的余地。也正因为如此，日本企业在中长期把技术移动到国外也无须担心国内的业务和产业问题。

综上所述，应对雇佣空洞化最好的方式是在国内开发新产品、开展新业务。因此，企业可以积极主动地将产品生产移动到国外，给国内加快发展新业务施加压力。

那么，技术空洞化应该采用何种对策呢？技术的维持与发展和产品的生产密切相关，因此企业不能把生产全部移到国外。

美国的空洞化就是一个最好的反面例子。当年美国企业过分追求低成本生产，在世界各地建立生产基地，进行贴牌生产，不在美国国内生产产品，导致一些产业失去了技术基础。

只有实际生产产品，技术才会不断进步。虽然企业可以不生产某个电子产品，只努力保有生产该电子产品的技术，但是该技术就算保留下来，也只是那个时期的技术，在企业需要时早已落伍了。

换言之，很可能几年后企业需要使用该技术时，才发现该技术已经过时，不再具有竞争力。生产产品，在市场竞争中打磨产品，是进行技术改良、推动技术进步的关键。

综上可知，应对技术空洞化的一个重要方式就是继续将部分产品的生产放在国内，以继续保有"技术开发的潜力"。该方法除了解决技术空洞化外还可以提供部分工作岗位，减少雇佣空洞化。应对空洞化是解决一个两难问题，既要考虑技术和产品附加值的跨国移动，又要考虑其移动对国内生产产生的深远影响，不能仅仅因为具有成本优势就做出移动的决定。

幸运的是，日本企业制定的国内外分工体制目前较为有效地防止了雇佣空洞化和技术空洞化。

特别是日本企业在东亚各国建立的分工网络相当全面，包罗了产品分工、功能分工、工序分工以及产业分工等生产经营的各个方面。而且，在分工明确的同时，日本企业的国内活动基地还与东亚其他各国的活动基地实现了生产系统的统合，加强了合作，建立起了密切的关系。这与美国企业在东亚建立的网点和美国国内各自为战的情况形成了鲜明的对比。

日美两国关于国外的生产活动所用的词汇就生动地体现了两国的差异。美国将国外的生产活动称为"offshore production"（出口加工生产、面向海外的生产、境外生产）。"offshore"是指在本国海岸线以外的地方生产，含有将产品卖往产地国国外的意思。也就是说，美国人用"offshore production"表示国外的生产活动，暗含了将在国外采购原材料生产的产品卖往美国国内市场这一层意思。

日本将国外的生产活动称为"现地生产（本地化生产）"。在"现地"即有市场的地方生产，含有在当地销售产品的意思。而且，日本将在国外生产的产品卖回日本国内称为"逆"进口。

两个词汇形象地表达了两国思维的差异——是将国外市场当作本国生产系统的延伸还是只是将其当作独立的前线生产基地，主要差别在于将何处作为市场。日本企业的国外生产基地与日本国内的生产系统紧密联系（从另一角度讲，是国内活动基地的对外延伸），主要面向的是国外市场。换句话说，日本企业在国外建立与国内系统紧密合作的生产基地，是为了渗透到当地的市场中。

因此，日本产业的一个重要倾向是为了提高协同效率，精心建立有效机制，使移动到国外的生产活动与留在日本国内的生产活动之间密切合作。为此，不能一股脑地把某个产业直接搬到国外，而要进行相当复杂和精细的分工。分工之后，企业在日本国内的活动基地作为整个分工网络的核心就有余力细细打磨国内的业务。而为了做好分工，必须在跨国移动前深入思考把哪部分业务留在日本，这个步骤是日本企业有效防止雇佣空洞化和技术空洞化的关键。

空洞化是指像甜甜圈那样——中间是空的。而现在在日本和东亚各国之间发生的企业国际化现象可以看作是不断做大一个比萨。把比萨做大的第一步是从中间移动一部分到周边，第二步是在中间再加上一些新东西（产业）。在实际执行过程中，第二步与第一步之间会有一个时间差——第二步会比第一步晚一点，在这个时间里企业会经营得很困难。

应对空洞化的根本解决之道，就是在建立分工网络之后继续按照这一模式布局，因为这一模式能够在推进分工的同时防止空洞化。

如何应对国际化经营的政治风险和汇率变动风险

前文提到了国际化的三个派生原因——适应国际政治环境、适应国际经济环境和提高国际经营效率。这三个派生原因都是企业基于国际化成功的根本原因，在数个国家同时开展业务时派生的。作为环境管理国际化战略的课题，这三个原因引发的国际化课题中，最让人头痛的是国际政治问题和国家经济问题。下面将就各个范畴中涉及的问题进行逐一论述，主要包括经营的政治化（如何与各国政治打交道）和如何应对汇率变动风险。

经营的政治化

企业的国际经营活动与各国政治主要会在两方面发生联系：一是如何应对不同国家不同法律制度带来的经济制度的差异问题；二是当本国政府与当地政

府因为国家利益发生冲突而引起经济摩擦时，企业应该如何应对各国政府出台的政策。

本章已经在前文论述过如何应对经济制度的差异问题，基本思路是利用该制度差异，逐一制定应对各个制度的复杂对策，例如税务制度。企业要充分意识到，迄今为止用到的应对措施都是在日本经济制度的基础上建立起来的，无法直接将这套做法照搬到国外。

然后，在应对由经济摩擦产生的政治问题时，核心思路是探究企业国际经营过程中引发政治问题的根本原因是什么。一般来说，企业经营活动引发摩擦导致政治问题的原因可以大致分为两类。

一类是企业的经营活动损害了一部分人的利益，这部分人利用政治维护自己的利益从而将之上升为政治问题。世界上所有国家的政治问题都是由于一部分人遭受了某些损失而聚集起来进行集体抗议引起的，这些人强有力的抗议将问题上升为政治问题。

发生此类政治问题通常是因为生产附加值的跨国移动。此类问题的一个经典案例是20世纪80年代美国的汽车企业和工会向华盛顿施压，要求采取保护措施。另外，2000年日本的纤维产业也要求日本政府针对中国采取一些保护政策。发生此类问题时，通常在该国国内还会有一股势力反对这一政治动向。

汽车贸易摩擦发生时，美国的消费者以及美国的日本汽车经销商就是支持日本车的美国国内势力。纤维产业贸易摩擦发生时，日本的消费者以及经销商们反对对中国实施进口限制政策。发生摩擦时，由于对方国内会有两股互相对抗的势力，因此处理方式就是企业与对方国内与自己利益一致的势力结盟。

此外，企业应该认识到，出现政治问题时，由于政治程序的限制，对方国内不会立刻采取敌对政策。另外，在生产经营过程中企业也应该时刻意识到，该国的政策会随着国内政治势力的变化而发生变化。

一类是企业的经营活动被认为威胁到了国家主权从而定性为政治问题。例如关系到国家安保的问题，"这个国家将归谁所有"等投资问题就属于此类政治问题。此类政治问题会马上被上升到民族主义的高度，对方政府大多会采取敌对政策。

应对此类政治问题的基本思路就是尽量避开，只有两条路可选，要么把该国从国际化目标国中删除，要么在今后的经营过程中极力避免再次发生此类政治问题。

最后，需要强调的一点是与政治打交道的方式极其复杂，本书提到的只是一些皮毛，而且政治问题是国际化过程中无法消除、形影相随的问题。不管企业如何努力跨过国境的屏障，只要世界由多个国家分别统治，就无法消除政治问题。而且企业国际化程度越高，企业的国际经营就越需要跟国际政治打交道。就算企业推进本地化，不断融入该国政治，也只能解决问题，却无法根除政治问题。

从这个意义上说，企业国际化必然会发生经营的政治化。经营政治化并不是说企业成了政治商人，而是指企业在生产经营过程中，理解了国际政治对企业经营的影响，并积极地制定对策以应对相关国家的政治政策。

汇率变动的应对措施

国际经济体制与国内经济体制的本质区别就是前者同时存在数个结算货币（及其所对应的金融政策），也就是外汇问题。结算货币的汇率变动采用的是浮动汇率制，汇率变动会引发各种新问题。国际经营环境管理中要适应国际经济体系，首要的就是如何应对汇率变动问题。

近年来，汇率变动越来越频繁。汇率已经不再是单纯的交易市场的计算方式，而是越来越带有投机性了，有时一个小道消息就会让汇率发生剧烈的变化。这是由于外汇市场同时拥有三个迥异的特性造成的。

不仅外汇如此，市场本身也有这样的倾向。早期外汇交易市场的性质是结算市场，随着外汇交易市场的发展，参与交易的人数逐渐增多，外汇交易市场开始带有投资的特性，最后外汇交易市场更加多面化，又增加了投机的特性。由于外汇市场同时具有上述的三大特性（结算、投资、投机），而这三大特性要同时共用一个市场价格（也就是汇率）来体现，本身就有相当高的难度和变数。

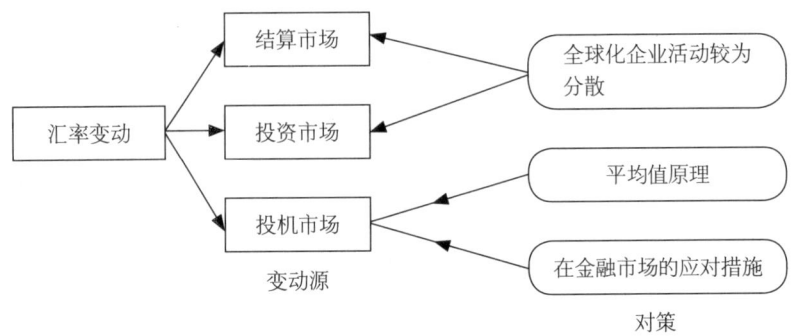

图 6-5 汇率变动的应对措施

汇率的基本职能是表示不同货币的购买能力。展现作为资产投资选项吸引力的是投资市场的汇率，而投机市场的汇率则展示了不同货币的受欢迎程度。

虽然汇率具有上述三大特性，但是呈现出来的最终汇率只有一个，因此会出现各种问题。一是汇率可能由于一些与实际购买能力没有任何关系的原因在短期内发生剧烈变动。由于结算也是按照这一汇率进行，所以企业将极大地被汇率所左右。因此企业必须采取相应的对策来应对。

现在的企业国际化经营与固定汇率制度时有着本质的差别。20 世纪 80 年代中期，日元不断升值，很多日本企业家说"日元要升值就升值吧，至少稳定一些，最头疼的是汇率频繁变动"，这是因为他们不了解浮动汇率下国际化经营与固定汇率制度下国际化经营的本质区别。

汇率频繁变动意味着，仅仅因为汇率变动，产品价格换算成日元时不同国家的价格不一样，而作为生产成本之一的原材料的购买价格也会因为国家的不同而不同。换言之，最终进行销售的产品价格也会因国家的不同而不同，所以最终换算成日元的利润将因为在不同国家销售而存在巨大差异。此外，在不同国家生产产品的费用也不同，汇率变动将导致最优生产国家发生变动。

综上所述，由于销售所用的货币与支付所用的货币不同，汇率变动将导致企业利润发生与实际产值无关的变化。货币价格变化跟货币的供给量没有直接关系。而且，外汇的投机性导致所有货币价格发生剧烈变动。

那么，企业应该建立怎样的"包含汇率变动应对措施的经营体制"来应对这一状况呢？简单来说是应该建立"可以避免汇率短期任意变动影响企业利润的风险，企业经营活动符合长期汇率变动趋势"的经营体制。

其中一个思路是将企业的市场和生产基地分散布局。分散布局有三个好处，第一个好处是生产基地分散，那么汇率变动就不仅仅是影响企业的销售额，也会影响企业的生产成本，因此从结果来看可以降低利润的变动幅度。第二个好处是企业可以按照平均值原理承受汇率的短期无序变动影响。最后一个好处是企业将在全球范围内拥有应对长期汇率变动趋势的基础。

另外一个思路是确定企业内部的标准汇率。在企业做决策和业绩评估时使用这一标准汇率作为指标，以防止企业的经营活动受短期的汇率变动左右。但是，仅仅做到这一点是不够的，因为就算企业内部标准汇率是固定的，但实际的汇率是变化的，企业的最终利润仍会受实际汇率变动影响。

投机行为引发的汇率变动要用财务手段应对。例如，进行外汇对冲，调度资金分为多个货币等。基本思路是采用这些手段将投机行为引发的汇率变动化解，尽量降低其对企业实体经济的影响。

综上所述，应对投机行为引发的汇率变动有两种方式：一是利用平均值原理，二是采用金融手段。最重要的还是要建立能够在国际经营活动中及时灵活调整企业经营活动的体制，所以汇率风险应对问题最终还是体制建设问题，取决于企业能够在多大程度上做到遵循"在便宜的地方生产，在昂贵的地方销售"这一原则。

但是，要做到这一点实际上是极其困难的。这是因为，汇率市场作为金融市场，其价格变化的速度远远超过实体经济中生产和开发体制的转变速度。企业若在判断汇率变动是长期变动趋势还是短期投机行为引发的变动时失误，就会犯下大错。因此，最基本的应对思路是实体经济跟着国际市场经济的大方向走，不因汇率变动而左右摇摆。

练习

- 请比较日本汽车企业在美国建立生产基地的模式与在中国进行本地化生产的模式有何不同。请应用国际化战略的框架，思考同样都是本地化生产，上述两大模式中应用的国际化战略有何不同。
- 信息经营资源的移动方式有哪些？其中进行人件资源移动时最重要的是什么？
- "日本是政经分离体制，美国是政经交互体制"。这句话形容的是日美两国国内的政治和经济间的关系，形象地体现了日美两国的不同立场。请深入全面地思考这句话里表达的在经营政治化问题上日本和美国的区别。

第 7 章
资本结构管理

序章论述过，企业是资金的结合体，同时也是人的结合体，二者密不可分。资金和人既是企业的基本要素，也是企业的根本资源。

资金通过资本市场流入企业，人从劳动力市场进入企业。正如序章图 0-1 所示，企业在市场经济中不仅要与产品市场和原材料、零部件市场打交道，还要与资本市场和劳动力市场打交道。

前几章主要从企业与产品市场和原材料、零部件市场打交道的方式层面探讨了经营环境管理。本章和下一章，将就企业的根本资源——人与资金及企业如何跟人与资金的市场打交道，探讨企业的经营环境管理。

企业与资本市场和劳动力市场之间，不会像其他市场那样在日常经营活动中发生大量交易。一旦建立了关系结构，将在今后相当长的时间内稳定发挥作用。例如，资本出资。没有哪个企业会每个月换一批股东或者每年更换股东。在企业工作的人也是如此，雇佣关系不是流动型交易关系，在企业就职的员工与企业之间是一种长期的结构性关系。就算在劳动力市场流动性比较高的美国，也很少有企业会每一到两年就更换员工。

这也就意味着，企业选择与资本市场、劳动力市场的关系其实是选择结构、制度与惯例。因此，本章的标题为"资本结构管理"，下一章的标题为"雇佣结构管理"。同时，企业的基本性质决定经营环境管理。

管理企业与资本市场的结构关系

企业与资本市场的多种关系

企业与资本市场之间的关系就像鸡与蛋之间的关系。如果无人出资，企业就不会诞生。但是，企业一旦诞生，在企业的成长过程中必然会进行各种资金调度，需要确立与资本市场之间的关系，接受包括出资在内的资本市场的各种资金供给。企业的性质取决于出资人的结构。

举个简单例子，请回忆下序章提到的小酒行的例子。一般来说，小酒行的第一个出资人是店主。在这个阶段，个人与企业之间的区别不大，属于个体户经营。但是，之后店主可能为了酒行的发展而向亲朋好友借钱，这样酒行就多了几个出资人。酒行也可能向银行贷款。酒行的出资人增多后，酒行就不再是店主的个体经营了，在经营过程中要听从出资人的建议。若是银行贷款额度大，甚至经营的很多决策都要银行同意才行。此时企业的性质与店主独资时的个体户经营已经完全不同。

假设酒行继续成长，作为股份制企业公开上市了。此时就出现了大量没有来过该酒行的股东，他们只对每年的分红和股票价格变化趋势感兴趣，只要企业业绩持续增长，他们就不会对企业的经营内容感兴趣。但是，这些人也是股东，是酒行这一企业的出资人，与企业之间有着严格的结构关系，股东的权利受到法律的保护。

出资的亲朋好友、贷款的银行、在股市购买股票的素不相识的股东等各种资本市场的相关人员与酒行之间发生了联系。企业经营者的重要工作之一就是思考如何管理这一关系结构。

企业成长为国际化大企业后，企业经营者的这一工作也将变得更加繁重。股东也分很多种，从各个国家购买并持有企业的股票。为企业提供服务的金融机构也五花八门，遍布世界各地，既有普通的银行，也有保险公司等银行以外的金融机构。如何维护这些金融机构的关系结构，也是一个复杂的问题。

本章的目的就是论述管理企业与资本市场关系的基本框架有哪些，以及选择这些框架的基本思路。

资本的出资与法人形态

企业或者公司一般称为法人。不管适用哪种法律，企业与自然人不同，是法律承认的法人。企业这一法人的具体判断依据是现行公司人员的出资情况。企业这一组织经济体要想在市场经济中生存下去，就需要注入基本起步资本——资金。出资就是利用持有资本或者自有资本（股本）作为起步资本。法人的形式多样，主要通过谁以何种权利义务关系出资来区分。我们经常听到的股份制企业就是法人形式的一种。

出资与借贷都可以为企业提供资本，但是二者的权利义务关系完全不同。通过借贷调度到的资本称为他人资本。调度这一资本需要一开始就约定好需要支付的利息。出资与此不同，它不是以归还为目的，而是为了取得利润回报。通过出资人出资筹集到的资本是企业的基本资本，也称为持有资本或者自有资本。"持有"一词就意味着此类出资对企业来说属于"所拥有"的资本。从不需要归还这个角度来看，此类资本属于"不会逃的资本"，如果没有利润，出资人就得不到利润分配回报，属于承担风险的资本。

企业最原始的形式并不是法人，而是个人独资企业。个人独资企业的自有资本是由企业经营者全额出资的。资本来自企业经营者的个人财产，企业的收益全归企业经营者个人所有，风险也由企业经营者自己承担。如果企业经营失败，损失也由企业经营者自己承担，若出现资不抵债的情况，企业经营者要以其全部的个人财产对企业承担无限责任。例如，对债权人的偿还义务要以企业经营者的全部财产来承担。这一偿还责任称为无限责任。

日本的商法里对企业法人的形态有详细的规定，主要包括合伙企业、两合企业、有限责任企业、股份制企业等。

合伙企业与个人独资企业一样，企业经营者由需要承担无限责任的人构成，与个人独资企业唯一的不同就是出资人数不同，个人独资企业是个人独资，合伙企业是由数人共同出资，其出资人也称为企业合伙人。合伙企业的合伙人是企业自有资本出资者，也是企业的经营者，根据出资额度获得相应比例的企业收益，同时也要共同承担企业经营失败的风险。合伙人所承担责任虽然是按照出资比例决定的，但也是无限责任。

合伙企业的经营责任由合伙人承担，但是要成为企业合伙人，需要出资，而且出资人要承担无限责任。基于上述条件，能够成为合伙人的人数有限。

两合企业是指由无限责任和有限责任股东共同组成的公司，企业创立之初就明确区分了两种出资人。这一点与合伙企业不同。无限责任股东对公司债务负无限连带责任，有限责任股东以其所认购的股份为基础对公司负有限责任，超出其股份的债务无须以个人财产偿还。

有限责任股东和无限责任股东都是企业自有资本的出资人，有共享企业收益的权利，也有偿还企业债务的义务。当企业债务过于庞大宣告破产时，有限责任股东以出资额为限偿还企业债务（损失全部投入资本），无限责任股东对企业的债务负有无限清偿责任。企业的经营管理主要由无限责任股东负责，有限责任股东只是企业经营管理的消极参与者，没有企业的业务执行权和代表权。两合企业中，有限责任股东转让股份需要取得无限责任股东的同意，出资资本易手难度较高。

两合企业通过导入有限责任股东制度解决了广泛集资的问题，同时，由无限责任股东负责企业的经营活动则保留了合伙企业的优点。但是，由于出资资本无法自由让渡，自有资本的调度范围仍然有限，而且保留无限责任股东就意味着要成为企业的经营者需要有一定的个人财产，这也是两合企业的局限。股份制企业则巧妙地解决了上述问题。

股份制企业制度的特点

股份制企业制度是最先进的企业制度，日本、美国等大多数现代公司都采用股份制企业这一法人形式。

与其他的企业制度比较，股份制企业制度有如下特点。

第一，所有出资人负有限责任。股份制企业制度的第一个特点就是所有股东只对企业负有限责任。自有资本的出资人，包括进行企业实际经营的经营者在内，只以其所认购的股份为限对企业负有限责任，无须对超出所认购股份限制的债务负责。

第二，持有资产的证券化与转让的可能性。股份制企业制度的第二个特点是企业发行债券、股票，出资人将获得其出资额的债券、股票，这些债券、股票可以自由让渡给第三者。现在已经形成了股票流通市场（股市），股东们可以极其便利地让渡股票。股票是股份制企业发行的所有权凭证，是股份公司为筹集资金而发行给各个股东作为持股凭证、将来借以取得股息和红利、企业破产清算时分配剩余财产的一种有价证券。

第三，建立企业内部组织结构。股份制企业制度的第三个特征是设置了企业经营者和监督企业经营者的机构。企业的经营由企业雇用经营者进行。这个经营者不一定是企业的股东。企业设置董事会监督经营者。董事由全体股东在股东大会上选举产生，通过董事会这一机构监督经营者的日常经营活动。股东的利益通过选举董事会董事的权利得以保障。

企业的经营者虽然不一定是董事，但是大多数日本企业的经营者同时也是企业董事。换言之，日本企业的特征就是董事会全部由企业的经营者组成，实际上并没有非本企业人士担任董事。因为日本企业的董事基本都是从企业内部进行选拔，选拔出来的董事基本都是企业的员工代表，被选拔为董事也成为日本企业员工升职的最终目标。日本企业选举董事，并不是选拔股东代表，而是选拔员工代表（但是，2002年日本商法修正法通过了企业董事会必须有一定比例的非本企业人士担任董事这一修正决议，影响尚未可知）。

除了上述经营者和监督机构以外，股份制企业制度还有发达的会计制度，用于将企业与多方利益相关者的交易结果记录告知其他的利益相关者，这一会计制度依赖于发达的信息公开制度。

股份制企业也分为几种类型，其中对所持股票让渡自由有所限制、股东让渡股份需要取得股东大会同意的企业称为有限责任公司（此外还有最低出资额度等方面的差异，但这些都不是本质差异）。由于有限责任公司存在这一让渡限制，因此不能在股市公开企业信息。换言之，有限责任公司的股东人数是固定的，是两合企业和股份制企业的中间形式。

虽然日本也有一定数量的有限责任企业，但是大多数日本企业采用的是股份制企业的形式。德国等一些国家则广泛采用了有限责任公司的形式。例如著名的汽车制造商宝马以及汽车零部件制造商博世都是采用有限责任公司的形式。

综上可知，企业选择法人形式是企业管理与资本市场关系结构的第一步。

日本企业大多选择了股份制企业这一法人形式，需要进一步做出的选择就是是否将企业股份在股市上市，成为上市企业。这也是个重大选择，体现了经营者是否希望有在股市买卖股票的一般股东。

日本的大企业中也有非上市企业，如三得利株式会社、出光兴产株式会社等。著名的牛仔裤生产企业李维斯以前也是上市企业，后来选择从股市退市，成为非上市企业。因此，企业是可以自由选择是否上市的。

此外，虽然大多数日本企业都采用了股份制企业的形式，但是这些企业的实际法人形式与法律规定的法人形式之间有一定的偏差。例如，日本的大多数中小企业虽然在法律上采用了股份制企业的法人形式，但是实际运营却更接近两合企业。日本中小企业的经营者在向银行提出贷款申请时，往往需要有担保人才能获得贷款审批。实际上这些企业的经营者对企业的债务承担的巨大责任相当于无限责任。此外，法律规定股份制企业的出资人承担有限责任且股票可以自由转让，但是实际情况是不上市的日本中小企业，其股票的可让渡空间不大。

股份制企业制度的优点和缺点

股份制企业制度是日本乃至世界各国普遍采取的企业法人形式。这是因为股份制企业制度具备几大优点。

其优点可以大致分为三个。第一个优点是申请成为或者撤销股份制企业的手续非常简单，因此这一法人制度比较灵活。第二个优点是容易筹集资金。第三个优点是可以对企业中的权利关系进行明确细致的界定。

第一个优点，也就是股份制企业这一法人形式比较灵活，意味着在经济活动的世界里建立起"法人"形式比较容易，而且可以有多样的法人形式。换言之，股份制企业这一法人形式所做的贡献就是将企业的经济活动从自然人的世界中解放出来，提供了建立多样化经济的可能性。

设立股份制企业只需要招募承担有限责任的出资人就可以了。而且，股份制企业这一法人形式赋予了企业独立于自然人的生命，保证了生命的延续性，通过股票的转让可以使公司作为一个独立的民事主体而长存，避免了独资企业或合伙企业因投资人死亡或其他因素造成企业半途夭折的现象。

此外，股票可以自由转让这一点让卖出股份制企业的一部分或者全部变得更为简单。不管是将两个法人合并还是将一个法人拆分，或者是法人开设子公司拥有别的法人，或者是法人将其所拥有的所有子公司进行合并，这一切都变得轻而易举。股份制企业法人制度通过股票转让将所有关系进行复制，实现了以多种方式将企业法人与自然人分割。

股份制企业法人的这一贡献派生了一个优点——给予想要创业的企业家巨大的激励。企业家创业时成立股份制企业，企业的绝大部分资本由其提供，创业成功后可以将企业上市套现或者是将整个企业卖给其他企业套现。通过上市或者卖掉企业，企业家可以获得巨额收益，这些收益可以为在创业时承担失败风险的企业家提供动力，也可以激励投资人冒险投资企业。

股份制企业的第二个优点是容易获得资本和经营者这两个企业经营中不可或缺的资源。股份制企业募集巨额资金时，由于投资人按其出资额承担有限责任，因此出资变得简单。因为很多人会拿出与自己可以承受的风险相当的金额进行投资，积少成多，企业就可以筹集到足够多的资金。承担有限责任的原则允许风险投资人投资初创企业。另外，由于股份制企业不要求经营者必须拥有股票，所以可以广泛招募人才，获得优秀的经营者。

股份制企业的第三个优点是可以明确企业内的权利关系。股份制企业的终极权利关系是由股票持有量所代表的决议权决定的。企业的权利关系根据资本多数决原则，通过一股一票的投票确立。

这有两层含义。第一，各个股东所拥有的权利是不同的，并不是一人一票，与民主主义政治体系中每个自然人作为选民"一人一票"权利完全相同的平等原则是完全不同的，与经济组织体世界中协会制度所信奉的"出资人平等"原则也有明显的区别。

第二，权利的大小是用固定数字表示的，依据出资额进行了明确的规定。这意味着股份制企业里股东权利关系不是个人股东间不明确的微妙制衡关系，也不会轻易发生冲突，因为每个股东权利的大小都是明确的。这一权利关系体制可以有效对企业经营管理中的纷争进行最终调节。

还有非常重要的一点是企业股东的权利关系明确了每个股东的权利大小，也就同时明确界定了每个股东应当承担的义务。例如，当两个企业准备共同成立合资企业时，重要的谈判内容之一就是哪一方持有过半数股票。谈判不是为了争取少出资，而是为了确定出资比例，这样就可以明确双方的权利和义务。出资过半的一方将拥有更高的权利，同时也要承担较多的义务。

当然，股份制企业法人制度也有缺点。

第一个缺点是企业经营者与企业出资人之间可能会出现利益对立的情况。这种情况在股份制企业法人制度出现初期就有人指出了。例如被称为资本主义之父的英国经济学家亚当·斯密就在其经典著作《国富论》里对股份制企业法人制度提出了质疑。亚当·斯密指出，由于股份制企业里企业实际经营者所管理的财富并不是由其本人出资的，所以在运营过程中必然会由于疏忽大意而导致铺张浪费，可能出现为自己划拨过多的报酬等损害股东利益的行为，因此该制度不适合银行等日常运营类企业。

综上可知，股份制企业法人制度的问题是：由于股东获得的信息不足以及企业经营参与不够，可能导致企业经营者背叛股东。为了应对股份制企业法人制度的这一缺点，人们制定了各式各样的制度来维护股东的权利。例如要求如实公示公司的经营状况的会计制度，监督企业是否切实执行上述会计制度以展示企业的真实经营状况的监察制度等。

第二个缺点是在股东增加、股票越来越分散、经营活动日趋复杂的情况下，股东会失去对企业的掌控力。股东对企业经营者、董事会不满时，可以通过股东大会投票解任董事，选举出可以维护自己权益的董事。但是，大多数股东并不关心企业的经营状况，只关心自己能够获得多少收益，而说服其他股东需要花费大量的成本，因此股东基本不会采取这一措施。另外，企业经营需要经营者拥有高能力、高知识水平，股东要找到合适的经营团队来替换现有的经营者并不容易。因此，随着股东的增加，股权的分散，企业经营的日益复杂，股东会逐渐失去对企业的控制，企业经营者将逐步取代股东控制企业。

上述现象称为"所有权与控制权的分离"，也有学者形象地将之称为"经营者革命"。

> **所有权和控制权分离理论——阿道夫·伯利和加德纳·米恩斯的研究**
>
> 20世纪30年代,伯利和米恩斯指出,随着股权的分散,股东会逐渐失去对企业的实际控制权(特别是经营者的任免权),并将之称为"所有权与控制权的分离"。他们以最大股东的比例为基础,将控制权分为经营者控制(不足20%)、少数控制(20%~50%)、多数控制(50%~80%)、全部控制(80%以上)四种类型,指出美国200家大企业中有44%的企业已经属于经营者控制类型。该现象也被称为"经营者革命"。
>
> 股权分散是随着企业在证券市场灵活调度资金逐步发生的,可以说股权分散和经营者控制企业是股份制企业发展的必然结果。很多日本企业也进入了经营者控制企业的阶段,但是日本企业产生这一现象,与其说是股份制企业法人制度发展的必然结果,不如说是由第二次世界大战后财阀解体这一政策引起的。财阀解体政策推出后,旧财阀体系的企业开始互相持有(互持)对方企业的股票。
>
> 但是,股权分散并不意味着股东的权利一定会被削弱,也可能出现企业经营者更重视股东意见的情况,因为股权分散会增加企业被并购(收购)的风险。上述现象称为"股东反革命"。日本之所以不会发生"股东反革命"的现象,是因为以旧财阀系企业为代表的多数日本企业通过股份互持保证了股东的稳定性,企业被恶意并购的概率很低。

所有权和控制权分离让股东由掌握控制权变成被动的收益享受者。实际上,大多数股东并没有参与企业经营的意愿,他们只关心股价上涨和利润分配等。企业经营者应当在对股东的特点有所理解的基础上思考如何进行股东结构关系管理。

选择资金调度方式

直接金融、间接金融、内部金融

虽然股份制企业法人制度有上述缺点，但同时也较为灵活、具备多个优点。因此，股份制企业法人制度可以在世界范围内迅速普及。而日本由于设立股份制企业的条件较为宽松，所以股份制企业随处可见。下文将就股份制企业如何从资本市场调度企业发展所需资金进行论述。

企业在运营过程中有很多地方需要大量资金，必然需要进行资金调度。按照资金的用途可以将资金分为成长资金和应急资金两类。成长资金是指用于发展企业的资金，包括用于设备投资和研发投资的长期资金与用于增加库存、其他短期结算的周转资金等。

应急资金是指在企业遇到紧急情况以及遭遇短期业绩恶化时用于周转的资金。例如在企业需要偿还债务时，客户突然推迟结账账期导致企业的资金出现缺口。若是此时企业无法调度到所需资金，就算企业本身仍在赢利，也可能仅仅因为无法结算而倒闭。

成长资金是企业成长过程中可以计划的，只要做好长期资金调度计划即可。应急资金则需要快速的调度，能够做到在需要时即时到账。因此，对企业来说，创建良好的与资本市场的关系结构以确保企业能够调度到资金，最重要的是确保应急资金的调度路径。

一般来说，企业的资金调度有三个来源：股东出资、负债融资和企业保留利润。企业保留利润是指企业将所得利润的一部分保留作为自有资本，不分配给股东。业绩越好的企业越倾向于通过企业保留利润的形式调度资金。换言之，业绩好的企业喜欢调度与资本市场无关的自有资本。

负债融资可以大致分为三类，包括向金融机构（银行）借贷、发行企业债券募集资金、利用企业的信用从贸易伙伴处调度资金。利用企业信用融资也属于不经过资本市场的融资。

向金融机构贷款称为间接金融。例如，银行将储户存在银行的资金贷款给企业，资金的最终提供者与资金的最终接收者之间存在银行这一中介，企业通过银行间接实现资金融通。相对的，企业通过资本市场直接从资金的提供者手中融资称为直接金融。直接金融主要包括通过发行股票或者企业债券进行融资等方式。

按照企业融资有无经由资本市场可以将企业的资金调度方式分为三种，直接通过资本市场融资的直接金融、间接通过资本市场的间接金融、不经过资本市场的内部金融（也就是使用企业本身的保留资金）。企业在管理企业与资本市场的关系结构时最基础的工作就是要确定企业所调度资本中三大类型资本的比例。

直接金融是通过资本市场向未知的多数资金提供者融资，因此不适合作为应急资金的调度手段，而适合作为成长资金的调度手段。股票可以调度到"不会逃跑的资本"，因此直接金融方式适合用于调度长期用于企业成长的设备资金和研发资金。

一般来说，想要通过直接金融进行融资的企业需要提高企业在资本市场的信誉和评价，并且跟证券公司和投资银行保持良好的关系。另外，在资本结构关系管理中企业有针对性地进行公关活动以提高企业在资本市场投资人中的评价，这对企业进行直接金融也非常重要。但是，直接金融的可能性极大地依赖资本市场的完善状况。第二次世界大战后，日本的资本市场制度尚不完备，因此直接金融不是日本企业进行融资的主要方式。

间接金融是企业跟金融机构进行交易，既适合用于应急资金的调度，当转借可行性高的时候，也可以作为调度成长资金的方式。在欧美和日本，很多企业都在银行设有信用额度。信用额度是指银行授予其基本客户一定金额的信用限度，在规定的一段时间内，企业可以循环使用特定金额。企业未必需要借贷这么大额度的资金，但是事先与银行协商好紧急情况可以贷到资金的额度，在企业需要的时候，只要向银行提出申请即可贷到这一额度的款项。企业要想获得这一信用额度，就需要与银行保持良好的关系，这也是企业进行企业与资本市场结构关系管理的内容之一。

另外，不管是西方还是东方都有一个常见的现象，就算企业没有与银行正式约定信用额度，某个特定银行也会成为企业的主要资金调度渠道。日本将这一银行称为主要银行，德国将这一银行称为企业银行。

日本企业的融资特点

日本企业的特点是主要通过主要银行以间接金融的方式进行资金调度。特别是第二次世界大战后的高速成长期，日本企业的这一倾向极其明显。因此，日本企业的负债比例（负债在总资本中所占的比例）远远高于欧美企业。但是，近年来由于日本企业的内部保留资金逐渐雄厚，加上直接金融的渠道——资本市场已经完备，间接金融对企业的重要性逐渐降低。相反，20世纪90年代美国企业通过负债进行资金调度的比例提高，因此日美两国企业的负债比例差距呈现缩小趋势。

由于主要银行是企业与金融机构进行交易的主要渠道，而且交易量最大，因此一般默认主要银行对企业的融资负有主要责任。很多时候，主要银行作为企业股东能为企业提供强有力的帮助。例如，马自达濒临破产之际，住友银行作为其主要银行不仅提供了应急资金，还为其建立了派遣中层和高层管理人员的支援体制。

上述以负债为主的资金调度包含多重含义。一方面这一资金调度方式不是直接从资本市场上资金的提供者（个人储户、投资人）手中直接进行资金调度，而是借由金融机构进行的"间接"资金调度，从某种意义上说，这是从银行的分配资金中进行资金调度。

简而言之，借贷方式的资金调度在相当程度上依赖企业的"信用额度"（借贷建立在信用的基础上）机制。银行将其能够借贷的资金分配给各个企业，而且分配的依据不是单纯看价格，不是哪个企业能够支付更高的利息就能得到更高额度。特别是在高速成长期，银行的贷款利率是固定的，利息在银行进行企业贷款额度分配时并未起多大的作用。因此，企业能够获得多大额度的贷款主要取决于银行想要给企业多少贷款。

另一方面，企业从各个银行进行贷款的数量在企业全部贷款中所占的比例也是固定的。企业不会仅仅因为某个银行的利息较低，就突然提高在这一银行的贷款额度，价格机制在企业的贷款行为中也不大起作用。当然，企业确实是根据各个银行贷款利率的高低来决定在各个银行的贷款比例的，但是企业的这一贷款决定不会受短期利率波动的影响。

20 世纪 80 年代后期，日本进入资金剩余时代，上述的资金调度和供给模式有所变化，但是在第二次世界大战后很长一段时间内这一资金调度模式是日本企业进行资金调度的典型模式。这一模式造成了一个有趣的影响，就是银行和企业间的贸易关系虽然是市场上的金融交易行为，但并不是简单的价格机制发挥作用。

日本企业以负债为主的融资方式还暗含另外一层含义——企业只要有担保能力就能筹集到所需的资金。结果是通过借贷创建起来的信用额度远远大于企业仅仅通过利润表的数字借贷能够借到的额度。其中，企业用于担保的最有力武器是土地，因此土地升值能够提高企业的担保能力。土地升值为日本企业融资提供了一个有利条件。

综上所述，企业与银行之间共建了一个有趣的融资机制——土地等企业资产成为银行贷款担保物，为企业创建了信用值，为促进经济发展做出了贡献。因此，土地等企业资产在资本市场上的定价会极大地影响企业的资金流。这也是高速成长期日本企业能够有足够高的信用额度以调度到企业所需资金的一个重要原因。此外，这一资金调度机制也是业务结构失调的企业在调整业务结构时调度所需庞大资金的重要来源。例如，大城市中成熟产业的工厂用地具有相当高的信用额度，可以为企业转换业务跑道提供充沛的资金，让企业的业务转型实施得更为顺利。

但是，这一融资机制也是催生泡沫经济的原因之一。因为企业不管将资金用于什么用途都可以通过土地担保贷到款，因此就出现了有的企业将贷到的资金用于土地投资从而引发土地价格暴涨乱象。因此，到 20 世纪 90 年代，由于土地价格大幅下降，土地担保能力不足导致银行出现了很多不良贷款。在这一过程中，支撑日本经济进入高速发展期的日本金融系统随着泡沫经济的破灭而进入调整期。

出资人构成及制衡

选择资本结构

正如上文所述，由于日本企业依赖间接金融，造成了日本企业的整体资本结构中负债所占比例较大的情况。

但是，需要注意的是，上述特点只是全体日本企业的一般特点，并非所有企业都如此。每个企业都是根据自身的实际情况来选择适合企业的资本市场关系结构的。

企业在选择与资本市场的关系结构时，要做两个重要选择：第一是选择三个资金来源（股东出资、负债融资、企业保留利润）的比例，也就是资本结构的选择问题。第二是选择股东出资中的股东构成，即企业需要哪些类型的股东，分别按什么比例配置。

上述选择可以大致理解为选择确定出资人的构成问题，即谁以何种形式何种比例出资。此外，企业经营者在进行企业环境管理时，还要考虑到如何控制这些出资人的行为，从而将这些出资人对企业的不良影响降到最低，乃至为零，这也是本节的讨论重点。

首先，我们来看一下资本结构问题。

所谓资本结构问题实际上是三种资金来源在全部资金中所占的比例问题。我们将三个资金来源分别称为股东资金、负债资金和内部资金。另外，本书将股东资金和内部资金合称为自有资本。有些书将股东资金定义为股东出资与企业保留利润的总和，也就是将股东资金等同于本书的自有资本。

但是，本书提到的自有资本是股东资金加上企业保留利润，是股东资金和企业保留利润之和，股东资金仅用于表示股东实际出资的资金。由于目前学界对企业保留利润至少有两个不同的定义，因此要慎重选择词汇，就相关词汇进行定义。

企业保留利润是指企业这一组织在其经营过程中积累的资金，相对的，股东出资是指为了企业经营活动的顺利开展，企业从组织外部获得的资金，这部分资金是由股东出资的，因此毫无疑问，这部分资金属于股东。那么，企业保留利润到底是属于谁的呢？

从不同立场看，这个问题有两个答案。一个答案是股份制企业归根结底是股东的企业，企业属于股东，那么企业保留下来的资金也应该属于股东。另外一个答案是内部保留资金是属于企业这一组织的，企业这一组织的发展源自股东和员工共同的努力，因此，企业保留利润只能说是"企业本身"的资金，不能将其归属于某个特定团体（如股东）。

第一个答案认为股东资金是股东出资和企业保留利润之和。第二个答案则认为股东资金仅指股东的实际出资资金，企业保留利润和股东出资资金之和是企业自有资本。

对专有名词下定义实际上是回答企业保留利润到底属于谁这一问题。这一问题关系到本书第四篇探讨的企业管理问题，实际上是探讨企业到底属于谁这一问题。

站在企业经营者的立场，三个资金来源各有其特点和局限性，有很大的不同。因此，在企业经营过程中必须认真考虑三者的构成比例问题。

三个资金来源的不同点如下。

第一个不同点是财务风险不同。

借贷需要承担返还的义务和支付利息的义务。不管企业业绩如何，企业必须承担这些义务。因此，若负债比例过高，企业的财务风险就会过大。企业如果无法获得足够的利润偿还债务和利息，破产的概率就会增大。

股东出资资金（也就是股东资金）无须返还，但是企业需要给股东分红，属于无须做好还款准备可以永久使用的资金。不过，只有在有利润的情况下才有分红，如果没有利润，企业就无须分红，因此分红不算是企业必须承担的义务。因此，股东资金属于直接财务风险非常小的资金（但是有间接风险，若是企业分红过少，会导致企业股价下降，再次融资难度增加，从而提高再次融资的成本）。

企业保留利润是财务风险最小的资金。由于企业保留利润是企业专门保留下来用于企业发展的自有资本，因此既不需要分红也不需要偿还。企业保留利润是企业经营者使用时最不受限制、可以自由使用的资金。

自有资本是指股东出资和企业保留利润之和。自有资本在企业总资本中所占的比例称为自有资本比例，经常被当作衡量一个企业的财务状况健全与否的指标，因为自由资本的财务风险最小。

第二个不同点是现金流出和费用或者说损失项目不同。费用或者说损失项目是指在计算企业利润（即应课税收入）时，能跟生产成本一样从营业额中扣除被归入损失项目的费用。

借贷需要向银行支付利息，属于现金流出，税务局对此采取的会计原则是将之完全视为损失项目的费用。股东出资需要给股东分红，对企业的利润进行分配。将企业所得利润扣除所得税后的税后利润才能进行分配。因此，用于分红的利润虽然属于现金流出，但是不能计入损失项目。而使用企业保留利润既不会造成现金流出，也不能计入损失项目。

综上可知，借贷需要支付利息，因此现金流出很大，需要从企业利润里扣除相应的资金，而企业利润总额减少，需要缴纳的所得税也会相应降低。为了便于理解，假设企业法人所得税为 40%，那么企业支付 1 亿日元的利息给银行后，可以少缴纳 4 000 万日元的法人所得税。如果企业没有借贷，无须偿还利息，就需要缴纳相应的法人所得税，但是企业有借贷，需要支付利息时，就无须缴纳利息部分的所得税。

另外，虽然股东资金需要企业进行分红，同样会造成现金流出，但是这部分现金流出不会从企业利润总额中扣除，无法计入损失项目。这意味着股东分红无法像利息那样获得税收减免优惠。

因此，单从税后现金流出这一点来看，调度同等额度的资金，借贷方式和股东出资方式比较，明显是借贷方式更为有利，因为无须缴纳支付利息部分的法人所得税。但是，从财务风险角度看，股东出资方式对企业更为合适，因为风险较小。如果企业使用保留利润，不算现金流出，需要缴纳法人所得税，但是由于资金可以直接自由使用（股东出资需要先说服股东，因此需要花时间），财务风险最低。

综上可知，资本结构问题是一个相当难的总体平衡问题。

整体来看，日本企业大部分采用的是企业保留利润和股东资金大致相同比例的资本结构。而且，企业保留利润与股东资金之和，也就是自有资本与银行贷款的比例也接近 1∶1。虽说日本企业重视间接金融，但是随着企业利润的不断提升，企业的保留利润日益雄厚，企业的资本结构逐渐成为现在的这一比例。而且，大多数优秀企业，其企业保留利润所占比例还要更大，企业保留利润与股东资金的比例可能超过 2∶1，而且银行贷款占比也更低。例如被称为丰田银行的丰田汽车公司（下文统一简称为丰田）就是零借贷的企业。

当然，像丰田这么优秀的企业完全可以将大部分利润都分配给股东，采用以借贷为主的资本结构。因为丰田无须担心借贷后无力偿还而破产的财务风险，而且借贷的资金调度方式可以将利息计入损失项目，对税后利润计算更为有利。此外，丰田可以以较低的利率从银行获得贷款。必要的时候，甚至可以通过增资的形式进行资金调度。但是，丰田既不怎么增资，也不从银行贷款。一言以蔽之，丰田几乎不从资本市场调度资金，只靠企业保留利润就能满足企业经营过程中的资金需求。

不仅丰田如此，越是公认的财务状况良好的企业越是以零借贷、只靠自有资本实现资金调度为目标，特别是将企业保留利润作为企业的主要资金来源。为何企业会有这样的资本结构偏好呢？因为企业经营者在决定资本结构时，除了考虑财务风险和现金流出这两大因素，还要考虑另外两个关键因素——资金成本和经营的独立性。进行综合判断后，企业经营者就会倾向于选择借贷几乎为零、不怎么进行增资等与资本市场的结构关系。

资金成本与经营的独立性

从经营者的立场考虑三个资金来源的构成比例时，要重点考虑资金成本与经营的独立性这两大要素。三个来源提供的资金在这两点上差异非常大。

资金成本，顾名思义就是企业使用这一资金所需负担的成本。借贷的成本显而易见，就是企业需要支付的利息。但是，如上文所述，会计制度将支付利息计入损失项目，所以企业实际的借贷资金成本是税后的实付利息数额。简而言之，企业的借贷资金成本是应付利息扣除所减免税收后的额度。

股东资金的成本首先是分红资金。但是，股东资金的成本远远不止分红这么简单，当企业要通过增资进行资金调度时，需要向股东保证不仅不会损害股东的利益，反而会提升股东的利益。简而言之，只有企业做好了相应的准备，保证维持现有的股价，股东才会同意增资，企业在获得股东增资支持时需要付出必要的代价——这也是股东资金的成本（这一成本的计算比较专业和复杂，不做具体介绍）。

一般的日本企业在计算股东资金的成本时仅仅考虑分红这一因素，由于每股股票的分红相当少，从而得出了股东资金的成本低这一结论。但是，将维持股价所需的最低必要成本纳入计算后就会发现，通过增资进行资金调度的资金成本相当高。20世纪80年代后半期，日本经济进入泡沫经济时期，不少企业通过发行股票调度了巨额资金。不知道这些企业在进行资金调度时是否综合考虑了真正的资金成本。对这一点，我是持怀疑态度的。很多企业可能只意识到分红是资金成本。

由于以前企业可以以较低的成本发行股票，所以很多企业进行了不必要的增资，从而导致股价下跌。从市场的供需原理来看，股票供给量大增必然导致股价下跌，这是正常的现象。与此同时，随着泡沫经济的破灭，企业的业绩变差，利润率降低，从而导致已经膨胀的自有资本（由于上述的股权融资行为大量增加）的利润率急剧下滑。

企业保留利润的资金成本是最复杂的。企业出于某种目的使用企业保留利润时，实际上不会产生资金流出和支付。但是，如果企业将保留利润用于其他的目的，则会获得一定的收益。因此，企业将保留利润用于某一目的就意味着企业牺牲了将其用于其他目的所能获得的收益，也就是机会成本。

因此，企业保留利润的资金成本主要是指通过使用该资金可能获得的收益值。如果将企业保留利润看作股东所有，那么该资金可能获得的收益值就相当于维持股价所需的资金，等同于股东资金的资金成本。

若是将企业保留利润视为企业本身的所有物，那么企业保留利润的资金成本就是企业以最有效的方式自由使用这一资金所能获得的最大收益。

企业的最佳资本结构就是通过确定三个资金来源的比例使得企业的整体资金成本最低。因此，经营者在确定企业的资本结构时，最基本的思路是控制企业的资金成本。至此，企业选择资本结构的基本思路和概念已经基本厘清，具体操作请参阅相关的财务管理书籍。

但是，从现实的企业经营角度来看，企业在确定资本结构时不能仅仅考虑资金成本，作为实际决定企业资本结构的经营者，必然会考虑第二个主要因素——经营的独立性。

三个资金来源对经营的独立性的影响各不相同。换言之，针对不同的资金来源，企业所需付出的经营独立性的成本不同。

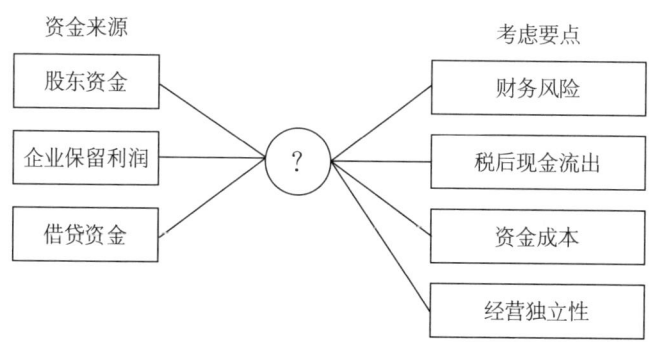

图 7-1　选择资本结构

企业若是主要依赖借贷进行资金调度，银行必定会对企业的经营指手画脚。从银行的角度来看这是理所当然的，因为银行要保证自己的债务安全。由此可知，借贷资金需要付出相当高的经营独立性成本。因此，虽然从资金成本和税后现金流出角度来看借贷资金性价比较高，但是很多企业还是尽量避免借贷。

股东资金同样也需要付出一定的经营独立性成本。当某些特定的股东大量持有企业的股票时，自然会插手企业的经营。此外，考虑到将来要增资，企业在经营过程中必须考虑其经营方式、利润的分配方式对企业在股市评价上的影响。这就意味着企业丧失了经营独立性。

企业保留利润是企业经营者可以自由使用的资金，因此，除非资金的使用非常低效进而影响企业在股市上的评价，可以说企业保留利润的经营独立性成本为零。

综上可知，企业应该在综合考虑资金成本和经营独立性成本的基础上确定企业的最佳资本结构，并根据确立的企业资本结构构建与资金提供者的关系结构。企业在进行综合判断后做出的决策有明显的特点。该特点是：虽然借贷资金几近于零，但是仍然希望与金融机构保持良好的关系，因为不知道企业何时会需要资金；在股东资金方面，企业会根据企业的规模进行调节以保持经营者认为合适的规模；企业会尽量采用企业保留利润为主的资本结构模式。简而言之，日本企业的经营者比较偏好的资金是按照企业保留利润、股东资金、借贷资金这一顺序排序的。

很多企业的这一特点最先体现在企业经营环境管理中企业与资本市场的关系上。

但是，要构建上述资本结构以及与资本市场的关系结构，需要注意两个问题。一是资本市场制度是否完备，是否可以为企业调度资金提供方便。例如，在第二次世界大战后相当长一段时间内，企业对外部资金的需求非常旺盛（因为没有多少内部保留资金），银行则掌握了几乎全部的现金流。在这样的情况下，企业肯定无法通过增资进行资金调度，只能提高负债资本比例。

二是企业在实施上述的"经营者希望"的资本结构后，股东资金占全部资金比例会变得极低，因此总股数也会减少，届时总股价（总股数×股价）就会有缩水的风险。如此一来，企业的竞争对手通过股市收购企业的成本降低，企业被竞争对手收购的风险就会增加。企业被竞争对手收购意味着企业经营者完全丧失经营的独立性。因此，企业也不能采用股东资金所占比例过低的资本结构，不可无限度地降低股东资金所占的比例。

选择股东结构

日本法律规定，在股份制企业中企业的经营权属于股东。因此，如何选择企业的股东结构是企业经营者构建与资本市场的结构关系时要做的一大决策。

股东结构变化主要有两条路径：一是通过增资增加新股东，二是新股东购买现有股东卖出其持有的企业股票。企业可以在这两大股东结构变化方式中发挥影响或者进行制衡。

在日本，增资与否是由董事会决定的。由于日本企业的董事会基本都由企业的经营者构成，所以这意味着企业经营者可以通过董事会决定股东结构。而且，企业可以通过邀请第三方出资来增资，因此，企业可以决定将新发行股票配发给谁。向股市上未知的大多数股东发行新股并非增资的唯一手段。企业经营者对企业股东结构的构成具有巨大的影响力。

此外，当企业现有的大股东将所持有的股票出售时，企业经营者对这些股票的"流向"也有很大的影响。为确保股东构成的稳定性，一般都会选择优先出售给相关企业或者集团内其他企业。

在选择股东结构时要考虑的所有要素中，第一个当然是谁能为企业出资。只有能获得的出资量较为充沛时，企业经营者才有机会考虑企业的股东喜好——喜欢哪个股东，不喜欢哪个股东。

第二个考量要素是股东的稳定程度。有个词汇叫作"稳定股东"，指没有特殊情况不会出售股票的股东，也就是对企业忠诚度很高的股东。

企业偏好忠诚度高的股东，是因为企业经营者非常警惕诸如股东买下企业全部股票后干涉企业经营、对股票交易提要求甚至争夺企业经营权等情况。这些顾虑导致企业经营者会优先考虑比较沉默的股东，也就是说企业经营者会比较偏好不干涉经营的股东。

选择股东结构时要考虑的第三个要素就是持有股票的激励效果，即这一群体持有企业股票能否提高其助力企业经营的积极性。成为企业股东至少会提高两类人的积极性。

第一是企业员工。企业通过实施员工持股制度让员工成为企业的股东，能够让员工产生企业是自己的这一意识。也确实有企业为了提高员工的主人翁意识而将企业的大部分股票分给企业员工持有。

第二是贸易伙伴。在日本，人们将客户和供应商称为"伙伴"，经常通过持有贸易伙伴的股票这一手段提高双方的合作信用，维护双方的合作关系。持股对这一群体具有激励效果，同时这一群体也常常会成为企业的稳定股东，而且企业还可以与贸易伙伴企业互相持股。

从某种意义上来说，上述三大要素的共性是企业经营者会比较偏好能够确保经营的稳定性和独立性的股东结构。

但是，企业经营者在选择股东构成时，不仅要选择自己喜好的股东，还要考虑不同类型股东间的相互制衡问题。例如，让谁成为企业的最大股东？将大股东的持股比例控制在什么范围内可以有效防止股东过度干涉企业的经营？或是同时拥有两位持股数量相同的大股东，如何让他们互相牵制从而避免某一股东对企业经营进行过多干涉？

事实上，现实经济生活中，很多企业都采取了股东互相制衡的股东结构。

这很正常，因为处理企业与资本市场的关系是企业经营者进行企业经营环境管理的核心任务，企业经营者在处理与资本市场关系时，为了保证企业经营的独立性，必然会采取这样的措施。

简而言之，不管是选择资本结构还是选择股东结构，企业经营者都会优先考虑如何保证企业的经营独立性，这是企业经营者要考虑的首要问题，也是企业管理与资本市场结构关系的本质问题。

但是，上述关于选择结构关系的基本思路的探讨都是基于企业经营者的立场，是"企业自身"会做出的选择。然而，从法律角度来说，企业是属于股东的，要优先考虑股东的利益，所以经营者还必须考虑上述的相关关系结构会给股东的利益带来哪些影响。

有趣的是，企业选择与资本市场的关系结构时，需要选择股东结构，而股东实际上是企业的所有人，是企业的一部分。当然，股东至上主义者可能会认为股东不是"企业的一部分"，而是"企业的全部"。

然而，现实情况是，不管从哪个角度看，经营者才是选择企业与资本市场结构关系的负责人。这里就出现了矛盾。股东至上主义者会认为经营者无须选择股东，只要按照股东的意志选择与资本市场的结构关系就可以了。

但是，企业既是资金的结合体也是人的结合体，从这一角度来看，能够保证企业经营的独立性和促进企业这一经济组织长期发展的企业与资本市场的结构关系才是最合适的。

这一问题与将在第四篇讨论的企业管理问题密切相关，是个非常难的问题。20世纪90年代后，企业管理问题在日本引起了热议。此外，美国也就企业管理进行了各式各样的尝试和改革。

美国股份制企业制度最近发生的现象反映的其实是"股份制企业制度下股东应该如何自处"这一根本问题。换句话说，就是"企业是谁的"这一问题。企业真的只是股东的企业吗？

这一问题是企业必然要面对的问题。因为在企业经营环境管理中，企业经营者在选择与资本市场的结构关系时，就意味着企业经营者在进行企业与资本市场之间利害关系的骨架设计，这涉及了企业是什么这一问题。

我们将在第四篇就这一问题进行深入探讨。

练习

- 苏联、中国等社会主义制度国家在由计划经济转向市场经济时，首先改革的是企业制度，开始采用股份制企业制度。请思考，对这些国家来说，为何股份制企业制度的制定最为重要（相对而言，这些国家一般在后期才进行资本市场的改革）。
- 人们常说财务状况良好的企业是自有资本率高的企业，"无债经营"是人们判断一个企业优秀与否的重要指标，这已经是一个常识。请思考，有效利用他人出资也对企业经营有利，为何"无债经营"是判断一个企业优秀与否的重要指标。
- 请调查近 30 年日本上市企业的股东结构变化情况，思考引起这一变化的原因有哪些（概括而言，变化主要包括个人股东所占比重大幅降低，与此同时外国人股东所占比重大幅提高，企业法人股东所占比重略微下降等）。

第8章
雇佣结构管理

———

关于劳动力市场与企业的关系，经济学教科书里通常是这样表述的：劳动力市场与企业关系的一个基本体现是企业从劳动力市场调度企业所需员工。那么，这一表述是否恰当呢？

企业作为雇佣者确实会从劳动力市场调度被雇佣者——企业所需员工。从这一点来看，二者之间确实存在经济层面上的市场调度关系。但是，对于在企业工作的人来说，企业不仅仅是一个经济组织，是人们获得收入的地方，还是自己度过漫长的人生、通过工作提升自己、促进自己成长的地方，是遭受挫折的地方，也是与同事进行社会生活的地方。对很多人来说，企业既是人们参与经济活动的地方，也是进行社会生活、产生归属感的地方。

另外，被雇佣的员工是企业的主力，从某些方面可以说是企业本身。而且，企业经营人员一般是从这些被雇佣的员工中选拔出来的，因此企业与员工之间是双重关系，企业雇佣员工，被雇佣的员工决定员工雇佣方式。

综上可知，雇佣与被雇佣具有相当丰富的内涵，远远超越了"资源调度"一词所囊括的企业=主体、从业人员=客体这一含义。

因此，在考虑企业与劳动力市场关系的管理问题时，应该进行全面考虑，要考虑到雇佣的丰富内涵、员工对企业经营活动的参与和归属。因为这才是雇佣这一问题的本质内涵。企业在进行经营管理时应该在考虑雇佣的多面性之后再进行综合判断。

上一章我们从企业是资金的结合体这一层面就企业的经营环境管理中企业

与资本市场之间的关系进行了探讨。本章将从企业是人的结合体这一层面就企业的经营环境管理中的企业与劳动力市场之间的关系进行探讨。由于人具有多面性，雇佣具有丰富内涵，因此这是一个相当复杂的问题，必须将主体与客体之间的翻转同时纳入考量范围。

换言之，本章要探讨的是人的集合体的构成管理问题。这个问题包含两个层面的经营环境管理，既包括如何构建人的集合体即"如何构建自身"这一问题，同时也包括如何创建企业与劳动力市场这一经营环境之间的连接点的问题。

作为人的集合体的企业层面的企业管理不仅包括构建企业与劳动力市场关系的经营环境管理问题，还包括构建人的集合体以及构建完成后的组织管理问题，即如何让人们工作这一问题。本书将在第二篇就后者进行探讨。

与劳动力市场的结构关系管理

选择什么：雇佣习惯、雇佣结构、劳资关系

从企业是人的集合体这一层面来看，企业管理与劳动力市场的结构关系时需要做出三个基本选择。

第一个选择是核心员工的雇佣习惯。在企业工作的人中，有一部分是企业的主要员工、核心员工，企业要做的第一个选择就是选择雇佣这些员工的雇佣习惯。我们将此选择称为雇佣主要员工的雇佣习惯选择。典型的日本企业一般将此问题看作如何雇佣正式员工（核心员工）。

此外，除了核心员工外，企业里还有很多以其他雇佣习惯雇佣的员工。因此，第二个选择是不同雇佣习惯的员工的比例选择。例如，雇佣非正式员工与雇佣正式员工采用的雇佣习惯不同。这种情况下，员工比例选择问题就是选择正式员工与非正式员工的比例问题。

第三个选择是对劳资关系基本方针的选择。在企业工作的员工并不是被动地全盘接受企业的指示，对企业言听计从。大多数情况下，他们会为了自己的利益以集体的形式向企业提出自己的要求。因此劳资关系基本方针的选择问题其实就是作为雇佣者的企业如何处理在企业工作的人的集合体的基本态度问

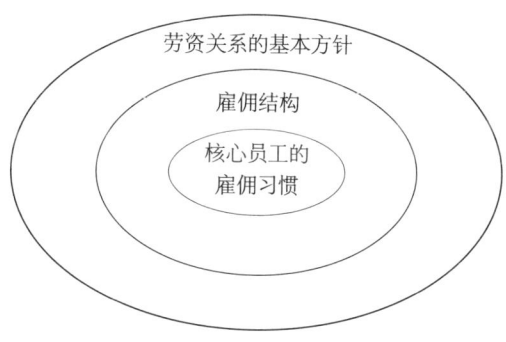

图 8-1 三个选择

题。沿用上文例子,在经济活动中,企业里就职人员的集合体的主要表现形式是工会,劳资关系基本方针的选择问题就是企业应该如何构建与工会之间的关系问题。

选择雇佣习惯

所谓雇佣习惯,是指雇佣开始与结束,以及在雇佣开始与结束之间雇佣关系存续期间雇佣形式的基本原则,这些基本原则最终以雇佣习惯的形式在企业里被保存下来。雇佣原则不仅包括制度等明文规定的内容,还有很多不成文的规定,这些不成文的规定以习惯的形式成为构成企业雇佣原则相当重要的一部分。雇佣习惯是企业在实际雇佣过程中进行选择并被员工接受后形成的企业特有的习惯。

提到雇佣习惯,很多人可能会认为劳动力市场已经制定了明确的雇佣标准,企业并没有多大的选择余地。事实上,企业选择雇佣标准虽然需要考虑市场的接受度,但是企业仍然是有选择余地的,而且市场上的雇佣习惯的相关标准也是众多企业做出选择的共同结果。

选择雇佣习惯最重要的是选择如下四个内容:雇佣期间、雇佣保障方式、雇佣期间的工作方式和薪金支付原则。

①雇佣期间。雇佣期间是指在开始雇佣时就确定了双方的雇佣关系是长期雇佣或无限期雇佣,或只是短期雇佣、限期雇佣。日本企业的大多数正式员工的雇佣期间是无限期的,这一点我们将在稍后继续论述。虽然书面合同上写的

是雇佣期间一年，但是到期续约是日本企业的雇佣习惯。

②雇佣保障方式。雇佣保障方式的选择与雇佣期间的选择有一定的关联。若企业采用的是长期、无限期雇佣习惯，那么雇佣保障方式就近似默认承诺将尽力保证员工在本企业就职。但是，也有企业虽然采用的是长期、无限期雇佣习惯，但是并不保证员工一定会长期在本企业就职，而是保证"企业会努力让员工在与企业有业务往来关系的企业在内的相关企业就职"。此外，还有一种情况是，虽然采用的是长期、无限期雇佣习惯，但是进行了事先约定，如果发生约定的事宜企业可以不再保证雇佣。因此，雇佣保障方式也有多种形式可供选择。

③雇佣期间的工作方式。这一点主要指与职务内容变更有关的雇佣习惯。一种雇佣习惯是让员工成为专家，一直担任同一个职务，从事同一项工作（如会计、车床工等），基本不会出现职务内容变更；还有一种雇佣习惯是让员工担任多个职务加以历练（即一开始就约定好会出现职务内容变更这一条款）。

④薪金支付原则。薪金支付原则也内容繁多、形式多样，有的按照工作年限进行支付（也就是年功序列工资制度），有的根据每年的绩效进行支付。

选择雇佣结构

第二大选择是选择雇佣结构，即不同雇佣习惯的人在企业内的构成比例。例如，日本企业一般将员工分为两类，一类是企业保证长期、无限期雇佣的正式员工，另外一类是比较自由、雇佣期间不定的非正式员工。企业选择雇佣结构就是选择这两类人的比例。近年来，日本企业中非正式员工所占的比例逐年增高。

另外，还可以将员工分为固定员工和流动型员工。固定员工就是企业会长期雇佣和留住的员工，流动型员工就是企业需要时就从劳动力市场雇佣过来、雇佣期短、没有雇佣保障但是薪金相对固定员工而言比较高的员工。

选择雇佣结构其实是确定企业能够同时容纳多少不同类型员工，选择的重点是确定不同类型员工的比例。

选择劳资关系

大多数企业都是以劳资关系和谐发展作为基本方针，其中最基础的选择是是否允许企业里存在工会组织。当然，由于日本国内实行排外性雇佣制度（不加入工会就不予雇佣），所以对于日本企业而言，不是允不允许企业里存在工会组织的问题，而是允许企业里同时存在几个工会组织的问题。

但是，日本企业进军美国，在美国建立生产基地与当地人们产生雇佣关系时，就有企业倾向于不允许企业内存在工会。换言之，企业是可以选择要不要工会组织的。进而言之，从企业劳动力市场的整体情况来看，现在工会组织率（加入工会的从业人员占全体从业人员的比例）已经低于 20% 了。由此可知，现在已经有很多企业是没有工会的。对于这些企业来说，需要认真考虑的问题是选择怎样的劳资关系以及如何处理劳资关系。

另外，就算企业允许内部存在工会，企业作为雇佣者和劳动力的使用者，也需要思考如何与工会进行沟通和协商，需要选择协商方式。例如，每年 2 月到 3 月进行工资协商是日本产业界长期以来的习惯。那么，企业就需要思考并决定本企业是否也要采用这一协商方式。因为这不仅是劳资关系的原则问题，还涉及是否每年提高基本工资的薪金支付原则问题。

此外，由于企业一般会成立劳资协调组织来协调企业与工会之间的关系，因此，劳资关系基本方针的选择还包括如何运营劳资关系的协调组织等具体运营方式的选择。

为什么很难选择

通过上述探讨，我们明确了企业构建与劳动力市场结构关系时需要做出的具体选择，这些选择涉及方方面面，选择的难度之大可想而知。因此，经营学的分支中有一个学科叫作人力资源管理，经济学里有一个分支学科叫作劳动力经济学，将二者结合起来的学科叫作劳资关系理论。

更为详细的探讨请参阅上述学科的相关书籍，本章主要探讨企业构建与劳动力市场结构关系的困难是什么，以及它与企业经营管理有何关联。

企业构建与劳动力市场结构关系很难，不仅因为企业需要做出的选择涉及面广，还因为雇佣者与被雇佣者都有自己的利益点和诉求，平衡二者的利益点和诉求很难。可以说，平衡双方不同的利益点和诉求本身就是协商时的一个千年难题。

寻求企业与被雇佣者之间利益点和诉求的平衡点与常见的平衡不同利益双方（如原材料供应商这一客体与作为原材料采购商的企业这一主体）的利益不同，它还涉及被雇佣的员工中有些核心人才将来会成为企业的经营者这一问题。换言之，企业与员工之间的谈判交涉是相当复杂的，是在清楚知道未来有可能出现客体反转为主体的前提下进行的。因此，要找到企业与被雇佣员工之间的平衡点极为艰难。

例如，假设企业采用了可以按照企业的需求较为方便地解除雇佣关系的雇佣习惯，这意味着企业可以根据经济形势灵活地调整企业所雇佣的员工数量，比较符合作为雇佣者的企业的利益。但是，对被雇佣者来说就有容易被解雇的风险，是不利影响。因此，被雇佣者为了降低对自己的不利影响就会采取应对措施要求进行各种协商。如工会会要求企业明确调整雇佣数量所需具备的具体条件等。

但是企业若明确了解雇所需具备的条件和原则，就会被这些条件和原则所束缚，无法灵活调整雇佣数量，也就无法达到采取上述雇佣习惯所要达成的目标。美国就出现了这样的情况。

至此，仅论述了一般主体与客体交涉时容易发生的不尽如人意的结果。企业与劳动力市场结构关系的构建还涉及客体转为主体的问题。员工选出来与企业进行利益交涉的代表中很可能会产生未来加入企业经营阵营的核心人才。如果企业仅采用灵活调整雇佣数量的雇佣原则，就容易引发各种复杂的情况，如将这些未来的核心人才解雇的风险，或者是造成未来加入经营阵营的人才难以服众的情况等。实际情况是日本企业工会的负责人中大部分都是以加入企业的领导阵营为目标的。

雇佣结构选择很难的第二个原因是被雇佣者在组织中工作，不管是对雇佣者来说还是对被雇佣者来说，都会产生多方面的影响。影响的多面性将选择的判断基准复杂化了。在确立雇佣关系时，工作人员的风险、主观能动性、同事间的归属感等判断标准也同时产生了。

例如，假设企业采用短期雇佣作为雇佣原则，可以根据企业需要随时雇佣企业所需人才，确实是一大优点。但是，对被雇佣者来说，由于雇佣是以短期雇佣、期满后被解雇为前提的，因此被雇佣者很难产生为雇佣组织做贡献和对组织忠诚等心理。换言之，被雇佣者很难有努力与同事沟通、保持良好的人际关系、传帮带不熟悉业务的同事等心态。被雇佣者会产生完成合同约定的工作内容、结束雇佣关系后企业与自己没有丝毫关系的心态，这很正常。

但是，这会给企业带来不良的影响。因为对企业来说，雇佣是多方面的，同时包含了多个不可分割的部分，不仅包括完成特定的工作这一方面，还包括团队、人际关系、同事间的互相学习和促进等内容。

雇佣结构的多方面影响

雇佣什么

上文我们提到企业需要创建与劳动力市场的结构关系，确定企业所需的雇佣结构。那么，企业雇佣员工到底是雇佣什么？

答案有两个。第一个，企业是个经济组织，因此企业雇佣的是技术（人们所拥有的技能），也就是侧重于技术这一角度的思维方式。这一思维方式认为某个人拥有的技术能够给企业带来经济收益，因此企业要购买这一技术，但是由于企业无法像采购其他物资那样将人与技术分离，只购买技术，因此企业只好以购买人才的形式雇佣劳动力。

第二个，企业雇佣的是人，也就是说企业雇佣的是人这一整体。因为人所拥有的技能是会变的，通过企业的教育培训或者个人努力学习，都可以改变个人所拥有的技能。而且，人是多面的，除了拥有技能外，还有各种付出程度和工作模式，例如个人的工作努力程度，在团队协同与待人接物方面的努力程度等。人不是机器，不会一模一样，工作成效也不会完全一样。因此，企业雇佣的是拥有多样性的人这一整体。

企业是为了进行经济活动而存在的组织，这是企业的第一定义。因此，企业肯定都抱有雇佣员工是雇佣其所拥有的技术这一基本思维模式，同时企业也有雇佣人这一整体的思维模式。现实经济活动中，出现了两种情况，第一种情况是采用了第一种雇佣技术这一思维模式，并且仅仅以雇佣技术为雇佣员工的目的。第二种情况是在第一种思维模式的基础上加上了第二种思维模式。

这两种不同的思维模式会对企业的雇佣结构造成重大差异。

雇佣技术这一思维模式认为劳动合同就是买卖技术服务的契约，企业只需支付给员工与其技术价值相当的薪水，雇佣期间仅限于该技术有价值的时期，技术失去价值之时就是雇佣期间结束之时。

一个企业不再需要的技术或者是价值评估较低的技术，可能是其他企业所需要的技术，在其他企业可能会得到较高的价值评估。由于这种价值评估差异的存在，技术得以在不同企业间流动。而个人作为技术的所有人，为了提高自己的技能会自我投资、努力学习，之后为了实现投资收益最大化，会移动到对自己技术评价比较高的企业。

企业把自己当作各种技术的集合体进行企业经营。例如，企业会为内部的各个工作准备相应的职务描述，明确规定哪些工作是某一职务的工作内容。企业通过这些举措将职务标准化，成为一个技术集合体，这一集合体虽然有水平高低之别但无企业特性之差，企业会设计好企业内所有工作的内容和方式。因此，人们可以带着自己的技能在不同的企业间自由移动。

综上所述，企业创建以可移动技能为核心的雇佣结构，人才流动性高是侧重雇佣技能这一思维模式的必然结果。此外，这种情况下创建的工会组织，即产业工会，自然也是就职于不同企业但是拥有同样技能的人共同组建的。

把人作为整体进行雇佣的思维模式则不会只在企业需要的时候才雇佣员工，该思维模式认为人们的技能可以在企业内进行积累，因此企业容易形成自己的特性，而为了完成相关技能的积累，企业也会进行投资。当一项技能不再有价值时，会通过企业培训和个人努力的方式实现个人技能的转换以继续保持企业与个人的雇佣关系。

此类思维模式构建的雇佣结构，其雇佣期间一般较长，而且默认雇佣后可能会出现职业转换的情况。由于人在某个时刻从事的工作内容取决于这个人以前的积累和人脉，因此无法简单地进行标准化和书面化记述。薪金也无法根据即时的技术价值进行支付，只能通过评估其对企业的贡献度来确定要支付的薪金。

在这种思维模式下，人们在不同企业间移动不是为了提高技能的价值评估，而是为了寻求工作所属组织的组织价值。由于人们随意变换自己所属集体的难度较大，所以此类思维模式下人才的流动性较低。工会形式也与上一种类型不同，不是拥有同样技能的人而是从属于同一个组织的人组建工会，这是工会的另外一个形式——企业工会。

上述两种思维模式，企业在选择时选择的其实是第二种思维模式，即雇佣人这一整体的思维模式占多大比重的问题。由于企业是经济组织，所以企业肯定会采用雇佣技术的思维模式，但是企业在雇佣技术这一思维模式的同时又在多大程度上采用了雇佣人这一整体的思维模式，会给企业的雇佣结构带来相当大的差异。当企业采用第二种思维模式的比重较大时，可能就会形成从雇佣技能的角度看不大合理但是整体却较为合理的雇佣结构。

由于人是社会人，因此对思维模式的选择其实在很大程度上依赖于企业所处社会的社会价值观。当然，可以肯定的是，不论哪个国家的企业，都会用到第二种思维模式，只是重视的程度有所差别。但是，有时候经济合理性（技术雇佣思维的合理性）思维占上风，如果单纯依靠此思维模式做出各种判断的话，企业的雇佣结构就可能出错。因为企业忽视了技能的所有人是有血有肉的，而且能提供给企业的技能也是多方面的。

下文我们将就人提供给企业的本质内容进行探讨。要探讨人提供给企业的本质内容，只要将其与钱提供给企业的本质内容进行对比，就可以一目了然。

人与钱分别提供不同的东西

从某种意义上说，钱是与人完全不同的"资源"。例如，钱既没有感情也没有学习能力，而且钱与钱之间性质完全相同，而每个人都是不一样的。与此相对，只要是 1 万日元，不管它在哪、属于谁，都拥有同样的 1 万日元的购买力。通过将钱与人进行对比，可以理解人提供给企业的东西的一部分内涵。

人作为员工提供给企业的东西，与出资人提供资金给企业时所提供的东西都是"服务"。前者是劳动力与管理服务，后者是钱的服务。两种服务有着天壤之别。

第一个差异是人具有多样性，而钱具有同质性。

员工提供给企业的是包括劳动力、技术、知识和内在动力等在内的"资源包"、"服务包"。当企业拥有一个已经整合好的资源包时，企业的经营活动就能顺利开展。

多数员工都不像机器人那样只提供单纯的劳动服务（可以简单用货币进行价值换算的服务），以换取等值货币。他们提供的资源包、服务包中所包罗的内涵之丰富与钱的同质性形成了鲜明的对比。他们所提供的资源包、服务包的多样性，既包括单个员工所能提供的资源包、服务包的多样性，也包括不同员工所能提供的资源包、服务包的多样性，二者都是钱无法提供的。

第二个差异是变化或者说学习能力的差异。人可以通过学习发生变化，但是钱是无法学习和变化的。

员工提供给企业的资源包、服务包具有弹性，内容可以根据需要发生变化。例如，一个员工一开始是营业员，提供的是营业员服务，后来经过本人的努力成为企业的经营者，其输出的服务内容就与之前不一样了。某个员工在被企业雇佣时拥有机械技术，但是在工作过程中他又掌握了电子信息技术，这样就能为企业提供新技术。简而言之，员工是会学习的。

第三个差异是人提供的服务具有不确定性，而钱提供的服务具有确定性。

企业很难检查核实员工提供给企业的资源包、服务包里的全部内容。说得极端一点，除了员工本人以外，很多时候员工是否切实按照约定或者企业的要求将所拥有的知识和能量全部提供给企业这一点是很难把握的。换言之，员工具有相当大的自由裁量余地。

例如，企业中经常出现的因为某些原因导致员工没有按期熟练掌握工作技能，或者消极怠工等，就属于这一情况。从这一意义上来看，员工提供给企业的资源包、服务包，就算是提供之后也可能出现供给的数量和品质具有不确定性、可变性这一特征，而且可确认度低。

这一点上，钱与人完全不同。资本一旦被提供给企业，就会一丝不苟地完成该数额资本所能提供的功能。钱这种资源一旦提供给企业，就没有自由裁量的余地了。

第四个差异是与资源提供者本人进行分离的可能性。劳动服务无法与人进行分离，而资本可以与资本提供者进行分离。

员工提供的劳动服务，与人本身是一体化的，只能由该员工本人提供，也就是说该劳动服务与服务提供者本人无法分离。

二者的差异造成了如下结果。股东作为资金的提供者可以同时为多个企业提供资本，投资的界限在于其资本保有量。与此相对的是，员工一般只能同时在一个企业至多为少数几个企业提供劳动服务，而且严格受到 1 天 24 小时的时间限制和自己身体状况的限制。简而言之，资本可以进行分散投资，而劳动从本质上来说是无法进行分散劳动的。

第五个差异是可替代性的差异。

由于资本具有同质性，因此不管是谁提供的资本，都具有同样的功能。1 亿日元，不管是谁提供的，都是同样的 1 亿日元。但是，企业组织中整合的资源包、服务包，其可替代性就相当小。

上文已经论述过，劳动服务具有相当强的企业特征。这个技术只有这个人有，或者说无法从外部获得。在很多情况下，就算其他企业单独获得了该技术，也可能对企业的发展用处不大。

当然，由于员工服务包具有多样性，因此其中可能包含了具有相当高可替代性的内容。例如简单的劳动。但是，正是因为大多数劳动服务无法被简单替代，所以企业才能在竞争中获得优势，企业的个性也由此诞生。

雇佣结构的选择理论

激励因素与风险因素：经济学理论

所谓雇佣结构是指企业构建的与劳动力市场的结构关系，目的是为了确保企业需要人才时能够从劳动力市场找到所需人才，并且该人才能够接受企业所提供的条件。上文就钱与人所提供的服务内容的差异进行了论述，得出的结论是构建与劳动力市场的结构关系远远复杂于构建与资本市场的结构关系。而且，企业越是重视雇佣人这一整体的思维方式，与劳动力市场结构关系的构建就越复杂。

构建这一复杂的结构时有两种理论依据可作为参考。第一种是经济学理论。它主要研究在企业工作的人们在什么情况下会对雇佣结构产生经济上的期望值。本小节将主要探讨这一问题。第二种是更偏向于研究心理理论。当某种雇佣结构为人们所接受后，企业与个人的关系以及个人与职场上其他人的关系就基本由该雇佣结构所决定。这一理论主要研究在企业工作的人们如何接受一种社会关系并产生期望值。这一问题将在下一节进行探讨。

雇佣结构的经济学理论中最为核心的是与被雇佣者的激励因素和风险因素相关的理论。所谓激励因素是指在一个雇佣结构下工作的人们将获得哪些经济上的收益，这些收益能否激励人们投入更多的时间和精力到企业的经营活动中。此外，某个雇佣结构可能会给人们的经济收益带来相当大的不确定性。本书将涉及的风险因素就是上述不确定性的大小。若是风险过大，人们很可能会回避这一雇佣结构。

例如薪金支付原则，采用绩效主义薪酬体系，即按照绩效确定所需支付的薪金，这样的支付方式确实有很好的激励效果，因为人们只要努力就能获得相应的回报。

但是，绩效除了受人们的努力程度影响，还受到其他非人为因素的制约，若完全采用绩效工资就会把其他非人为因素导致的绩效低下的风险推给员工。例如，冰激凌的销售额很大程度上依赖于天气情况。若是完全按照冰激凌的销售额核算销售员的工资，遇到暴风雨等极端天气导致冰激凌滞销时，销售员就无法领到工资。也就是说，企业把天气风险完全转嫁到员工身上了。如果这样的话，员工的风险负担就会过大，因此，一般来说冰激凌销售员的工资是以基本工资加上绩效奖金的形式发放的。

此外，雇佣保障和职务变更方面也会有各自的激励因素和风险因素。

另外，从企业的角度来说，给员工的激励是一种支出。如果减轻员工承担的风险，企业就要承担相应的风险。

综上可知，从经济学理论进行雇佣结构的构建需要同时考虑雇佣者与被雇佣者双方的激励因素和风险因素。经济学理论研究的重点就是让员工获得充分激励的同时承担的风险不会过大，能够平衡激励与风险。

本书将从雇佣形态和薪金支付原则两个方面对经济学理论进行论述。雇佣形态包括长期稳定型雇佣和短期流动型雇佣。薪金支付包括绩效工资（也就是佣金提成）和固定薪资（也就是固定工资制）两种。但是，需要提前说明的是，由于企业内部还需要各种权衡和协调，因此要在实际经济活动中用好这一理论比较困难。

① 长期稳定型雇佣与短期流动型雇佣

上一节我们论述了人所提供的资源的特性，其中提到，人力资源具有高学习性、低可替代性的特点。因此，长期雇佣可以达到提高企业内人们学习欲望的效果。而在短期雇佣的情况下，学到的内容可能无法帮助员工获得雇佣的机会，所以对学习的激励效果较低。

但是，很多情况下短期雇佣对提高员工完成企业要求的工作内容的激励效果却比长期雇佣的激励效果好。这是因为流动性强意味着不好好工作就会被解雇。

当然，短期雇佣的激励效果的大小，很大程度上受劳动本身的不确定性和可确认度的高低所左右。因为就算有被解雇的风险，也要上司发现员工工作没有成果是因为其不够努力，员工才会被解雇。

可确认度低的人力资源在长期雇佣过程中是可以确认的。因为虽然人力资源的不确定性高而可确认度低这一特点可能使员工消极怠工的情况不被发现，但是时间长了，也是藏不住的。

当员工意识到无法长期隐瞒自己消极怠工的情况时，就不会消极怠工了。因此，在人力资源不确定性高而可确认度低的情况下，如果没有什么特殊方法可以确定工作的付出程度，短期雇佣对提高员工努力工作的激励效果就会比较小。

一般而言，员工在日常业务上的努力程度和为了将来而学习的努力程度，后者的可确认度更低。一个人是否切实履行职责完成日常工作这一点是无法弄虚作假的，但是一个人是否努力学习，由于学习成果不是显而易见的，就容易出现弄虚作假的情况。

② 绩效工资与固定薪资

除了上述雇佣期间与被解雇的风险对员工具有激励作用和风险刺激作用，企业采用短期绩效工资还是短期非绩效工资即企业采用的薪金支付原则也会对员工产生激励和风险效果。

绩效工资的激励效果较好。但是，由于绩效可能会因为一些非人为因素而发生变化（例如冰激凌销售员就需要考虑夏天的炎热情况），因此短期绩效型工资容易给员工带来过大风险。

上文提到人提供的服务具有劳动与个人无法分离的特性。这一点极大地影响了人们的风险控制。如果劳动可以与人分离，员工就可以采用一些方法来分担风险，从而产生可以承担该雇佣结构所带来的某些风险这一想法。然而，由于现实情况是员工无法采用任何手段来分担风险，所以当某个雇佣结构要向员工转嫁过多风险时，员工就会拒绝。

当某个雇佣结构会给员工过多的风险负担时，在这一雇佣结构下工作的员工就会想办法降低风险，人们的行为就会过于保守。这不是企业希望看到的。甚至在某些极端情况下，人们会尽量避免与企业建立上述雇佣关系。

当人力资源提供服务的不确定性高而努力的可确认度低时，采用绩效工资会有明显的激励效果。因为只要全力投入努力工作，就算得不到别人的认可，工作成果也会证明一切。若是工作成果与工资多少无关，人们会发现就算努力付出也得不到任何回报，而且消极怠工也不会被发现，也就不会努力工作。

经济学理论中最佳雇佣结构是什么

假设有这样一种典型的经营环境，个人学习很有意义，环境具有较高的不确定性，而且个人努力程度的可确认性较低。上述情况不仅仅是个假设，它是对一个技术快速进步的环境组织中的人们以团队合作形式完成工作的情况的本质进行的归纳。技术快速进步意味着学习很有意义而且环境不确定性高，而团队合作的工作形式则意味着就算团队中有人消极怠工也不会马上发现问题出在谁身上。

在上述经营管理环境中，最适合采用的雇佣结构是以绩效工资的薪水支付方式进行长期雇佣。具体分析如下。

不确定性高的环境会给员工带来风险，而采用长期雇佣的方式可以保护员工远离上述风险。另外，采用以绩效工资的薪水支付方式进行长期雇佣，可以激励员工努力学习以提高今后的工作成绩。如果采取的是短期雇佣形式，由于环境变化剧烈，容易有被解雇的风险，所以员工可能一开始就不会同意确立这样的雇佣关系。

而且，由于个人努力的可确认度低，采取短期雇佣的方式，就算员工消极怠工也很可能不会被发现。而如果采取长期雇佣的方式，员工做出的努力总会有被看到的一天。当员工意识到这一点后就不大会消极怠工了，因此，长期雇佣方式对提高员工努力意愿和学习动机具有较好的激励效果。在长期雇佣的基础上采取绩效工资的方式进行薪金支付，对员工的激励效果更佳。若是采取固定薪资的薪金支付方式，由于长期雇佣工作有保障，反而会降低人们的努力意愿。

上文我们先假定一个经营环境，然后应用理论分析在该环境下最适合采用何种雇佣结构来说明什么是最佳雇佣结构。通过这一例子可知，最佳雇佣结构是由环境的不确定性、努力的可确认度、学习的可能性等多种环境因素决定的。因此，世界上不存在具有普适作用的最佳雇佣结构。

当然，在实际的经济运行中，我们还必须考虑到，一个企业所提供的雇佣结构必须能应对纷繁复杂的环境因素，同时还必须是统一的。不同的业务可以根据其所面临的环境采用不同的雇佣结构，但是一般而言，一个企业是无法采用多种雇佣结构的，因为企业经营者还需要考虑到企业的统一性、企业内的公平性，以及管理雇佣结构的复杂性等问题。

综上可知，对一个企业而言，选择雇佣结构时，经济学上的基本思路是确定最符合企业经营环境现状的标准经营环境，然后对激励因素和风险因素进行综合判断，决定适合该标准经营环境的最佳雇佣结构，之后再根据各个业务的具体经营环境进行一些微调整。这种思路对企业来说比较可行。

经济活动场所与社会生活场所：参与与归属、个人成就感

至此，我们从经济学的角度以雇佣技术这一思维模式为主，就企业选择雇佣结构的思路进行了论述，同时也将拥有技术的员工——不是机器人，而是有血有肉、需要激励、有回避风险本能的人这一点纳入了探讨范围。可以说，上述探讨中也用到了部分雇佣人这一整体的思维模式。但是，总的来说，行文至此，对企业这一经济组织在选择雇佣结构的基本思路时的探讨主要集中在雇佣技术这一角度。

如果加大雇佣人这一整体的思维模式所占的比重，那么从很大程度上来说，企业就是职场这一社会生活的生活所在地。因此，对雇佣结构进行进一步的探讨就显得尤为必要。

对于员工来说，企业既是开展经济活动、获得收入的场所，也是进行社会生活的场所。

对于有血有肉的人来说，企业不仅仅是"用劳动换取金钱的地方"。员工长时间待在企业里，与同事们一起并肩奋斗，不管他们愿不愿意，企业都相当于一个小社会，企业里的员工们共同进行社会生活，企业自然而然地成了社会生活的场所。因此，人们希望在职场里与同事们和平共处，希望在这个小社会里找到人生的价值，而不是仅仅把它当作一种简单的经济活动。

上述现象不是"小社会想法人数较多的日本企业特有的现象"，在欧美国家也普遍存在。企业拥有两面性，既是"经济活动场所"，又是"社会生活场所"。人们要在企业里度过大部分的人生，企业作为社会生活场所的重要性就不言而喻了。

一年有365天，共计8 760个小时。由于人本身具有一定的动物属性，需要花费一定的时间来满足自己的动物性，除去人类为了维持自身生命所花的时间，每年还剩5 000多个小时的"可自由支配时间"，可以用来做自己想做的任何事。假设人们每年工作2 000个小时，那就意味着人们将其每年近4成的时间用在了职场上，可见人们花在职场上的时间在其全部可自由支配时间中所占的比重相当大。

除了时间以外，人们还要花费很多的精力在自己的工作上，以充实自己、获得成就感。由此可知，人们从企业的活动中获得了社会生活中两个方面的个人成就感。一个是在职场这一集体中获得人际交往上的成就感。另外一个是从工作中获得成就感。从个人的工作中获得成就感当然不是独自一人在一个孤岛上努力奋斗这样的绝对的个人成就感，而是在工作的过程中，自己的工作获得了同事和客户的认可之类的社会成就感，也可以说是源自他人的成就感。

人们工作的职场是一个小型社会，所以人们才会在这里获得人际关系上的满足和工作上的成就感。因此，企业在选择雇佣结构时，非常重要的一点是要考虑人们偏好什么类型的工作方式，以及企业选择的雇佣结构会对职场这一小社会产生怎样的影响。

例如，如果企业选择的是绩效为王的短期流动型雇佣方式，那么企业可能根本就不会成为一个小社会，不会成为员工社会生活的场所，而且就算企业成为员工社会生活的场所，也是一个难以通融、僵化的小社会。另一方面，如果企业采取的是长期稳定型雇佣，但是没有把握好度，就容易变成一潭死水、人际关系复杂的小社会，这样的企业作为社会生活的场所容易欠缺活力。

迄今为止，经营学在解决企业作为社会生活场所时要如何选择雇佣结构这一问题上的理论还未完备，但是有一点可以肯定，基本思路应该是构建一个让员工能有"归属感"而不是让员工觉得自己仅仅是"参与"企业的雇佣结构。

对组织的"归属感"是一种长期建立起来的关系，它不是赤裸裸的目的和手段的关系，而是随着人与人之间的交往逐渐建立起来的较为深入的关系。相反，"参与"组织则是一种有意图（为了实现某些特定目的）的行为，人与人之间也未必需要建立长期稳定关系（达到目的后即可不再参与），从某种意义上而言，人与人之间也无须深交，只要保持能实现参与这一目的的关系即可。这样确实减少了很多人情纠葛，但是也少了人情纠葛这枚硬币的另外一面——"人情味"。

很多人一开始确实是只带着"参与"经济活动的目的进入企业的，但是后来会逐渐对企业产生"归属感"。当然，国别不同，企业与员工之间的关系也就不同。日本企业与员工的关系近似"归属"，而美国企业与员工的关系则"参与"成分更多些。相信大家对日、美两国企业与个人的关系模式都比较了解。从两国对个人进入企业工作的描述也可见一斑，日本将进入企业工作称为"就社"，美国则称为"就职"。

在企业与员工的关系上，不仅日、美的企业存在上述差异，其他组织机构也不例外。例如，两国的剧团也是如此。日、美两国的节目制作者完全不同。日本的节目由剧团组织创作和编排，剧团组织的成员固定，属于半永久组织。而美国几乎不存在剧团组织，美国的节目可以概括为制作人制作方式，多采用项目组方式，由制作人、艺术家、作家等少数几个固定成员根据各个项目的需要招聘项目组员工、选角，属于试演方式。日本的演员们"归属"于剧团组织，而美国的演员们则"参与"演出项目（节目）。

当然，企业并不是为了创建职场这一社会生活场所而成立的，开展经济活动才是企业的根本目的。因此，"参与"企业经济活动是最基本的要求。不过，随着"参与"时间越来越长，很多人就需要努力维持职场的人际关系并从中获得"归属感"。当个人对职场这一集体产生归属感后，想要在这个集体获得成就感的欲望就会明显增强。因此，人们就会对所在企业的雇佣结构有所偏好。这一点，日本比美国更为明显。

为了让员工对企业产生归属感，人们会偏好长期稳定型雇佣结构而非短期流动型雇佣结构；在薪金支付方式上，员工们（包括绩效工资的受益者）也会希望员工间不要有太大的差距，因为这会对职场这一集体的稳定性造成冲击。因此，人们会倾向于选择薪金差距不大的薪酬体系。

前文提到过，在业务转让和业务整合时，需要将在原企业工作的员工的工作关系调转到别的企业，很多日本企业的员工对这一点特别抗拒。产生这一问题的内在机制就是"归属感"这一心理原因。这也说明选择雇佣结构需要考虑"归属感"问题。

本节就归属感和成就感进行了探讨，二者不仅对企业选择雇佣结构产生巨大影响，也会极大地影响企业与员工确定雇佣关系后的组织管理。组织管理中激励体系的设计上也需要充分考虑二者的影响力，这一点我们将在第11章进行更为深入的探讨。

日本企业雇佣结构特点及其原理

长期雇佣

接下来，我们将就日本企业在实际的企业经营管理中如何选择雇佣结构这一内容进行梳理。

众所周知，日本企业有三大经营管理法宝，分别是终身雇佣制、年功序列制和企业工会制度。三者都是日本企业与劳动力市场结构关系的特色。企业经营管理其实还涉及战略、资本结构、组织管理等方方面面，然而一提到具有日本特色的企业经营管理，就会发现这些特色全部都集中在雇佣结构上。换言之，日本企业经营特色主要体现在其待人上。

终身雇佣是指在企业正式雇佣员工后，只要不是企业出现极度经营困难或者是员工实在朽木不可雕，企业就会一直雇佣该员工。严格说来，企业正式雇佣员工等于许下了一直雇佣该员工直到其退休为止的承诺，也就是企业保证会持续雇佣。大多数美国企业在经济不景气时会采取调整雇佣结构、裁员等方式。与这些较为频繁地调整雇佣结构的美国企业相比，日本企业的长期雇佣特点非常明显。

不过，用"终身雇佣"一词其实并不准确。因为就算在日本，也很少有人能够一辈子只在一个企业工作。很多情况下，到了某个时期，虽然企业还会继续雇佣员工，但是员工的人事关系会转到别的企业（例如与原企业有贸易往来的企业）。当然，由于日本企业一旦确立了正式雇佣关系，就默认了会长期持续雇佣这一原则并且会提供近似于长期雇佣的雇佣保障，因此，本书仍将日本企业的这一雇佣方式称为长期雇佣。

单纯的实际雇佣年限长并不能叫作长期雇佣。在美国也有很多人持续在一个企业工作多年的情况，从结果来看这是一种长期的雇佣，但是却不是本书所说的长期雇佣——日本企业的长期雇佣。日本企业的长期雇佣的关键是在开始雇佣时就抱有长期雇佣的想法，这是企业的雇佣习惯。也就是说判断是否是长期雇佣的标准，不是时间的长短而是在雇佣开始时是否有持续雇佣的意愿和态度表示。美国虽然也有少数采用这一定义下的长期雇佣习惯的企业，但是并没有成为一个社会风气。而在日本，虽然大家都呼吁要让劳动力市场的流动性变大，但是习惯上还是采取长期雇佣的形式。也正因为如此，2001年某大型电子制造商执行提前退休计划时，在社会上引起了恐慌，人们称这是"终身雇佣时代的终结"。实际情况是该企业仍然采取终身雇佣的雇佣方式，只是因为雇佣了太多员工，所以执行了提前退休计划，让其中一部分中老年员工提前退休而已。

在日本，不仅大企业采取的是长期雇佣制度，很多中小企业采取的也是长期雇佣制度，当然可能在执行的彻底程度上跟大企业有所不同，这是日本企业有别于其他国家企业的雇佣特点。

长期雇佣制度又催生了日本企业与劳动力市场结构关系的其他特点。一是招聘录用方式上的特点。在长期雇佣这一前提下，企业需要制订相应的人才招聘计划才能保证企业不会产生较大的人才缺口。因为企业既不会出现突然大批人辞职的问题，也不会出现想解雇谁就解雇谁的问题。因此，企业需要制订相应的人才招聘计划以满足企业发展过程中的人才需求。其中一个典型例子就是每年4月份会录用一批应届毕业生，而且以录用应届毕业生为主，很少再进行社会招聘（高速成长的企业除外），这也是由日本企业采用长期雇佣制度、如期执行招聘计划造成的。

企业与劳动力市场结构关系中，企业如何应对人员冗余这一问题也受到长期雇佣制度的影响。采取长期雇佣制度的企业，因为企业原因产生人员冗余问题时，一般会在"确保雇佣"这一前提下采取相关的应对措施。企业一般在两种情况下会产生人员冗余，一是企业的业务萎缩，二是企业的晋升空间有限。

采取长期雇佣制度的企业在出现业务萎缩时，一般不会直接将员工解雇，让他们回到劳动力市场，而是会采取包括公司内转岗、在有贸易往来的企业内就职、约定期限暂时解雇、帮助员工再就业等在内的各种方式来保障员工的就业。

所谓企业的晋升空间有限，是指由于企业的管理岗位有限，无法提供相应的管理岗位给所有员工，所以企业会将在本企业没有晋升机会的员工转岗到其他有贸易往来的企业。企业采取这一措施是基于保证雇佣这一目的，这也可以说是日本企业的雇佣特征。

在经济高速成长时期，长期雇佣确实是在一家企业一直工作到退休，是真正意义上的"终身"雇佣。不过近年来"终身"的意思变了，不仅指从工作伊始一直从属于同一个组织，还包括进入与该企业有贸易往来的相关企业工作的情况，因为虽然工作单位变了，但是企业为员工提供雇佣保障的态度是不变的。因此，并不是只有长期就职于同一个企业才能称为终身雇佣，而是指企业能够提供终身雇佣的保证，就算企业无法再雇佣这一员工了，企业也会为其提供在相关企业就职的机会，也就是说日本企业的终身雇佣是指某一企业的长期就职保证。

上一节已经从各个方面就终身雇佣的优点进行了探讨，主要是从员工的角度。其实，终身雇佣不仅对员工有利，对企业也有很多好处。因此，日本企业才会数十年来一直采取终身雇佣的雇佣形式。

终身雇佣对企业的好处大致可以分为两个。第一个好处是能提高员工对企业经营活动的参与度和积极性。由于企业的发展情况会直接影响到员工自己的经济收入和今后的工作发展，因此员工会积极参与企业的经营活动，努力工作。第二个好处是能够培养工作熟练的员工，完成企业的技术积累。不管是工作的熟练度还是技术都不可能脱离人而单独存在。当一个企业的员工流动性过强时，企业就无法完成相应的技术积累，技术和技巧也无法传承，只有持续雇佣才能让技术积累成为可能。而在长期雇佣条件下，由于自身的利益与企业的利益被紧紧捆绑在一起，员工会更加卖力地工作。

年功序列制

与终身雇佣制这一雇佣习惯密不可分的是年功序列制。年功序列制是指在人事安排中，员工的薪资收入和地位是随着年龄的增长而提高的。仅从结果来看，在实际的经济活动中，不仅日本如此，世界上任何国家都是这样的。但是，日本的年功序列制可以理解为"在人事安排中尽量避免出现年龄与薪资和地位不匹配的现象"。因此，其本质不在于结果上的年龄与薪资的一一对应，而在于执行尽量不出现年轻人拿高薪居高位、年纪大的人拿低薪居低位的人事方针政策。

一个年功序列制度运行良好的企业，一般是较好地执行了实力主义年功序列制度的企业。实力主义年功序列制度的执行方针是让年轻有实力的人拥有实际的工作权限，同时在薪资和地位等制度上执行年功序列制。

严格说来，近年来有不少日本企业已经无法执行年功序列制度了。特别是20世纪90年代以后，随着企业内中老年人数的急剧增加，企业出现了组织老龄化，已经无法按照年功序列制的薪资体系支付薪资了。但是，就算如此，与美国等其他国家的企业相比，日本企业还是相当重视年功序列制度的。

企业工会

员工与企业确立长期雇佣关系之后，在同一个企业就职的人们就能常年维持同事关系。同事关系与工种、级别无关，因此人们自然也就会按照企业划分组成企业工会。

企业工会这一劳资关系形式具有两个重要作用。第一个作用是工会的成员不是按照工种分的，因此一般来说同一个企业的员工参加的都是同一个工会，这意味着不管是蓝领还是白领都从属于同一个工会。第二个作用是工会代表员工直接与企业进行交涉和谈判。企业工会虽然也有上级部门，但是企业工会的上级部门基本不会主导参与员工和企业之间的交涉和谈判。与此相对的是，美国等其他国家的工会基本都是职业工会，与企业之间的交涉和谈判基本都是由上级部门主导的。

日本这样的企业工会形式，可以让工会从企业长远发展的角度考虑问题，从而创建出一个能够实现劳资协同的雇佣体制。

日本企业中，不同职业的薪资差别远远小于美国企业内不同职业之间的薪资差别。在日本企业中，蓝领和白领的工资差距并不大，主要是因为双方都隶属于同一个组织，不希望在同一个组织中人为制造太大的薪资差异。

由于企业工会是一种长期雇佣的企业内工会形式，职位晋升依据的是年功序列制度，因此工会组织的领导将来很可能成为企业的经营人员，工会组织的领导经历是其积累管理经验的过程。很多日本企业的工会领导后来都成为企业的管理人员，而不是专门的工会组织者。

日本企业中加入企业工会的一般只有默认获得长期雇佣保证的正式员工。但是，近年来日本企业采取了逐渐增加雇佣非正式员工的比例的雇佣结构。换言之，日本企业采用了双重雇佣结构。

因此，近年来很多人开始讨论非正式员工加入企业工会的问题。企业采取双重雇佣结构是可以理解的，既可以缩减人工费用，又可以灵活应对员工的不同需求。但是，对企业的长期发展而言，继续扩大这一双重雇佣结构恐怕未必是好事。

隐形出资

企业采取上述的雇佣习惯和确立的劳资关系可以让员工产生自己是企业经营的长期伙伴这一意识。因此，相较于股东，员工会自然而然地产生自己是企业"实际上的主人"这一意识。这将涉及日本企业最本质的问题——企业管理问题。本书将于第四篇深入讨论这一问题，在此仅就与企业雇佣结构有直接关系的问题，也就是员工对企业的隐形出资问题进行探讨。

企业采取长期雇佣方式提供长期雇佣保障，以年功序列的形式支付薪资，将从两个方面出现隐形出资。

一种是在年功序列的薪资体系下，员工年轻时获得的薪资将低于其对企业生产做出的实际贡献。因此，企业在相当长的一段时间内支付给员工的薪资都属于过低支付，过低支付与员工应得薪资之间的差额会被企业作为企业保留利润用于投资等其他业务，这是员工隐形出资的第一个部分。

在年功序列制的薪资体系下，薪资是随着年龄的增长而增加的。那么，员工对企业的贡献度呢？员工对企业的贡献度也是逐年变化的，至于贡献度与年龄增长之间的关系，由于没有相应的数据无从计算，但是一般而言，二者之间会经历下列这一变化过程。

首先，员工进入企业后将逐渐熟悉其工作内容，之后可以熟练完成工作。在这个过程中，员工对企业的贡献度与员工对工作的熟练度成正比。员工对工作的熟练度会提高其对企业的贡献度，工作时间越长贡献越多，但是这种增加到了一定年龄就会达到一个峰值，之后随着员工年龄的增加，对企业的贡献度会逐年降低。

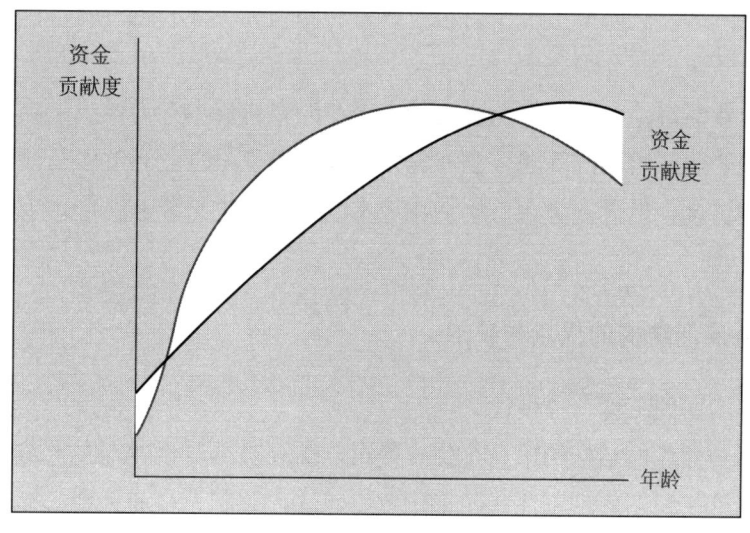

图 8-2　隐行出资机制

简而言之，工作年限与贡献度之间的关系可以看作一个变换缓慢的U型，员工到了某个年龄后，对企业的贡献度会在达到一个峰值之后逐年下降。

但是，由于企业执行的是年功序列制，员工的薪资会随着工作年限的增加而逐渐增加，因此员工的薪资与其贡献度之间会出现不相称的情况，也就是图8-2中的白色部分。不相称是指除了早期阶段员工领取的工资低于自己的贡献度外，到了一定年龄，员工领取的工资会高于其对企业的贡献度。

这种不相称对企业和员工都具有重要意义。对员工而言，这是一种投资，是一种养老金制度。年轻时少付的薪资在年老时以多付的形式偿还。但是，由于偿还的额度受企业的业绩左右，是不固定的，因此这是一种风险投资。

这种情况与员工持股制度、优先认股权制度类似，但是有着本质上的差别。因为通过这种投资方式获得回报的权利是无法自由买卖的，只能通过连续在企业工作的方式获得保证。因此，可以将它看作员工对企业的特殊出资，以人的形式出资，而员工是实际出资人。

隐形出资还有一种出资途径。当企业运行良好、获得丰厚的利润时，并不会将利润全部以奖金的形式发给员工，而要"留一部分以备万一"，取得员工的认可后将其截留下来作为企业保留利润的一部分。换言之，企业收益好的时候没有把红利全部分给员工，而是截留了一部分员工福利以防范未知的风险。因此，这一部分被截留下来作为企业保留利润的员工福利也可以看作员工的隐形出资。

对企业而言，上述隐形出资为壮大企业的自有资本实力做出了贡献。上一章曾论及企业保留利润问题，企业保留利润可以说是企业经营者有最大自由使用权限的资金，是无须考虑直接使用成本的资金，也是能够长期用于促进企业发展的资金。

日本企业雇佣结构的优点与缺点

日本的雇佣结构有各种优缺点。

日本企业雇佣结构的第一个优点是可以提高员工对企业的主人翁意识和归属感。不管是长期雇佣制还是隐形出资、年功序列制、企业工会，抑或是降低企业内不同工种间的差距的做法，都能提高员工对企业的归属感。因此，就算企业不构建复杂的激励体系，也能在一定程度上激励员工努力工作。

第二个优点是可以培养出熟练的员工，完成企业独有的大量熟练工作积累。企业积累了足够多的熟练工之后，就很容易进行企业内的工作调整。

第三个优点是执行在企业内部竞聘的制度，既可以有效提高员工的竞争意识，又可以提高个人对企业的贡献意愿。

第四个优点是企业提供雇佣保障，可避免员工间出现过大差异，间接维护了社会的稳定。

日本企业的雇佣结构也存在一些缺点。第一个缺点是增加了企业的固定费用支出。美国企业一般把人工费视为变动费用，但是日本企业采取的是长期雇佣，因此人工费属于固定费用。当一个企业的固定费用较高时，为了维持企业的开工率，企业往往会采取保证销售额的战略而非利润优先战略。但是，如果一个企业长期采用销售额优先战略，容易造成利润率下降、资本效率降低等问题。

第二个缺点是企业为了优先保证雇佣，可能造成资源分配不够有效的情况。例如有些企业为了给已经签约的正式员工提供雇佣机会，会开展一些与现有业务无协同作用的多元化业务。因此，容易出现资本效率降低问题。

第三个缺点是日本企业雇佣结构是一种包括正式员工和非正式员工的双重雇佣结构。双重雇佣结构会在各个方面形成差异，从而影响员工的积极性，对职场这一社会生活场所的安定性起到负面作用。如果无法找到让不同雇佣方式的人们和谐相处的方法，这就永远会是日本企业雇佣结构的一个缺点。

第四个缺点是无法给予年轻人足够的锻炼机会。由于日本企业的雇佣结构采用的是年功序列制度，需尽量避免出现年龄与薪资地位不相称的情况，因此企业很难在有潜力的核心员工年轻的时候给他们较好的历练机会，也就很难培养出有大格局、有想法的经营者继承人。

第五个缺点是没有自由。在日本，由于外部的劳动力市场不够完备，员工就算对企业不满也很难下定决心离开企业。员工要离开企业需要巨大的决心和勇气，因此，就算员工对企业和工作不满，也只能一直留在企业里。很多日本与欧美企业的对比研究结果表明，日本企业员工对企业的不满程度最高。之所以出现这一情况，是因为日本员工就算对企业不满，也难以离开企业。因此，很多日本企业中的员工会有种没有自由的感觉，比较苦闷。

当然，上述情况也在不断改善。日本劳动力市场的流动性在逐渐增强。但是，劳动力市场的流动性并没有多数媒体报道的那么大。因为非短期流动型的长期安定的雇佣结构有很多优点。这一点从本章关于雇佣结构的影响力以及选择雇佣结构的基本思路的论述中可以得知。当然，随着时代的变迁，年轻人的价值观会发生变化，这一变化会不会大到足以降低长期稳定型雇佣结构的好处呢？答案尚未可知。

练习

- "雇佣什么"这一问题有两种思维模式，一是雇佣技术的思维模式，二是雇佣人这一整体的思维模式。请思考偏向其中的一种会对经营和社会产生哪些负面影响，并举例说明。
- 你觉得你就职的企业（或者你希望就职的企业）的薪酬制度是基于何种薪金支付原则建立的。请注意，不是理论上的，而是从企业实际执行的薪酬制度及其运行模式思考企业的薪金支付原则是什么。
- 你认为薪资支付方式以外的雇佣习惯对隐形出资有何影响？近年来，有不少企业进行了年功序列薪酬制度的改革，开始采用绩效主义制度。采用绩效主义制度后，员工的隐形出资会降为零吗？请举例说明。

第二篇

组织管理

第 9 章
组织与个人、经营管理的利器

——

企业是人的集合体。企业活动实际上是企业组织领导人这一集合体以团队的形式开展活动的总和。组织活动是在组织里工作的人们的协同活动。"组织管理"是指以某些方式统领人们进行协同活动。

管理并不是"制服"组织成员，不能将管理看作简单的命令、服从、纪律等"控制、制服"意味强烈的工作。在实际经济活动中，的确有经营者采取上述词汇描述的方式"经营"企业。但是，一般而言，正确的理解应该是——组织管理的主要工作是"统御协同作业"。"统御"是个中立词。本书用了"统御"一词，虽然较为生硬，但是主要是为了表明组织管理是中立的，是为了"督促、率领、指引"人们的行动。经营管理就是督促和率领人们进行协同作业，并指引协同活动的方向。

那么，具体来说，人们在组织里做什么呢？组织管理是在何种思想的指导下以何种方式统御人们的活动的呢？简而言之，组织中个人做什么？组织以什么方式来统御个人？

本章主要就上述基本问题进行探讨，下一章起将以本章整理的基本框架为基础就各个具体课题进行探讨。

人们做什么

个人的工作和学习：决定业绩的直接因素

　　组织是个人的集合体。个人活动的总和就是组织活动。组织管理的目的就是率领组织成员互相配合以将组织的业绩保持在一个较高的水平。

　　企业的业绩包括利润、成长、维持雇佣率、为社会做贡献等，具体内容不一而足。但是，不管如何，企业"经营"是有业绩导向的，企业组织存在的目的就是为了业绩。

　　但是，直接决定企业业绩高低的并不是经营本身，而是经营管理的结果——在组织中工作的人们的业务活动总和。例如，工厂里工人们生产产品，营业员销售产品，财务人员调度资金，销售员拜访客户，人事部部长录用新人，研究人员做实验研发新产品，这许许多多工作的总和的高低直接决定了企业组织业绩的好坏。

　　众所周知，企业组织里所有的实际工作都是由工作在组织第一线的人们完成的。他们的工作和外部的环境条件决定了企业组织的业绩，经营人员采取的一切措施只能间接影响业绩。

　　组织活动是人们工作的总和，人们工作的总和决定了组织现在的业绩，因此工作决定了"现在"的组织协同成果、业绩。但是，组织中的人们还进行着另外一项重要的活动——学习。例如，人们从工作及工作结果中可以学到新的知识。

　　最常见的学习就是人们在工作过程中学习到这个工作用什么方法比较好以及为什么要这么做等知识。同时，人们还可以从同事身上学到很多东西。另外，人们在工作的过程中还会领悟到很多内容。这些都是学习。

　　人们在开展组织业务活动的过程中学到了各种各样的知识，提升了能力，掌握了技能，扩大了知识面，认识了人，理解了组织文化。学习是在组织这一关系网中教导别人与被别人教导的过程中，在跟组织外的人们的接触过程中不断进行的。学习不仅包括学习已经被人掌握的知识，还包括从失败中总结从未有人知道的知识。

这些学习并不会马上为现在的组织业绩带来效果。但是，通过组织中人们的不断学习，这些积累很可能让将来的工作更为高效，能够在很大程度上决定未来的组织业绩。因此，学习不仅对学习者本身很重要，对组织也相当重要。

因为企业这一组织并不仅仅是为了现在而存在的，必然希望在将来也继续存在。而组织中人们的学习情况直接关系到企业将来业务协同的潜力，故而尤为重要。

综上可知，在组织这一协同合作的关系中，有两种个人的活动非常重要，它们分别是：

- 工作——决定现在的协同成果；
- 学习——决定将来的协同潜力。

二者都很重要，一个组织只有重视学习才能真正焕发生机，与时俱进。工作与学习二者不可分割。人们可以从工作中学习，而学习又可决定人们下一次的工作。

决策和内在动力：决定人们工作和学习的因素

人们的工作和学习会直接决定现在和将来的组织业绩。那么，个人做出工作选择和学习选择时，主要受哪些因素的影响？

个人的行为，不管是工作行为还是学习行为，都可以看作一个矢量。矢量既有方向又有大小，二者同样重要。方向是指"做什么"，大小是指"在这一方向努力做到什么程度"。

决定人们行为矢量"方向"的就是人们的决策。

组织成员每天都要做各种大大小小的决策。工作上要做生产决策、建厂决策、产品设计决策、零部件调度决策、机械维修决策、开发新业务的决策、新产品价格决策等。这些决策就像一条条丝线，编织出了组织的细节、组织的框架、组织的全部。每天都有无数个决策在组织的各个地方做出。当然，这并不是说组织成员可以随便做出决策，而是说明组织决策的复杂性及其多到必须由大家共同分担完成的程度。

我们面临的问题是，组织决策复杂也就罢了，更麻烦的是，就算人们在自己的职责范围内做出了决策，也未必能够马上反映到工作和学习中。有些人可能做出决策后就会全力以赴地执行，但是很多人做出决策后仍会犹豫要不要执行，或者是延迟执行。还有很多人可能只是草草执行、敷衍了事。因此，工作和学习的高度和深度还受人们在多大程度上执行决策的影响。决定组织业绩的并非决策本身，而是人们"实际做了的"工作。

然而，不管是工作还是学习都是一样的，做出决策与执行决策之间还要跨越相当大的鸿沟。做出决策只是确定了努力的方向，但是真正朝着这个方向努力、切实执行决策还需要人们勇敢地跨过这一鸿沟。

例如，经济分析的结果显示，需要进行大量的设备投资。人们充分意识到这一投资的必要性后做出进行投资的决策，但是最终执行时却始终犹豫不决，因为不知道投入这么大能不能获得好的回报。又或者，人们预见到自己的团队需要先深入学习某个专业领域的知识，为将来的研发工作做准备，并且很清楚这样做的必要性，但是在现实生活中，人们为了在短期竞争中胜出，又背负着巨大的产品研发压力。在这样的情况下，人们能否忍受营业部同事的抱怨，鼓起勇气投入长期的学习活动中呢？

很多时候，做出决策与执行决策之间需要克服很多障碍。而克服这些障碍需要内在动力，至少在踏出第一步时需要足够的推动力。

执行决策要克服的障碍不仅存在于开始执行时，在执行过程中也需要付出很多的努力，而这些努力都需要内在动力。有些工作可能做出决策不需要多大的内在动力，但是在执行的过程中需要强大的内在动力。不管怎么说，人的工作和学习都需要内在动力，用通俗的语言来说就是这人有没有"干劲"。

用拟人的说法，我们可以简单地将人的工作和学习视为人们的"身体"的行为，而决策和内在动力则是在人们的"大脑"和"心里"发生的活动。"身体"的行为可以被直接看到，而"大脑"和"心里"的活动则是从外部看不到的。

综上可知，人们在组织中的活动和行为主要包括工作、学习、决策和内在动力四种。这四者的总和就是人们活动的总和。企业经营管理就是为了统御这一总和。

但是，企业经营管理中能够直接统御的只有人们的决策和内在动力这两个"从外部看不见"的部分。因此，人们的工作和学习最终还是只能由个人自己把握，因为个人才是决策的最终执行者。因此，经营管理无法直接影响工作和学习，只能通过影响人们的决策和内在动力这两个方面间接影响人们的工作和学习。

目标、信息、思维模式、情绪：影响个人决策和内在动力的因素

行文至此，我们有必要探讨是什么决定了个人的决策和内在动力。经营管理只能通过影响人们的决策和内在动力间接影响人们的工作和学习，而且能够直接影响的还不是人们的决策和内在动力，而是那些可以影响人们决策内在机制的影响因素。那么决策的机制是什么？我们先就其进行概念上的探讨。

现实生活中的决策是个非常复杂的心理过程。不过，经营学上认为决策的基本机制是这样的。首先，决策源自个人从外界接收了某些信息。这些信息与决策的关系可以大致分为两种。

第一种关系是接收到的信息本身含有一定的决策内容。假设主角是便利店店长这一类需要进行补货等常规工作的人员，其常规工作方式是先查询库存，而查询库存后得到的信息里含有大部分决策内容。我们将此类决策称为常规决策。常规决策主要发生在工作过程中反复出现、人脑已经对某个信息应该采取何种行动有明确记忆的问题上。

第二种关系是，接收到的信息会引发人们复杂的思考，人们在经过复杂的思考之后做出判断并采取某些行动。假设某个公司的业务部部长收到了该业务部当月的销售额较上个月有所减少的信息。这个信息提示了多种可能性，可能是业务部的战略不够好，也可能是销售部不够努力，而要判断到底是什么原因导致的则需要依赖业务部部长掌握的信息和知识。

由此可知，人们掌握的知识和信息不同，同样的信息可能会得出完全不同的结论。

业务部部长的思维模式也会对决策产生影响。此处的思维模式指的是个人的认知模式和判断模式。人们的思维模式不仅会影响人们的决策，还会影响人们关注的焦点。认知不同，关注的焦点也就不一样。

在明确信息的内涵之后，业务部部长必须明确问题所在并采取行动解决问题。若是销售部不够努力导致的销售额下滑，那就需要想办法提高销售部员工

的干劲。而要提高销售部员工的干劲又有好几种方法：用指责营业部的方法，或采取新的激励制度。在好几种方法中选择何种方法也需要由业务部部长做出决定。综上可知，确定问题和解决方法都会受业务部部长个人的目标、知识和思维模式影响。

当一个问题可以从多个角度提出多种解决方案时，人们必须从这些方案中选择一个来解决问题。其中能最大程度影响选择结果的就是业务部部长的目标。业务部部长做出的所有判断和反应都是为了达成他的目标。为了达成目标而做出的选择就是决策，是应该采取的举措。

做决策是一个非常复杂的过程，感情因素往往也会影响人们的决策。如果情绪过于激动，就可能无法进行冷静的判断，无法做出理性的选择；如果充满激情，也有可能会发现从未发现的新天地，想到有创意的解决方案。

综上可知，决定个人决策的因素主要包括以下四个：个人目标、信息（习得的信息与知识）、思维模式（认知模式和判断模式）、情绪。

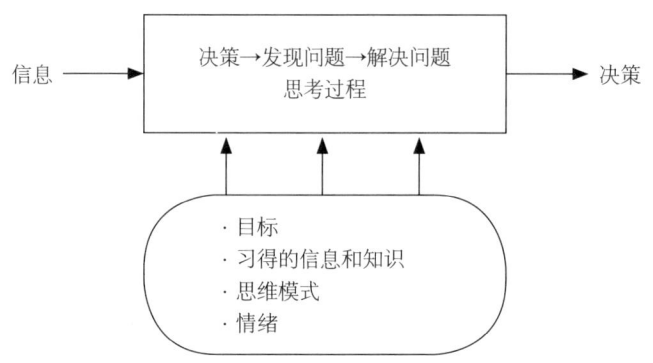

图 9-1　影响决策的个人基础因素

决定内在动力大小的机制也深受这四大因素的影响。其中对这一机制影响最大的是情绪因素。当一个人因为某些原因情绪高昂的时候，会为其工作提供巨大的内在动力。如果企业采取一些措施提高员工的积极性，让员工处于兴奋状态，可以极大地提高工作效率。

除了个人的情绪因素，目标、信息、思维模式也会对个人的内在动力产生一定的影响。当一个人的工作内容与他的价值观、人生观相符的时候，这个人就比较容易有努力工作的动力。同理，当一个人过去的经验告诉他某个工作可以取得很好的工作成效时，这个人在做该项工作时就会比较有动力。与此相对的，若是员工接收到坏消息或者是必须采取跟自己的思维模式相悖的行为措施，员工的工作积极性就不会高。

综上可知，影响个人从做出决策到采取实际行动的一个重要因素就是人们的内在动力的大小。沿用上述例子，业务部部长很少有机会自己去生产产品或者销售产品，他们的主要工作是将自己对业务发展方向的判断传达给其他员工，或者是通过改变制度的方式来告诉人们努力的方向。

组织管理者的大部分工作都是沟通。但是，跟人沟通也需要内在动力，因为沟通的过程中可能会有人提出反对意见，而且也无法确定做出的判断一定正确、采取的措施一定会有效。因此，管理人员需要勇气、信念等各种各样的心理能量来为其提供内在动力。在现实生活中，光知道如何行动是不够的。在信息准确、目标明确、思维模式相同的情况下，有些人会去努力践行，而有些人只是知道而已。

至此，我们从组织业绩开始对影响组织业绩的直接原因（工作和学习）、间接原因（决策和内在动力），以及影响这四者的四个个人基本因素进行了梳理，详见图9–2。

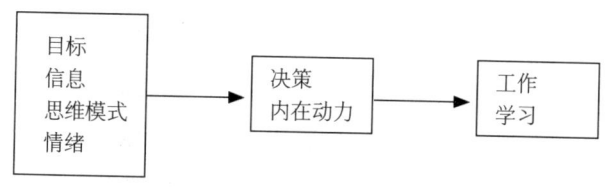

图 9-2　学习和工作的影响因素（个人层面）

通过梳理可知，组织管理中经营者要实现其经营目标，只能通过影响四个个人基本因素来实现，包括影响个人的目标，影响其接收的信息，影响其思维模式，影响其情绪。

那么，哪些经营手段可以起到影响这四个个人基本因素的作用呢？下一节将就企业经营中可能影响四个个人基本因素的大致方法框架进行探讨。

如何统御组织：经营管理的利器

三个经营管理利器：战略、经营系统、理念和人

能够影响到四个个人基本因素的经营管理方法有三个，分别是战略、经营系统、理念和人，我们将此称为经营的"三大利器"。经营者通过确定组织战略、设计组织系统、传播组织理念等方式影响组织成员的行为。这三大利器直接影响的是个人的四个基本因素，最终会对人们的工作和学习产生影响。

X理论和Y理论——道格拉斯·麦格雷戈的研究

麦格雷戈认为管理上有两种对人性的理解方式。一个是X理论，X理论对人性的假设是：一，人生来就讨厌工作，只要有可能就会逃避工作；二，人生来就懒惰，管理者需要以强迫、威胁、命令、处罚等方式迫使人们工作；三，人生来就缺乏进取心，不愿承担责任，宁愿听从指挥，最需要的是安全感。

另外一个是Y理论。Y理论对人性的假设是：一，人们生来热爱工作，认为工作与娱乐和学习并无差别；二，人对于自己主动参与的工作和追逐的目标，能实行自我指挥与自我控制；三，人们能否全力以赴完成目标取决于目标达成后所获报酬的丰厚程度；四，在适当条件下，人们不但愿意而且能够主动承担责任；五，大多数人都具有解决组织问题的丰富想象力、创造力和工作技巧；六，现代企业的日常工作只能发挥员工的一部分聪明才智。

麦格雷戈认为在现代社会应该以Y理论指导企业的管理工作。

下文将沿用序章的酒行例子就这一框架进行说明。

① 战略的推动作用

酒行老板手下有两名员工，为了提高业绩，酒行老板的主要组织管理工作就是统御他们的工作和学习。要影响下属员工的工作和学习，就要直接影响二

人的目标、信息、思维模式和情绪，这一点上一节已经论述过了。

图 9-3　经营管理的利器

假设为了做好酒行的经营环境管理，酒行老板已经确定了酒行的战略，包括要将酒行打造成什么样的店铺以符合这个地区的人们的需求，目标客户是谁，卖什么产品等。

酒行老板制定战略的主要目的是做好经营环境管理，但是如果酒行老板能够将自己的决定认真传达给两名员工，就会影响到两名员工做决策和行动的四个基本因素。简而言之，组织管理的第一步就是确定战略。

当酒行老板理想的酒行样子能够跟员工产生共鸣时，它就会内化为员工的目标。如此一来，酒行老板的理念就成为其下属员工的个人目标的一部分，酒行老板的理念与员工的目标就具有一致性。目标的一致性会让双方在工作中做出匹配度较高的选择。而且，双方目标一致也会让双方有种休戚相关的感觉，会成为一起努力的内在动力。

因此，跟员工明确战略方针的主要作用是影响员工的目标。战略传达的另外一个附加效果是能够影响员工接收到的信息和思维模式。

当员工明确自己的工作是为了实现何种战略目标时，就能意识到主要目标客户群的投诉是一个重要的信息渠道，会时刻思考如何为客户提供细致周到的服务以满足客户的需要，这是思维模式的转变。

确立一个远大的战略目标（例如一个在当地获得广大客户信赖和支持的店铺，积极支持地区公益事业，而不是只顾当前的蝇头小利）也会对下属的情绪产生直接影响，因为人们会产生极大的热情来实现一个高远的目标。

综上可知，明确组织战略并将组织战略传达给组织内的各个成员是组织管理的第一要务。

② 经营机制的推动作用

经营机制是指组织中个人的具体工作体系。如何构建经营机制以影响个人工作和学习的四个基本要素，是组织管理的第二个任务。

在经营系统中较为重要的机制有三个：组织结构、激励机制以及计划和控制系统。本书将在后面几章分别就三者进行探讨。

沿用上文酒行的例子，组织结构就是两名下属员工的分工体系和调整机制以及向酒行老板的汇报制度。一个组织在上述基础结构中进行分工合作，称为组织结构。

激励机制是指酒行老板对下属员工的奖励机制，最重要的是薪金支付方式。

计划和控制系统是指为酒行老板检测、评估业绩是否达标，必要时下达转变工作方式的指示而设计的系统。其中最重要的一点是要让下属员工知悉测评机制的存在。当员工知道有测评机制时，会产生认真工作的心理。

上述三大系统共同构成了经营系统，是组织管理的整个体系。组织经营者在综合考虑下属的心理和性格后花心思设计经营系统，若能够将经营系统设计得足够巧妙，就可以有效影响下属工作和学习的四个基本要素（目标、信息、思维模式、情绪）。后文将逐一进行详细说明。

③ 理念与人的推动作用

理念的推动作用是指酒行老板的理念或者酒行老板用心建设的酒行文化会对下属员工的行为产生影响。

人的推动作用可以大致分为两种：一是通过酒行老板的个人领导力来影响下属员工的行为，二是通过选拔、培养和配置员工的一系列措施影响员工的行为。

其中，个人领导力的推动作用主要是指人们会追随领导者从而被领导的情况。第二种通过选拔、培养和配置员工的方式来影响员工的行为，可以说是经营者选择自己所要管理的人，然后再去影响他的工作和学习的四个基本要素。这一点将在下文进行详细说明。

组织管理是对企业内部的管理，主要是通过经营系统和理念以及人来影响企业员工。制定战略主要是为了进行企业的外部经营环境管理，但是在组织中传播、共享战略是实现组织管理的第一步。

经营系统以及理念和人都能对企业员工的工作和学习起到推动作用。前者通过设计系统来实现，相当于组织管理的硬件；后者通过人来起作用，相当于组织管理的软件。本书的第二篇（组织管理）的主要内容就是详细探讨二者的作用，下面将就二者进行概述。

通过经营系统统御组织

通过经营系统统御组织主要是指在深刻认识到不同的经营系统将对个人工作和学习的四个基本要素产生不同的影响后，用心设计统御组织的经营系统。其关键词是"系统设计"。

例如，要确定一个企业的组织结构，最重要的是确定企业的分工和组织沟通机制。企业的分工和组织沟通机制确定之后，人们的职能确定了，人与人之间的信息交流方式也确定了，这将极大地影响到企业中各个员工的目标以及他们接收到的信息。

此外，还有一个很常见的现象是：员工的职能意识和日常工作中获得的信息会影响到员工的思维模式。假如酒行的组织结构是员工只负责接电话记录客户的订单并向批发商下单，员工就很难产生"认真倾听尚不确定要购买什么的顾客的询问能获得更多信息"这一思维模式。打电话来下单的客户已经知道自己要购买的物品及其数量了。因此，若是将组织结构设计为所有店员都要定期做店面销售工作，员工的思维模式就能更加以客户为中心了。

激励机制的设计方式最能直接影响员工的情绪，有时还会影响员工的目标。例如酒行可以采取绩效工资的薪金支付方式，根据酒行的综合业绩来确定员工的薪资，通过经济手段提高员工的成就感，从而达到影响员工情绪的目的。

简而言之，有效的激励机制可以让员工高兴，对企业有好印象，甚至能够将企业的目标内化为员工的个人目标。此外，如果将开拓的新客户数量与员工的薪资挂钩，员工的思维就会围绕如何开拓新客户进行，思维模式也就发生了改变。

因此，在员工的工作和学习的四个基本因素中，激励机制主要影响的是情绪，有时会对目标和思维模式产生影响。

计划和控制系统是指业绩考核和反馈的机制。人们会根据自己已经取得的成果来决定今后的行动。换言之，人们是在思考自己取得的成果会获得何种评价后决定自己的行动的。因此，反馈很重要，上司给予的反馈是下属将来改进工作的参考，同时下属也能从上司的反馈中获得激励。

假如酒行老板能够每周考核酒行业绩和个人业绩，并将考核情况反馈给员工，指出员工的哪些工作需要改进，员工第二周就会改进自己的工作。员工被指出有些地方工作不到位可能会有点气馁，但是如果采用员工能接受的方式指导员工，就能提高员工下一周的干劲。而且，员工在知道评测机制的存在后，肯定会将重心放在系统能够评测的工作上，这是思维模式上的转变。

当然，如果业绩评测和反馈过于频繁，员工可能会产生"自己不被组织信任"的负面情绪。综上，计划与控制系统对企业经营管理具有重大的作用，会对企业的很多方面产生影响。计划和控制系统对组织管理的作用主要通过影响个人基础因素中的信息和思维模式完成，有时会影响个人情绪。

第二篇将按照第 10 章（组织结构）、第 11 章（激励机制）、第 12 章（计划和控制：过程和系统）这一顺序详细论述经营系统设计的理论框架。

通过理念和人统御组织

《圣经》里有句话叫作"人不能只靠面包活着"。在经营学里，可以将这句话理解为，人的行为不会只受经济利益和周围的评价控制。由于人的复杂性，在进行组织管理的经营系统设计时，也要把人的这一复杂本质纳入考虑范围。在深入了解人的复杂性后，才能明确"人性化"经营的意义。"人性化"经营管理方式是指下文将要探讨的"通过理念和人来统御组织"的经营管理方式。

"人性化"经营管理最重要的一点是企业经营者要公开宣扬自己的经营理念，以获得企业员工的认同，并努力将这一经营理念建设成组织文化，通过组织文化来影响人们工作和学习的四个基本要素。也可以将之看作通过理念和文化来统御组织。

理念是组织存在的理由，影响员工的目标。理念是价值观，影响员工的思维模式。此外，当员工赞同企业的理念时，就会对自己的工作投入更大的热情，理念会影响员工的情绪。

组织文化是指组织中大多数人共同认同和拥有的价值观和思维模式。在建设组织文化和共享组织文化的过程中，人们的目标和思维模式也会受到影响。当越来越多的人认同共同的组织文化时，人们的情绪也会越来越高涨。因为人是社会动物，希望周围有很多跟自己价值观相似、思维模式和认知相同的人。

除了通过理念影响员工的行为外，还可以通过个人的领导魅力来影响下属员工的行为，也就是通过经营者的人格魅力和人品来影响下属，统御组织。

假设酒行老板很有领导魅力，下属被酒行老板的领导魅力所吸引，觉得可以为酒行老板做任何事。那么，他们会主动思考需要为酒行老板做什么并努力学习，做好工作，无须酒行老板下达指令。此时，领导和下属之间的关系主要靠领导的领导力维持。领导的领导力在组织管理中起重要作用，这一点已经在很多书里都强调过了。

通过人事手段（选拔、培养、配置）影响员工是组织管理的基本方式，这一点也很好理解。酒行老板在招聘的时候肯定要选择能胜任酒店工作的人才，招聘进来之后要对员工进行培养，使其能更好地完成自己所负责的工作。

企业经营者在组织管理过程中还必须考虑人才培养和人员配置问题。经营者需要有合适的人才在合适的岗位上才能构建自己想要的组织结构。组织管理中一般优先考虑现有人才的有效配置，有时甚至会根据人才类型设计组织结构。

"用人统御组织"可以理解为"通过统御人来实现人统御组织"，因此人员配置和人才培养也是组织管理中非常重要的管理方式。

接下来的几章中，第13章将探讨组织理念和组织文化问题，第14章将探讨领导力问题，第15章将探讨人员配置、培养和选拔问题。

组织管理概述

组织管理概述：从经营管理的利器到组织业绩

上文就组织业绩和经营管理的利器进行了逐一分析，论述了组织管理的主要内容。将这些内容整理为组织管理导图，见图9-4。

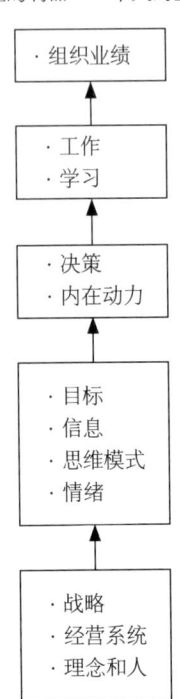

图 9-4 组织管理概述

这个图中有两点需要特别注意。第一点是组织管理人员能够影响的只有图中最下面的"经营管理的利器"部分。企业经营者可以按照这个导图设计和选择适合组织的管理机制。

第二点是图中下方的经营管理的利器与上方的"工作"与"学习"之间还有很长的距离，所以经营者采取的某个经营措施会影响到很多东西，会比较扩散，因此效果也不太明显。

二者之间的距离较长是组织管理工作难度高的一大原因。因此，企业经营者要深刻认识到二者之间距离长意味着什么。甚至有人说："若一个企业里有六成的人能做好应该做的事情，那么这个企业就是个优良企业。"

此外，二者之间不仅距离长，而且这么长的一段距离都是发生在组织内员工个人的身上，大多数事务是由员工个人决定的，这又加大了管理的难度。如图所示，序章提到的"让他人工作"发生在从四个基本因素到工作、学习之间，全由员工个人决定。因此，可以说"经营管理就是放权"。

人们在讨论组织管理时，经常用到指示命令系统一词，这个词容易让人产生误会。人们容易将经营管理误解为"下达命令让下属服从"。正如图9-4所示，二者之间有很长的距离，因此只要向下属员工下达"做某某工作"的命令即可达到目的的想法是不现实的。经营者确实能够下达命令也需要下达命令，但是经营者无法确定下达命令后下属能够在多大程度上理解接收到的命令，在工作过程中是否能完成命令中没有指明的细节，最重要的是无法确认下属能够付出多少精力执行这一命令。接收到命令后的一切行为都由员工自己主导。第8章曾指出，人提供的服务内容与钱提供的服务内容不同，具有很高的不确定性，因此，员工接收到命令后的行为具有很高的不确定性。

但是，如果企业经营者觉得员工的自主权太大，不放心他们是否会切实执行，于是不断地去检查和确认，这是改变不了员工的行动的。因为人是有感情的动物，希望得到别人的信赖。

简而言之，完全放权具有过高的不确定性。但是，不放权，自己一个人又无法完成全部的工作，而且最重要的是会伤害人与人之间的信任。因此，经营管理还是要做到基本放权。组织管理的根本思路就是"放权而不放任"。

组织里的纵向影响和横向影响

本章从经营管理的利器出发概览了组织中组织管理的全貌，曾简单提到组织纵向关系的影响。所谓组织纵向关系，是指从经营者到现场的工作人员之间存在着一个三角形的纵向组织关系。

大多数经营管理的利器都是工作和学习的委任者（最典型的就是经营者、管理者）为了让组织协同更加高效而对被委任者的决策、内在动力及其个人目标、信息、思维模式和情绪施加影响的过程中使用的。例如通过激励机制来提高人们的内在动力。这是组织管理中最显而易见的部分。

综上可知，影响一词是组织管理的核心概念。管理并不是"直接控制"。影响一词指的是推动有自由意志的人们行动，而不是强迫人们行动。

产生影响通常是一个自上而下或自下而上的纵向过程。但是，组织中的个人在做出决策或者产生内在动力的过程中，不只受到纵向的影响，他们还会观察组织中其他人的行为，同时也会互相交流。也就是说组织里还存在着横向的相互影响。横向相互影响也会影响人们的工作和学习行为。

假如研发人员和销售人员组成一个团队共同研发新产品，那么研发人员和销售人员之间就会相互影响，他们会进行信息共享，从而达成目标共识，甚至还能学习对方的思维模式。通过这些互动，研发人员很可能发掘出从未被发现的市场需求，从而研发出革命性的产品，销售人员则可能发现更为有效的市场营销策略，也就是说研发人员和销售人员实现了高效协同。而要实现研发人员和销售人员的高效协同，最重要的是成员之间的相互影响，而非来自经营者的各种指示。

同理，不同地区销售同一商品的销售团队之间也会产生竞争意识，从而提高人们的内在动力。

简而言之，组织中成员之间会相互影响，组织成员在相互影响的过程中形成了协同关系，完成了组织协同。组织成员之间的相互影响自然而然地（自组织或者说自发地）促成了组织协同关系，催生了竞争意识，从而影响人们的决策和内在动力。

大家要注意区分组织中的横向"相互影响"和纵向"影响"，因为二者都是组织管理的重要组成部分，但是横向"相互影响"是自发的。

当然，横向相互影响也不是100%自发的，其中也有很大一部分是由经营者或者说管理者设定的。因此，经营者要发挥经营管理的作用，不仅可以从纵向影响组织成员的个人决策和内在动力，也可以创造横向相互影响发生所需的条件，诱发组织所需的横向相互影响。

从组织中受影响的员工方面来看，纵向"影响"具有相当浓厚的"他律"意味，因为纵向中的影响意图是不言自明的。与此相对的，横向"相互影响"过程是一个组织成员自发组织的为组织做贡献的组织协同过程，具有较强的"自律"意味。

简而言之，组织管理是由自律和他律共同完成的。

因此，组织管理并不是如"控制"一词所描述的由管理者单方面执行的"他律"活动。当然，将组织管理简单等同于由组织成员自发组织活动也是片面的。组织管理既包括他律活动，也包括自律活动，关键就是他律与自律之间的动态平衡。组织管理的本质就是处理"自律与他律并存"这一矛盾。

个人的自律性与工作群体的自组织性

那么，为何组织管理是自律与他律混合或者说并存的呢？因为组织中同时存在两种现象——个人的自律性和工作群体的自组织性。这一点已经在上文论述过了。由于组织中的这种现象非常重要，我们将在后文进一步说明。

①个人的自律性

组织中个人的决策和内在动力本来就具有高自律性，不是通过他人的约束和诱导就能产生的。因为每个个体都是高自律性的。

内在动力的自律性就毋庸赘言了。个人内心的动力不是靠别人的命令产生的，而是从个人的内心产生。当然，企业经营者可以通过经营方式和组织管理的各种手段对内在动力产生的过程施加影响，有时候甚至会采取一些非常规手段。

例如，很多人走进节日庆典热闹的人群里，会被周围的欢乐气氛感染，从而产生巨大的共鸣。工作也是一样的。当员工加入一个对工作充满激情的团队时，内心对工作的激情就会被点燃。另外，有机会参加一个能够为社会做贡献的工作也会激发人们强大的内在动力。当然，最常见的激发员工内在动力的方式就是通过绩效机制——取得的业绩越大，获得的报酬越多。

但是，上述所有方式都面临一个同样的问题，即内在动力的产生与经营管理的利器之间是一种不确定的关系，人们的内在动力可能被激发出来，也可能不被激发出来。个人的内在动力能否被激发出来最终还是要看个人的自律性。

决策也是如此，组织中的个人具有相当高的自律性。个人做决策的大致框架受制于组织的职能分工，但是人们还是有很大的自由度来决定具体的工作事宜，主要体现在以下两点。

第一点是组织必须分权。个人的信息处理能力是有限的，因此需要几个人来共同分担工作，分工处理事务。组织分权之后，某件事务的决策就由该事务负责人来做。因此，就算该负责人不是完全自由的决策人，也拥有不小的决策裁量权。

第二点是不仅权限分散了，信息处理也分散了，而信息处理是做出决策的第一步。大多数人会依据自己获得的信息以及从这些信息中解读出来的信息做决定。为了进行信息处理，人们会互相传递信息、互相交流，这个过程称为"信息的相互影响"。信息交流的行为也是分散的，依赖于个人的自律性。

这种情况类似于各个电脑自主处理信息，各自连接到网络上，构成整个网络分散处理信息，而不是由中央处理器独自处理全部信息。

组织分权和分散处理信息意味着组织中的个人决策在相当大程度上依赖于个人的自律性。但是，如此一来，就无法实现组织协同。为了实现组织协同，就需要使用经营管理的利器，通过组织管理的手段让人们的决策具有连贯性、一致性和互补性，并且需要进行决策调整。而需要决策调整这一事实，恰恰说明了决策在很大程度上依赖于个人的自律性。

行文至此，可能会有读者产生以下疑问：对组织而言，在决策方面依赖于个人的自律性是否就一定是不好的呢？答案是否定的，因为人的自律性有时候会产生积极的作用。尊重个人的自律性和自主性会带来如下几个好处。

第一个好处是信息上的好处。当把决策权交给每个具体的个人时，个人就能有效利用自己获得的信息，在最不受干扰的情况下做出决策。此时，个人接收到的信息得到了最有效的利用。因为如果把个人收集到的信息向上汇报再由某个上司做出决策，就容易出现信息滞后、缺漏和泄露的情况。第二个好处是能够提高个人的内在动力。个人的自律性越高，对自己工作的控制力就越高。对很多人来说，拥有工作自主性比只听上级的命令行事更能激发其内在动力。

② **工作的自组织性**

组织中人们的决策和内在动力来源于个人，具有较高的自律性。但是，由于人们是处在一个组织之中，他们工作的时候周围是有其他人的。因此，在工作过程中，必然会受到周围其他人的影响，或者是影响周围其他人的工作，这是一种必然会发生的群体现象，这种现象大多是自组织形成的。人们接到上级的指示和命令后，跟周围的人们产生互动，互相影响，同时他们自身也会自然而然地出现一些群体行为。这些自发出现的群体行为现象叫作自组织现象。自组织是指在无外力介入的情况下群体内部自发构建的有序结构或者是改变秩序结构的"组织化"过程，不是由外力主导的，而是群体内人们自己进行的组织化过程。

沟通网络——哈罗德·莱维特的实验

社会心理学家哈罗德·莱维特进行了很多关于群体内沟通网络的实验，目的是研究各种方式的沟通网络会对工作效率和工作趣味产生哪些影响。

在某一次实验里，莱维特采用了两种典型的沟通网络进行实验，分别是环式沟通网络（图A）和轮式沟通网络（图B）。环式沟通网络是指群体成员人人平等的沟通网络，轮式沟通网络是指群体中有一个人是主导者的阶层型沟通网络。在工作内容简单、沟通方式固定的时候，采用轮式沟通网络的群体可以以最少的信息量最快做好工作。但是，在工作内容复杂、无法事先确定沟通方式的情况下，采用环式沟通网络的群体工作效率更高。此外，在环式沟通网络中，人们会更频繁地提出新的沟通方式，接受度也更高。参加实验的人员中，环式沟通网络群体的人员的满足感也较轮式沟通网络群体人员的满足感高。

这个实验说明阶层型沟通方式并不具有绝对优势。阶层型沟通方式适合完成简单的工作，但是不适合用于需要采纳多人意见的复杂的工作以及创造性的工作。

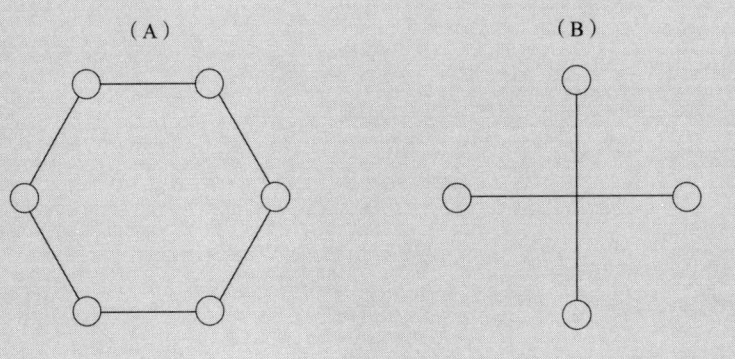

例如，企业的营业员为了应对急剧变化的消费需求，主动跟工厂的负责人沟通以改变产品的出货日期，甚至改变出货机制。再比如，某个零部件工厂由于火灾无法继续生产，这个工厂的工作人员会马上联系本企业内与本厂生产类

似零部件的工厂或者是有贸易往来的企业的工厂，商量如何弥补生产进度，思考如何启动应急生产机制以及生产哪些产品。工厂工作人员不会坐等总公司的详细指示，而会马上自发采取行动。当然，后期总公司肯定会有相关指示，但是工厂的工作人员会在这之前采取一些行动，这也是自组织现象。

练习

- 请试着从一个工厂管理者的角度具体阐述管理手段对个人基本要素产生影响从而影响个人的工作和学习的过程。您可以试着从这个角度思考：工厂厂长需要采用哪些管理方式来影响工厂工作人员的工作和学习？工厂厂长确定工厂组织结构的具体内容和举措有哪些？
- 管理有三种方式，分别是战略、经营系统、理念和人。请从企业经营者的角度，分别说明各种方式的特点及其优缺点。
- 有人认为，组织是压制个人的存在。请参照本章关于个人自律性和工作的自组织性的论点，思考什么情况下组织会成为压制个人的存在。

第10章
组织结构

组织结构是指组织的分工和调整体系。组织需要进行各种协同。协同的本质是分工合作，要提高协同的效率需要不断对分工进行调整。如果不进行调整，容易出现分工效率低甚至毫无效率的情况。

组织结构是确定组织中分工和调整的基本框架，即如何分工和如何对分工进行调整。在经济实务中，也将之称为组织机构、组织架构，或者简单称为组织。

组织结构是分工和调整的基本框架。不过，对人们的工作进行分工和调整，除了组织结构外还有很多方式。例如可以通过领导者或管理者一一下达指令的方式来确定人员分工，同理也可以用同样的方式进行分工调整。另外，还可以利用人这一群体的自动协同能力进行分工和分工调整。在一些小型组织，可能这两种方式即可满足组织分工和分工调整的需要。

但是，大型组织是无法靠这些方式进行分工和分工调整的，需要事先确定分工和分工调整的大致脉络，即需要事先决定某个管理人员对哪些事务和哪些人具有管理权限、谁负责什么工作、谁联系谁等，而这就是组织结构。

当然，大型组织也不能只靠组织结构进行分工和分工调整。除了组织结构外，还需要各种机制和行动来辅助。组织结构归根结底只能决定大体的框架，是最基本的手段。我们可以将组织结构比喻为组织的骨架。骨架可以决定生物的基本形状，但是只有骨架的生物是没有生命的。

组织结构是由经营者、管理者设计的。本章将就经营者、管理者在设计组织结构时需要考虑哪些变数（也就是设计什么）、需要重点考虑哪些事项、目前有哪些具有代表性的组织结构等问题进行论述。

组织结构设计的基本变数

在设计组织结构时，需要考虑下列五个基本变数。

- 如何分担组织的工作，也就是如何确定职能或职务（工作分工）；
- 不同职务之间的指挥命令关系如何确立（权限分配）；
- 将哪些职能负责人归入同一个群体（职能部门设置）；
- 不同职务之间如何传达信息和协商（传达和协商关系）；
- 对各个员工的工作方式的规定要具体到什么程度（规范化）。

其中，工作分工和权限分配是关于分工体系设计方面的变数，职能部门设置、传达与协商关系和规范化三个变数则是设计组织分工调整体系时所需考虑的变数。

工作分工

组织为了达成组织目标需要完成各式各样的工作。例如，制造商为了实现其目标，需要做生产产品、销售产品和研发产品等工作，这些工作可以称为基本职能（或者性能）。在贸易中，采购和销售是基本职能；对银行来说，获得储户存款和融资、转账结算、外汇买卖等是其基本职能。

但是，企业除了要完成上述的基本职能外，还需要完成另外一些工作。不管是哪个行业，企业都需要知道自己的利润是上升了还是下降了，因此需要做会计、财会等工作，还需要进行人才招募和人员配置等人事工作。此外，制造商和贸易商还需要进行资金调度和资金运行等工作，这些财务工作虽然不是企业的基本职能，但也是企业发展中不可或缺的工作，这一类工作跟组织的基本工作没有直接关系，属于辅助工作或者是间接职能。

这些职能还可以进一步进行细分。例如，生产是制造商的基本职能之一，这一职能还可以细分为研发、生产、质检等。而且，这些工作还可以再进一步进行细分。经过一系列的细分之后，分配到个人身上的工作称为职务。

分工是指决定由谁来做组织中的这些工作。分工可以为组织带来各种好处。

分工的第一个好处是可以将各个工作简单化。这个好处在工作现场的作业上效果最为显著。将一个复杂的工作分成几个较为简单的工作，可以让很多人同时参与到这个工作中来，有时候甚至可以让工作熟练度不高的人员参与进来。分工可以将各个工作简单化，从而让员工经过简单的培训即可上岗。

分工的第二个好处是分工后每个人可以专门负责一部分工作，从而提高工作的熟练度。通过分工确定学习的范围，然后在这个范围内熟悉工作内容，获得这个范围内的高级知识。这一点对需要熟练的工作技能和高度的专业知识的工作具有更大的意义，如工厂的熟练工、银行的国际外汇交易员等。

当工作的专业化程度较高时，还可以从组织外部雇用接受过专业训练的专家来完成工作。现代组织能够完成高难度的工作就是因为通过组织分工，可以有效利用专家的专业知识和熟练技能。

当然，分工也有缺点。分工的第一个缺点是工作变得单调了。特别是一些简单的重复性作业，容易让人们产生隔离感和单调感。分工的第二个缺点是使组织内的人员丧失了流动性，这会降低组织内人员应对组织变化的能力。特别是在一个工作高度专业化后，组织中人员的流动就会变得很困难。但是，企业中所设的职务会因为环境和技术的变化而发生变化。当企业不再需要现有的职务时，就会需要一些新的职务。但是，优秀的技术人员到了财务部门就无法发挥他拥有的能力和工作的熟练度，这是由专业能力与工作所需能力不匹配造成的。

分工的第三个缺点是专业化会助长组织内的对立（矛盾）。因为从事专业工作不仅要求有专业工作能力，还要求有相应的思维和认知模式。

后文也会进一步论述，分工的影响之一是会导致组织分化，即组织内人员会形成不同的认知模式。因此，分工会导致组织内沟通变得困难。另外，分工之后，各个分工的负责人会专注于自己的工作，当因为组织需要将分工合并时就有可能出现抵触情绪。此时，合并对组织全体而言是有好处的，但是分工负责人为了保住自己的工作、维护自己的利益，就有可能抵制这一合并决策。此外，分工还会造成不同部门间的利害冲突。可以说对立冲突是分工带来的必然结果。

综上所述，确定组织结构的第一要务，就是在综合考虑、权衡分工的利弊后确定如何分工，并在此基础上确定每个人的职务。

权限设置

如果说工作上的分工相当于组织中横向关系的分配，那么，权限设置就相当于组织中纵向关系的分配。权限设置是指确定上司和下属各自的权限或者说是上司让出多少权限给下属。当然，权限设置也可以看作是上司与下属之间的职能分工。

组织每天需要做出各种决策。从设备投资决策到零部件采购价格决策、销售员要拜访的目标客户决策等，每天都要做出许多决策。如果不进行权限分配，上司一个人需要做出所有事务的决策，这是不可能的事。因此，组织需要分权，进行权限设置。权限设置是指确定分权的方式。这也是一种分工，是决策责任方面的分工。

不过，在进行权限分配时，还需要确定谁有权限进行权限分配调整。因此，权限分配包括进行权限分配和确定"权限分配调整"权限。当然，这也是一种分工，是调整所需工作权限上的分工。

决策权配置中最基本的是分权与集权问题。集权是指分配组织的权限时尽量将决策权分配给组织的高层人员，让组织的高层人员掌握组织的决策权。分权是指将组织的权限分散配置给组织下层人员。确定组织的分权和集权并非简单的二选一问题，而是选择分权程度的问题。选择分权的程度既指选择将多少决策权下放（下放的决策权越多，分权程度越高），也指选择下放的决策权中决策者拥有多少自由裁量权（是完全由决策者自己决定还是必须向上司汇报、需要上司批准）。

一般而言，集权式组织结构的决策权主要集中在组织高层手中，其优点是可以在广泛收集信息的基础上做出重大决策，缺点就是工作中下属需要一一请示上司，要花大量时间等待上司的决策。而且，虽然高层可以广泛收集信息，但是在信息收集的过程中有可能出现延误或者错误。换言之，很多工作一线收集到的信息可能无法完全向上传达。因此，集权式组织结构的决策质量一般较低。

集权式组织结构的问题在于，当需要就某个特定问题做出重大决策时（例如，如何应对大客户的紧急订货要求），集权式组织结构虽然可以广泛收集信息，但是收集到的信息的质量有可能比较低劣。在收集信息的范围、数量和质量上，集权式组织结构和分权式组织结构各有其优势和劣势。

分权不仅会影响信息的质量和数量，还会影响人们的自律性。集权式组织结构中，组织下层人员无法参与决策，可能会缺乏自律性，对组织产生疏离感。分权式组织结构中，人们可以参与决策，所以人们的参与意识比较强。

综上可知，集权式组织结构和分权式组织结构在决策速度、收集到的决策所需信息的质量和数量以及下层人员的自律性和参与意识等方面都各有其优势和劣势。因此，对组织的权限配置进行设计时需要综合判断。

近年来，关于组织扁平化的谈论不绝于耳。这是关于组织权限配置设计的问题，它的出现可能是因为过度集权的组织结构会导致组织决策过于复杂。组织扁平化本质上是进行了分权。

职能部门设置

与分工密不可分的是分工后的调整。不进行分工调整的分工是毫无意义的。如果组织不进行零部件的产量调整和产品的产量调整，或者是前一道工序和后一道工序之间不进行调整，就很容易出现组织低效率的情况。进行分工调整的方式有很多。例如，市场是调整企业层面分工的方式。企业间的分工通过市场这一看不见的手进行调整。相对的，组织的分工调整则是通过专门设计的系统进行。因此，组织内的分工调整不是依靠市场那只"看不见的手"，而是依靠经营者的"看得见的手"来完成的。组织的出现就是为了解决市场无法解决的复杂分工的调整问题。

组织结构设计的第三个基本参数是分组方针。组长为了进行分工调整，需要将人们进行分组，并选出小组组长（部门负责人）负责管理小组和进行小组内部的调整。简而言之，分组方针是指将哪些人、哪些工作分给同一个部门。

大型组织一般需要在多个层级划分职能部门。几个人（或者职务）属于某个小组，这个小组又归某个大组管理，如此往复，构成组织层级。那么，为何大型组织需要进行这样的层级划分呢？这是因为人们能够同时相互影响的人数是有限的。

最原始的分工调整方式是相互之间有联系的人互相影响。在工作的过程中互相观察、互相交流，逐步调整工作。由于人与人之间的交流需要花费一定的时间，因此能够直接影响的人数是有限的。

如果不再通过所有人的相互影响来进行工作调整，而是由管理者来进行的话，就可以减少相互作用的数量，从而达到减少调整工作量的目的。此外，由专人负责管理，管理者就更容易获得管理所需的技能。因此，通过设置管理者这一岗位，可以有效简化相互影响的过程，让分工调整更为简单易行，也更为高效。这是管理者出现的原因。

当然，管理者能够管理的下属人数也是有限的。由于管理者本人的认知以及信息处理能力是有限的，因此一个管理者能够同时管理的人数也是有限的。一个管理者能够管理的下属人数称为管理宽度（或者管理幅度），其边界囿于管理者的信息处理能力。当管理的下属人数超过其所能有效管理的管理幅度时，管理者就无法完成其全部分工调整工作，管理效率就会下降。

当组织的管理幅度较为狭窄时，就会形成高耸型组织结构；管理幅度较宽时，可以形成扁平式组织结构（图10-1）。高耸型组织结构的优点是可以实现有效管理，缺点是需要较多的管理者。与此相对，扁平式组织结构的优点是管理者较少、信息传达路径较短，缺点是容易出现管理不到位的情况。因此，划分职能部门时要解决的第一个问题是设定团队规模（或者说设定组织管理层次）问题。

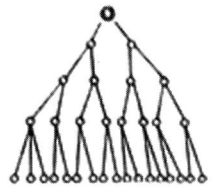
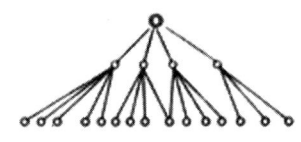

图10-1　高耸型组织和扁平式组织

划分职能部门的第二个问题是确定职能部门的划分方式，即设定各个管理层的团队管理标准问题。部门的划分方式有很多，可以将同一职能的岗位划分到同一个部门（职能部门化），也可以按照产品类别或者顾客类别划分部门（产品部门化或者顾客部门化），还可以按照地域划分部门（地区部门化），各种划分方式各有其优缺点。按照职能部门化和事业部制两种部门划分方式划分的组织结构分别为职能型组织结构和事业部制组织结构。关于二者孰优孰劣的探讨已经不少，下文将进行详细论述。

传达与协商的关系

分工调整结构设计的第四个基本变数是分工后人们之间的交流与协商问题，即设计系统时应该设定谁与谁在何种情况下进行交流、协商等。

组织中进行各种交流的连接点是管理者。管理者的工作不是简单地将下属汇报的信息直接传达给上司，有时他们要根据下属汇报的信息独自做出决策，有时他们要将接收到的信息进行汇总和编辑、提炼后向上司汇报。而且，管理者的工作也不是简单地将上司的指示传达给下属，而是根据上司的指示做出决策，然后将自己的决策告知下属，或者是解读上司的指示后将解读及指示告知下属。

综上所述，管理者需要明确其管理的基本方针，即向上司或者下属传达什么、不传达什么。

在阶层式组织中，信息的传达通常在上下级之间进行。而划分职能部门后，当一个部门需要与其他部门进行协调时，一般是按照下列流程进行的：当一个上司接到下属的汇报，明白需要就某些事宜与其他部门进行协商，该上司就会与其他部门的相关负责人联系，就该问题进行协商。换言之，不同部门的下属之间可能会有非正式的交流，但是最终还是要由各部门负责人进行正式协商后再互相传达。

划分职能部门后，不仅可以简化部门内信息传达路径，还可以取得指示的统一性，让信息更加集中。但是，其缺点也是显而易见的，最大的缺点就是不同部门之间进行协商需要花费大量时间。在阶层分明、传达路径明确的组织里，不同团体之间的联系和分工调整必须经过团队负责人之间的协商后才能进行。不仅如此，各团队负责人可能还不能直接协商，必须通过其上级负责人进行协商。因此，在阶层式组织里信息传达和分工调整都非常烦琐。

这种沟通方式的缺点是不仅花时间,而且容易造成信息失真,管理者的信息传达负荷也过大。传达信息需要花费大量时间,意味着管理者可能错过做出重大决策的最佳时机。

为了避免上述情况的发生,可以通过设置横向信息传达和协商的路径来弥补纵向传达机制的不足。设置横向信息传达和协商路径的方法也有很多。例如,可以设置在各个团队间传达信息和负责协商的联络负责人(联络人),可以将各个团队的代表召集起来开会或者成立委员会,也可以任命专人或者管理者专门负责横向分工调整。

当然,横向路径不仅可以传达信息,也可以进行分工调整。这里就容易出现一个问题,即横向负责人与纵向负责人谁拥有优先权的问题,因为有时候二者做出的决策可能有互相矛盾的地方。一般而言,在阶层式组织结构中,横向管理者拥有决策优先权。当横向管理者与纵向管理者的权限基本对等时(如后文我们将探讨的矩阵式组织结构),为了消除和调节二者的矛盾需要进行进一步的调整,反而需要花费额外的时间,而且如果出现无法消除和调节的情况,就会引起组织内部混乱。由此可知,横向组织的最大缺点就是很难消除横向管理者与纵向管理者之间的矛盾。

规范化

另外一个进行分工调整的方法是事先规定好发生什么情况时人们应该采取什么行动,预先制定规则或流程。这样,出现问题时就无须一一进行协商。有时候甚至无须通过管理者就可以进行分工调整,更准确的说法应该是无须再调整。

这种预先制定的规则或程序称为流程。当发生 x 事态时采取 a 行动,当发生 y 事态时采取 b 行动,事先确定可能发生的事态以及发生相应事态时人们应该采取的行动,这就是流程。

高度流程化分工调整的范例是消防队接到火灾报警后的出警方式。接到火灾报警信息后,消防局会根据火灾大小,启动一个或者数个消防大队独立完成各自的分工作业(无须管理者一一指示),包括发动消防车引擎、准备消防装备、确认火灾地点、调查火灾类型以及准备相应的灭火工具等一系列的活动,都无须管理者一一指示。这是因为，要是等管理者一一指示和协商，火灾早就蔓延开来了。

因此，对能够事先预料到的、日常生活中反复出现的事宜，制定相应的行动流程是最有效的方式。当然，由于我们生活在一个变化莫测的世界里，经常会发生一些让我们始料不及的事态，因此，将所有行为流程化是不现实的。

但是，如果我们能够将可预见的事宜都进行流程化，基于流程行动，管理者只需要对意外事态进行协商调整，就可以大大减轻管理者的负担。将能够预见的事宜流程化之后，下属只需在出现始料未及的事态时向上司汇报并等待上司的指示。这一原则称为"例外管理原则"。例外管理原则不仅可以减轻管理者的日常管理负荷，也可以在必要时发挥管理者的调整作用，是个一举多得的机制。

行动流程既包括个人的经验和职场惯例等存在于个人头脑中的内容，也包括规则、职责分工规程、标准作业手法等已经文件化的内容。行动流程不断文件化的过程就是组织的规范化。

文件化的优点是可以明确行动流程，让新人轻松上手。所有文件都可谓是集合组织之力和智慧呈现出来的工作方式和调整方法。因此，行动流程是组织学习的成果。工作上的成功和失败会变更流程内容，组织会随着流程内容的变更而进化。

当然，文件化也有其缺点，有时甚至会引发一些问题。当一个组织严格遵守规范化的规则、重视规则和手续时，随着时间的推移，规则和手续会越来越复杂，人们可能会忘记制定这些规则和手续的初衷。规范化被视为官僚化组织的典型特征。其实，与其说是规范化导致了官僚化，不如说是官僚化组织容易出现规范化引发的问题。

设计组织结构时的考量因素

四个基本考量因素：信息整合、矛盾冲突、人才、二次效果

上一节我们就设计组织结构时应该考量的基本变数分别进行了分析，本节

将就确定组织结构会对整个组织直接或间接地造成哪些影响、有哪些主要因素以及考虑主要因素时的基本思路进行说明。

在确定组织结构时，组织中有两个重要问题其实已经在上节论述的五个组织结构的基本变数中确定了。

第一个问题是组织中的信息流动问题。确定分工也就意味着进行分工调整时需要不同分工之间进行信息交流；确定权限关系的同时也就确定了谁需要向谁汇报工作，这些都意味着信息流动的方式已经确定了。设置职能部门意味着该部门内的所有信息都会汇集到部门负责人手上，部门与部门之间的信息交流都由各部门的负责人进行。这种信息的传达和协商方式更是信息交流方式确定的体现。此外，规范化也意味着在该流程内的事务都由该流程负责人负责，不会有信息流向其他人。

确定组织结构也意味着确定了组织内人们冲突（对立）的结构，这是第二个问题。例如，如果企业中有生产分工和销售分工，那么生产分工的负责人就会希望朝更容易生产的方向努力，而销售分工的负责人则会要求生产更好销售的产品，二者为了推进自己的工作就会出现利益冲突。销售希望了解客户需求、满足客户需求，而生产则希望用较为稳定的技术进行生产。

权限关系确定后，人们倾向于重视自己权限范围内的事宜，为了更好地完成自己权限范围内的事宜，会对他人提出各种各样的要求。另外，当一个人的权限范围确定后，他容易忽略自己权限范围以外的事宜。这些也会引发矛盾。设置职能部门其实也意味着可能在不同部门间制造潜在的矛盾，派系现象就是这么产生的。

正是由于人们在协商时一定会出现意见相左的情况，所以才有必要确定信息传达和协商关系。如果对矛盾充耳不闻、放任不管，就会把小矛盾变成不可调和的大冲突。因此，要在矛盾激化之前进行信息传达和协商，做好分工调整以便将小矛盾化解掉。此外，规范化可能导致有人对其他部门的要求说"不"，因为"无此前例，不符合流程规定"。这也说明规范化本身就蕴含着矛盾的萌芽。

因此，在进行组织结构设计时，设计组织结构的经营者、管理者要充分认识到这一点：确定组织结构也意味着确定了组织中的信息流向和矛盾冲突的萌芽。

除了上述两个因素外,组织结构设计者在设计适合自己企业的组织结构时,第三个需要考量的因素是运行组织结构的人员(也就是管理者们)的资质和能力。简而言之,需要设计出符合他们能力、适合组织人才资质的组织结构。不然,不管设计出的组织结构在理论上多么完美,都会在运行的过程中失败。

最典型的问题就是管理者的管理范围。在设置职能部门时,要重点考虑的就是一个管理者能管理的最佳下属人数。当一个部门的人数超过管理者的管理能力所及的范围,管理者就会无法兼顾,影响组织的正常运行。

第四个需要考量的问题是组织结构会引发很多的人际关系效应,不同的组织结构会引发不同的人际关系效应。例如,组织结构会催生组织内人们的竞争关系和权利关系。具体而言,若是设置了企业内公司这一组织结构,那么可能会使企业内的人产生企业内公司领导人是"厉害的人"这一意识。这样,企业内公司领导人就会拥有非正式的影响力。

接下来本节将从信息的流动、组织内的冲突、人才匹配度、人际关系效应四个方面就设置组织结构时应该考量的主要因素进行分析。

信息汇总与决策的节点

确定组织结构也意味着确定了人与人之间的信息流动和决策的节点。换言之,在组织结构确定时,信息流向哪里、信息流到哪个节点时谁必须做出何种决策等事宜就已经确定了。

人们将各种信息(此处的信息指参与信息传达和决策的人们的知识总和,信息传达和决策都是通过组织结构进行)进行汇总,分析其内涵,做出决策并采取行动。组织结构不同,或者在组织结构中所处的位置不同,接收到的信息也就不同,信息的内容和性质也会有所差异。

例如,负责生产的工厂和负责销售的营业部门接收到的信息就是完全不同的。工厂厂长接收到的当然是跟生产相关的信息,而营业部部长接收到的肯定是跟市场相关的信息。那么,在制订下一年度的生产计划、做出新产品开发计划的决策时要听谁的呢?大家应该都能想到,当然是既不偏重生产方的意见也不偏重营业方的意见，而是综合汇总市场和生产两方面的信息，站在业务整体大局的高度上做出决策。

信息汇总有三种方法。第一种方法是将整个业务的决策权交给工厂厂长或者营业部部长，由他来汇总生产和市场两方面的信息。第二种方法是由二人进行协商，共同进行信息汇总并做出决策。如果二人无法达成一致，那就由主管生产的副社长和主管营业部的副社长协商决定。如果仍然无法达成一致意见，再由社长进行最后的信息汇总和决策[①]。第三种方法是在工厂厂长和营业部部长之上另外设置一个业务部部长的职位，由业务部部长进行信息汇总并从业务全局的角度做出决策。

上述三种信息汇总方法都具有较高的可操作性。如果采取事业部制的组织结构就是采用了第三种信息汇总方法，如果采取职能型组织结构就是采用了第二种信息汇总方法。下一节将会对此问题进行详细论述。

组织结构决定了信息流动和汇总的节点。组织结构明确了权限和信息传达的机制是造成这一情况的原因，但不是唯一的原因。人们的分工方式、划分职能部门的方式、人们的日常行为模式等因素会导致人们在工作中的接触模式发生改变，这也会造成这一情况的发生。

假设一个企业采取了事业部制，同一个业务的销售人员和生产人员就会从属于同一个事业部，该业务的销售人员和生产人员之间碰面的机会就会变多。一旦组织结构确定，人们之间的联络网也就诞生了。通过销售人员与生产人员之间的接触和交流，双方都会对对方的工作内容更为了解，在不知不觉中，生产人员会开始关注销售信息，销售人员会开始关注生产信息。简而言之，不同分工的人们在接触过程中影响了对方。换言之，这是一种无形的、不知不觉的信息汇总方式。

在确定信息汇总和决策节点（组织内的位置）时，应该遵循如下三个原则。第一个原则是：做一个决策之前需要进行各种信息的汇总，由进行信息汇总的人来做该问题的决策，这样才能实现信息的最高效利用（简而言之就是将

---

① 此处日本企业的组织结构如下：社长，下设主管生产部的副社长，主管营业部的副社长；生产部下设工厂厂长，营业部下设营业部部长。——编者注

信息汇总节点与决策节点设为同一个节点）。但现实中，很多企业的信息汇总人员与决策人员是分开的，决策人员是信息汇总人员的上级。在这种情况下，一般是授权问题造成了信息汇总节点和决策节点不同。例如，上文例子中的事业部制组织结构中，往往还会有一位事业总部部长，很多决策必须经过他同意才能做出。

第二个原则是：信息汇总节点工作最好由距离工作第一线较近的人员担任，因为工作第一线是所有信息的发生地。当然，最好也同时让信息汇总节点担任决策节点。信息汇总节点离工作第一线越远，越容易出现信息滞后、信息失真等现象，从而导致信息利用效率低下。大多数在工作第一线附近完成的信息汇总工作，都是通过人们在日常工作过程中的接触"不知不觉"中完成的。

第三个原则是：如果有条件组建自给自足型组织单位，最好创造这样的组织单位并在距离工作第一线近的地方进行信息汇总。

这个原则与从信息利用效率这一视角建立理想的职能部门的原则是一致的。自给自足型组织单位只要通过组织现有的功能和信息汇总就可以完成自身工作任务。所谓自给自足的组织单位，就是一个汇集了完成工作所需的所有职能的团队或者部门。自给自足型组织单位能够独立于其他部门进行决策，无须与其他部门进行太多的分工调整。例如，制造商的一个事业部、一家银行分店等都可能是一个自给自足型组织单位。或者可以将自给自足型组织单位视为组织整体的一个复制品。

一般而言，按照产品类型、客户类型或者地域划分部门容易建立自给自足型组织单位，而按照职能类型划分部门则比较难建立自给自足型组织单位。当然，制造商的营业部虽然是按照地域划分的部门，但是因为其本身没有生产功能，所以不能算作自给自足型组织。将一个组织分为数个自给自足型的组织单位，不仅可以提高各个组织单位的自律性，也可以减轻与其他部门进行分工调整的工作负荷。

引起冲突和解决冲突

组织内部人员之间可能产生各种矛盾与冲突。例如，生产部门和营业部门在接收到同样的信息时很可能做出不同的解释。而且，这种对立和冲突是常态。因为不同部门的人员脑海中积累的信息（知识）不同，认知角度和思维模式也不同。

此外，组织内部人员之间发生冲突更明显的例子就是数个事业部在面对有限的研发预算时的竞争，每个事业部都会主张自己的建议更加符合公司的利益，冲突更为明显。

组织结构的设计方式不同，引发的矛盾冲突也不同。有些组织结构容易引发冲突，有些组织结构则不会。另外，企业一般都会针对自身组织结构制定一些消除矛盾的机制（例如马上请求总经理裁决等）。换言之，组织结构决定了引发和解决不同部门间冲突的机制。

例如，将银行的审核部门设置在哪里，这一组织结构选择其实关系到是否将倾向谨慎融资的审核部门与倾向积极借贷的营业部门之间的矛盾显性化。银行是在总公司单独设立一个部门——使审核部门完全独立于营业部，还是在数个营业部门分别设置审核部门，对二者之间的矛盾会产生不同的影响。一般而言，完全独立的审核部门这一组织结构容易让审核部门与营业部门之间的矛盾显性化。

为何会出现这一现象呢？这是因为如果在各个营业部门中分别设立审核部门使其拥有审核功能，通常审核部门的负责人的上司就是营业部的负责人，而审核部门必须服从上司的意志。因此，营业部门的负责人与审核部门的负责人之间的矛盾往往会在营业部部长那里得到解决，并且结果往往是偏向营业部的。但是，如果在总公司设立完全独立的审核部门，审核员和营业员在某个借贷案子上的意见分歧就会被送到总公司，从而使得矛盾显性化。泡沫经济时期，日本银行的审核部门一般分别设置在各个营业部门里，这也成了后来日本银行无视风险疯狂借贷的一个结构性原因。

对于上述这种矛盾对立，实际上是有办法减少的。例如将信息汇总的节点与决策的节点合二为一就是一个解决方式。

但是，组织中发生矛盾冲突是无法避免的，我们与其努力去让矛盾消失，不如认真思考如何巧妙地呈现矛盾、解决冲突，这样反而更为有效。

巧妙地呈现矛盾是指通过一些技巧将矛盾显性化，让更多人知道这一重要问题的存在，并引导大家想办法解决这一矛盾。当然，上文所举的日本银行的审核部门的结构是一种不恰当的呈现矛盾的方式，是一个反面教材。

人才的匹配度

组织结构与人才的匹配度问题可以分为两类。一类是一般人才的管理能力与组织结构的匹配度问题。例如，大家经常探讨的"管理者的管理幅度是有限的"这一问题。另外一类是某个组织结构与准备采用这一组织结构的企业现有的人才之间的匹配度问题。

管理者的管理范围问题也叫作管理跨度问题，人们对这一问题的探讨由来已久。如果放宽管理者的管理范围，就可以减少管理者的人数。但是，缺点是管理者可能无法监督各个下属的行为，无法一一回应下属提出的要求，也就是无法充分进行分工调整。

与此相对，如果缩小管理者的管理范围，虽然可以充分完成分工调整工作，但是会增加管理者的数量，从而增加调整的成本。因为除了少数的队员兼任管理员（球队），一般管理者都是不从事直接工作的人。管理者人数增多会降低组织效率。因此，管理范围过大或者过小都会出问题，在过大和过小的管理范围之间应该存在一个最佳管理范围。

从古至今，学者们对最佳管理跨度这一问题进行了各种研究和探讨，对于最佳管理人数也有很多不同观点，既有 7~8 人是最佳管理人数的说法，也有 15~16 人是最佳管理人数的提法。由于最佳管理跨度与工作性质及管理者的个人管理能力息息相关，因此并不存在一个普遍适用的最佳管理跨度。

第二类问题是组织结构与人才特点之间的匹配度问题，这个问题也让很多企业头疼。例如，某企业总公司想要构建一个给国外分公司和国内关联企业尽量多权限的组织结构，那么这些分公司和关联企业就需要具备一个企业的全部功能，而且企业总公司需要为这些分公司和关联企业配置相应的人才，如果企业无法为分公司或者关联企业招募到合适的人才，那么总公司的组织结构设计目标就无法实现。另外，也有一些企业想要设立一个强有力的营业部总部来统一管辖企业分散在各地域的营业部门，但是找不到能够胜任营业部总部长职位以及能够胜任总部工作的人才，因此企业只能继续维持现状，按照地域建立营业部。

有机性组织结构和机械性组织结构——汤姆·伯恩斯和乔治·斯托尔克的研究

汤姆·伯恩斯和乔治·斯托尔克在研究英国的职场组织时,发现组织结构可以分为两种。一种是机械性组织结构,一种是有机性组织结构。二者的对比情况如下。

机械性组织结构	有机性组织结构
组织按功能进行划分,各功能单元应对具体的工作任务	各部门运用专门化的知识和经验合作应对共同的工作任务
职务、权限明确	职务、权限较有弹性
金字塔形信息传达结构	网络形信息传达结构
信息往上层汇集	信息较为分散
垂直沟通,由上级传达命令和指示	水平传达信息,提供信息和建议
忠诚于组织、服从领导是作为一个组织成员的起码要求	强调工作成果和技术,高于忠诚和服从
强调企业固有的本土知识	强调知识无边界

汤姆·伯恩斯和乔治·斯托尔克指出,机械性组织结构适合在相对稳定和确定的环境下进行工作,而有机性组织结构则适合在经常变化、相对不稳定和不确定的环境下进行工作。同时,英国学者伍德沃德在研究中发现,需要用到大量生产技术的企业适合采用有机性组织结构。上述发现对促进权变理论的诞生起到了非常重要的作用。

组织结构与人才的匹配度问题要进行双向考虑。最正统的做法是企业的组织结构符合企业人才的特点,人才的特点决定了企业应该采用的组织结构。这是一般意义上最为正确的做法。

但是,也有种做法是工作培养人才。换言之,就是组织结构培养人才。从这个角度来看,组织结构的特点可以决定所培养人才的特点,这也是组织结构与人才匹配度问题的一个解决思路,就是要通过选择合适的组织结构来培养企业所需要的人才。

当然，选择这一思路需要做好可能会出现暂时不匹配的情况这一思想准备。因为在企业采用某一组织结构的时候，人才与组织结构之间多少有些不匹配（也就是人才不足），企业在使用这一组织结构时需要努力克服这些不匹配，而在这一过程中，组织结构就会培育出合适的人才。在探讨企业战略一章里，我们曾经论述过过度扩张战略的有效性，这一理论在组织结构设计上也适用。

组织结构对人才培养的贡献路径可以分为以下几种。

第一种路径是组织结构可以改变人们的思维模式。因为组织结构会决定组织内人员的防守范围和方式，从而也就决定了组织内人员的思考范围。人们往往会采取适合自己防守范围的思维模式。

例如，如果企业采用的是职能型组织结构，那么很多人就会不知不觉中将职能纳入自己的思考范围。由此，负责生产的人就会在生产这一范围内思考如何有效地工作，这是一种生产专家型的思维模式。反之，如果企业采取事业部制，设置了事业部部长这一职位，那么担任事业部部长的人就必须有"从事业部的角度思考问题"这一思维模式。此外，如果企业设立了很多拥有超越职能权限藩篱的职位，那么这个企业就能培养出很多拥有大格局、好想法的人员。

第二种路径是组织结构明确其所重视的工作和职务，从而对组织内的价值观造成一定的影响。假设在一个组织结构中创设了一个新的职务，很多人都觉得这个职务暗示了组织今后的发展路径和转变方向，那么，这个职务就会成为人们的努力目标。因为职务和权限关系会诱导人们设立"自己也要担任那个职务"这一"目标"。换言之，组织结构塑造了组织价值观，组织价值观引导年轻人成为符合组织价值观的人才，组织结构的人才培养效果也就出现了。

创建史无前例的事业部制的松下幸之助曾经说过："事业部制最大的意义就是培养经营者接班人。"在考虑组织结构与人才匹配度问题时，是优先考虑组织结构还是优先考虑人才，需要做一个动态的平衡和选择。

人际关系效应

上文就组织结构对组织中个人行为的影响——直接影响进行了论述，包括组织结构对人与人之间信息交流的影响、对决策的影响、对努力程度和方向的影响、对工作经验的影响以及对人们的思维模式和价值观的影响等。但是，组织结构对人们的影响还不止这些，它还会对人际关系产生二次影响，而且有时候特别重要。由于这是一种二次影响，因此更加不容忽视。

组织结构对人际关系的二次影响主要体现在以下三个方面：

- 组织内的权力关系；
- 组织内的竞争模式；
- 自律性和参与意识。

第一个方面是组织内的权力关系，指的是组织内人员之间非正式的权力关系、优劣关系。对组织内的权力关系影响最大的当然是组织内正式的权力关系。由于正式的权力是一种明确的权力，因此由组织结构确立的权限关系是组织结构对组织内权力关系产生影响的最大因素。其实，权限关系不仅会对组织内的权力关系产生影响，分工方式、传达和协商方式还会对组织内的非正式权力关系的形成造成巨大的影响。

例如，组织结构通常会确定"由谁掌握最主要的信息"。当组织结构是将信息集中到某一职务上时，承担这个职务的负责人就会拥有权力。信息是权力之源，这一点大家应该都深有体会。此外，组织结构还会确定由谁来"担任企业高层重视的部门的负责人"。企业高层重视的部门包括对企业业绩贡献最大的部门、负责保持企业传统的部门、将来会发挥重要作用的新部门等。如果在上述部门担任负责人，在企业内的权力就会比较大。如此一来，在组织内各种关系的相互影响下，很自然地会产生"权力较大的人提出的提案容易通过"这一现象。此外，如果组织结构确定了诱导和调节矛盾的负责人，那么该负责人也拥有一定的权力。另外，如果组织结构在其确立的权限体系中设置了拥有多种评价权力的职务，那么这一职务的负责人就会逐步拥有权力。

当然，在现实经济运行过程中，上述例子中的组织内权力关系能否形成不仅要看组织结构的影响，还在很大程度上受到组织结构中个人人品的影响。不过，有一点可以确定，那就是组织结构的设计方式是组织内权力关系形成的一大原因。因此，企业经营者在设计组织结构时，需要考虑设计出来的组织结构带来的组织内权力关系会对组织协同起到正面作用还是反面作用。

第二个方面是组织结构确定意味着职能部门的划分方式确定，不同的职务设置方式会影响组织内的"内部竞争模式"。当一个人群中出现了两个高度相似的团体时，人们自然会对这两个团队进行"比较"。人们的这种行为并不是为了争夺什么东西，而是不自觉地会比较各自取得的成绩。比较就会引发竞争。内部竞争是组织内相互影响的方式之一，这可以产生动力，有时还能起到统领组织的作用。

例如，事业部制的一大好处是为了"不在利润上输给别的事业部"，会产生内部竞争的动力。而职能型组织结构则很难让销售部门产生"不要输给生产部门"这样的竞争意识，从而产生熊熊燃烧的斗志。因为生产部门和销售部门是两个没有任何相似性的组织单位，人们无法产生竞争意识也很正常。

另外，很多企业为了确定总经理候选人的实力，会让候选人之间进行竞争。有时候，企业甚至会为了让候选人们进行充分的竞争而改变组织结构，为了获得内部竞争的巨大好处，选择牺牲部分信息交流的效率。

例如，企业可以将其组织结构进行变更，设置事业总部或者企业内公司来统一管理数个事业部，各个事业部的负责人竞争事业总部或者企业内公司的负责人职位，而该负责人则是下任总经理的候选人。当然，企业不会公布其要统一管理数个事业部的真正目的，而是会以"提高信息交流效率"、"加快决策速度"等理由推进组织结构变更。

第三个方面是组织结构会对组织内人员的内在动力产生影响。例如，组织结构突然发生变化，就会给组织内人员以紧迫感，觉得这代表了组织的变化方向。组织结构对组织内人员内在动力的影响一般体现在上述方面，此外还会体现在组织结构能给予组织内人们多少自律性和参与意识上。

例如，权限关系下放到了接近工作第一线的组织、拘束较少的组织、单位规模较小的组织等都是容易让员工自律的组织。因为此类组织容易让组织内人员产生主人翁意识，觉得"这是自己也能参与的自己的组织"，同时也容易让组织内人员产生危机感，觉得"如果自己不做点什么的话，自己的团队就难以为继、不复存在"。一般把组织内人员的这种意识称为"对组织的主人翁意识"。这种自律性会让人们产生内在动力。

组织结构与内在动力之间的关系较为复杂。组织结构不仅会催生组织内人员的自律性，也会让组织内人员产生上述的内部竞争意识，这也是组织结构影响内在动力的表现之一。组织结构对组织内人员的内在动力的各种影响，让组织从设置伊始就充满了人性。因此，在进行组织结构设计时也要重点考虑组织结构的这一特点。

综上所述，组织结构会对人们的行为、知识结构和思维模式以及内在动力产生间接影响，而且这些间接影响会累积下来。随着时间的推移，这些间接影响会逐渐开始影响组织的信息流动和汇总方式、解决矛盾冲突的方式等直接受组织结构影响的因素。因此，在进行组织结构设计时，应该综合考虑这些直接、间接的影响和长期、短期的影响之后再慎重选择理想的组织结构，以获得组织协同效果。

为了让大家更为直观地了解决策过程，下一节将介绍从组织全局角度选择组织结构的几个经典方案，并应用本节理论对这些组织做出的选择进行具体分析。

数个经典企业组织结构

事业部制组织还是职能型组织

上文已经数次提到过企业进行职能部门划分时最经常出现的选项——职能（机能）型组织和事业部制组织。职能型组织按照职能来进行组织分工、划分部门；事业部制组织按照产品或者地域——有时会按照客户来划分部门，设置的部门同时拥有数个职能，能够实现自给自足。对于职能型组织来说，整个企业是一个自给自足的组织单位。与此相对，事业部制组织则是由数个自给自足型组织单位共同组成的联邦型组织。当然，职能型组织与事业部制组织之间还有各种各样的组织结构，后文我们将就此进行探讨。

职能型组织最大的优点是专业化，专业化的好处很多。跟把整个组织分为数个自给自足型组织单位相比，职能型组织的各个职能部门的规模都比较大，可以进一步进行专业分工，从而产生规模经济效益。

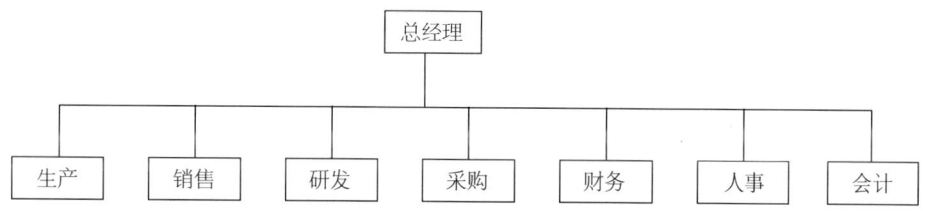

图 10-2　职能型组织结构

当然，职能型组织出现问题也是因为职能型的分工方式。由于不同部门的业绩评价标准不同，当组织出现问题时很难明确是哪里出现了问题，有时候甚至会出现互相推诿的情况。此外，评价标准不同也容易造成不同部门间的冲突。生产部门为了降低生产成本，可能会提出限制产品品类的建议，而销售部门为了提高销售业绩则一般会要求增加产品品类。而且，各个部门都是专业化部门，容易产生专业化部门特有的思维模式和视角，也容易造成部门与部门之间的冲突。相同的数据，不同的部门可能得出完全不同的结论。

解决这些对立矛盾是领导者的工作。但是，解决这些矛盾需要花费领导者大量的时间。特别是当一个企业同时经营多种产品时，领导者的工作量就会特别大。因为只有领导者能够协调各个产品的生产与销售、生产与研发、销售与研发之间的问题。

通过了解职能型组织的优缺点，可以发现，职能型组织适合业务单一、产品品类少、需要实现规模经济效益、领导者的领导能力很强的企业组织。

目前，企业采取了很多方法来克服职能型组织的缺点，其中最常见的方式就是设置横向机构。如果一个企业生产的数个产品都是采用相似的技术生产、通过同样的渠道销售，那么就无法将该企业组织分割为数个自给自足型组织单位。但是，由于各个产品都要频繁地进行生产、销售、研发的调整，因此，企业一般会按照品类设置产品委员会或者采用产品经理制度。

其中，食品类企业、洗浴用品类企业、化妆品企业等一般采用的是产品经理制度。不同的企业，产品经理的权限也各不相同。有些企业的产品经理只有联络的职能，而有些企业的产品经理则拥有预算等跟职能经理同等的权限。一般来说，后者的组织结构接近我们后文将进行论述的矩阵式组织结构。

事业部制的成立——钱德勒的研究

现在很多企业采用的事业部制是由化工企业杜邦公司率先采用的。第一次世界大战后，杜邦公司采用了多元化战略。随着多元化战略的推进，之前的职能型组织结构逐渐不能适应公司的发展，为了解决这一问题，杜邦公司采用了事业部制组织结构。在杜邦公司之后，通用汽车公司也采用了事业部制组织结构。通用汽车公司的创始人威廉·杜兰特不断地收购企业，创建了GM汽车王国。但是杜兰特收购后的企业依然保持着独立经营的状态，导致通用汽车公司的内部经营效率极其低下，通用汽车公司面临着巨大的经营危机。通用汽车公司向杜邦求助后，引进了以斯隆为中心的新型管理组织，业务运营责任还是按照之前的分权关系进行，但是对业务运营成果则严格按照ROI（投资回报率）进行管理。

杜邦公司和通用汽车公司都引进了事业部制组织结构，但是二者形成了鲜明的对比：前者通过组织分权建立了事业部制，后者则通过组织集权建立了事业部制。美国的企业史学家艾尔弗雷德·钱德勒在对这两家公司以及西尔斯罗巴克公司、美孚石油公司的组织变更过程进行详细分析研究后，提出了"组织结构服从战略"这一理论。

在日本，松下电器1933年就开始采用事业部制组织结构。不过，这只是一个特例，事业部制在日本广泛采用是在20世纪60年代，也就是日本企业开始进行多元化的年代。

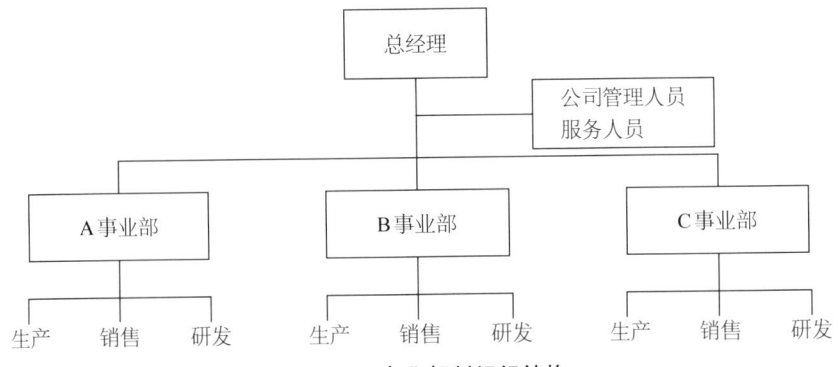

图 10-3　事业部制组织结构

职能型组织的另外一个问题是难以培养出能够站在公司高度看问题、具有大格局的管理者。因为各个职能部门的管理者都是在一个职能中培养起来的，他们可能对于自己所属部门的职能非常精通，却缺乏全局的眼光。

不过，同时进行数个业务的企业一般会采用事业部制组织结构。主要是因为职能型组织是一个纵向的管理机制，企业同时经营几项业务，每项业务对市场和技术的要求都不同，对这些要求进行汇总并进行统一决策难度太大。换言之，在职能型组织结构里，对市场和技术、生产相关的一线信息进行汇总变成了企业高层管理者的工作，现场信息和做出决策之间的距离太长了。因此，企业倾向于采用事业部制这一自给自足型组织结构，将二者的信息汇总到事业部部长那里，由事业部部长进行决策。

而且，由于企业高层管理者不再为做出各事业部的业务决策这一工作所累，可以更加专注于企业长期的决策工作。另外，上文也提到过，事业部制组织结构在内部竞争、自律性以及学习方面也有其优点。

事业部制的缺点

不过，事业部制组织结构也有几个较大的缺点以及要解决的问题，主要包括如下几点。

a. 事业部的划分标准是什么？也就是企业的"事业定义"是什么？是以市场或者说客户为标准进行划分还是以技术（或者说产品）为标准进行划分？

b. 某些资源和职能可以由多个事业部共享，划分事业部可能造成这些资源和职能的浪费，如何解决这一问题？

c. 企业如何创建一个理想的机制以应对现有事业部划分无法实现的需要数个事业部共同完成的综合类产品和新技术开发？

接下来我们具体分析问题a。假如一家企业同时生产A、B两种产品，分别销售给1、2、3三类客户。

如果这家企业是以市场为标准划分事业部，那么企业就会成立三个事业部，分别是1事业部、2事业部和3事业部。此时企业面临的问题是如何处理生产A产品的部门和生产B产品的部门与上述三个事业部之间的关系。

如果这家企业以技术为标准划分事业部，那么企业就会成立A事业部和B事业部。此时企业面临的问题是如何处理向1、2、3这三类顾客销售产品的销售部门和市场部门与A、B两个事业部之间的关系。如果每个事业部都设立各自的销售部销售各自的产品，可能会造成两个部门都去拜访同一位客户的情况，容易被客户投诉"贵公司能否先进行内部交流"。

企业一般不会简单地按照客户或者产品进行部门划分，而是从生产、研发的角度以工厂为单位进行划分，因为工厂一般具有地域性而且汇聚了所有的技术。另外，也很少有企业会为三个客户群设立三个对应的销售部门，一般都是设置一个销售部，由这个销售部统一负责对接三个客户群。

这个时候，就牵涉到了b问题里的可以共同使用的资源和职能问题。销售组织和工厂属于数个事业部可以共同使用的资源和职能，如果首要目的是实现这些资源的高效利用，就容易变成职能型组织结构。因此，b问题本质上指的是"能够在采用事业部制组织结构的同时多大程度利用职能型组织的优点"。

这个问题在理论上是没有唯一正确答案的，需要重点考虑上文提到的内部竞争、权力关系、组织内价值观、自律性等组织结构可能产生的二次效果。例如，如果一个企业以技术为标准划分事业部，自然就会比较重视生产、技术的权力关系和价值观。企业需要判断这样的结果是否是自己想要的。换言之，企业必须考虑以技术为标准划分事业部会造成企业优先重视生产、技术相关的信息流动，而这一点是否会对企业在市场竞争中造成不利。

至于c问题，事业部与事业部之间的空白问题，一般来说有三种应对方式。第一种应对方式是交给各个事业部去单独应对。换言之，就是让各个事业部自己去填补空白或者进行跨部门合作，如果出现重复作业问题，就采用内部竞争的方式解决。

第二种方式是在不同的事业部之间建立横向的协调组织，如项目组、横向委员会等，不过这个方法往往治标不治本，无法解决根本问题。因为，此类横向组织一般是在"除此之外别无他法"的情况下建立起来的，没有获得足够的权力。

第三种应对方式是彻底改变事业部的划分标准，重新划分事业部。当然，这也不是仅靠单一的理论就能够解决的，需要综合考虑信息流动速度、决策速度、资源利用效率等多种二次影响效果。

矩阵式组织和战略业务单元（SBU）

上文提到了事业部制组织结构有几个本质上的缺点。不过，跟其他的组织结构相比，事业部的缺点还是要少一些，所以大部分企业采用的是事业部制组织结构。下文将就为解决事业部制组织结构本质问题而构建的两种组织结构进行论述。

事业部制组织结构的一个缺点是事业维度上的能力增强了，但是组织职能维度上的能力减弱了，容易造成生产技术、设备等重复投资的问题。为了解决这一问题，人们想到了矩阵式组织结构。

矩阵式组织结构是指不仅仅按照事业部这一维度来构建组织结构，而是按照事业部和职能来构建双维度组织结构。例如，A事业部的生产负责人不仅由A事业部部长管理，同时还由企业的生产负责人管理。由于将事业部作为纵轴，将职能作为横轴，一个生产负责人要同时接受横向和纵向的管理，因此将这种组织结构称为矩阵式组织结构。

矩阵式组织结构最大的问题就是一个负责人要同时受到两个方向的管理，有两个上司。因此，这个负责人成为引爆组织矛盾的节点，却没有相应的手段和

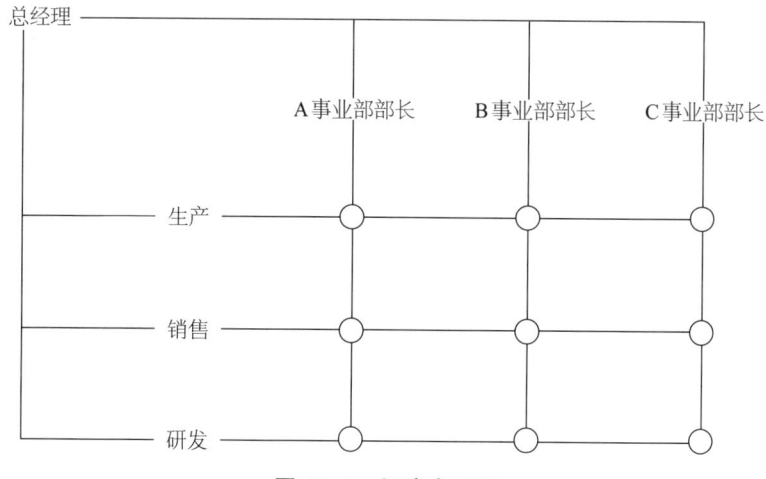

图10-4　矩阵式组织

权力来化解这些矛盾。同时，组织内的权力关系和信息流动也更加复杂。如果一个组织能够管理和处理那么复杂的关系，那就无须建立矩阵式组织。因此，矩阵式组织结构从理论上来看是个富有魅力的组织结构，但是执行起来却极其困难。

事业部制组织结构的另外一个缺点是：随着环境的变化，以前很有意义的各个事业部的战略方向和事业部的划分方式本身变得不再具有意义。而且，越是注重事业部独立性的企业，这个问题就越严重。因为企业特别重视事业部的独立性，所以会尽量避免破坏事业部的独立性，也就很难从企业的高度去调整事业部的发展方向或者将数个事业部进行合并。

例如，以前，收音机事业部是一个企业里很重要的事业部。但是，随着时代的发展，收音机事业部要跟盒式录音磁带、立体声设备等合并到同一个事业部才能提高竞争力。

如果像上述例子那样，一个企业问题的答案已经很清晰了，那自然要进行事业部的重新调整。但是，当一个企业的问题不像上述示例那么清晰时（例如，声音载体CD和信息存储器光碟），企业应该如何进行事业部的合并呢？

另外一种情况是，之前是根据各个业务的管理需要划分事业部的，但是这一划分已经不适用于战略事业部的创建。例如，企业为了方便管理，限制单位组织的规模、避免管理范围过大，将一个大业务中的数个工厂划分为数个事业部。显然，数个工厂事业部都不适合作为企业的战略事业部。

上述情况中，创建事业部这一组织形态是为了进行日常业务管理，因此原本创建好的事业部都不适合作为进行战略决策的组织。那么，企业要如何解决这一问题呢？其中一个解决方法是，事业部划分仍然保留，将其作为日常业务管理的一个组织单位，并在此基础上创建一个战略决策组织单位——战略业务单元（SBU）。

创建战略业务单元这一组织结构，主要是为了超越日常业务管理范围，在更高的战略层面进行信息汇总和思考，以做出战略决策。另外，创建战略业务单元还可以实现一个目的，那就是进行战略决策的组织内权力关系不受现有事业部间的权力关系影响。理由如下：现有的多个事业部的权力关系中，往往是现在利润最大的事业部拥有最大的权力，这一权力关系反映到资源分配中，就是资源往往优先分配给利润最大的事业部。但是这一资源分配方式很危险，因为在现阶段，对企业的长期发展很重要、适合企业长期发展战略的事业部往往还比较弱小，属于"利润较低的领域"。因此，为了企业的长期发展，需要改变现有的权力关系影响下的资源分配方式，将资源重点分配给符合企业长期发展战略的事业部。

企业内部风险投资、子公司、阿米巴组织

最近，不少企业进行了企业内部风险投资尝试，主要是指为了开发新业务允许员工在企业内自由创建创业企业并进行独立运行。当员工发现一个新的业务方向，可以在企业内创建一个创业企业，企业会对这个创业企业给予支持。

这种组织结构有几种意义。首先，掌握业务信息的人是新创企业的负责人，这意味着可以在工作一线附近进行信息汇总。其次，负责人要像运营一个独立的企业那样，这会给负责人带来极大的自律性，为其开展新业务提供所需的内在动力。而且，由于负责人不是企业指派的，而是由有意愿的人自己主动请缨上阵的，负责人会有更强的自律性和内在动力。

再次，独立运营意味着新创企业不属于企业原有的业务管理体系，也就意味着它可以摆脱既有业务和企业权力关系的不良影响，避免和既有业务纠缠不清。最后，独立运营还能使负责人的思维模式不受既有业务的既有思维模式影响。换言之，独立运营可以保证新创企业尽可能少地受到企业的介入和既有业务的影响。

独立运营之后再进一步，就是在企业外部而非在企业内部建立新的组织，也就是创建"子公司"这一组织形态。

创建子公司的原理与企业内部风险投资是一样的。不过前者是在企业外部创建企业，所以其产生的自律性以及对既有思维模式、权力关系和信息汇总等方面的不良影响的隔离效果都会远远高于企业内部风险投资。

此外，在法律意义上创建独立的组织，还可以带来很多提高自律性以外的好处。在法律上创建一家独立的企业，意味着这家企业必须跟银行、外部投资者、劳动力市场等进行接触，如此一来，在必要的时候，子公司就需要对总公司（母公司）提出要求。因为如果一切都听从总公司安排的话，有些子公司的业务就无法进行下去。因此，在法律上确保一个组织的独立性是预防总公司权力过大的一种有效手段。

建立子公司可以理解为将一个大型组织进行拆解的尝试。这些企业在将大型组织拆解成"小组织单位"的过程中，除了进行企业内部风险投资、设立子公司等，还进行了其他各式各样的尝试。

创建阿米巴组织就是其中的一种尝试。例如，将工厂中的一道工序划分出来，使其像独立的事业部那样运营。对这一"工序组织（阿米巴组织）"而言，接收自己生产出来的产品的下一道工序的人就是顾客，上一道工序的人就是原材料供应商。工序的负责人就是事业部部长，每个月需要进行业务结算。这是日本的一些企业（京瓷株式会社、松下电池工业株式会社）进行的尝试。

从这个较为极端的例子可以看出来，大型组织进行组织细分化的尝试，主要是为了提高人们的自律性、对信息的敏感度、单位组织内部信息的流通性和人们的内在动力。这种细分化的组织形式在信息汇总方面确实有其劣势，人们容易按照细分化组织内部的信息做出片面决定。不过，此类组织的成功说明通过组织结构提高人们对信息的敏感度和内在动力可以有效弥补其在信息汇总上的缺点。

优质的企业都偏好创建小型的总公司。这一点与上文在企业内部风险投资部分提到过的内容是一致的，因为具有在工作一线进行决策（也就是总公司基本不干预一线工作，决策由一线工作负责人来做）的好处，总公司介入得越少，工作一线具有越高的自律性。小型总公司其实是一个优质总公司的代名词，它指的是只拥有必要权力的总公司，不进行过度信息汇总的总公司，不怎么约束工作一线的总公司。

选择组织结构时的基本权衡要素

四组权衡要素

上一节提到选择哪一种组织结构需要权衡，其实小到选择开会的方式，大到选择整个企业的组织结构，都需要进行权衡。进行组织结构的选择会面临几组权衡因素。它们是鱼和熊掌，往往不可兼得。这四组权衡要素如下：

- 集权和分权；
- 分化和整合；
- 和谐与冲突；
- 战略与效率。

第一组权衡要素是"集权和分权"。在某种意义上，选择事业部制组织结构还是职能型组织结构，其实是选择要集权还是要分权。选择事业部制组织结构意味着选择了分权，而选择职能型组织结构则意味着选择了集权。分权有分权的优点，集权有集权的好处。因此，必须对二者进行权衡。除了事业部制组织结构与职能型组织结构之争外，创建"小型组织"与否本质上也是集权、分权问题。

第二组权衡要素是"分化与整合"。分化是指为了让企业组织中的各个部门顺利完成工作，将决策权分配给各个部门，允许各个部门提炼该部门特有的经营方式，形成该部门特有的思维模式。例如，销售部门有销售部门的决策方式、思维模式。当然，这种部门"特色"可能不适用于工厂等其他部门。

众所周知，组织是一个各个部门进行协同的系统。因此，组织必然需要进行整合。进行整合就会采取各种各样的措施，意味着销售部可能需要配合工厂，接受一些不符合销售部特色的事宜，或者是为了组织的整体利益而牺牲销售部的部分利益、进行销售部内部工作的一些调整，或者是为了进行工作调整而频繁开会等。

如果过于分化，就很难实现组织的整合。同样，如果组织过于重视整合，就有可能造成各个部门无法达到履行其职能所需要的分化程度。所以，需要进行权衡。

第三组权衡因素是"和谐与冲突"。要实现组织协同、组织一体化，需要保持组织和谐。但是，如果一个组织过于和谐，就有可能太容易妥协。甚至可以说，要实现一个组织的良性发展，需要组织内具有一定程度的矛盾冲突。出现矛盾冲突意味着各个部门坚持自己的主张。一般具有强烈主张的部门都具有较高的竞争力。因此不同部门之间起点小冲突是好事。如果一个组织较为和谐，说明企业是由没有什么主张的部门组成的，同时也意味着企业整体的竞争力较弱。当然，如果一个组织里全是冲突，管理者的大部分时间都花在了调解矛盾上，这也不会是一个有强大竞争力的组织。

第四组权衡要素是"战略与效率"。战略是一个代名词，指考虑环境因素的长期指向的发展型思维方式。效率则指考虑组织内部情况的短期指向型的思维方式。长期是由无数个接连不断的短期构成的，要在经营环境中保有竞争力，需要组织内部的不断努力。但是，长期在经营环境中保有竞争力跟短期内组织内部的努力之间还是会有冲突。企业为什么要在事业部制组织结构外再创建战略业务单元呢？其目的就是创建战略优先的组织结构以纠正效率优先的组织结构可能带来的偏差。

分化与整合——保罗·劳伦斯与杰伊·洛希的研究

劳伦斯与洛希从权变理论的角度创立了用于分析企业分化和整合的理论。组织分化是指各个部门按照部门工作需要构建组织结构、思维模式（组织目标、时间观念、人际关系）造成企业内部出现差异的情况，是进行企业分工的需要。但是，这些在不同组织结构里工作、具有不同思维模式的人需要为了企业的共同事业而进行合作，所以也需要整合。

劳伦斯和洛希将研究重点放在企业内部的研发部门、销售部门和生产部门，对这三个部门的组织分化和整合进行了研究，得出了如下结论：一，企业所处的经营环境越是不确定、变化越是剧烈，企业的三大部门的分化程度就越高；二，业绩好的企业拥有复杂的对应其组织分化的整合机制；三，业绩好的企业在解决由于组织分化导致的冲突问题时，往往倾向于正视问题，将问题摆到桌面上彻底解决。

经过上述研究之后，他们得出了如下结论：在企业的经营管理活动中，不存在适用于所有情景的原则和方法，企业在管理实践中要根据组织所处的环境和内部条件的发展变化随机应变，没有什么一成不变、普适的管理方法。

企业在选择组织结构时，都要权衡这四组因素，而且很难权衡。目前也没有相应的理论可以辅助分析。不过，意识到选择组织结构就是要权衡这四组要素这一点是很重要的，意识到这一点后，才能有意识地做出权衡。

其实在这四组权衡要素里面暗藏着组织中最基本的平衡因素——"自律与规范"。规范是集权、整合、和谐、效率中暗含的本源概念，而自律则是分权、分化、矛盾、战略中的本源概念，可以将之理解为部分的自律与整体的规范之间的平衡，也就是说这个平衡本质上是部分与整体之间的平衡。

上一章论述过人的群体具有自组织能力。就算强调自律，组织本身也会产生组织整体规范。当然，上一章也指出过，组织的自组织能力是有限的。要创建组织规范，不仅需要依靠人的自律性创建自律型规范，还需要创建他律型规范。

同时，自律与他律并存是组织管理的本质。从这一点来看，上述四组权衡要素不能仅从简单的"二律背反"角度来探讨。组织应该是在分权的同时有部分集权、在分化的同时拥有整合这些分化的高级整合机制，重视组织和谐的同时也鼓励组织冲突，在追求效率的同时也兼顾战略，从而最终实现在自律的同时进行规范这一目的。

很多优秀企业确实是这样进行经营管理的，而不是只追求平衡。

当然，要实现"不只是简单的平衡"，仅靠精妙的组织结构是不够的，还需要组织结构之外的经营手段（例如经营理念、激励制度等）进行配合。

组织的动摇

在权衡组织结构的几组基本要素时，要求企业"超越简单的平衡"。企业不应认为创建一个特定的平衡后只要维持简单的平衡就可以了，而应该让这种平衡随着时间的变化而变化，看起来摇摆不定，但是从一个长期的时间轴上来看一直保持着一种平衡。好的组织应该保持一种动态平衡，这就是组织的动摇。

例如，组织有时候倾向于集权，然后倾向于分权，之后又倾向于集权。分化与整合、和谐与冲突、战略与效率、自律与规范，组织在几组要素中先选择一方，然后选择另外一方，不断交替变化，从而实现组织的动态平衡。

当然，动摇有时候也是犹豫的体现，是找到最佳平衡点之前的种种尝试。不过，很多时候动摇是保持动态平衡的最佳方式。

也许有人认为组织动摇是因为组织这艘大船极为复杂，很难随时保持平衡。在某些时候，只能选择一个重点。例如，有时候要强调组织分权。此时，如果觉得"整合也同样重要"，就容易造成组织的混乱。企业应该在一定时期内坚定地执行组织分化决策，然后，到下一个时刻，再将重心放到组织整合上。

"不单纯的平衡"是指不是按照标准找到一个最佳平衡后一直努力保持这一平衡，而要通过动摇变化去保持一种长期的动态平衡。

组织动摇不是组织结构设计方面特有的问题，而是企业在长期发展过程中经常见到的一种荒谬的现象。这一点我们将在第三篇中进一步探讨。

练习

- 假设一个制造商有一个 90 名员工的技术开发部，有两种管理方案。一种是分成三个科室，每个科室一个科长，每个科长直接管理 30 名员工。另外一种方案是将这个部门分成 10 个科室，分别任命 10 个科长，每个科长管理 9 名员工。请分别考虑两种方案的适用条件各是什么。
- 最近日本很流行创建名为公司制的组织结构，请查阅资料了解何为公司制，并厘清公司制与事业部制之间的异同点。
- 有一种说法是"组织结构跟随战略"，请说明为何会有这种说法。还有一种说法是"战略跟随组织"，请对这种说法进行解释说明。这两种说法都有道理，请说明二者的适用范围。

第 11 章
激励机制

上一章论述的组织结构是一个基本的协同结构。但是，协同框架的确定并不意味着就一定能够实现组织协同。要实现组织协同，必须调动人们的协同意愿。组织结构类似一个线路，线路铺好了，电车未必会通过。要想让电车通过，还需要给电车通电，提供必要的动力。而给电车提供动力则需要一定的动力机制。因此，要实现组织协同，也需要调动组织内人员的协同意愿，为其提供必要的动力。组织中为员工提供动力的系统就是激励机制。

机械是物质资源（东西），有其本身的功能属性。资金对其有相应的购买力。但是，人力资源不一样，就算拥有同样能力的人，内在动力不同，其对组织的贡献也会完全不同。这是人力资源的特性，也是管理的难点和有趣之处。

一个组织要提高员工的内在动力，主要靠激励机制。组织需要将人聚在一起，唤起人们的干劲，为他们提供内在动力。切斯特·巴纳德在《经理人员的职能》一书中写道："组织的本质是一个协作系统，是人们为组织努力的意愿……因此，不论是何种组织，能否存续下去，主要看它能否为员工提供足够的激励。"

个人动机

激励（诱因）是指激发意愿的因素。换言之，激励是指组织采取措施，刺激组织内员工的需求、提高员工动机（赋予动机），从而让员工努力进行组织协同。这里我们先明确几个词汇，要注意需求和动机是个人固有的，激励是组织给予的。

在论述组织激励机制之前，需要先厘清以下几个问题。

- 人们一般有什么需求？
- 人们希望从"企业组织"获得什么？
- 企业能够给予个人哪些激励？

本节将就第一个问题和第二个问题进行论述，第三个问题将在下一节进行论述。

人们想要什么：马斯洛的需求层次理论

人们有各种各样的需求。美国的心理学家亚伯拉罕·哈罗德·马斯洛将人们的需求分成了五个层次，也就是"需求层次理论"。

需求层次理论将人的需求分为五个层次。

- 生理需要；
- 安全需要；
- 情感与归属需要；
- 尊重需要；
- 自我实现需要。

人们的这五种需求层次由低到高依次排列。最底层是生理需要，最高层是自我实现需要。当低层需求得到满足——而且只有低层需求得到满足后，才会出现较高一层的需求。需求层次理论并未得到科学的观察和实验论证，但是基本符合人们的直观感受。中国人说"仓廪实而知礼节，衣食足而知荣辱"，这句话也从侧面反映了人们的需求层次及其规律。

生理需要是指人类作为生物为了生存下去所具有的物质需求，包括饿了就去寻找食物填饱自己的肚子等。这是人类最基本的需要，生理需要得到满足之前人类不会去优先满足第二个层次以上的需要。当然，只要这一层次的基本需要得到满足，人类就不会只努力满足这一需要，而是会努力去满足第二层次的需要——"安全需要"。安全需要不仅包括生理上的安全、物理上的安全，还包括社会安全。

安全需要也得到满足后，人们就会开始寻求"情感与归属需要"的满足。人们会希望跟家人、亲戚、朋友等周围的人保持心灵相通的关系，跟他们归属于同一个团体。

情感与归属需要之后是"尊重需要"。尊重需要可以理解为希望获得他人较高评价的需要，希望人们一致觉得自己是"有牢固基础和实力"的。有牢固基础和实力是人们受人尊重的基础。

尊重需要分为两种。一种是对自己的能力、成绩、自信、独立、自由、自我的重要性等方面的需要，属于"内在需要"。另外一种是对社会认知、名誉、受人尊敬等方面的需要，属于"外在需要"。人是群居动物，具有社会属性。因此，对人而言，外在的尊重需要非常重要。

当一个人的上述四个需要都得到满足后，人会开始寻求最后一个需要——"自我实现需要"的满足。这个阶段人会明确自己能做什么，并努力做到，以证明自己。自我实现需要是永无止境的。

人们希望从企业组织获得什么

在企业就职的员工也有上述需要。当然，员工不会光从企业中寻求所有需要的满足，企业也不可能满足员工的所有需要。不过，有一点很好理解而且也必须明白，那就是——人们的五个层次的需要都可能在企业里以某种形式出现。

这一问题其实跟企业组织对人们而言到底是什么有关。第 8 章已经论述过，企业首先是一个经济活动的场所，但同时也是一个社会活动的场所。换言之，企业是人们工作的场所，是人们通过工作获得收入的场所，但又不仅仅是这样。人们创建组织，跟组织内的一群人在组织里持续工作，自然就会产生人际关系，需要人情往来，于是组织就成了一个小社会。因此，企业组织是一个经济活动的场所，同时也是一个企业内员工深入往来的小社会，是一个职场社会。

综上可知，企业是人们获得收入的场所，是工作的场所，也是拥有人际关系的场所。人们在这三个方面从企业组织里寻求某些东西,当获得他们所寻求的东西时,就会产生内在动力,真正参与进来,努力工作。

首先是生理需要方面,企业给员工发工资是满足员工生理需要的一个方法。当然,收入的意义不仅限于此,但是,人总要先拿到钱去购买食物才能维持生存。舒适的职场环境也是满足人们生理需要的手段。当然,从马斯洛的需求层次理论也可以发现,满足人们的需要没有那么简单。人们还要获得安全需要的满足。例如还需要企业提供雇佣保障,避免员工工作时受到人身伤害,购买医疗保险等各种满足人们安全需要的服务。

其次是"情感与归属需要"。人们渴望在职场中与同事相处融洽,能够进行深度交流;人们想要加入职场,归属于组织。简而言之,人们想要有朋友,想要有伙伴。

上述三个层次的需要都是人们在企业就职、不想离开职场的原因,因为人们有"在企业或者说某个职场就职"的需要。当人们进入职场,上述三个需要虽然会给人们一定的内在动力,却不足以让人们全身心投入工作、进行团队协作、努力做出成绩,因为人们还希望从企业获得"尊重需要"和"自我实现需要"的满足。

在"尊重需要"方面,人们对企业的要求特别多,因为员工的大部分社会生活是在企业里进行的。在内在的尊重需要方面,人们希望在自己的工作上做出成绩,从而获得自信。另外,人们也想要拥有工作自主权,希望自己能够拥有信息(很多时候拥有信息会让人们觉得自己很重要),希望自己从事有意义的工作等。人们希望从自己的工作中获得各种满足。综上可知,人们希望工作有成效,希望从事能给自己带来自信的工作,希望自主工作,希望从事能够掌握很多信息的工作,都是因为人们希望从事"有意义的工作"。

当然,人们对外部尊重的需要可能比对内部尊重的需要还要更大。对外部尊重的需要包括获得职场社会的认可、受人尊敬、获得名誉和好评等。在企业组织中,人们很重视职场地位,对人事评价很敏感,是因为这些都直接关系到人们的外部尊重需要。而且,外部尊重需要还会让人们希望拥有权力。另外,大部分的人都会对金钱报酬很敏感,不是因为"钱是满足人们生理需要和安全需要的手段",而是因为在职场社会里,钱是"社会认可度"的衡量标准,钱的多少与"评价的高低"正相关。人们对钱敏感，主要是因为钱关系到人们的尊重需要。

在企业里，"自我实现需要"是指工作的有趣性。工作中，经常需要"确定自己能做什么，拓展自己的能力边界，展示自己的才能"。很久之前，工匠行当里就流行一句话，叫作"穷理究道、精益求精"，这就是一个关于自我实现需要的典型例子。

综上，人们对企业有各式各样的要求，希望在各方面获得满足，包括金钱、伙伴、名誉、权力、地位、信息、工作的有趣性等。而上述这些内容如何分配到个人身上都是由企业的激励机制决定的。

组织的激励机制

组织给予的激励

上一节，我们主要从个人的角度对组织中的个人需求进行了论述。作为企业经营者，应该考虑的是企业组织要给予人们什么才能满足人们的这些需求。下文将从企业经营者的角度对人们的需求进行进一步的论述。

为了方便大家理解，我们将组织给予个人的激励大致分为以下五种。

- 物质激励；
- 评价激励；
- 人为激励；
- 理念激励；
- 自我实现激励。

物质激励中最典型的方式就是给予金钱报酬，主要是为了满足人们物质上的需要。换言之，企业是通过"给予人们金钱和物质"来激励员工的。企业的这种激励方式满足的主要是马斯洛所说的生理需要和安全需要。但是，巴纳德也说过，在人们的这部分欲望得到一定程度的满足后，这种激励方式对激励人们努力协作的作用就会变得极为有限。

评价激励是指组织通过一定的形式对人们在企业内的表现进行评价，从而达到激励人们的目的。人们获得评价，意味着人们的尊重需要得到了满足或者未获得满足。因为评价决定了人们的社会认可度。评价的对象可以是工作成果，也可以是对组织的贡献度等与工作无直接关系的内容，而且给予评价的人也可以是同事，不一定是上司。

评价一般要按照某些标准进行，评价的标准可能是企业自己制定的，也可能是从外部引进的，还可能是从事类似工作的人们的成果。当然，最后一种评价标准属于相对评价。

上司给予的评价通常是物质激励的基础，不过很多时候，就算没有物质激励，只要有上司明确的评价和反馈，人们就会获得某种意义上的满足。这是评价激励特别有趣的地方。例如，很多人在当众被上司表扬后心里会美滋滋的，对工作很有热情、很有干劲，就算只是表扬，没有奖金也会如此。

评价激励还能为满足人们的自我实现需要打下基础，因为人们在"自我实现"的过程中需要通过组织给予的某些评价来了解自己的"自我实现程度"。艺术家的自我实现是可以将自己的灵感以艺术作品的形式表达出来。但是，在企业组织里工作的人却无法如此，其自我实现是需要通过外在的标尺来衡量的。这一点很好理解，因为就连艺术家很多时候也需要从外界的社会评价里获得自我实现需要的满足。个人需要得到外界的反馈，了解自己将什么事做到了哪种程度，而评价激励就起到了反馈的作用。

人为激励分为两种。第一种是在职场接触到的同事具有强大的人格魅力。特别是当组织内成员被组织领导人的个性、人格、个人魅力所吸引时，他们的参与度就会提高，会更努力地为组织工作。这是一种非常人性化、个性化的激励。人们会产生"可以为他做任何事""想要追随他"等想法。这种激励往往来自领导者的领导力或者统率力。这一点与后文将提到的领导力内容有关，我们将在第13章进行进一步的论述。

第二种人为激励是指同事之间和睦相处、对组织有归属感。持有何种价值观的人们聚到了一起，这些人聚到一起又创建了怎样的职场关系等，就属于第二种人为激励。这两种人为激励都是源于人们的情感与归属需要。

> **激励因素与保健因素理论——弗莱德里克·赫茨伯格的研究**
>
> 赫茨伯格认为组织能够引起组织内人员动机的因素有两种。第一种因素是保健因素，当人们的保健因素获得满足时，再获得保健因素对提高人们的动机没有太大的效果，但是如果保健因素缺失，则会引发人们的不满。其中，企业的方针和管理模式、与管理者和同事之间的关系、薪酬、物质工作环境等都属于保健因素。人们的需要得到满足后，不管如何改善保健因素，都不能有效提升人们的动机。
>
> 第二种因素是激励因素，激励因素可以有效提高人们的动机。其中，职务内容、完成工作任务、获得工作评价等，都属于提高动机的因素（激励因素）。因此，要提高人们的动机必须采用激励因素。该理论说明人们的不同需要在本质上是有差异的，在当今社会，满足人们低层次需要的保健因素对提高人们的动机没有太大效果。

理念激励是指思想、价值观成为人们获得成就感的来源，主要指人们对组织或者经营者倡导的思想和理念产生共鸣，从而产生了积极参与组织活动、努力为组织做贡献的动力。正如《圣经》所说：人不能只靠面包活着。此类激励源自经营理念。

理念能够驱使人们行动。甚至可以说当组织内成员觉得自己"在做正确的事情""在从事有意义的工作""明确了自己的存在价值"时，组织也被赋予了生命。古今中外有很多人都强调过使命、价值观对组织的重要性。松下幸之助和菲利普·塞尔兹尼克都强调过理念激励的重要性。松下幸之助指出了经营理念的重要性，菲利普·塞尔兹尼克则提出当一个组织拥有使命感和价值观时，这个组织就不再是一群乌合之众，而是一个积极演进的有机生命体。关于经营理念和组织文化问题，我们将在第14章进行详细论述。

自我实现激励是指组织给予个人的激励，是组织创造条件让组织内人员完成工作时获得成就感或者是在工作以外的其他方面为组织做出贡献时获得成就感。上文已经论述过，评价激励会在一定程度上为满足人们的自我实现需要打下基础。此外，还可以通过给予员工分工自由、较大的工作权限等来提高工作的趣味性，使员工热爱工作，从而达到激励员工的目的。简而言之，自我实现激励就是通过激励让人员发现工作的趣味性、从工作中获得成就感。

综上可知，上述五种激励方式与个人的五个需求层次之间大致的对应关系如下。

- 物质激励→生理需要、安全需要；
- 评价激励→尊重需要、自我实现需要；
- 人为激励→情感与归属的需要；
- 理念激励→尊重需要、自我实现需要；
- 自我实现激励→自我实现需要。

显性激励、隐性激励

显然，薪酬支付方式不是唯一的激励手段。在企业的经营过程中，可以通过各式各样的方式和手段来激励员工。

但是，由于企业本质上是一个经济组织，因此，企业组织能够给予人们的激励主要还是金钱报酬，主要包括物质激励和评价激励。

企业采用上述两种激励方式激励员工，主要是通过激励系统——工作业绩评价与薪酬制度挂钩的机制。这种机制称为评价报酬系统，是企业组织推行的诸多激励系统中最核心的一个系统，具体表现为人事考评制度、薪酬制度等。

人事制度的主要内容是绩效考评方式和人事考核方式。这两种方式是一个企业的所有评价系统中最重要和具体的部分。因为人事考核是评价激励的核心方式，同时也是判断是否给予员工奖金等物质奖励以及其他激励的基准。

同时，人事考核还是给予员工其他激励时的一个基本的评价系统。例如，职位晋升、分配工作都是以人事评价为标准的，人事评价不仅决定了人为激励内容，还决定了自我实现激励内容。

换言之，人事考核主要决定了个人的以下几个方面。

- 金钱上的报酬；

- 工作的自由度和权限；
- 工作的趣味性；
- 社会认可度。

上述几种激励都是基于人事考核的结果来确定职位晋升和工作分配时员工可以获得的激励。因此，不能将人事考核视为单纯的"正确评价员工能力和业绩的过程"。如果仅仅将人事考核视为单纯的"正确评价员工能力和业绩的过程"，就会把信息的准确性和判断的正确性作为核心工作来抓。但是，由于人事考核还具有强大的激励效果，因此，比起信息的准确性和判断的正确性，与组织内其他人员获得的激励相比，个人所获得的激励的公平性和可接受性反而更为重要。

此外，企业不仅仅通过人事考核和职位晋升等看得见的方式激励大家。企业组织不仅仅通过具体的薪酬制度和人事制度给予员工物质激励或者评价激励，还可以通过各种隐性手段来激励员工。

职场的工作环境也能够起到物质激励的作用。例如，企业的办公地点在市中心，如东京，都能够激励员工。甚至工作地点在东南亚的某个空调制冷很好的工厂，也能激发起人们努力工作的意愿；企业给员工提供一个在美国的小房间也能激励员工。

业绩测评也是如此，进行业绩测评并将测评结果告知大家也能产生激励效果。有时候企业并不会直接根据测评结果决定薪酬和职位晋升，但是测评仍有激励效果。因为，对员工来说，企业进行的业绩测评类似于计分卡。计分卡上的分数本身就能够激发人们的竞争意识。换言之，业绩测评可以创建一种内部竞争的氛围，给人们创造自我评价的机会。

另外，企业在确定组织中的权限分工体系时，其实也确定了激励的基础机制。企业的组织结构确定了各个职位的职能范围，也就确定了各个职位在组织中的地位，还确定了该职位负责人将与何种类型的人共事。而上述内容往往是评价激励和人为激励的基础。有些企业推行了在企业内很受关注的紧急项目制度，在该企业被选中加入该项目是一件极其有面子的事。这个制度本身是属于组织结构设计的，但是企业通过设计这一制度，也同时设计了一个评价激励的方式——"参与项目带来的荣誉感"。另外，能够进入这个项目，跟企业内优秀的同事一起切磋研讨，对员工而言也是一种激励。

同理，企业的经营理念和组织风气也决定了组织的价值观，为企业的理念激励奠定了基础。另外，组织的招聘方式也在相当大的程度上决定了组织里聚集的人才类型，从而决定了人为激励方式。因为谁当领导在很大程度上决定了人为激励的主要内容。

综上可知，显性激励机制和隐性激励机制共同构成了组织的激励机制。组织的激励机制相当多样，是个非常重要的综合性问题，与本书第二篇的所有章节都有联系。

不过，在强调了激励的多样性、明确了开阔视野的重要性之后，还有必要强调一下多样性激励方式中作为核心激励方式的评价报酬制度的重要性。

评价报酬系统影响的多面性

评价报酬系统是评价和奖励工作成果的方式，能够多方面地影响人们的行为，因此非常重要。此外，不仅评价报酬系统能够多方面地影响人们的行为，所有的报酬系统对人们行为的影响都很复杂。激励机制影响的复杂性也导致了设计激励机制时选择的复杂性，这一点我们将在下文进行探讨。

报酬系统的设计方式会如何影响人们，会如何改变人们的行为？一般而言，评价激励系统会在以下五个方面影响人们的行为。

- 目的整合行为的选择；
- 对自己工作的努力程度；
- 对他人工作的协助程度；
- 学习；
- 信息传达。

目的整合行为的选择是指由个人做出的决策与组织的目标一致的情况。例如，如果一家企业的评价报酬系统非常重视短期绩效，那么企业组织内的成员也会采取能够短期内出成绩的行动，人们的视野就会放在短期，并且根据短期视野采取行动。如果一家企业的人事考核带有强烈的减分主义倾向，企业组织内的人员就会采取过于保守的行动,这一般不是企业组织愿意看到的。

评价报酬系统的设计方式也会对个人的努力程度产生极大的影响。换言之,评价报酬系统具有激发人们内在动力的效果。一般而言,将个人的业绩跟个人的评价报酬挂钩(如绩效主义人事考核方式),个人在工作上的努力程度就会提高。

但是,将个人的业绩跟个人的评价报酬挂钩,也容易导致人们不再积极主动地帮助其他同事。换言之,评价报酬系统的第三个作用就是会影响人们的协作关系。为了解决这一问题,可以将需要协作的人划分为同一个激励的对象,进行团队激励。当然,这种方式跟最大限度地激励个人努力工作的激励方式之间是有冲突的。

评价报酬系统的第四个作用是影响人们的学习效果。学习通常是个人行为。如果将个人的学习成果跟组织内其他人员分享,就成了组织学习,将大于个人的学习效果。这种情况下,组织内个人的学习积极性和学习成果分享的积极性主要取决于学习成果能够在多大程度上以个人激励的方式反馈到个人身上。

例如,当学习的内容改善了工作方式、提高了工作效率时,这一学习带来的成果在组织和个人之间如何分配就显得尤为重要。如果学习取得的成效全部被组织窃取了(例如学习到的内容降低了企业组织的成本,但是企业的评价报酬系统中没有将降低成本获得的收益跟个人的工作业绩挂钩),那么组织内的个人很可能就不会去努力学习,也不会努力去改善工作方式,而是会在自己的能力范围内按部就班地工作。

不仅学习如此,人们分配多少精力到信息传达活动上也受到评价报酬系统的左右。企业是在一个时刻变化的环境中从事经营活动的。工作在一线的人是直接接触到这些经营环境变化的人。很多情况下,这些人如果仅仅将自己接收到的信息据为己有,对组织的发展并没有太大的用处,但如果这些人有意识地将这些信息传达给组织的其他人员,这些信息很可能会对组织的发展产生很大的影响。例如,顾客对新产品的需求信息,对销售部的人而言并没有多大用处,但如果销售部的人主动将这些信息传达给负责产品研发的部门,这些信息就会很有意义。因此,信息传达活动很重要。问题是评价报酬系统是否能够激励人们积极传达信息。因此,评价报酬系统的第五个作用是构建有利于信息交流的体制。

评价报酬系统拥有上述五种作用，这五种作用之间往往是互相矛盾的。很多情况下，评价报酬系统可能对员工在某一方面有积极影响，但是对其他方面是负面影响。例如上文提及的，对个人的激励是为了提高个人的努力程度，决定如何激励主要是基于个人取得的业绩，与此相对，团队激励则是为了鼓励人们进行协作。

另外，如果企业为了鼓励员工努力工作而采取奖金制度，将薪酬在很大比重上跟当期业绩挂钩，也容易给个人施加过多的压力，让其承担过多的风险。当业绩因为其他环境因素而不好的时候，实际情况是"员工虽然努力了，但是由于环境的原因导致业绩不好这一结果"，而非个人原因造成的业绩不好，但这一结果却影响了个人的薪酬。因此，人们会倾向于采取风险更小的行为，从组织的角度看过于保守地开展行动。

综上可知，设计激励系统时，需要考虑一个评价报酬系统可能产生的数个相互矛盾的影响以及如何平衡这些影响。

激励系统的设计

系统设计的基本内容

前文我们以评价报酬系统为主详细论述了激励系统的作用和影响，本节将在此基础上论述激励系统设计需要考虑的基本内容。

上一节强调过，企业创建的激励系统主要是给予人们物质激励和评价激励。具体说来，激励系统能够提供给人们的主要是物质层面上的金钱报酬、评价层面上的权力（或者说"地位"）、名誉等。但是，除此之外，实际上激励系统还给人们分配工作，从而从结果上分配了工作的意义和完成工作的自由度。

换言之，激励系统实际上是组织向组织内成员分配金钱、权力、名誉、工作、自由等内容的机制。

既然激励系统具有如此重要的功能，那么在设计激励系统时首先要考虑以下两点。

- 什么是分配的重点？
- 如何平衡含非重点分配变数在内的整个系统？

例如，人事薪酬核定方式显然是以分配金钱为重点的机制。如果企业的激励系统是以人事薪酬核定方式为主，就是把重点放在了金钱的分配上。与此相对，如果企业除了金钱之外还将名誉以及其他内容的分配视为重要的因素，金钱的影响力就会降低。例如，一个企业的激励系统和上文一样，仍是以薪酬体系为主，不同的是，企业赋予了细微的薪酬差距，超越了金钱的象征意义，那么薪酬金额的大小其实很大程度上具有了分配名誉的意义，这个激励系统就是以分配名誉为导向的。

企业在设计激励系统时，最基本的内容就是确定将什么定为激励系统的核心变数，以及如何构建核心变数与其他变数之间的平衡关系。设计激励系统中的第三个基本内容是确定重点激励分配项目（例如金钱）的分配基准或者分配标尺。由于企业组织是一个经济组织体，因此激励系统进行分配时，通常是依据个人对组织业绩的贡献度这一较为抽象的标准。简而言之，分配给个人的激励与个人为组织业绩所做的贡献成正比，是一个激励机制较为合理的基本条件。

在激励系统中，将激励与贡献挂钩可以保证组织内人们更努力地工作，同时，个人认同自己的组织成员身份，也是因为他觉得自己获得的奖励与自己对组织所做出的贡献是成比例的。这种思维方式也称为维系组织的诱因理论。本节提及的合理的激励系统的基本条件——将对组织的贡献度与激励挂钩是诱因理论的一个应用。

确定激励的基准：如何衡量贡献度

但是，"对组织业绩的贡献"是一个极为抽象的内容，应该如何测量呢？可以有很多种方法。到底以哪种方法为主，以及如何综合采用多种测量方法，是企业进行激励系统设计时要面临的第一个大问题。

一般而言，企业会将个人对企业经济收益的直接贡献度——业绩作为测量个人贡献度的主要指标。但是，很多个人对组织的贡献度无法用直接业绩测量，这是测量个人贡献度的一大难题。"业绩之外"，主要还有两个方面的内容需要测量。

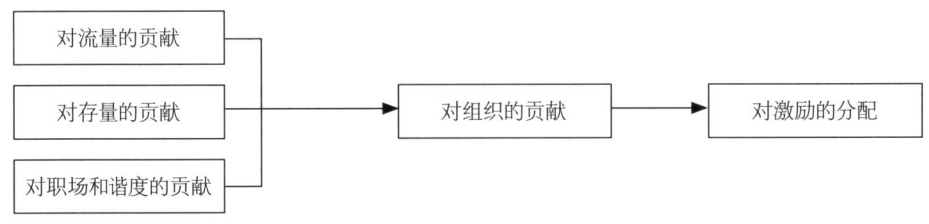

图 11-1　激励分配

第一个方面，由于业绩一般是对流量的测量（例如一定时期内的销售额、利润额都属于流量），所以在测量个人对组织的贡献度时，还应该注意测量个人在积累组织存量方面做出的贡献。例如，对技术积累的贡献度，对提高企业信用、提升企业形象的贡献度等。这些都是企业获得经济效益时不可或缺的存量积累，但是跟测量流量的业绩方式不同，对存量积累的贡献较难测量。

第二个方面是测量个人对营造和谐职场氛围的贡献度。企业是经济活动的场所，同时也是社会活动的场所，如果因为某些原因，企业作为一个小社会却极为不和谐，必然会影响到企业的经济活动效率。而个人对营造和谐职场氛围的贡献度也跟流量不同，不能简单地通过业绩测量确定，但是又很有必要进行此类贡献度的测量。

由上述"业绩以外"的贡献度的评价问题引发的表面业绩评价问题，其实就是常见的"短期还是长期"绩效问题，以及"个人还是团队"绩效问题。这两个问题表面上是将个人业绩的测量标准定为短期还是长期，按照个人业绩还是按照团队业绩进行评定的"业绩测量上的问题"，实际上却是如何测量个人对存量的贡献度、个人对团队的贡献度的问题。

"短期还是长期"的问题本质上是如何测量个人对组织存量的贡献度，而"个人还是团队"的问题本质上则是测量个人对营造职场这一小社会的和谐气氛的贡献度。采用短期内的业绩作为测量标准，由于个人的贡献度能够很快与激励对应，因此能够有效激励相关人员，但是这种方式容易导致测量偏重短期的流量，难以测量出个人对组织存量积累的贡献度。

同样，如果主要测量个人业绩，对个人而言，个人对组织的贡献和激励有着明确的一一对应关系，能够起到很好的激励作用，但是由于"对团队的贡献"很难分解到具体的个人身上，容易造成"难以测量的主要因素被人为忽略"的情况。为此，很多激励系统会将激励划分标准多样化，然后再进行整合。例如，企业通常会采用"将小团队的短期业绩与其对存量积累的贡献进行比较测量，并按照测量结果进行激励"的方法。

小团队的业绩测量一般是以科室为单位进行利润额的计算。企业在进行业绩测量时，不仅按照部门或者事业部等大的单位进行业绩测量，还细分到科室进行利润额测量。不过，业绩测量并不具体到个人层面。而且，企业是将利润额与其对企业存量变数进行比较测量后再来确定要给予的激励。例如，开拓新客户的数量，具体体现在客户数量、营业额等方面，将几个数字进行比较或者综合考量后才得出最终的绩效评价。

当然，这只是一个例子，在思考具体案例的过程中，大家可以清楚地认识到，测量贡献度时，需要考虑对存量的贡献度以及团队的问题等方面的内容。

有效激励组合：激励的经济考量

由于某些原因，组织可以分配的激励是无法无限供应的。因此，进行激励分配时，需要考虑"经济合理性"，也就是平衡与效率的问题。换言之，在设计组织激励系统时，要注意进行巧妙组合，使得设计出来的激励系统在执行时既不给组织造成过大负担又能对个人有足够的激励作用。这样的激励系统才具有"经济合理性"。这是设计一个成功的激励机制的前提。经济学界通常把这一前提称为激励的经济考量。

其中，最好理解的是金钱激励部分。企业对个人进行金钱激励——将钱分配到个人身上，可以获得很好的激励效果，但是，企业是一个经济组织体，这个经济组织体要继续生存下去，就不能将企业产生的附加值全部作为金钱激励分配给员工。这种激励方式可以作为一个短期的应急措施，但是不可能长期无限沿用下去。因为金钱激励来源于企业所能产生的附加值，这是金钱激励所能分配的资源的上限。

此外，权限或者名誉激励的"地位"激励方式也是企业常用的激励方式，其资源也是有限的。

企业在进行激励时，必须符合"经济合理性"，主要有以下两个原因。

· 不同的激励方式在企业固定的物质资源中形成了竞争关系；
· 激励本身具有给了一个人就不能给其他人的特点。

例如，上文提到的激励分配系统中，企业能够提供的名誉激励以及工作激励，在进行实际激励时，还是需要用到资金。例如为了奖励员工一个单间，就需要建造单间的场地和资金。为了激励研究人员，使其努力工作，企业决定给研究人员自由研究的权限，就需要配套必要的研究设备和研究经费。可见，不同形式的激励手段最终还是在竞争有限的物质资源。综上可知，就算是看上去并非金钱激励的激励方式，也不能胡乱用来激励员工。

第二个原因的例子也很多，例如地位。将某个地位给某人，就意味着其他人无法拥有这一地位。另外，人事考核等评价激励也是如此。将某个员工评为最优秀员工，也就意味着其他人都不是最优秀的。

综上，组织或者企业经营者应该在深入理解激励的上述特征后，综合考虑各种激励手段的效果及其经济合理性，从而确定适合企业的激励机制。当然，各种激励组合能否有效运行还是要看具体的情况。

个人情况、组织情况、劳动力市场情况、其他的经营机制的激励效果等不同，适合企业的激励系统也就不同。其中，激励效果受激励对象个人的情况影响最大。例如，在外部劳动力市场较为发达、人才流动率较高的情况下（例如美国），个人薪金不仅是一种金钱激励的手段，在很大程度上也是一种企业对个人的评价指标。此时，如果无法采用合适的激励系统，将评价激励和物质激励联动起来，该激励机制很可能不会被激励对象接受。

另外，在工作环境具有高不确定性、变化较为剧烈的情况下，如果企业将个人的激励与短期业绩挂钩的比重过大，容易造成个人的激励与环境风险挂钩。甚至在某些极端情况下，容易出现需要个人来承担全部环境风险的情况。此类激励系统可能导致人们过分躲避风险。很多情况下，组织可以承担的风险是个人无法承担的，将之与个人业绩挂钩并不合适。

虽然激励机制的效果在很大程度上受各种情况的影响，但是在现实经济运行过程中,"有效的激励组合"通常都具有以下几个特征。

第一个特征是对物质激励的依赖度不高。首先从激励与个人情况的关系来看,个人的生理需要和安全需要得到一定程度的满足后,物质激励手段对提高个人的动机就不再具有明显效果。其次从激励与组织的关系来看,为了保证激励的经济合理性,组织也不希望激励机制过于依赖物质激励。

第二个特征是"分散"。分散的前提是组织已经明确了要采用的数个激励手段。分散具有两个层面的意思。第一个层面的意思是要防止组织的所有激励都集中到少数几个特定的人身上,也就是保持激励不集中的状态。第二层意思是多个在组织工作的人能够各自获得不同方式的激励,也就是保证不同类型的人获得不同形式的激励。

这是一种不相似意义上的分散。例如,当一部分人获得金钱激励时,就要避免同时给予他们过多的权力和名誉上的激励。将权力和名誉方式的激励与金钱激励变换使用,保证激励的公平性。很多采用年功序列人事制度的日本企业的成功要领,就是实施了"按照年龄分配地位和薪金,按照能力分配工作的实际权限和自由度"策略。很多企业的年功序列制度主要是指地位方面,在工作内容上则采用能力主义的人事制度。这也是这些企业的年功序列制度能够有效运行的原因。

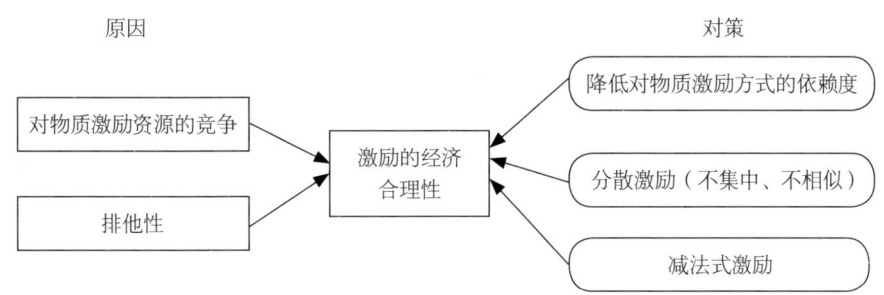

图 11-2　激励的经济合理性

第三个特征是采用减法式激励方式来达到激励效果。减法式激励方式是指限定激励的大小,在给予组织内某个人激励后,减去这一部分已经用于激励的资源后所剩下的资源才是其他人所能获得的激励资源。减法式激励方式的一个常见例子就是资源有限的奖金激励方式。能够进行加法计算的激励,只要资源有限，都采用减法式激励方式。当然，几乎所有的激励方式都具有一定的减法特征。因为能够用于激励的资源有限，这也是要考虑激励的经济合理性的根本原因。不过，也有一些激励方式的减法特征较少。例如，可以采用多维度的评价体系进行评价激励，这样就算某个人在某个方面获得了高度评价，也不影响其他人在其他方面获得高度评价。这样的激励方式，其减法特征就少一些。

成果主义人事制度的难点：一个应用

基于上述讨论，我们很容易得出以下结论。设计按照个人对组织业绩的贡献度与其所能获得的激励一一对应的人事制度，并将这一人事制度具体应用到企业的激励系统中，就能得到企业希望获得的"绩效主义人事制度"。理论上确实如此。此处的理论上可行，是指能够正确测量贡献度且具体到个人身上，而且按照各位员工做出的业绩进行激励分配，还能够确保不给职场的和谐造成过多负面影响，这一做法确实有望制定出企业希冀的"成果主义人事制度"。

但是，对企业来说，要做到这两点特别难。这也是很多企业都在一定程度上采用却很少能够完全执行成果主义激励制度的根本原因。下文将探讨一个激励系统设计中的应用案例，来说明成果主义人事制度的难点以及进行人事评价的主要因素。

成果主义人事制度的难点主要集中在以下三点：第一个难点是组织很难做到高效使用个人的能力；第二个难点是难以测量能力对组织业绩的贡献度；第三个难点源自第二个难点，是无法保证个人一定会接受自己获得的贡献度测量结果。

其中，第一个难点——组织很难做到高效使用个人的能力，是指组织应该如何按照组织的需要来使用个人的能力是一个相当复杂的原理性问题。换言之，当一个组织按照成果主义来看贡献度高的人时，为了让这些人的能力完全发挥出来，就单纯按照贡献度的高低进行激励——给贡献度高的人特别高的回报，让这些贡献度高的人完全发挥自己的能力，这样的做法是有问题的。

在一个组织里，既有能力强的人，也有能力普通的人。他们共同构成了一个团队。在这个团队里，个人能力的完整利用包括以下两点：第一点是如何让能力高的人发挥他的个人能力，第二点是如何让能力普通的人以团队的形式发挥作用。

二者同样重要。但是，在实际操作过程中往往会采取二选一的方式。如果单纯选择能力主义、成果主义，反而容易出现负面影响。因为能力主义、成果主义虽然完成了上述的第一点要求，却没有做到第二点，因此会有极大的负面影响。能力普通的人会觉得自己被排除在组织之外，从而降低组织的效率。

毕竟世界上大多数人都属于能力普通的人，他们的量力而为成就了组织的业绩。日本企业很好地理解了这一本质，所以采用了上文提及的激励分散方式。

不过，如果过于看重第二点，也容易陷入平均主义。现在很多日本企业都有这方面的风险。一部分有能力的人被过低对待，从而导致了平均主义，但实际上平均主义并不是平等。很多日本企业现在应该注意的是第一点要求。

企业不仅很难正确地使用组织内成员的能力，也很难评价这些能力做出的成果。因为这不可能像计算棒球选手的安打率和胜率那样，得出一个客观的数据。这是成果主义人事制度面临的第二个难点。上文已经在流量、存量、长期、短期、个人、团队等方面进行了逐一说明。

成果主义人事制度的难点在于测量贡献度。

本身就无法客观测量的东西，还要披着成果主义的外衣具体测量每个人的成果，得出的结果能够有多大的可接纳性，实在令人存疑。这也是成果主义人事制度的第三个难点。因为在评价成果时，如果被评价人无法接受其所获得的评价结果，也就不会根据这一评价结果去努力改进自己的工作。因此可接纳性是最重要的基本条件。这也是企业采用年功序列制度作为评价标准的原因，因为明确的标准可以提高评价结果的可接纳性。

对于上述这些难题，企业基本的应对思路如下。

首先我们必须明确，对能力以及成果的人事评价没有绝对的客观和公平可言。人事评价必定会带有主观的成分，评价结果也未必完全是公平的。但是，被评价的一方必须"完全接受"评价结果，因此，我们必须努力让评价结果具有一定的"可接纳性"。

最近，有不少企业引进了目标管理系统，将该系统与成果主义人事制度联动使用。这是一个相当复杂的机制，企业执行这一制度主要是为了提高人们在完成目标后对所获得的评价结果的可接纳性。企业采用这么复杂的程序，主要是因为目标管理系统可以从以下两个方面提高评价结果的可接纳性。第一个方面是，在目标管理的整个过程中，被评价的个体有反馈自己意见的机会。第二个方面是，上司和人事部门在复杂的考评过程中花费了一定的精力。换言之，企业执行这一系统，不仅仅是因为这一管理方法可以有效提高激励效果，更是因为通过这个复杂的程序给予个人陈述意见的机会，可以更有效地提高被评价人对评价结果的接受度。

但是目标管理方式本身也有很多问题，其中最大的问题就是一开始进行目标设定时会出现的问题。人们往往将目标设定为可以显现化的成果（也就是短期成果）。因为目标的完成度会决定人们的被评价结果，所以当事人往往会在设定目标时降低目标的难度。在环境剧烈变化的情况下，如果按照年度目标进行管理，很可能出现本年度设定的目标跟一年后的实际情况不相符的情况。

虽然目标管理方式具有上述问题，但是在提高评价结果的可接纳性上，它具有很好的效果。另外，为了提高评价结果的可接纳性，企业还经常采用"市场化的薪酬分配机制"，将成果主义人事制度和劳动力市场的评价相结合。市场化的薪酬分配机制，是指市场判断这个工作成果对企业来说值多少钱。这种方式也可以提高人们对评价结果的接纳性。此时接纳性提高，不是因为经过了一个烦琐的程序，而是因为披上了市场的评价这一令人信服的"客观外衣"。

但是市场化的薪酬分配制度也有本质上的问题，因为外衣归根到底只是外衣。

很多情况下，某些人只有在某些企业才有存在的价值，从把他转移到其他企业的可能性这一点来看，他获得的市场评价就会比较低。而且，企业创建组织从事经营活动，以团队的形式从市场购买能力零部件进行简单的组装，以获得附加值。此时，对一个人的市场薪酬评价就相当于市场上的零部件的价格，用市场上的零部件的价格来评价一个人，这有悖于创建企业组织进行团队工作的本质。

实际上，这种方式在某些方面是将组织的评价责任"转嫁给市场"。像日本这样流动性低的劳动力市场，很难将在劳动力市场的可转移性这一评价标准直接拿来作为企业组织内部的评价标准。而且，就算可转移性高，这个评价也不能用来当作组织内部评价。因为在今后很长一段时间内，人们的能力仍然是企业特性的一个表现，所以不能将企业的评价责任"转嫁给市场"。

综上可知，不管多么困难，都应该通过组织内的评价过程来提高评价结果的可接纳性，这是保证人事制度可接纳性的基础。

设计激励系统时要考虑的基本平衡因素

四组基本平衡因素

企业在设计激励系统时，确定要选择什么激励系统，其实是在确定激励系统中的几组基本平衡因素。企业经营者在设计激励系统时，要对这几组平衡因素进行整体了解之后再做出选择。主要平衡因素有以下四组。

- 鲜活的人与"腐烂"的人；
- 竞争与合作；
- 风险与努力；
- 过去与未来。

第一组平衡因素主要源自激励的减法性。换言之，由于激励无法无限地提供给所有人，所以肯定会出现有人得到激励而有人得不到激励的情况。因此，在同样一个激励系统中，肯定会有鲜活的人，也很可能出现"腐烂"的人。在考虑这一组平衡因素时，不仅要为鲜活的人设计激励系统，还要注意这一激励系统要让人不腐烂，或者说是要意识到让"一时的失败者"复活的重要性。

第二组平衡因素是竞争和合作。换言之，就是个人与团队之间的平衡。多给个人激励从而引发个人之间的竞争意识，是提高组织内在动力的一个手段。但是，只要是组织，必然需要组织内部协同，这就意味着进行激励时必须对团队进行激励。

这一组平衡因素同时也是激励系统给予个人评价的准确性与个人所拥有的信息向他人传达的意愿之间的平衡。换言之，对个人进行正确评价引发个人竞争意识的同时，也容易降低个人向他人传达自己所拥有的信息的意愿。

其中一个表现就是，当一个人拥有对自己不利的信息会导致自己的评价降低时，就算非常有必要将该信息传达给其他部门，他也可能将这个信息擅自隐瞒。另外一种表现是，他人获得该信息可以提高他人的业绩从而导致自己的相对评价降低，所以就算是对他人非常有用的信息，也不会产生传达的意愿。

第三组平衡因素是风险与努力。这一组平衡因素经常以将短期业绩和个人激励进行一定程度挂钩的形式表现。想要鼓励员工努力工作的话，可以将业绩跟激励多挂钩。最常见的例子就是绩效工资。但是业绩的大小不仅跟个人的努力程度有关，还跟环境这一波动因素有关。因此，将业绩跟激励多挂钩就容易导致人们承担过多的风险。从这一点来看，将业绩跟激励进行较低程度的挂钩也是有好处的，不然人们的行动容易过于保守。因此这一组平衡因素本质上就是企业要鼓励努力还是要降低风险。

第四组平衡因素是过去与未来。如果对企业已经取得的成果进行激励的话，用于激励人们为将来努力的资源就会减少。反之，也可以对员工说"为了将来……"来减少现在的激励。换言之，这是存量和流量之间的平衡，也是长期与短期之间的平衡。

综合平衡

由于激励系统本身存在上述几种需要平衡的基本因素，所以选择激励系统时要进行综合考量。而且由于这些平衡因素的存在，企业在设计激励系统时，毫无例外地都要同时使用数种激励方式。此时，数种不同的激励方式很可能传达给组织内的人们互相矛盾的信息。或者说这才是激励系统的常态。那么，要如何处理这些矛盾呢？基本做法是，容忍各个激励方式发送互相矛盾的信息，但是在整体上实现一种综合的平衡。

保持这种平衡非常难，而且几乎不可能事先预知所有可能发生的情况并做好准备。因此，正如切斯特·巴纳德所说，激励组合只能不断变化和不断生成。

激励组合容易变化和生成的情况之一，就是企业组织不断成长。企业组织的成长不仅能够提供强大的物质激励资源，而且随着组织的强大，权力、荣誉、规模也会变大。换言之，评价激励、理念激励、自我实现激励等方面的资源也会增加。这些激励资源变得更多、更多样的时候，就容易达到"相互矛盾的激励因素的综合平衡"。虽然这种平衡也很难实现，但是跟完全不成长的企业相比，成长的企业更容易获得平衡。

因此，企业具有成长的本能。不仅日本的企业如此，全世界的企业都如此。当给予人们的激励不仅限于物质激励，而是将各种资源作为激励手段，成长就成为企业的一种自然行为。

练习

- 请思考一下人们对下列三种职业的一般想法——"人们为何工作"。人们的这种一般想法可以在多大程度上同时回答关于这三种不同职业的同一个问题。
  ①银行柜员；②制造商的研发负责人；③事业部部长。
- 人们常说：企业的成长对于给予人们激励有着非常重要的作用，请思考这种说法的依据，并详细论述企业成长对激励系统的作用。
- 请从多个角度思考为何在组织激励中会特别重视薪酬等金钱激励方式。有人说美国比日本更经常采用金钱激励方式。请思考这一现象出现的原因。

第 12 章

计划和控制：过程和系统

组织结构的设计决定组织协同的框架。激励系统用于在这个框架内激发人们的协同意愿。但是，就算人们产生了工作的意愿，人们采取的行动也未必能够马上符合环境的要求，或者能够马上进行协同。

为了完成具体的工作以及进行必要的协同，人们需要为各个工作制订相应的计划，做好相应的行动准备。例如，销售员为了满足客户的需求，需要思考客户的未来需求动向，并依据这一动向制订行动计划，做好相应的行动准备。此外，该销售员可能还需要跟生产部门进行沟通，以协商和调整相应的工作计划和计划执行情况。如果该销售员没有预先制订好相应的计划，就无法确定自己对生产部门的要求。

几乎所有工作都必须制订上述计划，但是当人们开始执行计划时，经常会发现实际情况跟预期的不一致。此时，就有必要边执行计划边修正。

换言之，在组织顺利推进协同作业的过程中，必然需要组织中各个部门的人来计划、执行和控制这一过程。这是组织管理中很多人的主要工作内容。而且，整个组织中每个人制订出来的计划和控制的过程，汇总起来都是庞大的。如果个人不在一定程度上有序地进行计划和控制，而是按照自己的意愿随意进行，就容易引发混乱。因此，对企业组织的经营者而言，提前准备好计划和控制的系统机制来统御组织就显得尤为重要。

本章主要探讨计划和控制问题，将就以下两个课题进行论述：一是组织中个人进行计划和控制的过程；二是在这一计划和控制过程中，经营者要如何设计计划和控制的整个系统才能实现统御组织的目的。

提到"控制",大家可能马上想到"制服""管理"等词汇,但是,制订计划和控制系统并不是为了制服他人,而是为了促进人与人之间进行交流和信息的流通,以及建立起组织秩序。

通过组织结构的设计(特别是其中传达和协商部分的相关设计),确定了由谁向谁汇报这一沟通交流的框架,但这只是确定了流通的渠道,并不意味着一定会有信息流通。在这些渠道中建立起规则和秩序,何时以怎样的形式流通怎样的信息是由计划和控制系统决定的。随着信息的流通,组织中的个人也进行着自己的计划和控制的过程,从而实现了组织的合作。

人们进行计划与控制的过程

每个人都在进行计划与控制的循环和管理

计划是指事先做好将来行动的预案,控制是指在执行计划的过程中出现无法按照计划进行的情况时进行修正的过程。换言之,事前计划,事中和事后控制。人们按照计划行动,再根据这些行动进行控制。控制的结果就是采取了修正的行动。

这个循环通常叫做PDSC(Plan, Do, See, Check)循环,首先制订计划(Plan),然后执行计划(Do),接着得知结果(See),然后加以必要的修正(Check),最后再执行修正。

上述计划和控制循环,在组织的各个层面、在各式各样的人身上进行着。由于每个人都要对自己负责的业务进行某些形式的计划和控制,所以,可以说计划和控制的数量与组织内工作人员的数量相同。人们可能会制订出很糟糕的计划,或者是进行胡乱修正。但是所有人都在以某种形式进行计划和控制。

由于企业组织是一个基层组织,上司在对负责的整个部门进行计划和控制的过程中,也同时对下属的个人业务进行了相关的计划和控制。

例如,一线工作人员会对自己的工作进行计划和控制,他的上司将相关工作任务交给他之后也会对他进行计划和控制,以确保他完成工作。具体事例我们将在后文详细介绍。这就像齿轮结构一样，计划和控制通过不同的层级互相咬合。大家可以回想一下序章提到的组织的三角形结构图，在无数个微小的锯齿上都有相应的计划和控制的过程。

将这些计划和控制的齿轮聚集在一起，对这些计划和控制活动进行促进和调整的机制，就是组织的计划和控制系统。

那么，组织的各个成员为什么需要计划和控制呢？原因主要有以下两点。

第一个原因是，企业和个人是在不确定的环境中完成工作以达成一定目标的。

目标是指将来的某种状态，既可能是在年底提高一定的利润率，也可能是在三年后将某商品实现某个销售额。为了完成这些目标，每个人都采取行动努力工作。在工作的过程中，与其遇到事情后再一一决定怎么做，不如事先想好要怎么做，这就是计划。如果不事先计划而是当场一一应对，目标是无法达成的。

但是，就算事先决定了要采取哪些行动，也未必能达成目标，按照计划采取行动能否达成目标主要看其所处的环境。但是环境是不确定的、变化的。因此，需要根据环境的变化来改变我们的行动。为此，我们需要不断地检查计划和实际情况之间的差距，判断是否需要改变行动，这种检查和修正就是控制。

个人需要进行计划和控制的第二个原因是，需要与组织里的其他人进行协作以及调整行动。

组织要进行各种各样的分工，但是要达成目标还需要对分工进行调整。进行分工调整一般有两种方式。第一种方式是，每当自己要采取行动，都要跟上司和其他部门进行一一联络，然后等待指示，接到指示后再采取行动。这种方法显然非常麻烦。

第二种方式是，在预先制订自己的行动计划时，就与上司和其他部门协商，制订计划之后，一旦开始执行，只要不出现大的变化，就无须与上司和其他部门联系，只要按照计划执行即可。这种方式只有在发生巨大变化时才需要进行调整，可以让调整变得非常轻松。

下面我们来看一下具体事例。假设有一个企业主要经营制造服装和销售服装业务，有生产服装的生产部门和销售服装的销售部门。该企业制定了在这一季度生产销售十亿日元的服装、获得一亿日元的利润这一目标。如果企业没有事先规划好计划和控制的流程，销售部门和生产部门就需要将所有的相关信息逐一汇报给领导（社长），领导再根据这些信息一一对生产部门和销售部门下达指示。而且每个月要根据当月的销售额来决定生产产量时，销售部门和生产部门都必须互相交流信息。这是没有提前计划时只能采用当场逐一调整的方式。

如果这家企业能够按月制订生产计划和销售计划，会跟上述情况有什么不同？生产部门和销售部门制订好生产和销售计划之后互相交流，让对方知道本部门接下来的安排。首先这种方式可以大幅度降低领导进行事先调整的频率。其次，在实施计划的过程中，领导只要听取生产部门和销售部门的计划实施报告和所取得的业绩报告，就可以了解全部情况。如果计划与实际取得的业绩之间没有差距，领导就不需要采取任何行动，只需要在计划和实际业绩之间出现偏差的时候，收集信息，了解出现偏差的原因即可。各部门之间的直接联系也是如此，只需要在出现偏差时联络即可。如果两个部门可以共同协商来分析出现偏差的原因，还可以大幅度地降低领导亲自决定如何修正的频率。

综上所述，各个部门若是可以事先做好计划和控制流程，就可以大幅度减少上下级之间以及各部门之间的调整工作。

制订计划可以促进人们思考：计划的个人意义

上一节我们论述了在不确定的环境中完成目标时计划的重要性。那么，为什么计划很重要？为什么制订计划对计划制订人本身也很重要？

计划的重要性，一言以蔽之，就是计划制订人通过制订计划可以认真思考自己的工作内容以及工作环境，从而加深对自己所处环境的理解。

一般而言，计划具有三个意义。第一个意义是，可以事先认真思考环境的动向，厘清环境中什么机制在起作用，从而预测未来环境将会发生何种变化。第二个意义是，制订计划的过程可以促进人们思考自己能够达成什么样的目标。第三个意义是，在思考清楚所处的环境和所要达成的目标之后，促进人们进一步思考要采取什么样的行动。事先思考所处的环境、要达成的目标以及所要采取的行动这三点对计划制订人来说很有意义。

事先思考所处的环境具有两个重要意义。第一个意义是可以加深对重要环境参数的理解，而这可以让计划制订人敏感地捕捉到并厘清环境参数的变化，从而较快地做出反应，采取修正行动。

事先思考所处的环境的第二个重大意义是可以努力降低不确定性。例如，我们需要了解需求，就会努力收集信息，尽量提高预测的准确度，从而降低对需求预测的不确定性。

通过制订计划确定所要达成的目标，其意义在于人类对于具体的、清晰的目标更有完成的意愿，而且目标清晰可以提高人们完成目标时的成就感。

计划的第三个意义是促使人们马上做出现在必须做的决定，也就是强迫人们做出决策。换言之，让人们自然而然地清楚当前的任务。这个意义非常重大，因为人们一般情况下都会习惯于推迟做决定。

计划的意义是一点点积累起来的，松下电器产业株式会社原社长山下俊彦对计划有过如下论述：

> 我认为企业经营中计划是最重要的，因为在计划阶段可以集全体员工的智慧进行彻底的思考，这样经过透彻思考后制订出来的计划基本上就完成了60%的工作。若是胡乱计划，计划的精确度很低，这不叫计划，是冒险。在完成计划的过程中努力拼搏、全力以赴，自然会有成就感。

综上所述，制订计划的意义在于可以促进人们进行深入思考。

"为了管理"和"为了影响"：控制的个人意义

不管事先进行了多么彻底的思考，一旦进入计划执行阶段，就要立刻进行控制。因为不管事先进行了如何周密的计划，现实情况中还是会有很多无法按照计划进行的情况。因此，需要根据环境的变化采取合适的行动，这就是控制。

控制有两种类型。第一种类型是用于管理的控制。有些人的工作主要是负责管理，所以需要对自己的管理活动进行适当的控制。例如工厂里的生产负责人必须根据机器的运转情况、原材料的品质、零部件的库存量等数据来不断改变自己的生产计划。这种管理是由自己的行为与环境共同作用之后的生产成果（例如一个小时能够生产多少产品）决定的，负责人一边观察成果反馈，一边进行适当的修正。这位负责人的工作类似于全自动空调的温度自动调节器。

控制的第二种类型叫作影响控制。现在我们从生产负责人的上司的角度来看一下。作为上司，肯定希望生产负责人能够制订出合适的生产计划，并且能够做出恰当的修正。为了让生产负责人做出正确的生产计划以及进行合理的管理，上司需要采取各种各样的行动。

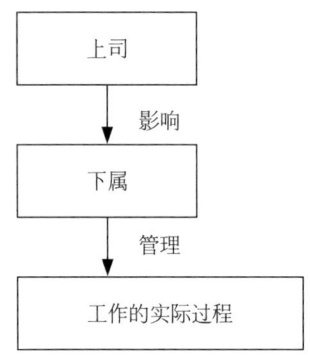

图 12-1　两种控制

有时候甚至可能需要上司代替生产负责人修订生产计划，直接给出修正指示。上述行为本质上属于管理控制。上司管理控制的对象是生产负责人的行动。但是，如果需要上司不停地改变计划和做出修正指示，就失去了把工作交给生产负责人的意义。因此，在进行了分工，将权限下放给下属之后，上司通常很少需要直接管理下属的行为。

那么，除了管理控制外，还有什么控制方法呢？具体而言，最常见的控制是绩效考评——上司在一定时间之后（例如每个月）评价生产负责人的业绩。虽然上司是在事后才对生产者的业绩进行考评，但是上司的这一行为还是会对生产负责人的生产管理活动产生影响。因为生产管理者事先知道会在事后进行业绩考评，所以他会为了得到好的评价而努力进行好的管理。虽然是事后进行的评价，却可以改变生产负责人现在的行动。这就是影响控制。

通过上述案例可知，不仅生产方面的工作如此，上司在将工作交给下属时，必定会产生两种控制，下属需要对工作进行管理控制，上司除了需要通过业绩评价等方式对下属进行影响控制，偶尔还需要对下属进行直接管理控制。

换言之，管理控制是自己进行控制，影响控制则是由他人进行的间接管理控制。控制对于生产负责人和上司而言各有其意义。

控制的过程

那么这两种类型的控制的典型过程是怎样的？

管理控制是一种典型的反馈控制，在这个过程中主要不断发生以下三个环节。

- 采取某些管理行动；
- 测量和检查这个行动的结果；
- 将观察到的成果跟标准进行比对，做出评价。

做出成果评价之后进行反馈，再决定下一次的管理行动，这个过程叫作反馈控制。最常见的例子就是全自动空调的温度自动调节器。

典型的影响控制路径，通过业绩评价进行影响，一般会发生如下过程。

- 确定目标也就是成果标准（可以是上司直接指定，也可以由下属自己申请、上下属进行协商等，确定的方式可以多种多样）；
- 下属实施工作管理活动；
- 一段时间后，测定和检查这段时间的成果；
- 上司将这一成果跟评价标准进行比对，做出评价；
- 上司根据这一评价结果做出奖励或者惩罚的决定。

上述过程之所以有意义，是因为控制的对象是人。如果控制的对象是温度自动调节器，业绩评价、奖励和惩罚都不会起任何作用。因为温度自动调节器是不会受到上述因素影响的，只有人才会受到影响。

从这一点来看，管理控制和影响控制之间有着相当大的差异，这个差异就是人这一要素。这里我们需要区分两种控制，因为在同样的一个控制系统内，使用同一个"控制"词汇来同时指称两样不同的东西容易造成混淆，还可能由于不理解两种控制之间的差异而导致进行错误的控制。最典型的一个错误控制就是将对下属的控制简单地理解为管理控制。如果将对下属的控制仅仅视为管理控制，为了提升控制效果，上司就会频繁地、事无巨细地进行上文提到的反馈控制。但是，这一做法是有问题的，问题在于测量检查成果的对象不是温度自动调节器这样的机器，而是有知觉和感情的人。过于频繁地、事无巨细地检测成果和要求反馈，会让人产生厌恶情绪和逆反心理。这个人会觉得自己不被信任，所以他也不会再积极主动地去做好自己工作的管理活动，同时也会失去干劲。

综上可知，在上司控制下属的过程中，如果仅仅通过管理控制这一方式来控制下属，就无法顺利完成工作控制。因此需要同时考虑管理控制和影响控制，进行正确区分和使用。

很多组织会在一个计划和控制系统中同时使用两种不同类型的控制机制。采用这样的做法一般有如下三个理由：第一个理由是这两种类型的控制终极目标都是为了进行"工作管理"；第二个理由是上司在进行影响控制的同时也要进行管理控制；第三个理由是两种类型的控制实际过程相似，一个制度可以同时为两种类型的控制提供有效的信息。例如，不管是管理控制还是影响控制，在测量和检查成果阶段、将成果与评价标准进行对比、做出评价阶段都是一样的。

第三个理由是最根本的理由，因为两种不同类型的控制都是为了测量实际情况与标准之间的偏差，主要进行"发现异常"和"绩效评估"这两个程序。

综上所述，控制系统主要是为了能够在各个层面上进行各种流程的控制。在设计控制系统时，关键是要做好以下两点的设计：一，提供异常信息的检测和反馈机制；二，评价努力成果的机制。

计划控制系统的意义

在庞大的过程集成通道中的信息流

我们通过前文论述得出了如下结论：不管是下属进行管理控制还是上司进行影响控制，都需要反馈过程，而且在各种控制中用于"发现异常"的工具是事先制订好的计划。有了计划才有可能观察到现在的成果中哪里出现了异常。

在上一节我们所举的案例中，仅就上司和下属双方的计划和控制过程进行了探讨。就算只是双方的计划和控制过程，详细探讨之后就会发现这一过程是相当复杂的。而在一个大的组织当中，此类过程会从上下左右各个方向汇聚成一股强大的信息流。不难想象，如果不对这些计划和控制过程的集合体进行处理而是放任自流，是很容易出问题的（例如所有人都制订好详细的计划，但是不能互相配合无间，不能进行合理修正，就无法完成目标）。因此，具有一定规模的组织必然需要一个计划和控制系统。

对这一庞大的计划和控制过程的信息流进行汇总、管理和协调的机制，叫作计划和控制的系统，简称计划控制系统。

实际上，企业组织中充满了计划控制系统。企业经营的所有行为几乎都是计划和控制。例如，企业要做下一期的预算。"预算"一词就形象地说明了这是关于财务的计划。另外，还需要经常定期测量实际情况与预算之间的偏差，并根据偏差的大小采取适当的修正行为。最后还会将当初的计划和实际的业绩进行比对，对业绩进行评价，这也是非常常见的一种控制活动。大部分组织都会系统地在一定的期间内对所有部门按照一系列的流程进行必要的测量。

在这个庞大的计划和控制过程中，人们处理的主要内容其实是信息。收集与自己的工作环境相关的信息制订计划，将自己制订的计划作为信息传达给其他部门以便进行调整，为了让上司同意下一期的计划，通过对计划进行说明，将该部门所要达成的目标相关的信息告知上司，在接收到环境变化的信息之后考虑是否有必要修正行动。

综上可知，在计划和控制的过程中必然存在着多重信息的流动。各种各样的信息在环境和负责人之间流动，在部门之间流动，在上司和下属之间流动。联络、调整、汇总都是在进行交流。因此制定计划控制系统来统一管理计划和控制的过程，实际上主要是创建组织内信息流动的机制。

计划控制系统和组织中的信息流动的机制之间是一种双向关系。一方面，进行计划和控制需要信息的流动。换言之，有了信息流动机制，才能有计划和控制这一过程。另一方面，计划和控制过程是为了促进必要信息的流动。从这个意义上来说，计划和控制系统在相当大程度上决定了组织中实际流动的信息内容及其流动方向。

综上可知，我们在第9章和第10章论述过组织结构的核心是沟通体系（传达和协商体系），而在相当程度上决定这一沟通体系实际运转情况的是计划控制系统。

计划控制系统并不只是为了让上司管理下属而设计，而是因为各种各样的信息需要通过这一系统流动。而且很多情况下，计划控制系统在运行过程中，会不知不觉地让组织中只流动系统需要的信息。这是计划控制系统的影响，我们需要深刻地认识到这一点。

计划与控制的组织意义

上一节，我们从计划和控制过程对个人的意义这一角度进行了论述。除此之外，计划和控制系统对组织也具有重要意义，本节将就计划和控制系统对组织整体的意义进行论述。

在上一节，提到过系统地制订计划对组织的第一个意义，即制订计划的过程也是组织内进行交流的过程。将自己的计划传达给上司以取得上司的认可和批准，这实际上就是交流的过程。在制订计划的过程中和其他部门联系也是一种交流的过程。通过上述交流过程可以让其他部门更加了解情况，从而制订出更合理的计划。通过这些交流过程，让"整体计划"这一组织整体的活动架构为组织成员共同拥有，从而在实行过程中获得更好的组织协作。

系统地制订计划对组织的第二个意义在于，在制订计划的过程中，制订计划的人与上司之间的互动过程也是上司对下属的行动施加各种影响的过程。

例如上司听取下属的计划、下达修正的指示、批准计划的过程也是上司对下属的目标设定施加影响的过程。换言之，上司批准计划实际上就是上司承认了计划里的目标以及要达成这一目标所需付出的努力，这将对下属在执行计划过程中为达成业绩所需付出的努力程度产生积极影响。

综上，计划系统的意义就在于将部门与部门之间的交流过程、上司与下属之间的交流过程系统化。

系统地进行控制对组织的第一个意义是提供了交流的过程。由于控制的过程很多情况下是上司对下属进行评价的过程，所以控制系统其实是一个为上司和下属提供定期交流机会的系统。通过在这一过程中进行的信息交流，上司也能够修正自己的行为。因此，控制系统就是一个提供信息交流机会的系统。

系统地进行控制对组织的第二个意义是它实际上提供了一个对组织内的各个部门进行横向评价的机会。因为控制系统提供的反馈信息可以明确地展示作为控制对象的各个部门的负责人实际取得的业绩与计划之间的偏差，并将这一评价同时横向反馈给各个部门，同时对多人进行横向评价。

由于作为被评价对象的下属们都知道会与其他人进行横向比较，为了获得较高的评价就会更加努力地工作。此时，控制系统也发挥了对下属进行激励的系统功能，这是系统地进行控制对组织的第三个意义。

设计计划控制系统

设计计划控制系统

接下来将就进行计划系统设计时要注意的几个代表性设计参数进行说明，逐一论述该参数会对系统效果产生怎样的影响。

设计计划系统时，主要考虑以下五个重要设计参数。

- 谁制订计划；
- 计划具体到什么程度；
- 计划的修正周期；
- 与绩效考评挂钩的方式；
- 计划的格式及内容要求。

计划系统的第一个设计参数是由谁来制订计划，主要有两个对照选项：第一个选项是由计划对象的负责人来制订计划，也就是让执行计划的人制订计划；另外一个选项是由专门负责制订计划的人制订计划。

按照流水线的形式制订计划后汇总成为一个整体计划的计划制订方式，叫作自下而上式或者层层堆积式。由专门负责制订计划的人先制订出整体计划，再由各个负责人将其进行细化的计划制订方式称为自上而下式。一般而言，用流水线方式制订的计划在实际工作中能够执行得更彻底。而且由实际负责工作的人来制订计划可以提高计划制订人的工作积极性。此外，制订计划的过程也为组织提供了一个交流的过程，这是制订计划对组织整体的意义，是用流水线的方式制订计划才能达到的效果，所以用流水线的方式制订计划更加高效。但是用流水线方式制订计划时需要注意以下两个问题：第一个问题是制订出来的计划能否整合成为组织全体的计划，第二个问题是在制订计划的过程中能否注意到更高维度的组织整体的经营环境动向。

为了解决上述两个问题，一般情况下，制订计划采用的方式是由流水线先制订好计划，再由专门负责制订计划的人进行计划调整。

计划系统的第二个设计参数是确定要制订计划的详细程度。计划的内容不同，需要的详细程度也不一样。长期战略计划一般只能是较为抽象的概括性计划，与此相对，短期计划则可以制订得较为详细。但就算是短期计划，在环境极为不确定的情况下也很难制订得非常具体。

过于抽象的计划容易进行整合，但是这种整合往往不是真的整合。尽量制订出详细计划能获得以下效果：计划越具体，各个部门对计划的意见也就越鲜明，这样能够促进不同部门之间的信息共享，从而提高有效解决问题的可能性。当然，并不是说计划越具体就一定越好，若是在制订计划过程中过于追求细枝末节，往往会因小失大。

此外，除了确定执行计划的期间外，要在多长的期间内重新审视计划也是制订计划时需要考虑的第三个重要设计参数。例如企业制订了一个五年长期计划，企业可以每五年审视一次，也可以每年审视一次。我们将后者称为年度调整计划。频繁审视计划的好处是，每审视一次就可以促进信息交流和共享，从而提高计划的可靠性。但是如果抱有反正马上要进行审视的想法，有可能在制订计划的过程中就不会认真地解决问题，这样制订计划对个人的意义也就无从谈起。而且，频繁审视计划也可能导致计划的调整功能下降。

计划系统的第四个设计参数是确定计划与绩效考评进行挂钩的方式。计划的内容作为计划期间必须达成的目标，要使其对拥有自主决策权的一线工作人员具有引导作用，其必要条件就是这个计划能够被一线工作人员真正接受。自己制订出来的计划肯定比被他人强制要求执行的计划更容易接受，所以制订计划这一工作最好还是由计划执行者本人来完成,这一点在论述第一个设计参数时已经提到。

制订的计划能够被人们接受的另外一个条件是,将计划的内容跟事后的业绩考评挂钩。当人们知道要在事后被考核时,他们就会认真对待,否则,计划就容易沦为无人负责的口号,成为一纸空谈。

但是要将计划的哪个部分与业绩考核进行挂钩呢?这不是一个简单的问题。因为计划归根到底只是一个事先制定的行动方案和成果预期,但是执行计划的环境经常会发生预料之外的变化。这种情况下,若是不修正事先定下的行动方案,而是继续执行,肯定无法达成预期目标。因此,后期需要进行行动修正。但是一旦进行了计划修正,就不能将业绩考评简单地与最初制订的计划进行挂钩。

另外,若是将计划与绩效考核进行挂钩,在制订计划阶段的交流过程中有可能出现偏差,因为将计划的目标设定得低一点就可以让将来获得的评价更高。

如果不通过某些方式将计划与绩效考核进行挂钩,计划在一开始就可能不受重视。因此,计划与绩效考核的挂钩方式是计划系统设计时要考虑的最重要的参数。

计划系统设计的第五个设计参数看起来非常不起眼,这个参数就是在将计划文件化时,要规定好什么内容按照什么样的格式书写。

例如,有些企业会要求将计划中最重要的内容归纳为一页纸的大小,如美国的强生公司。日本的本田公司要求将大型项目的项目企划书按照A00 [原是美国部队下达任务指令书时的"目标"用语。位于A0(目的)、A000(手段)的中间,本田公司中主要用于指"目标"] 基本要点进行简单总结。这种做法本质上是要求计划制订者明确项目的基本目的和性质,明确要在这一项目中做什么以及能够做出多少贡献等。

上述文件格式其实起到了引导人们进行深入思考的作用。例如,当人们需要将计划归纳为一页纸,或者是按照A00的要求将最为本质的内容以浅显易懂的语言进行表达时,就要求人们进行深度思考,在进行多方位、多角度的深入思考之后,删除细枝末节,制订出符合要求的计划书。如果企业的计划书格式是要求计划制订人罗列一系列的数据，那么企业成员的思维方式也会向这一方向转变。格式的作用是在计划的过程中为人们进行交流和讨论提供真正的焦点。因此，"不过是个格式"，却非常重要。

上述五个设计参数不仅对正式的大型组织设计计划系统非常重要，而且不管是哪个组织，只要是由多人共同制订整体计划，就需要认真考虑这五个设计参数。

计划很复杂，需要认真对待，越是由多人共同制订的长期、复杂的计划，计划对组织的作用就越是受到上述五个参数的设定方式的影响。计划的过程也是人们深入思考和交流的过程。上述五个设计参数的作用是为人们提供深入思考和交流的机会。

设计控制系统

设计控制系统时要注意以下几个主要参数。

- 目标参数；
- 目标成果的测量方法；
- 如何制定事先评价标准；
- 成果测量结果反馈对象；
- 如何制定事后考核标准。

第一个目标参数是指测量控制对象即人的工作成果的变数。例如，进行预算管理时，目标参数就是事业部的利润额、销售额、生产费用，或者是利润率、增长率、改善率等。

第二个参数是目标成果的测量方法。例如上文提到的利润额，计算部门的利润额也不是个简单的问题。管理会计要面临的一大问题就是：将哪些项目纳入利润额计算范围会极大地改变控制的对象——人们的行动。不仅利润额不好计算，还有很多参数也是如此。例如"品质"，要如何测量"品质"呢？还有"培养人才"的责任参数也很难测量。

第一个设计参数和第二个设计参数实际上是关于业绩测量的问题，这是所有组织中都非常重要的参数。设计业绩参数时，必须考虑企业的经营情况以及作为被测量对象的人们的行为模式之后才能慎重做出决定。因为，制定出来的业绩参数具有指导人们行动的作用。

例如，前文提到过的日本大和运输公司。日本大和运输公司曾经面临一个难题，就是在全国铺开服务网的过程中，要处理普及宅急便这一可以提高服务水平的项目和一线营业厅的利润之间的冲突。因为要推广和普及宅急便服务，必然需要营业厅增加各种营运成本。例如，需要增加投入营运的货车数量。但是，各个营业厅的厅长会不由自主地去计算每个月营业厅获得的利润，并且被数字牵制。因为大家都知道，每个月的利润额是业绩考核的对象。因此，不管总公司如何提倡提高服务质量，在一线营业厅工作的人们还是迟迟不执行这一战略。

为了解决这一问题，日本大和运输公司的小仓社长明确宣布了"服务第一、利润第二"的考核标准。将目标参数明确定为服务业绩第一、利润业绩第二，对业绩的优先考核顺序进行排序。其中，明确宣布"利润业绩排第二位"这一点非常重要。而且，为了测量各个营业厅的服务水平，日本大和运输公司还执行了考核各个营业厅的"未达成率"这一指标。未达成率是指在配送预约日未能按时将快递送达的快递未按时配送率。当所有营业厅的厅长都将注意力放在未达成率这一绩效考核指标上的时候，日本大和运输公司提高服务水平的战略在实际工作过程中得以大力推进。这个案例告诉我们认真思考业绩考核指标的重要性。

当然，很多情况下，有些变数是无法用客观的数字进行测量的，此时，可以采用主观的观察法，也就是"目测观察"。进行目测观察很难，但是这是管理者的工作内容之一。只要在设计控制系统时将目测观察设置为管理者的义务即可。

一般而言，这种目测观察测量法需要在适当的时间进行，而且通过观察测量获得测量结果之后，需要与某些标准进行比对，才能"发现哪些地方有异常情况"。换言之，通常是反馈实际成果与某些标准之间的偏差。例如，厂长需要巡视工厂，通过目测观察来发现异常情况。他观察到的情况属于测量结果，需要将他观察到的情况跟他头脑中"正常情况下工厂应该有的样子"这一标准进行比对，才能得出最终的反馈信息。

综上可知，要获得最终的反馈信息，需要事先设定好标准。因此，控制系统需要事先设定好如何确定标准，这是设计控制系统时需要考虑的第三个参数。

上述工厂厂长的案例中，控制系统规定了"他头脑中的正常状态的工厂"是工厂的标准。确定标准的方式可以是在目标管理时采用自己申报目标的制度，由下属自己申报标准并与上司进行协商后确定，也可以将过去的实际业绩作为本次计划控制的标准。

计划系统制订出来的计划中应该包含上述评价标准。换言之，按照计划系统制订出的计划方案决定了控制系统中目标变数的评价标准。如果计划方案中没有相应的目标评价标准，计划就无法起到规范和管理人们行为的作用。因此，这是计划系统和控制系统联动的一个节点。计划系统和控制系统的联动非常重要。

将测量结果与评价标准进行比对可以获得反馈信息，但是如果仅仅获得反馈信息，而不将这些反馈信息通过管理控制或者影响控制等方式传达给完成工作的人，反馈也就失去了意义。因此，将某个工作的成果反馈信息通过交流以怎样的形式传达给谁，也是设计控制系统时必须考虑的重要设计参数。当然，某个工作的成果反馈信息肯定是要传达给完成工作的人，但是，除了完成工作的人之外，还应该传达给谁呢？这是设计控制系统时必须考虑的问题，也是设计控制系统时需要考虑的第四个设计参数。

上文所举的工厂厂长巡视工厂的例子，反馈信息比较简单，因为厂长本身已经获得了反馈信息，他只需要将自己获得的反馈信息告知相关的工作人员即可。但是，在现实的企业运营中，还有很多更为复杂的情况。

因为反馈信息反馈的是人管理工作所取得的成果相关的信息，所以必然存在着反馈信息的接收人。而人往往只有在自己管理的工作被评价时才会关注自己管理的工作中会被评价到的部分。例如，若是要测量品质参数，那么人们自然就会关注品质问题。若是要测量未达成率，营业厅厅长们的注意力自然就会放到未达成率上。更何况是跟评价标准有偏差的反馈信息，人们自然会对这一反馈信息以怎样的形式向谁传达很敏感，同时也很关注。

例如，如果管理多个营业厅，通常采用以下信息反馈方式：将各个营业厅的业绩反馈向所有营业厅通报。采用这一方式可以有效引导各个营业厅之间的竞争意识。这个案例表明，信息的反馈方式可以决定影响控制的过程。另外，还有一个案例是，将工厂里的不合格率按照班组进行统计之后采用张贴公布的信息反馈方式，可以有效提高不合格率高的班组降低不合格率的积极性和努力程度。

设计控制系统需要考虑的第五个设计参数是如何制定事后评价标准，这个参数与业绩测量参数同等重要，是控制系统设计时最重要的参数。事后评价标准是指用于与测量获得的实际成果进行比对的目标变数标准。这个事后评价标准很多时候与上文提到的第三个设计参数——事先评价标准共用，但是由于现实经营环境存在着种种变数，所以企业很可能需要重新设置事后评价标准。当经营环境好于预期时，事前评价标准会显得过低；而当经营环境远远低于预期时，事前评价标准又会显得过于苛刻。

这个事后评价标准要"设置妥当"非常难。因为，事后评价标准必须结合实际发生的环境变化来制定成果标准，即"在这一经营环境下，采用适当的工作管理方法应该获得这样的成果"。因为很难设计妥当，所以企业采用了很多替代办法，如依然使用事先的评价标准，或者将从事类似工作的人的工作成果取平均值作为事后评价标准等。

但是，不管设置事后评价标准多么困难，由于它决定评价对象的最终绩效，如果不能公平地进行成果评价，就无法实现"影响控制"这一主要作用。因此，如何设置事后评价标准对企业而言非常重要。

计划和控制的反作用

至此，本章探讨了计划和控制的两个问题——对个人的意义、对组织的意义以及相关的设计参数。这里暗含了一个前提，就是计划和控制都具有重大意义，也就是都是"优点"。但是，实际上，计划和控制并非全是优点，有时会起到反作用。不管是进行计划和控制的过程还是计划和控制的系统，若是"过多"使用，容易造成企业经营僵化的危险局面。

例如，随着计划过程变得复杂，权力会往总公司和专门负责制订计划的负责人身上集中，从而导致计划偏离一线工作者；有可能过于按部就班，按照计

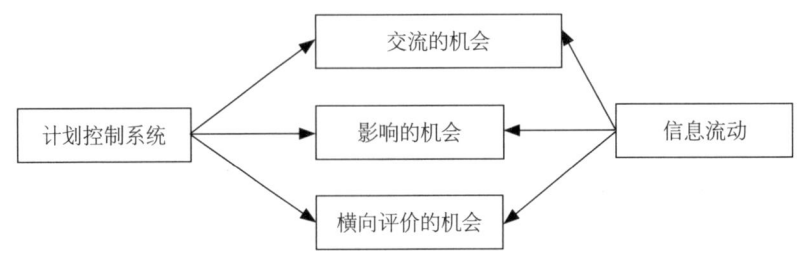

图 12-2　计划控制系统提供的三种机会

划行事，造成无法灵活应对环境变化的问题；还有可能为了制订精确的计划，在分析上花费了太多时间却迟迟无法采取行动；也有可能将精力过多地分配到制订计划上面，从而导致没有足够的精力去执行。

控制得过于严格，在一线工作的人就会失去自由裁量权，人们会过于注重评价结果从而导致行为变得比较保守。过于频繁地收集控制信息，人们容易觉得"自己不被信任"。

上述几条都是计划和控制起反作用的例子。那么，为何计划和控制会有这样的反作用呢？

计划和控制系统会产生上述问题，是因为人类本身具有的一些弱点以及人们的种种误解。例如，人类需要在复杂的现实环境中建立起某种秩序才能有安全感，这一弱点导致人类具有就算遇到无法分析的事情也要强行进行分析的倾向。人类还有强行建立秩序和夸耀权力的弱点，所以，总公司和专门制订计划的负责人会进行过多干预。另外，一旦有了某个标准文件，就算知道这个标准已经不再适用，只要没有新的标准制定出来就还是按照原来的标准进行，这也是人类的弱点。这个弱点导致人类容易墨守成规。

还有对人类的误解、对大型组织中的交流的误解——大型组织中的交流充斥着噪声，不了解这一点会导致人们误以为不管设计出多么复杂的计划和控制机制都能按照当初的设计理念运行。此外，还有对人的分析能力和理性程度的误解——高估人类的理性程度，从而导致过度分析和制订过度精确的计划和控制。

此外，误解人类会对正面评价和负面评价、正面信息和负面信息做出同样的反应。实际上，人们对负面评价和负面信息更为敏感，反应更为激烈，因此就算准备了同等的正面评价和正面信息，人们仍然会采取对组织来说过于保守的行动，很难再像之前那样自由采取行动。

当然，虽然人类有这样那样的弱点，人们对计划和控制系统也有这样那样的误解，但是，计划和控制系统仍然有其作用。因为人类不是只有弱点和误解。同时，虽然计划和控制系统有时候会起反作用，但是组织里没有计划控制系统就无从沟通交流，组织中的信息流动也会很少。

在设计计划和控制系统的机制时，企业最需要衡量的就是上述的反作用和作用这一组平衡因素。打个比方，平衡这二者就好比是制定一个"容易生病但是又简单好用的系统"。

练习

- 为什么需要将计划和业绩考核挂钩？需要将计划和业绩考核挂钩，却很少有企业真正做到了这一点，请思考原因。
- 几乎所有企业都有预算制度，请调查一下具体案例，详细说明预算制度在计划和控制方面的实际作用（反作用）。请思考企业的预算制度和政府的预算制度对计划和控制的作用有何不同。
- 请归纳总结计划和控制的作用和反作用以及平衡方法。试举出对计划和作用产生影响的主要因素。

第 13 章
经营理念和组织文化

前三章我们对企业的经营手段也就是企业的硬件系统进行了论述。行文至此，基本上论述了第 9 章中提及的经营的三个模式（战略、经营系统、理念和人）中的第二个模式的作用。第 10 章探讨的组织结构、第 11 章探讨的激励系统、第 12 章探讨的计划和控制系统都是组织的经营系统。

组织成员是有血有肉的人类，而不是系统零部件，人是有感情的，有自己的思维模式。人不仅仅有欲望，他们还有思想、有理念，会不停地追问自己存在的意义。企业组织是上述人的集合体，对人的集合体开展经营，不仅需要硬件层面上的系统，也需要软件层面上的理念以及文化，换言之，需要从人性方面直接影响人类来发挥经营的作用。

因此，本章以及第二篇将主要从组织管理的软件层面就"通过理念和人来管理组织"进行论述。主要分为组织理念和组织文化、领导力，以及人才配置和培养这三章。

本章主要论述组织理念和组织文化。我们先回顾一下第 9 章的内容，通过组织理念和组织文化进行管理，主要是指"经营者公开自己的经营理念以寻求并获得组织内成员的认同，努力建设组织文化，让组织文化和经营理念对人的四个基本因素（目的、信息、思维模式、情感）产生影响从而实现经营的目的"。

经营理念是什么

经营理念的定义

有一位著名的企业经营者不断地强调了经营理念的重要性,这个人就是松下幸之助。下面是他的原话。

> 我经营企业60年之久,在这个过程中我深切地感受到了经营理念的重要性,换言之,这个公司为什么而存在,它的经营是出于何种目的,用什么样的方法进行的?关于这一点必须有一个坚定不移的基本想法。企业经营中……最为根本的还是正确的经营理念。有了这样的根本,人、技术、资金才能真正发挥作用。换个角度也可以说,这些要素都只出现在具备正确经营理念的企业之中。

松下幸之助在1932年提出了产业人的使命这一经营理念,这一年是松下电器开始明确创业使命的第一年。那么,确立经营理念具有哪些意义呢?下文将再次引用松下幸之助先生的原话进行说明。

> 明确经营理念的一个结果就是我更加坚定了自己的信念,从而能够对员工和客户做到该说就说、该做就做的强势经营。而且,员工在听了我发表的讲话(经营理念)之后也深受鼓舞,产生了使命感,下定决心努力工作、奋发图强。一言以蔽之,企业进入了一个有灵魂的阶段。从此以后,企业的发展速度快得让我惊讶。

经营理念主要是指对两个问题的基本思维模式,这一点在上述引用中也出现过。第一个问题是组织的理念层面的目的(组织为何存在)。第二个问题是关于经营的方式和人们行为的基本思维模式。换言之,组织目的和经营行为规范这两部构成经营理念。

第一点,关于组织目的的经营理念的案例,松下电器就有"产业报国精神"一词,这词语虽然听起来有点陈旧,但是强调了企业组织不是赚钱的机器，而是有着更为远大的社会意义。同样，很多有名的经营者也强调了企业要拥有远大社会使命的重要性。

第二点，也就是经营行为规范的经营理念的案例也有很多，包括"发挥人的作用""人人参与经营""尊重人的经营""与客户同在""不唯利是图""和谐经营"等。

经营理念的意义

很多情况下，上述经营理念往往是用华丽辞藻堆砌起来之后挂在了总经理办公室的墙壁上，并没有被一线工作者意识到并加以执行。而且往往只在企业周年纪念日、员工入职大会上出现在总经理的演讲里，因此，很多人会觉得"那只不过是场面话"。

虽然如此，还是有很多知名经营者强调经营理念的重要性。因为，在组织里工作的人们需要经营理念。对于人们的这种需求，知名经营者们给予了正确的回应和满足。或者可以说是因为知名经营者们能够正确应对和满足组织内人们的这种需求才创造了企业的神话，因为这些人做到了场面话和真心话的高度统一。

在组织里工作的人们需要经营理念，原因有以下三点。

第一，在组织里工作的人们需要理念激励。正如《圣经》所言，人不能只靠面包活着。当人们在正确理念的引导下工作时，会有更高的积极性，原因是人们认同了经营理念中的组织目的这一部分。

第二，理念不仅能够提升人们努力工作的意愿，还能在人们进行判断和采取行动时指明方向。换言之，人们需要能够提供判断标准的理念。经营理念既可以是关于组织目的的经营理念，也可以是关于经营行为规范的经营理念。

第三，理念为人们提供了交流的机会。拥有共同理念的人们进行交流能够传达更有意义、更正确的信息。这一点也同时与经营理念两个层面上的内容相关。

综上所述，经营理念为人们提供了动机、判断的标准、交流的机会。组织需要上述内容是因为：首先，组织是为人们提供心灵支撑和工作意义、生活价值的场所；其次，组织是信念的集合体；最后，组织是传递信息的场所。

美国的社会学家菲利普·塞尔兹尼克指出，组织领导者的职能是为组织注入理念，领导者为组织注入理念之后，组织就不再只是工学层面上的人的集合体或者功能的集合体，而是有生命的社会有机体。可以说，组织理念存在的目的就是为组织注入生命。

上述经营理念是组织或者经营者想要给予人们的、希望人们接受的事物。当这一事物真正被人们接受、共享之后，才会激发人们的动机，成为人们的判断标准，促进人们的交流。那么，为何人们能够接受组织给予的组织理念呢？按理说，基本思维模式和价值观都是非常个人的问题，是个人心中的问题，而组织则是一个工作场所，那么，为何大多数人并不认为二者之间毫无关系，也不希望二者之间毫无关系呢？

第一个原因是，在职场上，工作是人们的生活重心，因此人们自然而然地希望在这样一个工作场所能够找到自己工作的意义以及能够为自己整理复杂情况提供框架的事物。但是，很多人是无法靠自己一个人整理出一个框架的，因此，就算是别人给予的框架也无所谓，只要是自己能够接受的内容即可。

第二个原因是，对大多数人来说，工作场所在人生中具有相当重要的地位。即使人们工作只是为了获得生活资料，但是人们在工作场所花费了大部分时间。而且，人们为了完成工作或者处理工作场所的人际关系，花费了大量的心力（内在动力），因此强烈希望能够有相关的理念来告诉自己，自己的工作具有意义。而由于这一理念与工作相关，因此就算是组织或者经营者提供的，人们也不会有很大的抵触心理。

但是，上文也提到过，上述理念很多时候只停留在口号上，被当作场面话挂在总经理办公室的墙壁上。这是经营理念和社训常见的遭遇。

那么，要如何做才能让经营理念根植于组织内部呢？答案是"当经营理念真正成为组织文化的一部分的时候"。换言之，经营的一大关键是能否把经营理念转化为组织文化。当然，如果经营者本身就没有精确的理念，也就无法探讨这一课题了。如果经营理念仅仅存在于经营者个人的大脑里或者是嘴巴上，那么经营理念对组织就没有太大意义。只有当经营理念成为组织文化的一部分，真正渗透到组织成员中时，它才能激发人们的动机，成为人们判断的标准，为人们提供交流的机会，这样才对组织有意义。

那么，组织文化是什么？组织文化又是如何产生和形成的？组织文化和经营理念之间的关系又应该如何理解？

组织文化是什么

组织文化的定义

可以这样理解组织文化和经营理念之间的关系：经营理念是经营者个人的，而组织文化则是组织成员所共同拥有的。因此，经营理念成为组织文化的一部分，意味着经营理念渗透到了组织成员中。

组织文化是指组织所有成员共同拥有的思维模式、认知方式、感知方式，也被称为企业文化，本质上与组织风气、公司风气等意思相同。

任何组织都有组织文化，只不过在强弱、好坏上有差异而已。例如，"官僚化组织""动态的喜爱新事物的组织""僵化保守的组织"等，不管哪个组织都有上述词汇所描述的组织中的某些特征。很多人可能都有过以下经历：同一个大学毕业的学生，毕业之后在不同的企业就职，受到各自企业文化的影响，形成了不同的办事风格。

严格说来，"组织对事物的思维模式、感知模式"由两个抽象层面组成。

第一个层面是组织的价值观。人们看重什么？什么重要？什么没那么重要？当上述"价值观"为组织里的大多数人所共同拥有时，这个价值观就成为了组织的价值观。组织价值观是组织文化中最基本的部分。

组织文化的第二个层面是组织成员共同拥有的范式（也就是认知环境的世界观和认知、思考的规则）。我们周边每天都发生着各式各样的事情，人们以各式各样的方式认知这些事情、理解这些事情，并在此基础上做出判断，从而采取最终行动。在每个人从认知到做出判断再最终采取行动的这一系列思考过程中，在同一个组织的人们往往会有一些共通的模式。这种"认知和思考的模式"就是范式。当个人处理问题的范式为组织内大多数人所共同拥有时（或者是共同的部分在全部内容中占较大比重的时候），这一范式就是"组织的范式"。

人们的认知和思考模式源自人们的世界观、企业观和人生观，可以说是人们对自己所处世界的相关信念。如果觉得"信念"一词过于强势，也可以将其视为人们对世界的印象，主要包括企业是什么、市场是什么、顾客想要什么、在企业内工作的人们想要什么等问题。"企业是个道场"（东电化投资有限公司）、"我们卖的不是计算机而是问题解决方案"（IBM）、"在做产品之前先育人"（松下电器）等，都是对企业是什么、我们的企业是什么样的等问题的回答，都是世界观的表达。

人们的认知和思考模式也是认知和思考时采用的规则，包括应该如何获取信息（例如，要求一线工作者不断有所发现），应该如何找出思考的焦点（例如，顾客永远是第一位的），应该如何呈现获得的知识和信息（例如，笔记篇幅仅限一页纸）等。在一个组织中，上述规则是在半无意识的过程中为组织成员所共同拥有的。

换言之，组织的范式，是由人们对自己所处世界的印象或者说是信念以及认知和思考时采用的规则两个部分组成的。

综上所述，从抽象层面上看，组织文化由组织价值观和组织范式两部分组成，二者互相支撑，相辅相成。

例如，什么重要？什么有价值？不同的判断标准反映了人们对世界的看法以及不同的人生观。人们的世界观、人生观不同，认知和思考时所采用的规则也就不同。反过来说，范式奠定了价值观的基础，而世界观则确立了价值观的合理地位。如果仅凭"对个人而言这一点很重要"这一理由，该价值观在组织中获得承认的可能性就很小。但是，如果这一点源自大家共同拥有的世界观，那么人们会更加清晰地认识到其重要性，其在组织中获得认可的可能性就会比较大，成为人们共同拥有的价值观的可能性也提高了。换言之，价值观的普及需要一定的理由，需要用浅显易懂的方式将其共通的部分表述出来以获得人们的共鸣，而范式就起到了这样的作用，为价值观的合理化夯实了基础。

> **范式——托马斯·库恩提出的概念**
>
> 　　熟悉科学史的读者可能知道，"范式"这个概念是由著名的科学史家托马斯·库恩提出的。他提出了科学发展的新理论。在该理论中他提出了范式这一概念。之前，人们认为科学与宗教、意识形态不同，是以经验和数据为依据的，具有可以判断何者才是正确的这一特征。人们认为，科技的进步是这样的：当有人提出某个理论，如果该理念引出的假设跟获得的数据不一致，该理念就得到了修正，从而促进了科学的进步。库恩对上述科学发展观提出了反对意见，认为真实的科学发展过程并非如此。库恩认为，科学发展是由两个过程组成的，一种是在某个支配性思维方式的基础上进行的渐进式的发展方式，另外一种是某种支配性思维方式发生了革命性的、非连续性的变化，这种支配性思维方式就是范式。库恩认为，发生范式转换时，数据和逻辑是无用的，一般采用的是革命性的方式。
>
> 　　库恩做了以下定义："所谓范式，是一段时期内，科学共同体看问题的方式。"不管是库恩还是其他科学家，都将范式视为科学家共同拥有的基本价值观，是对研究对象——世界的印象。很多企业拥有共同的世界观，在企业的发展过程中，也发生了很多库恩提到的类似于范式革命的非连续性变化。

　　综上可知，组织价值观和组织范式是组织文化的两大构成因素，二者相辅相成，共同构成组织文化。换言之，如果某个价值观和范式之间有差异或矛盾，二者就无法构成组织文化。

　　另外，还可以发现，组织价值观和组织范式与经营理念的两个部分是一一对应的关系。

　　组织价值观是组织的理念、目的，跟赋予组织存在意义的经营理念的第一部分对应。当然，经营者不可能一个人决定组织中人们共同拥有的所有价值观。但是，只有经营者提倡的组织理念、目的能够在人们的价值观中得以反映时，经营者的经营理念才对组织具有意义。

上文提到过，理念是经营者独有的，组织文化是大家共同拥有的。企业组织最需要的，就是经营者的理念能够和人们所拥有的组织文化紧密联系在一起。如果二者相互矛盾，经营理念对组织就没有意义。因为大部分的实际工作不是由经营者而是由员工完成的。

行为规范是组织文化的具体体现

价值观和范式本来就是很抽象的概念。抽象有抽象的好处，同时也有其弊端。

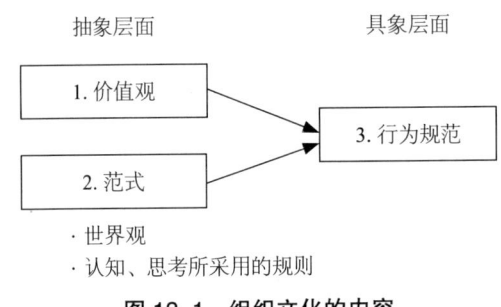

图 13-1　组织文化的内容

抽象的好处是可以随机应变，不是一旦持有某种价值观就只能进行固定的、具体的行动，而是就算在同一个价值观的指导下，人们也可以根据环境的需要改变，采取相应的行动。抽象带来的通融给了人们一定的安定保障。因为，不变的事务可以给予人们安全感，可以在变化的环境中把我们带回思考的原点。

但是，抽象性也是价值观和范式的局限所在，因为难以具体理解，可以随意解释，因此价值观和范式的局限就是不能成为具体的共同行为的指针。就算价值观和范式构筑了组织文化的根基，如果没有具体的表现形式，无法用浅显易懂的方式为组织内人们所接受，就没有意义。

行为规范就起到了上述作用。行为规范是指当人们在组织内遇到各式各样的状况时，已经内化的用于指导人们行动的规则和隐性规则。例如，对待比自己早入公司的人、上司、客户，应该采用什么样的态度等都有着肉眼看不到的规则。此外，很多组织内还有工作的开展方法等"默认的工作流程"。例如，当收到客户的投诉信息时，有的企业组织的常规做法是优先想办法做出决策、解决问题；而有的企业组织则是先想办法界定责任——哪些是企业的责任、哪些是客户的责任。由此可知，就算一个小小的投诉，行为规范不同，组织做出的反应也就不同。

上文提到的行为规范可以视为价值观和范式的具体表现。如果行为规范与价值观或者范式之间互相矛盾，该行为规范就无法在组织内起作用。

综上可知，行为规范是组织文化的具象层面。组织文化包括抽象层面和具象层面，共由三个要素构成，其内容就是组织内大多数人所共同拥有的价值观、范式和行为规范的内容。

价值观、范式和行为规范三者紧密相连，相互之间的界限并不分明。但是，经过上述概念整理过程，我们可以大致明白，组织文化的内容包括三个要素，由抽象和具象两个层面构成。

一个企业具有组织文化，并不是说该企业必须同时拥有价值观、世界观、行为规范三个要素。如果一个企业的价值观并未被大多数人共同拥有，但是范式为企业的大多数人所共同拥有，也可以说这个企业具有组织文化，只是组织文化的内容只包含了范式，价值观不属于该企业的组织文化。但是，上文也提到过，范式要为企业内大多数人所共同拥有，很多时候是以共同拥有价值观为前提的，而共同拥有价值观反过来又需要范式的共同拥有。比起告诉人们价值观比什么都重要，不如想办法让人们理解价值观之所以重要的理由，唯有如此，价值观才容易被人们接受。因此，一个具有强烈组织文化的企业通常是一个价值观和范式都为大多数人所共同拥有的企业。

同样，价值观和规范、范式和规范之间的关系也是如此。价值观是规范的支撑，范式是规范的依据，当价值观和范式都为人们所共同拥有时，规范也容易被人们接受。此外，当行为规范为人们所共同拥有时，其背后暗含的价值观和世界观也容易为组织内人们所共同拥有。

"共同拥有"的范围很大，从完全共同拥有到低程度的共同拥有，有很多种可能性。只有"共同拥有"的程度较高时，才能说一个企业具有组织文化，但是严格说来，具体需要多大程度的"共同拥有"还无明确说法，尚属灰色地带。下文统一认定为"具有相当程度的共同拥有"时就说明该组织具有组织文化。

组织文化的意义和作用

那么，组织文化对组织内的人们究竟有何意义？对组织而言又起到了哪些作用呢？组织文化的意义大致可以分为共同拥有价值观的意义、共同拥有范式的意义以及共同拥有行为规范的意义。

上节分析了组织内人们作为个人为何需要经营理念，原因其实就是共同拥有价值观的意义，包括提供动机、提供判断的基准、提供交流机会三点。上一节主要就组织内的各个成员在个人层面上为何需要经营理念进行了说明，但并未明确指出组织成员共同拥有的意义。当价值观为组织内成员所"共同拥有"时，就会为上述三个意义提供动力加速度。这是以经营理念为代表的价值观在组织中为组织内人们所共同拥有时的最基本的意义。

例如，以经营理念的形式给予人们理念上的激励，在与组织内其他成员共同拥有理念激励的过程中，实现价值观的共同拥有。对各个组织成员而言，这是价值观"相互确认"的过程。通过相互确认这一过程，可以让人们的价值观更为稳固，也可以进一步提高人们继续努力的动机。

判断基准的共同拥有不仅源自价值观的共同拥有，还源自范式的共同拥有。不管是源自哪里，只要实现了判断基准的共同拥有，企业内部就容易做出共同决策。组织原本就是个协作体，实现协作需要进行不同决策的磨合，如果实现了判断基准的组织共同拥有，可以让这一决策磨合更为轻松。此外，我们可以发现，价值观的共同拥有可以让交流更为轻松，这也降低了决策的磨合难度。

共同拥有范式的第一个意义也同样是让人与人之间的沟通变得更为简单。正如异文化交流会由于不同国家之间存在的文化差异而出现沟通问题，同一个组织的成员之间如果认知程度和信息处理模式未能实现一致，就不可避免地会在沟通交流上花费很多时间和精力。不同的人对同一件事的解释和赋予的意义可能完全不同，因此这些人进行沟通交流肯定非常困难。只有当范式被共同拥有时，同样的信息在不同的人员那里可以获得相似的解析，才能正确传达所要表达的意思。

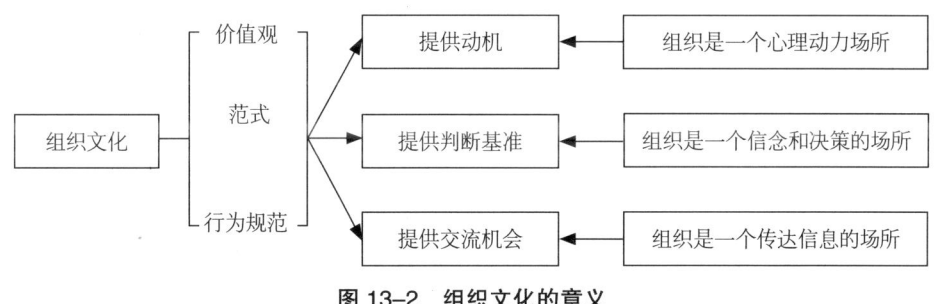

图 13-2　组织文化的意义

共同拥有范式也会对人们由决策转向行动产生影响。因为，当人们知道自己得出的结论与别人一样时，就会产生自信，这也是共同拥有范式的好处。此外，当企业的战略、组织结构和管理系统与范式一致时，人们会对他们产生信赖感，并认识到自己需要服从相关的战略、组织结构和管理系统。这是共同拥有范式的第二个意义。

共同拥有范式的第三个意义是具有提升人们学习效果的功能。首先，共同拥有范式，意味着为人们指出了哪些是需要学习的重要信息，可以推动员工的学习活动。其次，共同拥有范式可以促进个人学习成果和经验的交流和共享。范式是一种世界观，会给予人们世界是由什么构成的、世界上的事物应该如何分类等框架。不同的企业，技术分类框架、产品分类框架、组织分类框架、客户分类框架都各不相同，这主要是因为不同企业组织中人们所共同拥有的范式不同。

共同拥有行为规范的第一个意义是，行为规范可以自发地管理人们的行为，就算组织没有正式的规则，也可以实现调整人们行为的目标。而且，由于规范具有一定的模糊性，因此比组织正式的规则更具有弹性和适应性。如此一来，组织就不会被规则左右，不会出现官僚化组织的弊端。当然，规范的模糊性也是导致误解出现的原因。

第二个意义是可以加快决策速度。因为组织的各个成员都很清楚自己在什么情况下必须采取什么行动，可以有效减少思考和调整的时间。

由此可知，组织文化可以从个人决策、行为、努力、学习等各个方面对个人施加影响。当然，组织文化对人们的这些影响不是让各个成员的努力程度和决策出现戏剧性的变化，而是"一点点地"、持续不断地从各个角度对人们施加影响。组织文化对各个组织成员的影响可以说是聚沙成塔。美国的政治家亨利·阿尔弗雷德·基辛格曾经说过，将无数件小事情逐一做好了，组织也就有了力量之源。组织文化就是这样一个"不知不觉"中影响了组织内成员的"看不见的结构"。

至此，本书就组织文化对组织成员的影响进行了论述，其实，组织文化在组织外也能发挥作用，因为强烈的组织文化给予了组织外部人们评价企业、对企业产生印象的机会。诸如"那个企业注重产品品质""那个企业的公司理念是要成为技术引领者"等人们对企业的印象，都是在组织文化传递到企业外之后形成的。

综上可知，组织文化的意义主要是在构成组织文化的价值观、范式和行为规范为组织成员所"共同拥有"时才产生的，关键在于"共同拥有"。那么，经营者在考虑利用组织文化来进行企业经营管理时的关键就是，厘清组织文化是如何产生以及如何为人们所共同拥有的。在这一点上，经营者能做的是加强共享机制的建设。下一节，我们将就此问题进行探讨。

组织文化的形成和共享

首先探讨一下组织价值观的形成问题。

组织价值观源自企业组织所处的一般社会文化环境。如果将讨论的范围限定在组织固有的价值观的来源这一点上，来源一般有两个。第一个就是前文提到的经营理念。经营者应该努力将自己的经营理念转化为组织的价值观。

组织价值观的另外一个重要来源是组织过去的成功经验。

组织的成功经验是指让人们认识到促成成功的思维方式、工作方式等"正确的方式"。如此一来，思维方式、经营方式，甚至其背后的价值观就有很大的可能为人们所共同拥有。很多时候，人们只有自己亲自尝试之后才会相信，而且人们一般只相信自己的经验，而成功的经验比任何工具都具有说服力。

要让成功经验成为组织价值观的重要来源，只实现经验的共同拥有是不够的，还需要将这些经验以文字的形式表达出来，让人们意识到这是一种价值观，也就是需要将经验文字化。当然，这一过程有可能是无意识的、自然发生的。人们有可能不知不觉中就用同样的文字对成功的经验进行了抽象归纳。还有一种将经验文字化的情况是，经营者想办法将成功经验背后隐含的思维方式、经营方式以恰当的语言表达出来，然后人们接受了这一表达。

事实上，很多企业的经验理念都是经营者将企业初创时期的成功经验进行抽象归纳总结并用语言表达出来的结果。在刚刚取得成功时，可能尚有无法用语言明确表达出来的内容，但在重新思考为何会取得成功的过程中，厘清了成功的原因。将这一原因用语言表达出来就成了经营者的经营理念。当理念有成功经验为依据时，理念就能作为价值观在组织里生根，从而提高了为组织内成员所共同拥有的可能性。这一点，我们将在下一节进行探讨。

接下来，我们探讨范式的形成机制。

范式是认知模式和思维模式，在组织中的形成跟组织价值观的形成同理，源自该企业所在社会的范式。例如，虽然同为日本企业，关西的企业和东京的企业在思维方式、感知方式上总有微小的不同。除了企业所在的社会所特有的范式之外，还有组织固有的范式来源。

很明显，其中一个范式来源是组织价值观。当人们持有某种价值观时，倾向于审视和判断事物是否符合该价值观。因此，认知模式和思维模式一定程度上受价值观的左右。

当然，范式的来源不只是组织价值观。人们日常从事的工作、看到的现象、接触到的各种不同类型的人等都会在不知不觉中塑造人们的认知模式和思维模式。

在论述范式的形成时，可以将人们的日常经验分为四类进行探讨。

- 物质与技术的影响；
- 市场的影响；
- 经营系统的影响；
- 具体的模范。

首先，人们的认知模式和思维模式受人们所从事的工作要经手的物质的性质以及处理这些物质所需要的技术特质的影响。例如，在证券企业工作的人面对的是经常变化的股票，而在银行工作的人面对的是变化很少的存款和贷款，这两个在不同企业工作的人，其工作方式以及对同样一个经济现象的认知肯定是不同的。在精细化学制品企业，只要化学材料的混合方式稍微有一点点区别，就会对最终的成品品质产生巨大的影响，因此，此类企业往往要求注重工作细节，喜欢性格谨小慎微的员工。但是，制造重型电机等大型机械的企业，往往先把整体架构设计出来，之后再考虑细节问题，所以此类企业更喜欢先整体后细节的思维模式。

在一个成系统的生产过程中，往往会将工作分为好几个部分，如果其中一个部分无法与其他部分顺利衔接，就会导致整个系统停滞，因此，各个部分的负责人都会特别注意与其他部门的人进行协同。但是，如果一个人从事的是一个完整的小产品的制作工作，那么，通常他的思维模式是追求"做出自己的独到之处、做出个性"。

由此可知，人们的思维模式是随着要处理的物质和所需技术的特质而变化的，同时也会为了提高自己处理物质、技术的效率而有所变化，这是组织文化之一的范式得以形成的基本要素之一。

第二个影响要素是市场，也就是市场的竞争情况和客户类型对范式形成的影响。在没有竞争的情况下，组织容易受到"大锅饭"思想的影响，做事慢慢悠悠，缺乏服务意识。此外，一个面对着挑剔的客户、在不断被抱怨的环境中成长的技术人员，与一个面对着宽容的客户、可以按照自己的节奏成长的技术人员，他们应对"应该如何回应客户的需求"这一问题的范式也是不同的。

人们的整体日常经验中，范式形成的第三个影响要素是人们所就职企业的经营系统，包括组织的权限体系、激励系统、计划和控制系统等经营系统的构成要素。

经营系统一般通过两个途径影响人们的范式。第一个途径是经营系统决定了人们的互相接触模式和互相影响模式。如果一个企业的经营管理系统是管理部门要求工作一线进行细致的计算和评估，企业员工就容易养成重视"细致严格的计算和评估"的思维模式；如果一个企业无论做什么决策都要在有上司出席的会议上进行，这个企业自然容易形成重视规则、规矩、和谐的思维模式，也就是容易产生官僚化范式；如果一个企业的人事安排是几乎没有在不同职位轮岗的情况，这个企业就容易产生派系。同样，通过生产有特色的产品而存活下来的创新型企业也会与现有的一流企业不同，它们在与不同的人们接触和相互作用、相互影响的过程中，会对变化比较敏感，容易产生"认为积极应对变化是有价值的"的企业文化。

经营系统影响个人范式的第二个途径是经营系统确定了要"评价"人们的哪些方面。例如，经营系统决定了企业内部的实际权力关系，确定了"什么工作、什么职位在本企业是有地位的"，也就基本决定了人们的"评价尺度"。什么重要、谁负责等问题的答案都会微妙地影响人们的行为。因为人们都希望自己能够做好重要的事情、了不起的事情。人们在这样的想法影响下，行动的过程中也就形成了相应的范式。

人们的整体日常经验会极大地影响范式的形成，因为日常的经历过程也是人们学习的过程。学习是在很多人相互作用的过程中完成的，因此，学习结果也是共同拥有的。这一结果既可能是在拥有同样经历的过程中实现的，也可能是通过传授经验让很多人拥有模拟体验从而实现的。总之，学习过程中的某个地方出现了共同拥有的情况，这个情况最终促成了共同范式的产生。

不仅范式的形成过程如此，价值观的形成过程也类似。因此，组织文化的形成和沉淀是通过将无数的经验聚集起来以及人与人之间相互作用、相互影响完成的。

共同拥有机制和传承机制

但是，组织文化的沉淀是不能仅仅通过人们的日常经验完成的。就算组织文化开始形成了，或者说组织中的一部分有了组织文化，要使组织文化为组织全体所共同拥有，还需要经营者付出很大的努力。只有当某一个文化为组织全体所共同拥有时，才有组织文化的沉淀，组织文化才会对组织有意义。接下来，我们将探讨一下组织文化的共同拥有机制，以及跨越世代实现共同拥有的机制——传承机制，这也是组织文化探讨中最重要的部分。

在组织文化中，不管是价值观还是范式，二者的共同拥有过程和形成过程很明显是一个连续的过程。二者都具有随着形成过程的推进和深化能实现进一步的共同拥有这一特点。因此，组织文化共同拥有过程中最重要的，是有意识地强化组织文化的生产机制。

例如，前文提到过，源于成功经验的价值观要成为组织文化，首先需要组织的某个地方思考如何将其用语言表达出来。但是，仅仅思考如何用语言表达出来是不够的，要实现组织整体共同拥有，还需要将其渗透到尽可能多的组织成员中，甚至在不同世代中传承下去。要实现这两点，就需要注意总结经验所用的措辞，要使用浅显易懂的、有强大吸引力的措辞。因此，可以说经营者在某些时候必须是个语言魔法师。

正如上文例子所示，要意识到形成机制和共同拥有机制之间的关系。为了进一步说明共同拥有机制问题中需要重视的部分，特将在上一节中论述的内容进行整理，将在价值观和范式上共通的共同拥有机制分为如下五个方式。

- 用浅显易懂且能激发人们理想的措辞进行表达；
- 具体行为的共同拥有（有同样的经历）；
- 象征的共同拥有（有同样的寄托）；
- 教育；
- 人才选拔。

第一个方式是用浅显易懂且能激发人们理想的措辞进行表达，其中一个做法就是明确公司的基本方针，并以浅显易懂和激发共情的文字将其呈现出来。本田技研工业株式会社的社长本田宗一郎认为"企业发展的原动力是思想"，公司成立不久，本田宗一郎就提出了下列"本田企业运营的基本方针"。当时，本田技研工业株式会社还只是一个小企业。

- 将（企业）建成人们成长的场所；
- 开拓国际视野；
- 尊重理论；
- 在和谐、有条不紊的工作流程中从事生产；
- 始终站在正义这一方。

企业的经营理念必须像上述社训一样，用词简洁、浅显易懂。而且还需要诉诸理想。过于现实的内容很难成为人们共同拥有的价值观。在错综复杂的环境中，人们可能只会为现实而忙碌，但是，"人只有理念无法生存，没有理念就没有生存资格"。

另外一个"浅显易懂且能激发人们理想"的价值观和范式的表达方式是企业的"传奇故事"。还有一种情况很常见，就是企业刚创业时振奋人心的故事在企业中不断地流传。此外，还有知名销售员的传说、卓越的技术人员表现出来的工匠精神等也会在企业中不停地流传。这些传奇故事以一种间接的形式将组织的价值观和范式形象生动地表达了出来。

传奇故事是组织文化的表达方式之一，属于较为抽象的表达方式。因此，传奇故事在下文将论述到的第三个组织文化的表达方式——"象征的共同拥有"上也很有意义。

组织文化共同拥有的第二个方式是拥有同样的经历。拥有同样的经历是指让尽可能多的人共同经历跟组织价值观和范式有密切联系的事。例如，如果一个企业坚持顾客至上的宗旨，那么企业就可以要求技术人员、总公司的员工等都要接待顾客、拜访顾客。当很多人都共同拥有一段典型的职业经历时，就自然而然地共同拥有了组织文化。

此外，一起完成某个宣传活动或者进行某种运动都可以实现价值观、范式的渗透，很多人同时参加含有价值观的某个仪式（例如，为了强调经营理念和传达经营方针从全世界召集数千个经理一起开会）都属于"具体行为的共同拥有"。

第三个方式是象征的共同拥有（有同样的寄托），指的是让组织中的人们共同拥有象征组织价值观和范式的某个事物。但是，象征是个抽象的概念。如果不想办法将象征具象为"某个事物"，就无法实现象征的共同拥有。最典型的"某个事物"就是企业的英雄。不管是松下电器的松下幸之助还是本田技研株式会社的本田宗一郎都是如此。英雄可以不只是一个人，可以是很多大大小小的英雄。

另外一种能成为象征的"某个事物"是象征性的行为。经营者以身作则，做着可以让大多数人注意到的象征着价值观和范式的行为。例如，当接到客户投诉时，经营者亲自登门道歉，或者是将规模大到让所有人都惊讶的资源用于新技术研发等。实际上人们都在关注着经营者的一举一动。

在日本企业中，还有一种常见的共同拥有象征的方式是，将创立企业的家族视为"所有者家族",继续放在企业的中心位置。相信大家会立即联想到松下、本田等企业,此外,三井、三菱、住友等第二次世界大战前的日本财阀也是如此。通过成为"君临而不统治"的象征性存在,所有者家族不承担直接的经营工作,而是成为组织价值观的象征,这一角色转换有其重要的组织意义。

组织文化的共同拥有和传承的第四个方式是教育,即企业内进行培训或研修。培训的目的不是培养人才或者提升能力,而是采用各种培训方式来宣传组织的价值观和范式,比如,企业经营者抓住各种机会坚持不懈地向人们传达组织价值观和范式。一般来说,组织文化越牢固的企业,越是热心于企业内培训。

还有一个在组织文化的共同拥有和传承方面不是很明显却很重要的方式,就是人才选拔。这是第五种方式。企业决定要雇用什么样的人,在企业做出判断的时候,企业的价值观自然会有意无意地成为判断的标准。结果就是与企业的价值观一致的人会被录用。同时,价值观也通过这个过程传承了下来。同样,更高职位的人才选拔也是如此,在进行人才选拔时,企业的价值观和范式就会成为判断的基准,通过这个具体的选拔过程,价值观和范式很有可能得以传承。可以说,所有职员都受到人事安排的影响。

为什么无法沉淀?

然而,在现实的经济运行中,还有不少企业虽然拥有可以称为经营理念的东西,却没有为一线工作人员所真正接受。此外,还有很多企业的情况是,一边说着要改变组织文化,一边却按部就班,没有采取任何实际行动,经营理念和组织文化仅仅停留在口号上。一般而言,出现这种情况是因为以下原因。

- 上层领导者身体力行得不够;
- 通过共同的行动来获得共同经历的情况不足;
- 包括评价等内容在内的经营系统不完备。

其中,最致命的是上层领导者身体力行得不够这一点。一般有两种情况,有可能是上层领导者虽然提出了经营理念来表达自己的理想,但是自己并不相信自己说的内容；也有可能是上层领导者虽然喊着要进行组织文化变革，自己却仍然若无其事地按照旧体制行事（例如，有的经营者虽然强调要以客户为重，却只关心成本）。

当上层领导者自己都不以身作则的时候，又如何要求下属发自内心地接受经营理念和组织文化呢？而且上层领导者以身作则也要讲究方式方法。当然，最重要的不是以身作则的方式方法，而是身体力行的力度。

行文至此，我们多次强调了不管是何种经营理念还是组织文化，都必须通过具体的行动让大多数人拥有同样的经历才能在组织里生根发芽。行动的过程就是学习的过程。因此，第二点——通过共同的行动来获得共同经历的情况不足是妨碍组织文化沉淀的一大因素。而且，具体的行动不仅具有学习的意义，还有更深层次的意义。因此，具体的行动很重要。

第一个意义是当组织很多人一起参加某个具体行动，也就是将参与人数的规模定得很大的时候，这个行为本身就是一种宣传，因为用于具体行动的资源和时间总量代表着重视程度。

第二个意义是进行共同行动的场所，不仅仅是拥有共同经历的场所，还是进行各种交流和相互作用、相互影响的场所。例如，在举办大型销售活动时，动员企业的其他员工一起参加，活动现场不仅仅是让企业的其他员工体会到销售的重要性的场所，更是企业的其他员工与销售员进行各种接触、进行深入交流的场所。这个场所为参与的人们提供了互相认识和交流的机会。人们通过活动建立起了联系，开始了相互作用、相互影响的过程，而组织文化也在这一过程中逐渐沉淀下来。

组织文化无法沉淀的第三个原因是经营系统不完备。初步形成的组织文化、开始渗透的组织理念要在组织里沉淀下来，需要完备的经营系统，这是组织文化沉淀的必要条件。经营系统的完备与否与组织文化的形成关系不大，主要关系到组织文化的沉淀，因为人们的日常经验主要是由组织中的权限关系、信息的流动、评价方式等因素决定的。如果只是提倡经营理念，却没有做好相关的经营系统的配备，经营理念就无法深入人心，也就无法改变人们的行为。

组织文化难以沉淀主要是因为上述三个问题的存在。由此可知，组织文化的形成和变革是一个相当漫长的过程，不是一两年就可以完成的。组织文化的革新是非常困难的工作。不过，反过来想，组织文化的形成和沉淀需要这么多年的努力才能完成，那么在组织文化形成并完全沉淀下来之后，也必然能够在一个相当长的时期内发挥其作用。

组织文化的反作用

至此，我们主要论述了组织文化对企业经营的有利之处，不过，组织文化也有对企业经营不利的一面，也就是组织文化的反作用。

当一个价值观、范式为组织内大多数人所共同拥有时，也就是组织文化的形成和沉淀的过程中，不可避免地会导致下面两种结果。

- 思维模式的均质化；
- 形成自我保护的本能。

思维模式的均质化

思维模式的均质化只不过是共同拥有价值观和思维模式的另外一种表达而已，我们可以很清楚地看到：组织文化沉淀的必然结果是思维模式的均质化。

不过，其中比较隐晦的是，为什么思维模式的均质化会对企业的经营起反作用呢？最根本的原因是，思维模式均质化之后，就比较难以应对变化和自由这两种情况。

首先，我们来分析思维模式均质化难以应对变化这一点。思维模式均质化后，如果企业所处的环境不变，一直是该思维模式擅长应对的环境，企业就会一帆风顺，但是一旦环境发生变化，就会马上暴露出企业的脆弱，企业经营者甚至有可能看不到环境的变化。如果一直采用固有的世界观去看待这个世界，很多情况下甚至无法发现世界上发生的某些重大事件所具有的新意义，因为在很多实现了思维模式均质化的企业组织中，没有能够应对新环境的思维模式的种子。而且，就算企业组织里有这样的思维模式的种子，也很容易被企业中的支配性思维模式所消灭。大多数企业之所以在开拓新业务时举步维艰，往往就是因为该企业的组织文化不利于新业务的开展。

不管是转换经营的业务还是现有业务的市场或技术发生了变化，抑或是跨越国境开展业务，很多时候企业需要面对新环境的挑战。不管是哪种情况，在原有业务和环境下形成的组织文化都有可能起到反作用。

思维模式均质化难以解决自由的问题要稍微复杂些。首先，思维模式均质化会剥夺人们多样化思考的可能性，从这个角度看，思维模式均质化在某些方面是抵触个人自由的。这有两个坏处。第一，会剥夺人们多样化思考的可能性。换言之，思维模式均质化容易造就一个抹杀员工个性的企业，企业组织将由没有个性的人们构成。从生物繁衍的历史也可以看出来，多样性较低的组织很难应对环境变化。

第二，个人如果逐渐失去自由，其工作意愿（动机）也会逐渐减弱。个人在组织文化中感到窒息，无法再生龙活虎地工作。

自我保护的本能

组织文化沉淀的第二个结果是组织文化会赋予组织更为强大的自我保护的本能。但是，这个自我保护的本能会在不知不觉中变成保护组织文化的本能，而不再是保护组织、让组织一直生存下去的本能，如此一来，组织就可能做出一些严重影响组织存续的行为。

出现上述问题，主要有两个原因，一个原因是思维定式、自以为是，另外一个原因是因循守旧、墨守成规。

思维定式、自以为是是指由于组织文化较为强势，人们除了本组织的价值观和范式外看不到其他的价值观和范式。出现这种情况并不是因为组织成员出于要守护某些东西的目的有意识地采取了这样的行为，而是因为惯性，导致对本组织的思维模式以外的思维模式的感知能力变得迟钝了。由于思维定式，人们只会思考组织认为重要的事务并采取相应的行动。

或者是在不知不觉中，为了迎合组织的价值观和范式，而选择性地认识易于用组织价值观和范式解释的事务以及选择性地处理信息。如此一来，组织文化得以保存和传承下来，但是组织的行动本身却可能与组织所处环境的要求不符。至此，组织文化仅仅保全了自己，却不再具有保护组织的意义。

而且，当范式不再有效时，要说服人们、让人们接受这一点是很难的。在科学史上，第一个使用范式这一概念的托马斯·库恩，提出这一个概念就是为了说明"说服科学家们，让他们接受之前的思维模式和认知方式已经不再有效"非常困难。企业也一样，很难通过逻辑或者数据等方式说服人们某个范式已经不再有效了。因为，对于信奉该组织文化的人而言，现有的范式将一直有效下去。

不仅人们的思维定式会造成组织文化失去保护组织的作用，人们的因循守旧、墨守成规也会如此。在这种情况下，人们会下意识地保护组织文化，因为保护组织文化对自己有利。不管是谁，只要是人，都会觉得自己的价值观是正确的、自己的范式是合适的、自己知道的事情是很重要的，因为这是个人自我认同的大部分内容。

在认识到自己所保护的组织文化已经不再适应组织环境之前，一般人们都需要看到非常多的证据。通常只有在看到足够多的组织文化已经不再适用的有力证据之后，人们才会真正对旧的价值观和范式放手。这是人之常情，人类就是因循守旧、墨守成规的生物。但是，这种习性却会在保护组织文化的过程中让应对环境的组织行动变得异常困难。

组织文化的悖论

组织文化的上述特性在开拓新业务或者进行业务改革时最为致命。对企业而言，最重要的是在企业开拓新业务或者进行业务改革时想办法消除组织文化的反作用。在企业进行变革时，如开拓新业务或者变更现有业务的经营方式时，过去培育的组织文化中至少有一部分会妨碍企业的相关变革。因此，企业的变革其实是组织文化变革的同义词。

成功是失败之母。建立在过去的成功基础上的组织文化或者说基于过去的成功经历而为人们所信赖的组织文化，会让人们在应对新环境时变得迟钝，或者是采用错误的应对方式。

因此，组织文化在变化这一点上存在着本质的矛盾：过去的成功是基于现在的组织文化，但是现在的组织文化又可能导致将来的失败。

此时，不能简单地认为组织文化就是不好的。如果没有过去的成功，企业甚至都没有机会去担心未来的失败，因为企业现在就已经不存在了。此时，最关键的是，要承认这是过去的成功，并在展望未来的过程中让大多数人认识到进行变革的必要性。一直执着于过去是最坏的做法，要认识到拥有强大的组织文化这件事本身并不是坏事。

在组织文化与个人自由的关系上，也存在着悖论。上文已经提到过，强大的组织文化具有约束个人自由的可能性。但是，这里其实有个非常复杂的问题，那就是，如果没有组织文化，人们就真的会自由吗？有没有可能因为组织文化的存在，从而在某种程度上实现了思维模式的均质化，而这种均质化反而给了人们自由呢？

后者的可能性体现在下列两点。第一，有了组织文化这个大框架之后，个人反而能够在这个框架里感受到自由。因为要感受到自由，需要有一定的参照体系。第二，有了组织文化，组织中出现的很多现象，人们都无须再一一烦恼和调整，由此节省下来的时间和精力就可以自由地用于其他事务。

换言之，个人自由也有可能是组织文化的产物。问题在于，当组织文化超越了一定的限度、拘束了人们的自由时，就容易产生各式各样的问题。

不管是变化还是自由，都不能单纯地以非黑即白的方式看待组织文化的作用与反作用。不管走向哪个极端，都会导致组织环境恶化，因此最重要的是保持平衡。可以说，解决组织文化的矛盾问题才是组织文化管理要面对的课题。

练习

- 在现实经济生活中，很多企业的经营理念只停留在总经理办公室的牌匾上，那么，这些企业与经营理念渗透到组织成员内心里的企业有何差异？要将经营理念渗透到一线工作者当中，需要采取哪些措施？
- 组织文化也被称为"看不见的结构"，就算不刻意去创建组织文化，它也会自然形成。请思考为何组织文化会自然形成。
- 人们常说，银行员工和证券公司的员工存在范式上的差异。请思考原因。原因是否在于银行和证券公司的组织文化不同？若是如此，请思考银行的组织文化和证券公司的组织文化各是怎样的。抑或出现差异，是因为选择银行和选择证券公司的人原本就是不同类型的？

第 14 章
领导力

在前一章中，我们论述了经营理念与组织文化是组织管理当中软件方面、人员方面的第一大要素。在组织中，领导者为组织提供经营理念或创造组织文化，并且做出组织管理方面的各种决定。在本章中，我们将围绕组织领导者的领导力展开论述。只有在领导者的带领下，组织才能运转。通过这一简单的事实，我们也可以知道领导力将成为组织管理中人员方面的最重要话题。

卓越的领导力是什么样的？这是自经营学创立以来，说得夸张一点，甚至是自人类历史起源以来的基本命题。那些被称作先哲、贤人的人，总是会谈论起领导与领导力。同时，那些被称作伟大帝王的领袖们也通过自己的言行留下了众多关于领导力的教训。一直以来，人们对哲学、伦理学、历史、宗教、政治、军事等各个领域中卓越的领导力进行了研究与考察。其历史是十分悠久的。

但是从现状来看，关于卓越的领导力究竟是什么，至今未能得出明确的结论。也许，它是我们应从历史与文学中学习、通过实践去亲身感受的东西，而非通过理论与指南能够得出答案的。与其说是理论与技术，不如说领导力是一门艺术。

在本章中，我们将试着提供一个基本的框架，从理论层面论述这一复杂的现象。

领导力是什么

领导力这一词汇与领导者的职责

领导力这一词汇在经营学的书本中有广义、狭义的众多含义。其一般定义为"统率他人的能力"。由于"统率"一词的广义、狭义使用，领导力一词在使用时也拥有众多不同的含义。

本书中将领导力理解为在日常对话中自然使用的含义，比如"那个人很有领导力，所以大家都愿意跟着他干"。

统率他人的能力，这一表述拥有两种含义。一种含义是"能够让他人愿意跟随自己"，另一种含义是将许多人团结起来的能力。关于第二种含义，能够"将许多人团结起来"，是因为大家愿意去听他说的话，愿意按他所说的去做，由此凝聚起来。

也就是说，领导力的本质在于"他人愿意跟随自己"或是"能让他人跟随自己"。我想跟着那个人，我想在那个人的领导下尽自己最大的努力做出贡献——能够让团队中的每个人都这么想，便是拥有了领导力。

若要简单地定义领导力，那大概是"能让他人愿意跟随自己，并能将他们团结起来的个人影响力"。关于这一定义的具体含义，我将在本节中通过几个不同的视点进行解说，由此让读者知道领导力是什么、不是什么。

哪怕不喜欢别人跟着自己，在企业组织中还是会有许多领导者。总经理也好，事业本部长、部长、课长、股长（课长以下）也好，只要有一个团队要领导，他们就是各自团队的领导者。在组织的三角形中，不管是多么小的三角形，其顶点都会存在领导者。而从现实来看，也存在着许多不具备领导力的领导者。

无论有没有领导力，带领团队的领导者的职责都如图14–1所示，体现在对外、对上、对下三大方向上。也就是说，领导者同时拥有对外、对上以及对下的三大面孔。对下的面孔，换句话说，即为对团队内部的面孔。领导力则是与这三大面孔中对下、对内的面孔相关的内容。

领导者对外的面孔，指的是其代表团队，积极在团队以外的世界中开展工作的职责。比如代表组织或者部门，主张利害关系，发表言论，采取行动，创建、保持团队与外界的良好关系等。

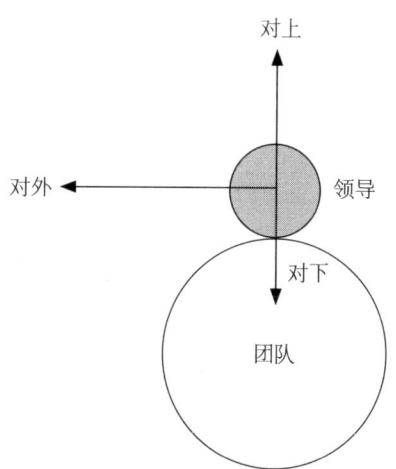

图 14-1　领导者的三大面孔

组织总是与外部有着联系。企业整体与外部的个人、机构有着各种各样的联系。企业内的部门，不仅与外部的个人、组织有着联系，也与内部的其他部门拥有联系。比如营业部，不仅与顾客有着联系，与公司内的制造部、开发部也有着联系。这些部门虽说都在同一个公司内，但对于营业部来说却属于外部。

总经理代表的是公司，部长代表的是部门。他们需要主张团队的利益，也需要积极宣传自己的团队。这就是领导者代表团队对外开展工作的职责。

在一个大型组织中，存在着各种各样的层级，在这些层级上存在着各种各样的领导者。因此，除了组织的最高领导者以外，所有的领导者都拥有他们各自的上司。或者，领导者所带领的团队是在更上层的管理组织之下工作。此时，代表团队对上开展工作也是领导者的职责。

对于团队来说，上层世界也属于外部的范畴。但是，由于是在同一个组织当中，又涉及上下级关系，问题就会变得复杂。领导者在作为其自身团队领导者的同时，也是上层团队的下属。虽然处在这样一个复杂的立场上，但代表团队对上开展工作仍是领导者作为"对上的面孔"的职责。此时，被夹在上下之间的这一领导者的作用便是连接上下。即同时实施上级部署的工作与出于团队立场应该开展的工作。在很多情况下，这两者之间存在着矛盾。消除这一矛盾、决定团队应该开展的工作便是领导者连接上下的基本职责。

让团队应该开展的工作能够落实，让团队能够跟随自己以及团结整个团队便是领导者对下的面孔。这也是作为领导者最为本质的职责。面向团队的领导者的职责，一般可以进一步分为以下三个方面。

- 工作的落实；
- 团队的维系；
- 工作与团队的变革。

团队中的领导者，其存在是为了开展业务间的协作，其最基本的职责是带领团队完成相应工作。为此，我们期待领导者能够进行如下团队内的管理。

- 决定团队的基本任务、职责、目标；
- 设定价值、行为规范；
- 指示工作方式；
- 激励团队以及每一位下属；
- 评价团队以及每一位下属的工作结果，采取适当行动。

第一，领导者必须设定团队的基本任务、职责与目标，必须决定团队应该完成什么。这也可以说是决定组织发展的方向。不过，对于拥有上司的领导者来说，很多情况下相关决定是由上司下达的。

第二，设定组织或者团队的价值观。设定作为团队来说应该遵循的价值观、基本规范。第三，必须决定以何种方式实现目标并给下属下达指示。即决定每一位下属的目标、任务与工作方式。第四，让每一位下属能够充满热情地投入到各自的工作当中，积极地完成工作，也就是激励。第五，对组织或者团队行为的评价以及与评价相对应的行动。比如，工作是否按计划开展，如果不是，应该采取什么样的行动。还有如何评价下属做出的贡献等。作为一个团队，如果没能创造出适当的成果，领导者有必要采取适当的控制行动。同时，领导者也有必要对每一位下属的成果与业绩给予相应的奖惩。

在一个长期持续的组织当中，领导者的职责并不只是带领团队完成工作任务。当我们提及"团结组织"时，其中所包含的意思并不仅仅是完成工作，而是要维持团队的能力与凝聚力。比如在团队中积累经验与知识，或是维持团队的凝聚力。

团队并不只是一个工作的场所，也是一个社会性相互作用的场所。我们有必要维持这一社会场所。工作虽顺利开展，但整个团队四分五裂、各成一派，这也是毫无意义的。创造出作为一个团队的整体意识（集体意识），维持团队的活力与和谐的作用就在于此。具体说来，也就是以下两点。

- 促进团队学习，教育团队；
- 维持团队作为社会性相互作用的场所的属性。

领导者的第三大职责，不仅仅限于完成现有的工作、维系团队，而是要推进变革。为了在充满变化的环境当中保持团队的存在意义，推进变革这一职责对领导者来说是必需的。包括工作内容的变革，团队性格、能力的变革等各种各样的变革。

管理与领导力的区别

综上所述，团队的领导者具有工作的落实、团队的维系、变革这三大职责，这些职责大致与本书中称为"组织的管理"的内容相一致。也就是说，领导者的职责指的是管理自身所带领的团队。

那么，他对自身所带领的团队所进行的管理，与他的领导力即"让他人跟随自己的个人影响力"之间，有着什么样的关系呢？

要理解这一内容，使用第9章中介绍的组织管理的概念性框架即可。在那一部分内容中，我们将管理定义为经营的三大统御作用。即通过战略进行统御、通过经营系统进行统御、通过理念和人进行统御。领导力的定位为"通过理念和人进行统御"中的一项内容。

具体到某一团队中领导者的职责，也完全符合这一内容。如图14-2所示，领导力是构成"通过理念和人进行统御"的一部分。在"通过理念和人进行统御"当中，我们指的并不是通过理念这一思想与价值观进行统御，而是通过领导者个人的特性统御团队。领导者为此应具备的"能力",则为领导力。

因此,领导力是管理的一部分。当然,只有领导力并不足以构成管理的全部。我们还需要战略与经营系统。

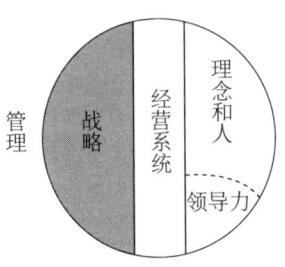

图14-2 领导力的地位

还有一种有趣的关系、形态。对于擅长使用领导力之外的管理方式(战略与系统)的领导者来说,他们通过战略与系统进行了良好的管理,也能增强人们对其本人的信赖,有利于其领导力的形成。因此,领导力虽为管理的一部分,但并非与其他的管理内容没有关联。从概念上来看,团队的管理与团队中领导者个人的领导力是不同的概念,领导力是管理中的一个重要的要素。

关于领导力的概念,重要的是其"属人"的特性。因为领导者本身富有个性,他人愿意跟随他。这一"属人"特性有三层含义。第一是领导者个人人格方面的特性,第二是领导者个人的行为,第三是领导者的立场(对事物的看法、观点)。下属们通过对领导者这三方面的认识,决定是否跟随他。

在管理中,很多工作需要发挥非属人的影响力。战略也好,经营系统的设计、理念也好,其中拥有管理意义的是战略的内容、经营系统的架构与理念的魅力。这些内容通过对人们的行动产生影响,进而实现组织全体、团队全体的协作。但是,领导力是属人的特性。这是管理当中人的重要性得以最显著展现的一部分。

领导者的三大职责(工作的落实、团队的维系、变革)均为其发挥领导力的对象。为了综合地履行这三大职责,领导力便有了意义。然而,在过去关于领导力的讨论中,大部分都将领导力局限于工作的落实,而变革的领导力通常被排除在一般的领导力之外。我们在理解时需要注意领导力是一个概念,作为其影响的对象,存在着落实、维持与变革。不过,为了完成分配工作的领导力与为了进行变革的影响力，两者所需要的理想的要件是不同的。

　　理解了管理与领导力的区别之后，相信读者就了解了，领导者不具备领导力的情况也是很可能存在的。比如某位领导者虽然非常擅长制定战略，但缺乏个人魅力等。

　　领导力主要是关于领导者拥有的三张面孔中对下的面孔的概念。（用了"主要是"，是因为有的上司认为自己跟随着优秀的下属也完全没有关系。即使这是一种十分例外的情况，实际上也是有可能存在的。）如果领导者能够充分发挥领导力，维持住"对下的面孔"，那他"对上的面孔"与"对外的面孔"也会维持得不错。虽然存在这样的关联性，但领导力说到底还是关于带领团队的领导者的概念。

　　本书中在使用领导力一词时指的是狭义的定义。对于领导力这一"方便的"词汇，如果不充分限制其定义，那它的定义便会因为过于宽泛，反而没有意义。与此相同的现象也常常发生在战略这一在经营学中十分"方便的"词汇上。为此，虽然在概念的使用时会不太方便，在本书中，我使用的是最忠实于领导力这一词的狭义定义。

领导力的源泉与矛盾

由追随者决定的领导力源泉

　　领导力的本质是"人们追随"。追随指的是，追随者们决定跟着领导者，并且认为"我们只要按照这位领导者说的去做就行"。也就是说，只有当追随者将领导者真正当作领导者时，领导力才能得以发挥。

　　换句话说，领导力的关键在于追随者对领导者的"接纳"。形式上的领导者，只要在组织中有职位即可实现。但要成为真正能发挥领导力的领导者，其领导者的身份必须得到团队中每一个人的接纳。

　　那么，人们为什么会接受他人作为"领导者"呢？为什么会想要按他人说的话去做呢？这一问题涉及的内容与领导力的含义虽有少许不同，但通常认为与"强制人们做某事的权力"有关。这一结论可用作领导力源泉的讨论。

根据权力关系理论，权力拥有以下五大来源。

- 给予惩罚的权力；
- 给予奖励的权力；
- 人们对其判断的信赖；
- 个人的魅力；
- 正当性。

第一个来源指的是，当追随者不按领导者说的做时，可以对其处以惩罚的权力。组织中某一职位的权限赋予该职位领导者的，就是这样一种力量。与惩罚相反，即能够给予奖励的权力，通常也与职位的权限密切相关。如果将惩罚当作负奖励，可以说奖励与惩罚的权力是同一种权力。惩罚与奖励的形式多种多样，包括决定晋升、工作的分配、提薪、必要预算的分配等。其权限正是领导者拥有的力量的源泉。当然，也有非正式的奖励。例如，表扬、表示尊敬等。因为拥有这种给予奖励的权力，领导者才够获得相应的力量支持。

第三个来源是对领导者所做的判断的信赖。比如，人们会遵从医嘱。即使在没有监督的情况下，也会在家中按时服用医生规定的药量，节制饮酒。这并不是因为医生拥有对患者处以赏罚的正式权限。医生也不具备了解患者是否严格遵循医嘱的手段。尽管如此，人们还是会遵循医嘱。这是因为医生具备关于人体健康的专业知识，人们信赖他的判断，并且人们认为遵循医嘱有利于自身。

企业中的团队也是如此。两个人同时处在领导者的位置上，如果下属对这两人的信赖程度存在很大的差距，理所当然地，得到较少信赖的领导者是没有权力的。人们不会真正地接受、认可这样的领导者。

第四个来源是领导者的个人魅力。领导者的什么特质会被认为是魅力点，这依靠的是下属的判断。领导者的品格、人际关系中对他人的关心、体谅，进一步，领导者与自身的共同点（比如，毕业于同一个大学，来自同一个地方，拥有相似的处世哲学与思考方式等）、过去的恩情等都会成为相应的理由。

很多情况下，给予非正式奖励的权力，与这一力量源泉有紧密的联系。对于下属来说，受到有魅力、自己尊敬的领导者的表扬，其效果是巨大的。个人的魅力通常来自领导者在人际关系中对下属的关心与体谅。

第五个来源与第四个来源相同，依靠下属的判断。即下属认为领导者下达的指示或者命令是理所当然的并且正当的。能构成正当性的理由有很多，比如领导者过去努力所获得的业绩，领导者的认真、负责程度，他的社会立场、社会信赖程度，处事与社会惯例的符合程度等。

虽说正当性这一力量的源泉是十分微妙的东西，但它会成为人们决定是否服从他人领导的最终判断基准。服从他人的领导是人们本来不想做的事情。一位领导者即使拥有个人魅力，他所做的判断也得到了大家的信赖，但是人们如果觉得他的权力不具备正当性，也会有许多人犹豫是否应该追随他。比如，在政变当中，掌握了政权的军事领袖常常会因为缺乏正当性而无法充分地发挥领导力，结果只能依靠惩罚的手段。或者，在长年贯彻年功序列制度且人员架构已经固化的日本企业中，突然要提拔年轻人做社长，即便这位年轻人有着很大的个人魅力，人们也十分信赖他所做的判断，如果不能担保其正当性，人们还是不会接受他的领导。

关于正当性这一"权力的来源"，还应强调的一点是负责、参与的重要性。领导者的负责、参与能够带来正当性，能让人们觉得某个人在团队中拥有权力是理所当然的，最关键的一点是，能让大家都认识到那个人是非常认真地参与团队的工作、承担着很大的风险。在负责地参与团队工作的领导者身上，会产生正当性。而对于那些不承担义务的人来说，不管他们有着多高的地位，都不会产生这样的正当性。

上述权力的来源当中，惩罚与奖励，即组织正式地赋予领导者的权力，是他们的立场、职位带有的权力来源。我们可以说，这是非属人特性的，而是地位性的权力（职位权力）。与此相对，人们对其判断的信赖、领导者个人的魅力、正当性等三大来源都是追随者在感受到这些的基础上，在领导者身上产生或是追随者觉得接受、认可的权力来源。这可以称为属人的权力来源。

虽然领导者拥有职位权力，但这并不意味着他可以命令下属做任何事。领导者能够在多大范围内对下属的行动产生影响力，我们称之为权力的范围。职位权力的范围并不大。与此相对，具备个人魅力、获取了人们信赖与正当性的领导者，能够对更大范围内的决策产生影响。

因此，作为属人的影响力，能够形成真正领导力的是领导者个人的魅力、人们对其判断的信赖、正当性这三大权力来源。由此可知，属人的影响力究竟有多大，最终是由追随者决定的。

尽管如此，现实生活中还是有太多人企图在职位权力当中寻求领导力的力量源泉，而这也导致了一些人虽有职位权力却不具备领导力的情况。

> ### 权力空白与领导力
>
> 在中层管理者的领导力的发挥中，权力空白是一个深刻的问题。权力空白指的是，给予中层管理者正式的权限与其所必要的权限之间的力量差。权力空白的产生，是因为中层管理者无法在其统率的部门内部完成相应工作。中层管理者为了完成工作，需要其他部门与上司的配合。但对于这些人，中层管理者并未被赋予命令、支配他们的权限。然而，如果没有他们的配合、行动，中层管理者是无法顺利完成工作的。这一矛盾，正是产生于权力空白。
>
> 为了填补这一权力空白，中层管理者必须拥有职位权限之外的权力源泉。本文中论述的专业知识、个人的魅力、正当性等，均是填补权力空白的力量源泉。
>
> 普通领导力发挥在团队内部，该团队包括领导者自身与其下属。但对于大型组织的中层管理者来说，领导者还需要具备让上司、其他部门配合、参与的影响力。这是因为中层管理者的工作与其他人的工作是互相依存的。

领导力的双重矛盾

基于上述思考，我们可以理解，对于想要真正发挥领导力的领导者来说，努力提高以下三种"权力的来源"是十分有效的，即提高自身的个人魅力，增强他人对自身判断的信赖以及提高正当性。

其中，领导者在工作中的行为将有效地影响其权力来源。有利于领导者发挥领导力的基础（权力来源），主要是他人对领导者所做出判断的信赖，其次是提高正当性。个人的魅力当然十分重要，但那说到底是领导者个人人格的问题，并不适合在此处展开论述。

为什么说提高他人对领导者判断的信赖与领导者在工作中的行为相关呢？其理由在于，为了进行管理，包括工作的落实、团队的维系、变革等，领导者需要为团队做出各种各样的判断。比如设定目标的判断、对下属下达指示的判断等，大多都是下属能够看到直接结果的。因此，他人是否信赖领导者的判断，与其工作经常受到大家的检查是一样的。

努力确保正当性与领导者在工作中的行为是相关的。其原因在于，人们会关注领导者是否正承担着风险、努力为团队做出贡献。如果领导者正面回应人们的关注，那正当性就会增加，反之则减弱。除了对团队的负责、参与之外，领导者在工作中的行为若能提高领导者的威望或提高领导者的社会地位，这些也都会强化这种正当性。但是在一般情况下，相比影响人们对其判断的信赖而言，能够影响这种正当性的机会是较少的。

因此，对于想要更充分地发挥自身领导力的领导者来说，为了进一步扩大领导力的源泉，只能努力增强人们对其判断的信赖。但事实并没有这么简单。因为在这一过程中很容易产生各种各样的矛盾。

对于领导者的信赖，来自团队的成员，产生于领导者在工作中所做出的判断。该信赖带来的强烈影响，会产生两种类型的矛盾。第一种矛盾是，同一个判断既会增强又会减弱他人对领导者的信赖。如何平衡增与减，对于领导者来说是一大难题。

第二种矛盾更为严重，即某一个能够获得团队成员信赖的判断，从团队的业绩完成度来说，却可能会带来负面的影响。在这种情况下，领导者会面临这样一种烦恼——如果做出能得到大家信赖的判断，虽然有利于自身领导力的发挥，但团队的表现会有所下降。并且，由于团队的表现往往会影响到领导者能够给予团队奖励的大小（比如，根据团队的业绩决定奖金的总额），即使只从领导者的领导力角度来看，也会出现这样一种矛盾，即同时产生对领导者信赖的增加这一好处与领导者给予奖励的权力减小这一坏处。对此，我们必须结合领导力的五大来源这一内容去理解。

第一种矛盾的典型例子是在下属工作的自由度上所做的判断。如果给予下属更大的自由度，有人会因此感到开心，增加对领导者的信赖。但是，也有人觉得按照他人的指示去干活更加轻松。对于这样的人来说，领导者如果做出了给予自由的判断，其往往不再信赖领导者所做的其他判断。换句话说，这种情况指的是通过给予自由来增强信赖与通过规范来增强信赖同时存在。自由与规范的矛盾，在管理中经常出现，在这里也有所体现。

第二种矛盾的典型例子是在业绩恶化时是否维持雇佣的判断。如果做出维持当前雇佣的判断，因此保住工作的人会增强对领导者的信赖。然而，领导者如果做出过度雇佣的保证，将会影响到业绩并因此导致员工分得的利益减少。此时，领导者的困扰在于，是应获取员工的信赖，或是追求公司的业绩，还是保障为团队做出贡献的员工的报酬、奖励。这一困扰不仅在于员工的工作动力与企业业绩相悖，还与领导力的力量来源相关。

正如前文所说，领导者拥有工作的落实、团队的维系以及工作、团队的变革三大职责。其中每一项职责都可进一步细分为领导者的管理工作。这些各式各样的管理判断将会给领导者所管理的团队带来相互矛盾的影响。

比如，自律与他律并存的矛盾，集权与分权，分化与统合，和谐与冲突，积极的人与消沉的人，竞争与协调，风险与努力，自由与规范，个性与均质化等。

这意味着，关于一个判断，我们在思考其将会给领导力的源泉带来什么样的影响之前，就应考虑到领导者的行动会影响到团队表现，且该影响本身就是充满矛盾和悖论的。

我们在这里所说的"存在于与领导力源泉的关系中的矛盾"指的是，领导者在综合思考了团队表现中的各项矛盾之后所做出的判断，会具有相悖于领导力的源泉的影响力。

也就是说，在领导力与领导者所做的判断之间存在着双重的矛盾。为了通俗易懂地解说这一双重性，让我们来看一下具体例子"领导者为了提高下属的工作能力而给予的指导"。

领导者应该给予下属怎样的指导以提高其工作能力？关于这一点，存在着各种各样的矛盾。事实上，在思考如何提高下属的能力并由此提高团队的表现这一阶段时，就已经存在许多矛盾。

领导者必须考虑的事情有很多。比如，是给予下属详细指示，或是让他试一试然后从失败中学习，还是让他自己决定目标？若是考虑到学习的时间与效率，则给予下属指示、完善教育手册的方式比较妥当。然而，从学习的深度与开发独创性的角度来看，或许还是先让下属试一试、让他尝试失败，这样的方式更有效。

很多情况下，自己下功夫、努力获取的经验比别人传授给自己的经验更为深刻。对于消极的下属，领导者有必要强制性给他制定目标，让他去挑战，但对于自律的下属，领导者也有必要让他自己确定目标，支持他的自我成长。对于失去信心的下属，领导者有必要让他体验小的成功，借此帮助他恢复自信，但对于过度自信的下属，领导者也应让他尝尝失败的滋味。

综上所述，关于具体指导方法的决定，从其带来的能力提升的直接效果上来看，已经充满了矛盾。除此之外，如果领导者对下属进行的是"事无巨细"的指导，下属的能力虽有可能提高，但其可能会觉得领导者对自身的工作干预过度，反而会给领导力带来负面的影响。还有一种情况，领导者采取的方式是强制给下属制定目标，希望他能有所成长。也许这样的方式的确有利于下属的能力提升，但那位下属也可能会因此觉得受不了这样的领导者（也就是说，反而因此降低了对领导者的信赖）。

领导力中存在着这样的双重矛盾，这对于想要成为领导者的人来说，可能是一个坏消息。但是，领导者只有克服了这样的矛盾，才能实现自身作为领导者的成长。

哲学、原理、原则的必要性

前文我们就工作的自由、雇佣的维持、为提升下属能力所做的指导分别举出了一个领导者行动的例子。由此说明，即使是在一种单一的情形下，领导者也必须面对双重的矛盾。

人们经常会以很轻松的口吻说道，发挥领导力很重要。但如果将这句话理解成以下两个含义的结合，即确保领导力的来源与充分发挥这一来源以履行职责，那么，领导者必须做出辩证的综合判断才能发挥自身的领导力。在很多事情上，比如前文所介绍的团队管理的每一个步骤，都需要领导者做出这样的判断。对于如此多的事情，领导者被迫要做出这样充满矛盾的判断。那么，对于这些复杂的问题，领导者应该如何应对呢？

在这样的情况下，关于领导者应有的姿态，存在两种类型的理论。

第一种也被称为普遍主义理论，即不管在什么情况下，卓越的领导者所采取的行动都是共通的。伦西斯·利克特认为，在现代社会当中，以参与为基础的关心，是卓越型领导者的基础。同时，也有主张认为，同时重视人际关系与工作的领导者才是卓越的领导者。但是，这一主张并不能解决领导者所面对的矛盾与困境。

第二种是相对主义或者权变理论的解答。依据这一理论，适当的领导力是根据下属的个人属性、团队文化、工作性质、环境性质的不同而有所不同的。

考虑到领导者面对的情况的复杂性与人类的复杂性，权变理论更具有现实的指导意义。但是，我们也应从普遍主义的理论中汲取一些东西。因为有时候，对于复杂的问题，单纯的解答反而更加有效。

权变理论给予我们最重要的启示是：领导者必须随机应变，根据情况采取合适的行动。正如该理论所示，领导者需要洞察情况，选择必要的行动。但是领导者在各种情形下分析状况，采取相应的行动时，会产生如下的问题。

第一，这样的行为往往会给下属或者相关人员一种"老谋深算"的印象。洞察情况是有必要的，但如果让人觉得你一直在算计，反而会导致效果大幅下降。如果下属觉得领导者对自己的关心是刻意的，他们会怎么看待这位领导者呢？想一想就能知道答案吧。也就是说，随机应变有时候会给对方一种"见风使舵""投机取巧"的印象，带来负面的效果。而这也会给"对领导者判断的信赖"这一领导力的来源带来巨大的负面影响。

第二，这样的行为会让领导者感到疲惫。观察下属、思考环境与工作的性质、观察团队的氛围，这些工作的确是必要的。如果说这是领导者的工作，也完全是正确的。但是，领导者要随机应变地采取适当的行动，必须谨慎地进行考虑。尤其是在不确定的环境当中。如果领导者要采取这样的行动，他将会感到十分疲惫。

如果存在着这样的问题，那么可能普遍主义理论所强调的方式更为合适，即不管在什么样的情况下,都根据一定的思维方式采取行动。

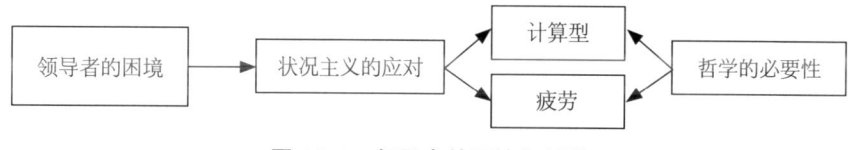

图 14-3　领导者的困境与哲学

> ### 领导力的权变理论
>
> 　　洛希·莫尔斯明确了,根据职场中工作性质的不同,理想的领导力风格也是不同的。他们区分了参与型、指示型、自由放任型三种风格,在研究所与工厂都进行了调查,从而明确以什么样的风格运行的组织会取得比较好的业绩。结果表明,取得高业绩的工厂中,采取指示型管理方式的比例较高,而在取得高业绩的研究所中,采取参与型管理方式的比例较高。这一差异是由工作的不确定程度(在不确定性高的情况下,有必要利用下属拥有的信息)与团队成员思考方式的不同(研究所的人厌恶权威主义,而工厂的人愿意服从权威)所带来的。
>
> 　　弗鲁姆·耶顿主张常规决策理论,他们认为应根据决策性质的不同,改变影响下属参与决策的管理方式。根据他们的理论,采取什么样的管理方式,是由团队中信息的分布以及下属合作参与决策制定的必要性所决定的。当信息分布在团队全体中时,或是需要下属的合作时,理想的管理方式是让下属更多地参与。
>
> 　　同时,也有学说称,若要产生创新的想法,参与型管理更为理想,但若要推行革新,更为专制的(指示型)方式较佳。

　　因此,领导者需要的是哲学,是理念与思想。的确,被称为"卓越的经营者"的人总是拥有随机应变的能力。但是,从另一方面来说,这样的人也有着原理、原则。有时候他们会固执地坚持自己的原理、原则,甚至到十分强硬的程度。许多经营者追求哲学与思想可能就是出于这个原因。如果普遍主义有意义的话，其意义便在于给予领导者信念，即坚实的基础。

松下幸之助说："通过明确一个经营理念……我们能够有力地开展经营活动，面对职员也好、顾客也好，我们便能够说出该说的话，完成该完成的事情。"同样，法国优质企业斯伦贝谢的经营者也提到，在不确定的世界中，"需要相当于飞机安全带一般坚实的基础"。哲学、理念、思想，就是这一基础。这样的基础，也是解决复杂矛盾的关键。让下属知道领导者奉行着这样的哲学、理念、思想，或者说，配合这一哲学、理念、思想去改变下属的思考方式，也可以称其为领导力的基础。

当然，对某一哲学过于执着也可能会引发新的问题。或者不如说，有时执着也会使问题变得更加复杂。与此相反的是下功夫或创造。卓越的领导者能够从对原理、哲学的执着当中思考出能创造性地解决原理、原则与现实之间的矛盾的解决方式。上述矛盾并非不能调和的矛盾。我们能够消除它。因此，对原理、原则的执着是需要的。

领导力的条件

为了进行组织的管理，需要企业组织内每一个职位上的人都发挥各自的领导力。前文我们主要从领导力发挥的角度，探讨了基础性的概念框架。在本节中，我将论述能够让领导力在组织内充分发挥的三大必要条件，即副手的重要性、变革型领导者的条件、领导型人才的培养条件。

副手的重要性

为了保证领导力的发挥，领导者需要一个副手。听起来可能有些矛盾。但是，由于发挥领导力的复杂职能并非易事，我们常常需要对其进行分工。即使在一个家庭当中，父亲的领导力与母亲的领导力也是不同的。同样，在职场当中，也需要不同的领导者对领导职能进行分工。在完成复杂的工作时，我们需要多名领导者共同承担这一工作，或是为领导者配备副手。

关于领导力的分工或副手的问题，在领导者相关的讨论当中出现得并不多。但是，这在现实当中是十分重要的。许多成功经营者的副手都非常著名。

对于松下幸之助来说，他的副手是高桥荒太郎；而对于本田宗一郎来说，他的副手是藤泽武夫。或许传统商家中的掌柜也可以被认为是分担了领导者的职能。美国总统制下设有白宫办公厅主任。在军队中，有辅助首长的参谋长。在商业世界中，为社长卖力的副社长与专务也会发挥副手的作用。部长的副部长或者次长，课长的课长助理等，有时也以这样的形式分担领导职能。

为什么要对领导职能进行分担呢？副手的工作是什么？关于这些问题，并没有相关的理论。不如说，创建相应的理论，正是我们今后应该做的。但是，在这些问题的思考上，我们已有了以下一些头绪。副手对于领导者来说，发挥着以下几项作用。

副手的第一大职能是弥补领导者的不足。其本质是异质的组合。领导者的行为受其个性与个人哲学的制约。为了突破这样的制约，其中一个方法就是让拥有与领导者不同的哲学观念以及个性的人担任他的副手，以此弥补领导者的不足。静与动、内与外、阴与阳，这样的异质组合是我们消除领导力矛盾的一大手段。

据说，军队中十分重视首长与参谋长之间性格的互补。此外，在商业的世界当中，很多情况下也是领导者与其副手拥有相反的性格。

但是，让这样的异质组合协调、高效地发挥作用并不是一件容易的事。只要想一想不同性格、哲学观念的人共事的难度便可知道。同时，你可以从下属的角度想一想，他们要接受领导者与其副手同时下达的命令。因此，这样的异质组合虽然是一种理想的方式，但其实现也是十分困难的。在领导者与其副手之间，有可能会产生各种各样的心理上的矛盾。或者说，绝大多数情况都会发展成这样。为了应对这样的矛盾，领导者与副手之间必须有根深蒂固的纽带。

副手的第二大职能是狭义上的辅助。领导者虽被称为领导者，但也和常人一样，只拥有一定的认识能力、一定的时间。为了弥补领导者能力与时间的不足，副手的辅助是有必要的。将军的参谋，乐团指挥的首席乐手，这些都是副手的典型例子。总经理的战略团队也是如此。此时，副手的条件就是具备专业性。在这种情况下，虽有可能存在心理上的矛盾，但其影响力并没有上述性格的互补来得重要。

副手的第三大职能在于谏言，即对领导者进行规劝与建议。位于组织顶点的领导者拥有极大的权力，这样的权力导致领导者纵欲或者腐败。从历史的经验当中我们学习到，很多卓越的领导者会因为长期掌握大权而独断专行，给团队带来巨大的不幸与损害。商界也是如此。

对于这样的领导者，很难站在团队的立场对其进行批判。此时，扮演批判领导者这一角色的正是副手这个"人"。不管是谁，都不愿听到别人对自己的批判。即使理智告诉自己必须倾听别人的批判，情感上也很难做到。而劝诫、建议这样的领导者，便是副手的重要职责。在这样的情况下，领导者与副手之间也会产生复杂的心理矛盾。

副手的第四大职能是其作为"杠杆"的职能。即强化领导者的意图，促进该意图进一步明确。扩大领导者的权力、强化领导者的意图便是这一职能。

领导者与副手的关系是极其微妙的，要具体说明副手应该采取怎样的行动也是十分困难的。并且，在很多情况下，领导者与副手之间会产生复杂的心理矛盾。尤其是副手，他会面对各种各样的心理纠葛与困境。日本的很多小说都以副手为题材，大概也是因为副手与领导者之间会产生这样的心理纠葛并由此导致了复杂的问题吧。

变革型领导者的条件

领导者有两种类型，即调整型领导者与变革型领导者。调整型指的是，通过在现行的组织大框架内调整各种各样的矛盾以发挥领导者作用的领导者类型。变革型领导者指的是，进行各种各样的变革，包括对组织的大框架、结构进行变更的领导者。也可以说，调整型是"整合"的领导者，变革型是"改变"的领导者。

作为一个企业组织整体，为保证其领导力能在组织当中得以充分发挥，两种类型的领导者都是必要的。但是，如今许多日本企业都认为变革型领导者的存在是发挥领导力的一大条件，因此有必要增加变革型领导者。

但是，要将调整型领导者转变为变革型领导者是十分困难的。这是因为个性的不同。两种不同类型的领导者，他们的性格本身就是不同的。如果逼迫适合调整型的人转变为变革型，只会令他们感到十分痛苦。

另外还有关于"对领导者判断的信赖"与"正当性"等领导力来源的问题。若将调整型领导者转变为变革型领导者，团队中的人很可能会不认可。

至于正当性的缺失，调整型领导者这一身份本身就会导致其缺乏成为变革型领导者的正当性。从对领导者判断的信赖角度来看，调整型领导者所做的判断与变革型领导者所做的判断，在类型上存在着很大的差异。即使信赖某一领导者作为调整型领导者的判断，也难以信赖其作为变革型领导者的判断。

因此，从调整型领导者的身上很难产生其作为变革型领导者的领导力。不仅是因为个性的不同，也因为缺乏领导力的来源。在这种情况下，如果组织需要更多的变革型领导者，则需要做两件事。一是在组织中寻找符合相应条件的人，二是努力培育人才，让团队成员具备这样的条件。

能够成为变革型领导者的人必须具备两大条件——本人拥有变革所需的判断能力以及人们信赖其做出的判断。

这样的能力与信赖的基础在于以下四点。

- 广阔的视野；
- 深度思考；
- 合理的决断；
- 坚定的判断。

能够以广阔的视角思考问题，领导者才能够避免做出目光短浅的判断。同时，避免遗漏重要的因素。因为领导者在广阔的视野下常常能关注到他人细微的情绪波动，所以更容易做出反映现场人们心声的判断。

除了视野的广阔度，领导者还需要思考问题的"深度"，从而做出最终的判断。比如去思考那件事会发展成什么样、现在是什么情况、以往的事例中发生了什么、之后必然会引起什么样的反应。

有了深度的思考，自然就容易做出正确的判断。不仅如此，领导者在脑海中进行了这样的"思考实验"或"模拟实验"之后，便能理解工作开始运转之后必然、偶然或意想不到发生的事情，由此迅速地修正判断。而不深入思考的人遇到这种情况时因为需要重新思考，往往判断迟缓，也可能会陷入焦虑状态。

但是，即使拥有视野的广度与思考的深度，迟迟无法做出最终判断的人还是缺乏成为领导者的条件。因为"决定"很重要。有时，相比决定具体内容，无论如何先做出一个决定、明确方向更加重要。

所以，领导者若是不做出决断，就没有正式的开端。同时，该决断是"合理的"这一点也很重要。视野稍微狭隘一点、思考稍微浅显一点也没有关系，总之是希望领导者所进行的思考能具备一定的视野与深度且合乎道理。再者，是希望领导者能够快速做出合理的决断且能在决定之后不再动摇。

合理具有两层含义。其一是合乎逻辑、道理。有了道理，人们的接受程度才会高。当然，并不是说什么样的道理都可以。但是，如果连逻辑上都存在很大破绽，这一判断也不会被下属接受。其二是该判断与判断者一直以来的主张是一致的。即使有变动，也能对该变动进行充分、合理的说明。也就是说，需要有从过去到现在始终如一的"原则"。通过这样的连贯性，判断更容易被理解，也能让人们产生信赖。

换句话说，合理的决断会带来两大效果。第一是人们因其能做出决断而产生信赖感。第二是人们认为他是个办事有逻辑、有道理的人，从而产生信赖感。这两种信赖感能够让人追随领导者。

变革型领导者的第四个条件是其判断"不动摇"。

变革总是伴随着改变与抵抗。其中很多是领导者自身不得不去面对、解决的。如果领导者不能妥善应对，每逢情况发生变化就动摇自身的判断，那么不管这种改变有多大的必要，都会导致团队人心不齐，因此产生混乱。

对于每一次情况的改变或抵抗都一一应对且由此改变基本方针，这样的领导者是没有人会追随的。动摇也有损人们的信赖，首要表现为领导者的动摇，会导致一些人开始"拆梯子"，使团队为变革所做的努力前功尽弃。在变革这一伴随着风险的过程中，相信没有比"梯子被拆"更令人讨厌的事情了吧。

但是，保持坚定、不动摇是很困难的，越是认真的人越难做到如此。他们如果很认真地只关注眼前发生的变化，便不得不改变自己的方针。如果遇到各种各样的抵抗，他们便会不自觉地思考，然后产生逃避指责的想法，并由此开始动摇。比如，他们会想"都干到这个地步了，那就算了吧"。

通过观察坚定的领导者，我发现他们常常拥有这两个特征——有诚意与有道理。

诚意，指的是对他人、自身职责的诚意。这种诚意大概也是他们的信念与哲学所支持、证实的。这种诚意能够让他们坚信"如果不始终如一的话，便会给他人造成不便"，"如果动摇的话，就无法履行自己的职责了"。由此，他们毫不动摇地坚持到底。

道理，指的是这些领导者自身所开启的变革的正确性背后的逻辑性、必要性支持。这一支持能给予他们理性基础，即"动摇也没有关系，但不动摇的话会更好"。如果没有这一支持，仅靠诚意的话，是无法抵抗变革所带来的压力的。

练习

- 有人认为"什么也不需要做的管理者才是最好的领导者"。请用本章中领导力的相关内容说明这一理论的真实含义。
- 请结合以下两个事例，思考作为权力来源之一的"正当性"。他们真的拥有正当性吗？如果有的话，其正当性的来源（理由）是什么？
  （1）大企业的聘任社长（即"被雇用的社长"，相对于作为企业创始人而任职的社长而言）；
  （2）现场工作出身的厂长。
- 为了顺利、高效地完成工作，副手应该具备什么样的性格与条件？该条件是否会因为辅佐对象（雇主）性格的不同而发生变化？或者，是否本身就存在雇主偏向型与副手偏向型两种类型？

第 15 章
人员的配置、培养、选拔

——

人们常说"人是经营的关键""经营即尽人事"。这些话虽然听起来有些夸张,但是却道出了经营的本质。任何从事管理工作的人都无法否定,人事在组织的管理中扮演着极其重要的角色。本章中,我们将思考这一重要的内容——人事。在组织管理的整体框架中,本章内容是"软件"的、人员方面的最后一部分内容。

在标准的日本企业中,人事这一职能包含着多重功能。录用、评价、工资奖金、晋升、人员配置的决定、教育研修、福利待遇、与工会的交涉等。这些工作从理论上来看属于不同的课题。其中,一般所谓"待遇"的内容,比如评价、晋升、工资的决定等,其理论基础是奖励系统的内容。

除了待遇之外,人事这一领域还包括人才的配置、培养、选拔等内容。在本章中将对配置、培养、选拔三大流程以及各课题之间的互动进行论述。互动指的是,这三大内容相互关联、相互影响。比如,人才的配置将通过相应工作影响人员的培养,为了配置人员需要进行选拔等。可以说,三大流程之间的互动(即动态平衡)中隐藏着人事的本质问题。

人员的配置、培养、选拔不仅仅由人事部门负责。在职场中,人员的配置、培养、选拔是由管理者进行的。同时,对于领导者来说,配置、培养、选拔包括后继者在内的管理人员也是重要的内容。

人员的配置

人员的配置决定什么

人员的配置决定三项内容。第一是人与工作的对应关系，即某项工作由谁来做。第二是人与人的接触关系。人员的配置将决定让哪些人在工作上开展合作。第三是人员的物理位置。人员的配置将决定由谁在怎样的物理环境（比如土地）中工作。

这三项内容均由人员配置的安排所决定，由此产生了人员配置的多方面影响。

在第一项与第二项中，人员配置通过将人员具体安排到组织中的某一职位上，决定了职务对应关系以及人和人之间的接触关系。即决定给予谁怎样的职务与权限，以及在谁与谁之间产生传达与协议的联系。

关于第三项，其意义很少被论及。因此，我觉得有必要对其进行特别论述。因为它实际上十分重要。

比如，被分配到位于同一工作场所职位上的两个人（比如，办公室在同一层），因为他们在物理上的位置很近，便会有很多接触的机会，从而使两人的感情得以加深，人际关系网也可能由此形成。我们常常用"同吃一锅饭的伙伴"来形容物理位置的相近程度。

相反，即使被分配到组织架构中十分相近的职位上，如果两人工作的场所在地理位置上相距甚远，他们的联系也会在不知不觉中疏远。进一步说，年轻技术人员如果被分配到有优秀研究人员的研究所中，虽然他们的工作并无关联，但该年轻技术人员总有机会受到优秀研究人员的影响，有所成长。

这些例子都表明，人员的物理性配置会对决策与人才培养产生各种各样的影响，因为它会形成人与人接触模式的基础。因此，物理性配置对人来说十分重要。

人员的配置决定着人与工作的关系、人与人相互作用的地方以及人与工作环境的关系。也就是说，其决定的是综合性"场所"。此处的场所指的是组织构造中的位置和物理性的场地。正因如此，人员的配置会产生多方面的影响。

因为该影响的范围是巨大的，所以人员的配置显得尤为重要。

四大直接影响与一大间接效果

人员配置给组织内各成员的行动带来的直接影响主要体现在以下四点。

- 工作的效率，决策的有效性（人尽其才）；
- 激励；
- 人才培养；
- 非正式集体（小集体）。

第一大影响是由于人员配置决定着人与工作的关系，只需思考一下以下两种情况：任用适合并胜任某项工作的人以及相反的情况。这便是能否实现人尽其才的问题。

不管搭建了多么完美的组织架构，或是设计出了多么巧妙的管理系统，如果不能找到合适的人才，组织是无法实现良好运转的。当然，企业能够利用的人力资源是有限的，不可能在所有岗位上都找到合适的人才。因此，在实际情况中，很重要的问题是能否进行良好的人员配置以充分利用职员的能力。

是否能实现人尽其才，最重要的决定因素在于决策的质量。但是，决定决策质量的并不只是决策者本人的能力。有时候，决策者的性格也很重要。比较一下性格积极、有攻击性的人与消极、谨慎的人做决定的不同便可以明白。即使他们的职务相同，也拥有同等的能力，他们所做的决定也会存在着很大的区别。

每个人拥有的人际关系网也是决定能否实现人尽其才的重要因素。比如，即使每个人通过正式的信息传递路径获取的信息是相同的，但由于他们在公司内或者公司外拥有不同的人际关系网，他们在进行决策时利用的信息以及执行时采用的合作体制便会有区别。同时，决策者被分配到与谁组合也会影响工作的效率与决策的有效性。比如，该组合是否呈现良好的互补关系等。

人员配置的第二大影响是被分配的岗位与工作性质带有的激励性。前文提到的"作为企业给予的评价性激励的地位与工作"中论述的就是这一效果。

有时候即使接受分配的当事人不适合从事某项工作，但给予他希望这一行为对他本人以及周围的人来说都具有巨大的激励作用。让现场勤勤恳恳工作的人担任管理职务，不仅会提高当事人的工作意愿，还能提高在现场工作的全体工作人员的士气。因为激励效果不仅仅作用于接受分配的当事人，还有可能带来更具象征性的效果。

　　人员配置的第三大影响是让某人做某项工作对人才的培养具有重大影响。分配某项工作给某人，将决定当事人获取知识与经验的模式。如果是有意愿、有干劲的人，他被分配到某项工作之后通过努力把该工作做好，便会形成与该工作相适应的能力。在此过程中，他不仅能获取工作相关的信息，还能在不知不觉中养成与该工作相匹配的见解与思维方式。

　　人的能力是通过两种方式提高的。一种是脱离工作的教育、训练，一种是职场中的体验、学习。企业中的能力形成，绝大多数都来源于后者。因此，人员的配置会决定体验、学习的机会，同时也决定着企业未来的人才储备。

　　人员配置的第四大影响是影响企业内非正式集体（小集体）的形成。（上司、同事、下属）在某一工作场合中一起工作不仅能让参与者获取该工作相关的知识、具备相关能力，还会增进大家的相互了解。基于这种情感纽带而形成的团队，我们称之为非正式集体（小集体）。通过这种方式形成的人与人之间的纽带，我们称之为人际关系网。

　　职场是正式的工作集体。但是，人们通过工作有所接触之后，必然会形成非正式的集体。对于企业以及在企业中工作的人来说，这种非正式的集体是不可忽略的。因为它会给人们的工作与学习带来以下影响。

　　第一，它将决定职场的行为规范。人们应该以怎样的态度对待工作、在多大程度上遵守规章制度等行为规范大多数都是在非正式的集体中自然产生的。人们一边在关系亲密的同伴当中衡量着自己的地位，一边决定自己的行为。

　　第二，非正式集体（小集体）所形成的人际关系网作为人们的信息网络发挥着重要的作用。并且，该作用在当事人离开某一职场之后依然有效。此外，非正式集体（小集体）也将作为交流与影响的手段不断发挥着作用。有时候，其发挥的作用甚至比企业内正式的信息传递路径更为有效。尤其是在日本这种奉行长期雇佣的职场，人际关系网大多会长期持续下去。

第三，非正式集体将决定人才培养的环境。人们是通过模仿来实现成长的。或者说，人们是在刺激下成长起来的。很多情况下，模仿与刺激的来源都是非正式集体中受人尊敬的人、能够与自己互相切磋的人。因为人会受亲近的人、身边的人的影响。

> **霍桑实验——梅奥、罗特里斯伯格**
>
> 在1927年至1932年间，梅奥、罗特里斯伯格等人组成的哈佛大学研究小组在美国西电有限公司的霍桑工厂进行了一系列的实验。该实验的目的在于了解各种各样的工作条件会对工作效率产生怎样的影响。他们选取了女性职员作为实验对象，将其隔离在实验室内。为了验证疲劳、单调感与工作效率的关系，研究小组在实验中不断地改变照明度与时间。但是，该实验并未能证明相关假说。因为不论对工作条件进行怎样的调整，随着时间的推移，工作效率大致都会呈现出连续提升的趋势。之后，他们将工资的支付条件作为实验变量，但结果也大致相同。
>
> 通过一系列的实验，研究小组发现，相比物理性、生理性、经济性的条件，感情、团队的氛围与团队规范对工作效率具有更大的影响力。以这一研究为契机，人际关系论这一新的理论诞生了。同时，这一研究也让研究者们开始关注团队规范以及迫使人们遵守该规范的团队压力问题。

除了这些直接影响之外，人员配置还有一大重要意义，那就是传递公司方针这一间接影响。

人们十分关心自己未来的工作、职位。因此，人们对他人，尤其是对那些与自己情况相似的前辈或同事的待遇、发展十分关注。通过了解这些人的待遇、发展，大家能大致预测到自己未来的地位。因此，公司如何配置人员将成为员工了解公司未来方针的一大线索。因此，人事安排不仅具有实质性的意义，更具有象征性的意义。相比通过标语传达公司的方针，将大家公认优秀的人才放在某一工作岗位上这一行动更能传递出该工作对公司的重要性。因为人员配置实际上会成为经营者传递给公司职员的、极富影响力的"标语"。

综上，在决定人员配置时，我们有必要综合考虑其带来的五大效果。

轮岗的意义

在日本的大多数企业中，会定期进行人员变动、人事变动，这便是轮岗。可以说这是某种程度上的规范性"人员配置的变更"。这种人员变动有着各种各样的理由，比如在银行与市政厅，人事变动的一大目的在于尽早发现不法行为。但是，轮岗的主要目的如下所述。

①**抑制过度专业化倾向**

如果过度专业化不断发展，部门间的交流、职务的转换会变得十分困难，有时候还会因此跟不上技术与环境的变化。同时，个人的晋升路径也会受到制约。

②**人际关系网的积累**

通过不断更换自己的工作场所，人们能够形成多种多样的人际关系。这样形成的人际关系网有时能发挥重要的作用，即弥补正式信息传递路径的不足。因为有些信息是很难通过正式路径传递的。

③**适应性的发掘**

员工自己或人事负责人很难彻底了解某人所具备的能力。通过人事变动，能够发掘出每个人的能力、对工作的适应性。

以人尽其才为目标的领导者很容易犯一个错误。那便是只在特定时间点对工作与人的匹配程度进行评价。但是，人的能力并不是固定的，而是会通过工作提高的。并且，不论是决定人员配置的人还是被配置的当事人，他们并不一定充分了解自身或者他人的能力。有时候，通过尝试着去做某件事，员工本人或周围的人才能注意到他的相关能力。

如果只考虑某一时间点上的匹配情况，我们便会失去这样"发掘"的机会。人尽其才不是某一时间点上的静态内容，而是需要花费时间的、可以修正的动态内容。

从这种动态的视角来看，"四成任用"（即如果应聘者拥有四成应对某份工作的能力，便会予以任用。据说这曾是日本本田公司的人事录用方针）也是合理的。

④激励效果

如果人事变动伴随的是职位的升迁，这一效果便会十分明显。即使没有形式上的升迁，将其调动到备受瞩目的核心岗位上，也会带来重要的激励作用。

⑤人员混搭激活组织活力

一开始是异质的团队，也会随着时间的推移形成非正式集体，并且开始同质化。同质的团队会让人觉得舒适。但是，这种舒适反而是使团队失去活力的原因之一。人员的变动将打破这种舒适，促进非正式集体的新陈代谢并激活团队的活力。

人员的培养

人是怎样成长的

有一个词叫"人才培养"。这个词很容易让人产生误解，让人误以为人才是可以通过外力培养的。

人的成长过程从本质上来看是"自学"的过程。如果一个人自己不想学习、不想成长，那么他是无法实现成长的。为了"培养人才"，周围的人可以做的是制造学习过程中的刺激、给出具体的目标、对于成果给予反馈。严格说来，人是无法培养的，我们只能对其个人的成长给予帮助。

通过观察良好的自学案例，我们发现，一般来说，人在企业中若想要实现巨大的成长，需要满足以下三个条件。从组织管理的角度来看，尽可能让更多的人具备这样的条件十分重要。

- 远大的志向；
- 大的工作项目；
- 大格局的思考。

第一个条件是"远大的志向"。即不能局限于追求自己的个人利益、满足个人欲求，而应该有一颗为公的心。要想着怎么做才能为更多的人谋利益，志存高远。当然，这并不是说要高举理想主义的大旗、发表一些空泛的言论，而是要在脚踏实地的同时放远目光。这将成为人们思考、提高、修炼自身的一大契机。但是，志存高远本身也是一种素质，属于人的个性，并非人人都能具备。因此，我们需要选出具备这种素质的人。

第二个条件是"大的工作项目"。而且，要在年轻时就做大项目。大的项目自然需要全盘的思考。并且，面对这样的工作，只说空泛的话是没有建设性的。要做成大的项目，有时候会让人深陷烦恼，直到紧要关头才能做出决断。但这所有的经验，都会成为人才成长的养分。人们会通过大的项目有所成长。

第三个条件是"大格局的思考"。思考可以是以书本为食粮，通过学习、参考前人的思考形成自己的思考；也可以是通过与自身立场相同的人进行对话，以自省的方式让自己成长；还可以是通过与完全不同于自己的人进行知识的交流，以此接受刺激。总而言之，思考的格局大小才是关键。

日常生活中只想着小事的人，会"成长得很慢"。由于平时养成的习惯，如果出现大的问题，他们的思维能力不足以应对。因为他们看不清问题的本质，只能把大问题当成小问题来处理。这会导致那些原本能让人获得重要教训、经验的机会轻易地溜走。他们失去了能让自己进行全盘思考、深度思考的训练机会。能在大格局下进行自省的人，会思考大问题，这一习惯也会使他成长。

也就是说，"人是随着远大的志向、大的工作项目、大格局的思考成长的"。

在上述内容中，我们用了"志向""思考"等词汇。但从领导者候选人的培养流程到现场作业人员的培养流程，这三大条件是它们共同需要的。领导者们可能是以世界为目标，而现场作业人员的远大志向或许在于成为该领域真正的专家。对于现场的作业人员来说，越是能对工作进行相关的深入思考、越是能就自己的技术提问"为什么"的人，越能实现成长。而对于经营者候选人来说，也需要不时地洞察环境的变迁，思考公司的长远发展。

根据具体情况与当事人立场的不同，这三大条件的具体表现会有所变化。但当这三个条件都具备的时候，当事人自学的过程便会让能力得到极大的提高。

而组织管理的作用就在于通过各种安排让更多的人具备这三大条件。

职场内培训的意义与理想的存在形式

　　上述促进、辅助自学的手段，我们称之为人才培养的手段。这一手段大致可分为两类。一是体验式学习，二是研修。体验式学习指的是人们通过工作学习、成长，这一手段被称为现场培训。与此相对的是研修，我们在这里所说的研修是指离开职场的教育培训，称为脱岗培训。

　　企业中的人才培养一般为体验式学习，也就是通过工作体验实现成长。脱岗培训说到底只是辅助的手段。除了现场培训与工作密切相关这一理所当然的理由外，还有两个理由。一是在现场的体验式学习中，学习成果的现实性反馈速度快，带来的压力大。即工作做好、没做好的反馈，其结果马上能呈现出来。并且，如果工作成果不理想的话，员工压力会很大。

　　现场培训为主的另一个原因在于，在现场培训的过程当中，人们不仅会获得业务知识、判断能力，还能感受到组织的习惯、组织文化等无形的内容。这些会成为人们思维方式的一部分。而这一形成过程对组织来说，也是"人才成长"的一部分。

　　现场培训的有效进行，需要满足以下三个条件。

- 创造体验环境；
- 保证体验深度；
- 告知应设定的目标。

　　人们若只是单纯地想要顺利推进体验式学习，便会认定这三个条件都是必要的。首先，没有场所、环境，体验是无法进行的。其次，即使有了场所、环境，体验不够深入也难以开展学习。再次，如果没有方向性，不知道应该从体验当中学习什么，学习也会变得漫无目的。

　　创造体验环境的最典型的手段即为人事的轮岗与晋升捷径。同时，根据企业战略决定企业的业务领域也会为那些在相关领域工作的人创造场所、环境。企业在业务的开展中学习、积累信息类经营资源，其中绝大部分的内容都发生在现场培训中。因此，我们应该将企业战略也作为人才培养的一大手段。

最近，日本企业基于其进军海外的战略，正在积极地扩展其海外机构的分布。从企业战略也是人才培养的一大手段这一观点来看，海外机构作为培养经营预备人才的场所，其分布的扩展具有重大的意义。在海外机构中，人们肩负着比国内职员更艰巨的责任。由于难以与上司商量，他们需要更多地依据自己的判断做出决定。换句话说，海外机构是一个国内企业难得的、经营覆盖面广的大体验场。我们应该将其作为企业现场培训的一环，积极地加以利用。

为了保证现场培训的效果，我们需要确保的第二个条件是体验的深度。

作为保障体验深度的制度、架构，我们首先可以列举出的是人事评价的严格程度。评价体系若很严格，工作的难度也会加大。工作的难度大，相关的体验印象会更深刻，由此也能促进之后的学习。除了人事评价制度之外，同辈压力（来自同事的压力），也可以说是周围人的看法，也会让工作变得更具挑战性。除了工作的难度之外，从体验中学习的态度也十分重要。好的学习态度，不仅需要本人有心学习，还需要上司的指导或是企业重视学习的文化氛围。

从相同的体验当中，人们可能会学到不同的东西。此时，从组织的角度来看，理想的情况是每个人的学习目标之间存在共通之处。这便是告知他们应设定的目标，也就是现场培训所需的第三个条件。

从某种程度上来说，其中也包含着自然形成的部分。不管是什么样的组织，都会有带头人的角色，也有着核心的工作与职位。从事这些核心工作、担任重要职务的人为企业员工提供了榜样（能让自己想要跟他们一样发挥重要作用的模仿对象）。很多时候，这些榜样会自然而然地成为设定的目标。

这样也无妨，但是当人们应设定的目标发生改变时，有必要设定新的榜样。如果不这样的话，便会失去现场培训的明确目标。或者说，人们会继续模仿错误、陈旧的榜样。这样一来，现场培训便会妨碍组织的变化、发展。

另一个告知目标的方法是展示企业的愿景。通过揭示企业的愿景，告知员工"我们想成为这样的企业"，告知员工学习的目标。如果该愿景是可以落实、能够让现场的工作人员切实感受到的，便能更有效地发挥告知目标的作用。

研修的意义

脱岗培训也是人才培养的重要手段。职场教育的中心虽然是现场培训，但脱岗培训的研修也是有意义的。

企业内的研修事实上包含多种内容。其意义大致有三个。

第一，业务知识的培训。第二，形成职场内人员之间的人际关系网。人们互相认识是有意义的。第三，参与研修、接受培训是一种仪式，参与其中能够起到激励的作用。新任管理层研修的意义大半都在这里，正如庆祝升迁的仪式一般。

那么经常用来标榜研修意义的"能力开发"与"意识变革"又如何呢？如果能通过研修培养决策能力，将思维转变为"顾客就是上帝"（以满足消费者的需求为企业活动目标的想法），那确实是便捷的企业革新方法。但其作用是有限的。当然，这与研修时间的长短有关。比如，进行一周的集中研修，能够实现多大程度的决策能力的开发与意识变革是不确定的。

如果是精心设计的研修项目，有可能具有极大的意义。从这样的研修当中，我们能期待的不是决策能力的培养，而是更为微妙且更有意义的三大作用。我们将其象征性地称为"萌芽"、"播种"与"清理田地"。

①**萌芽**

研修的参与者能够从他们的现场工作中获取多种多样的能力、培养出各种各样的意识。但是，在现场工作的人未必都"开了花"。他们拥有的是潜在的能力与意识的种子。有时候，他们已拥有的种子要通过研修中的刺激才会萌芽。而这萌芽是否能够长成在实际工作中有意义的植物，还要由研修后的现场状态决定。

虽说如此，我们却不应低估这一萌芽的效果。因为没有脱岗培训的刺激，或许就不会有萌芽。芽不萌发，花朵就无从开放。

②**播种**

参与者在研修现场所接受的刺激，或者在那里的阅读与讨论，能够在他们心中播下种子。他们当时或许完全意识不到，但是那种子在之后的某个时刻会突然萌芽。

在研修课程中，会介绍一些经营者采取的有趣的经营行为与决策。参与者会在面对相似问题时突然想起这些内容：这样的案例中最重要的是什么，成功或失败的原因是什么。

以这样的种子为基础，他们会在现场的工作中开发自身能力，或是反省自己。这便是在现场开始萌芽，而这个种子正是在研修时播种下的。

③清理田地

研修的项目如果在某种意义上与参与者自身所拥有的经验相关，他们便能通过研修中的刺激与思考对自己的经验进行整理。比如在一个大框架中对自身的经验进行定位，或是意识到自身经验中对将来无用的内容。我们将其表述为"清理田地"。也就是说，研修给了人们机会去整理自身的经验，拔除杂草。

干净的田地，更容易播种，更容易发芽，发出的芽也更容易成长。对于重视现场工作以及以现场培训为中心的日本企业来说，发挥整理现场工作经验作用的"清理田地"便是研修的绝大部分意义所在。

要策划、落实这样一个能产生三大意义的研修项目并非易事。并且，参与者如果不投入时间与精力，也无法产生这样的效果。尤其是如果不能让参与者有所思、有所感的话，那就毫无意义可言。

但若能达到这样的效果，对企业的能力开发与意识变革便具有重大的意义。哪怕只是萌芽，也会带来非凡的效果。播种、清理田地的长远影响也是巨大的。因此，我们不应称其"只有三大作用"。

人员的选拔

选拔的三大参数

要对人员进行配置，需要进行某种形式的选拔。给所有人都提供优厚的培养条件，是不可能的，因此选拔出具有相应素质的培养对象，我们也需要通过某一选拔结果来决定。

选拔虽然是在每次人员配置与培养时才进行，但作为企业来说，一般需要制定定期选拔的制度或惯例。比如管理人员的选拔，惯例大致规定了从哪一层级选拔、以怎样的资格为条件、由谁来选拔等。在典型的日本企业中，关于白领阶层的晋升也有惯例。即进入公司的 5~10 年内，大家在薪水、奖金、晋升的速度上不会有明显的差距。之后一段时间向管理层晋升的速度也是决定好的，不会因人而异。

关于这样的惯例，组织需要决定的三大参数是：选拔的速度、程度、谁来选拔。

选拔的速度与程度，一般来说是一同设置的。即惯例将规定以多快的速度让人晋升到多高的职位，以及将个人差异控制在多少。至于选拔的主体，即由谁来进行选拔，典型的选项一般为两个，一个是由总公司人事部下达选拔的最终结果，另一个是由现场的领导者从自己的下属中进行选拔。我们可以认为其对应的是选拔决定权中的集权与分权。

日本大多数企业采取的惯例都是充分地进行轮岗，让员工尝试各种各样的工作，同时让他们在不同的上司手下工作。因此，要产生晋升的决定性差距往往需要很长的时间。并且，最终选拔的结果是由人事部决定。

表 15-1　关于人才选拔的日美比较

参数	日本	美国
选拔的速度	慢	快
选拔的程度	小	大
选拔的主体	人事部集权	事业部分权

日本企业的惯例是，选拔的速度慢，选拔的程度并不激烈，基于员工长期在各种岗位上获得的人事评价，由人事部集权决定最终的选拔结果。

长期评价、在各处的多样评价、最终集权进行选拔以及毫不激烈的选拔程度，这些都有着各自的优点与缺点。

其中第一大优点在于员工能通过长时间的能力积累获得激励。即使不参与短期竞争（进入公司之后马上想在工作上取得决定性的成果）也可以有所发展。因为他们可以从长远的角度思考自身的职业规划并采取相应行动。这样的动机并非只在一部分长期晋升有保障的精英身上产生，而是多数人都会产生。

第二大优点在于人事评价中的任意性将大幅降低。如果只依靠短期评价进行人事评价，其中必然会掺杂任意性。比如运气的成分、进行评价的人的主观看法或是评价对象取得好评的工作与其潜在能力并不相符等。如果是长期评价的话，"运气"的影响会趋于平均，员工会经历各式各样的工作，评价者也会更换，从而降低主观看法的影响。

同时，人事集权这一惯例还包括上司所做的人事评价也会集中在人事部，因此会产生两大效果。第一，评价者事实上也会被评价。如果评价者对同一个人的评价过于任意，该评价结果到了人事部立刻会被看出来。这相当于告诉他人自己作为评价者是不称职的。

第二，会在人事部形成"人事评价行市"。通过众多评价的集中，会形成行市。由此便难以产生偏离该行市的主观性恶意评价。上述任何一个效果都会降低上司在现场所进行的评价的任意性。

除了进行这样的选拔与评价之外，日本企业也会注意保证作为评价结果的地位与薪资分配的平等。即缩小职位间的薪资差距，防止地位与薪水出现颠倒（也就是说有可能出现年轻上司的薪水比年长的部下的薪水要低的情况），"在职位上享受优良待遇的人在薪资上却与他人存在巨大差距"，从而保持职场社会的秩序与和谐。

日本企业的惯例虽有着上述优点，但也有缺点。比如，长期评价不适用于短期决胜负的工作，且如果评价时间段过长会导致缺乏必要的激励。此外，选拔程度不大，从激励的角度来看便会带来激励不够有效的负面效果。还有，平等虽然是好事，但是由此也可能导致所谓"恶性平等"的无差别。现场管理者与人们的现场工作密切相关。因此，人事部的集权也存在着危险，因为人事部要基于少于现场管理者所拥有的信息量进行筛选。

选拔的关键是可接受性

事实上，在很多企业中，这些缺点已经显现出来了。即过度依靠年功序列制度，采取称不上选拔的选拔方式。并且，各职位间的差距缩小（比如部长与现场作业员），恶性平等逐渐变为现实。

这种缺点是由逃避选拔，尽量追求平等、公平的倾向导致的。为什么人们会讨厌选拔与差距呢？这是因为我们会顾及没被选上的人，因落下差距而陷入不利境地的人。也就是说，企业的选拔成了一种形式，其目的似乎在于使没被选上的人的不满最小化。这样虽然也有它的意义，但是，从组织的管理来看，这一方式还存在着许多问题。

因此，我们必须进行选拔。即使会引发不满，即使要考虑如何消除、最小化不满，也必须进行正式的选拔。选拔本身就是一场零和博弈。此处的零和博弈指的是，一个职位只能由一个人占据，并且职位的数量是有限的。如果有人占据了某一职位，他人便无法取得该职位。

作为最后筛选的人事部门，其避免扩大不必要的不满的关键在于人事安排的"可接受性"。人事安排是基于人做出的评价。既然是由人做出的评价，就会在一定程度上缺乏客观性。同时，既然是零和博弈，说到底，在人事安排上就不存在所谓的公平性。许多没能晋升的人一般会在自我打分中给予自己过高的分数。这样的评价没有客观性，因为只有完全的平等才能保证终极的公平。但零和规律使其变得不可能。当然，我们需要付出努力追求客观，也需要付出努力追求公平。但是，说到底这都是无法达到的目标。

正因为如此，我们才需要能让人们尤其是那些容易产生不满的人接受、认可的人事安排方式与人事评价，并且该人事安排方式与人事评价是有根据的。选拔最终需要的是其可接受性，要令人信服。

确保这种可接受性的关键有两个。一个是机会的公平，另一个是人事评价的公正。

机会的公平指的是，至少不会因自身无能为力的理由失去人事晋升的机会，或者不会因为不平等而使得机会变小。比如在存在着阶层差别的社会，会因阶层的不同而产生机会的不公平。

为了确保机会的公平，我们需要公平地给予大家机会。尽可能地让大家抱有期待，即只要努力，就能享受到好的人事安排。在丰田，有一个不成文的规矩，即管理层一定是从现场工作的人员中选拔出来的。这也是在向大家传递"机会是面向大家的"这一信息。这样，为了实现机会公平，无视学历、让失败者有机会东山再起变得十分重要。

第二个关键是人事评价的公正性。让无法实现完全客观的人事评价接近客观，并为此做出努力。

为使评价接近客观，要做的第一大要点在于应以客观性高的内容（至少与其他尺度相比）为评价尺度的核心。比如依据明确的业绩指标，即实际业绩的数值。许多追求人事安排可接受性（人事安排能够被认可、接受）的公司以市场业绩评价指标（比如销售额、利润等）为中心也正是出于这一原因。哪怕该指标有些许的不足，就像对于专业棒球击球员，我们应以安打率的数值为基准对其进行评价，哪怕安打率并不能完全反映棒球选手的击球能力。

第二大要点在于评价过程，要让人清楚地知道公司重视公正性。比如，要让评价的一方感受到自己评价的结果也在被评价。或是让评价者为评价花费一定的时间与精力。这一过程（为评价花费时间、精力）看似简单，但其本身会在评价方产生某种接受性。该接受性区别于评价结果的可接受性。认真地费时费力去进行评价而非欺骗，这是可接受性的明确来源。

人事的动态平衡与困境

人事的动态平衡

通过以上说明可知，人员的配置、培养、选拔之间存在着紧密的相互依存关系。人员的配置会影响到人才的培养。因为工作让人成长，通过各式各样的培养，满足选拔条件的人才得以长成。如果对象是这些被选拔出的人才，对他们进行适当的安排则更为容易。我们也需要为培养这一步骤进行选拔。此外，不管储备着什么样的人才，我们都必须通过选拔来配置人员。

如图 15–1 所示，三大变量之间存在着相互作用的循环关系。我们将这一动态平衡的关系称为人事的动态平衡。

如何让这一动力模型实现良好的运转是组织管理中人事部门所面临的最核心的问题。

基于这样一个三角动力模型思考人事工作时，一开始最重要的是选择哪里作为循环的起点。这相当于决定相关的方针。当然，因为是一个循环，所以不管以哪里为起点，这三大变量都需要做出各自具体的选择。比如配置人员时需要决定具体如何配置。

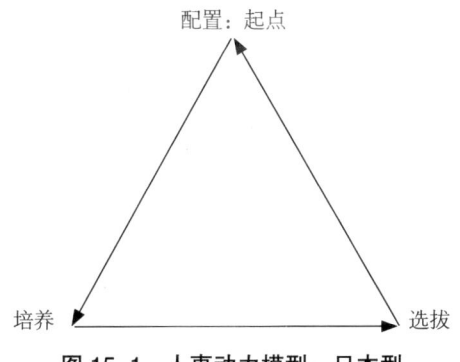

图 15-1　人事动力模型：日本型

本章中的说明将以配置为起点展开，理由如下：第一个理由自然是因为在组织管理的整体内容中，人事配置是对战略的落实具有直接影响且最为重要的一项内容。第二个理由是"先进行人员配置，配置之后人员得到培养，然后根据结果进行选拔"这一思考流程才是许多日本企业关于人事动态平衡的想法。

关键在于并非以选拔为起点。以配置为起点的动力模型在把对战略落实的贡献程度作为人事最核心内容的同时，也是一个"播种型"的动力模型。因为它的流程是先进行配置，然后播种，种子发芽、成长，之后进行选拔。

如果不是这样，而以选拔为起点的话，那便意味着公司采用的是"收割型"的人事动力模型。不管储备的人才是什么样的，全都从选拔开始。先选拔再配置这一思维会使我们最优先考虑眼前的业务开展。之后，人才培养得以推进，而这一循环自然也会成为下一场选拔的基础。在这种思维方式下，思考始于选拔。而该选拔的目的在于无论如何都要充分利用一直以来通过培养积累起来的成果。因此，我们称其为"收割型"动力模型。此外，在这个动力模型中，选拔的对象并不仅限于企业组织内的储备，还有可能包括外部广阔的劳动力市场中的人才储备，而这更增强了其"收割"的属性。

从组织管理的角度，需要选择的不仅仅是关于人事动态平衡的基本方针。选择关于速度的基本方针也很重要。即让这一动力机制以什么速度运转。如果选择了较快的速度，人事评价自然会偏向短视，这将加速人员配置的替换。人员培养也会以速成栽培为目标。相反，如果选择缓慢的速度，基于长期评价，进行人员的长期配置，则会导致在培养上花费时间。

一般来说，不同国家会采取不同的动力模型。比如日本企业的人事动力模型是以配置为起点、慢速，而美国企业的人事动力模型是以选拔为起点、快速。重要的是，我们要在把握动力模型整体框架的基础上，进行关于动力模型、各种配置、培养与选拔的选择。

人事的困境

关于人事的选择，我们已经在前面的章节中说明了其存在的各种各样的困境与矛盾。事实上，还有几个更为深刻的矛盾。这些矛盾使得关于人事的选择更为艰难。

- 效率、培养、非正式集体（小集体）的困境；
- 核心员工管理的困境；
- 零和博弈的困境；
- 选拔精英的困境。

第一个困境指的是在思考人员配置时，配置结果产生的三大效果之间会产生相反的效果。比如，若是考虑到决策的效率，应尽量不变动资深员工的职位。但是若考虑到通过工作可以促进年轻员工的成长，又会认为将年轻员工放在某一职位上比较合适。或者，虽然不想激起小集体内的情感风波，但是考虑到决策的效率又必须进行人事调动。再或者，考虑人际关系和谐的人事安排与实力主义的人事安排未必是统一的。那么，该如何平衡这三种矛盾？

第二个困境指的是核心员工管理的必要性。在组织中工作，不管怎样一定会出现核心成员与非核心成员。核心指的是肩负着组织文化的存续性的人，或是在组织中做出长期贡献的人。

组织需要这种能够成为核心的人。另一方面，组织战略也要求其提拔与组织主流有着极大不同的人。选拔这样的人才必须通过中途任用的方式，也有可能需要在偏离组织主流的人员中进行选拔和提拔。在多大程度上利用这一方式便是一大难题。

比如，虽然中途任用的确有着诸多优点，但不了解组织历史与组织文化传统的员工过度增多也会导致问题的出现。再比如，为了保证组织的年轻化，有必要将年轻员工较早地放在核心职位上（人力资源的年轻化）。但这样一来，许多中老年员工便只能任职于非核心岗位。那他们的待遇又该如何设定呢？

这一困境的本质在于延续组织的需求与导入年轻、异质成分的需求之间会产生冲突。为了应对这一矛盾，我们有时候需要采取与其相悖的对策。

比如，能够解决中老年员工待遇问题的往往是大量提拔年轻员工的企业。这听起来可能矛盾，但是通过将年龄与待遇的反差视为常识，即"正常的事"而不是"不应该存在的、耻辱的事"，能够缓解那些中老年员工（工龄与待遇存在反差的中老年员工）的内心不满。并且，随着"反差"员工的不断增多，企业会自然而然地去思考如何有效地利用中老年员工，而不是将他们逼入无用武之地的边缘。每个人只要能自然地在各自的岗位做出各自的贡献即可。

人事的第三个困境指的是一个职位只能由一个人占据，且职位的数量是有限的。这便是零和博弈。事实上，在人事面临的困境中，这一困境最为严峻。同时，这也是众多人事烦恼的根源。让一个人晋升，就必须放弃另一个人。如果评价某人为最优秀，那该排序中的其他人便不是最优秀。这是理所当然的。人事说到底就是必须做出选择。

第四个困境与第三个困境是紧密相关的。即当企业以工作任务为人才培养的基础时，应在什么范围内选拔人才，以及从哪个阶段开始对其进行培养。

考虑到企业的长期发展，我们需要有着极大想象力、创造力的精英。要培养出这样的精英，我们需要从早期阶段就开始筛选，为其提供晋升捷径以给予其广阔的发展舞台。但是，如果过早地进行这样的筛选，便会挫伤没被选上的人的干劲。如果对许多人都广泛地给予机会的话，又会导致难以培养出具有想象力、创造力的人。许多企业目前都面临着这样的困境。

管理层膨胀的弊端

因为人事困境而导致人事动力机制无法良好运转的典型例子，是日本的管理层膨胀现象。许多日本企业在 20 世纪 80 年代之后均出现了严重的管理层膨胀现象，且该现象在 20 世纪 90 年代变得更加严重。

在日本，除了中央政府部门与一部分企业，绝大多数的组织都不培养精英，而是尽可能地给予更多人平等的待遇。并且，该待遇主要是指尽量让更多的人就任管理职位。这一做法虽然能够提高企业的集体意识，激发许多人的干劲，但与此同时也会带来一些问题。

20世纪80年代之后，日本人口结构中四五十岁的管理职位适龄人口比例不断提高。但是，许多日本企业还是与20世纪80年代之前一样，坚持过了一定年龄才让员工就任管理职位的方针，并未做出改变，以适应这种人口结构上的变化。当这种惯例的持续与高龄化发生碰撞时，管理层职位的人数出现了激增且超出了必要的数量。在一些企业，甚至有三分之一的白领都享受着管理层的待遇。我们称之为管理层膨胀。

为了实现管理层的扩大，必须创造出更多的管理职位。而这是通过将组织分割成更小的单位实现的。或者在一个组织中设置多个不知道是干什么的职位，比如副部长、主席部员、主任调查员……

这不仅导致了人员经费的上涨，还带来了严重影响。第一，管理机构复杂化，会议增多，不必要的调整也增多了。第二，尽管如此，职位数仍然不足，许多人的晋升十分缓慢。第三，更严重的是其对人才培养的影响。这也是长期看来最可怕的影响。随着许多企业组织单位的缩小，35~45岁这一年龄段的人在这一人才培养的黄金时段内只能在狭小的工作场所内做有限的工作。

人在年轻时是根据所经历的工作场所的大小来实现成长的。如果工作场所很小，开始积累经验的年纪便会被推迟。在20世纪80年代的日本，企业组织中就不知不觉地出现了这样一种经营人才难以成长的环境氛围。

在这样的历史背景下，我们也更能理解为什么20世纪90年代的日本企业发展迟缓。组织构造问题导致组织内年轻力量欠缺、组织行动迟缓、经营停滞，而这一恶果的种子在20世纪80年代就已埋下。管理层膨胀现象到了20世纪90年代仍未停止。

管理层膨胀背后最大的理由其实在于避免筛选的倾向。在面临精英选拔的困境时，由于存在太多同年龄层的人，过早地从其中选出某人作为精英，必然会招来他人极大的抵抗情绪。

管理层膨胀带来的最大弊端在于其给经营预备干部培养带来的负面影响。

其导致能够发挥巨大想象力、创造力的精英减少，对于企业来说，这些精英是能够为企业带来飞跃性改变、成为企业中枢的人才。在这一现象的背后，实际上是这样一个恶性循环，即因为无法进行选拔而导致无法进行人员配置，无法进行人员配置又使得企业无法培养人才。最终，因为人才得不到培养而使得经营无法实现飞跃性进展。

也就是说，管理层膨胀使得人事动力机制无法运转。人事动力机制一旦停滞，便会进一步加速这一机制的崩坏。

精英培养的重要性

要让停滞的人事动力机制重新运转起来，需要花费极大的能量。由于组织中的许多人会因为机制的重新运转而蒙受不利，如何消除他们的抵抗情绪、推动人事动力机制的运转便是十分重要的。

我们需要那些下定决心要创造出这一推动力的人。他们是一群作为组织的核心，为了组织的长期发展不惜做出短期牺牲的人。虽然这样的表述可能并不恰当，但也可以说他们就是所谓的精英，即经选拔产生、对组织抱有强烈的责任感的人。从企业组织的人事角度来看，这正是最重要的经营预备干部的培养——必须将其培养为精英并进行选拔。

精英存在的必要性，不仅限于现代日本企业。历史上也有相应的事例可以说明。正如美国的政治评论家沃尔特·李普曼所言："在人类的历史上，从没有一个帝国能够在没有精英的情况下实现长久的统治。这些精英在帝国的核心位置上抱着极其坚定的信念参与着帝国的统治。"

选拔、培养精英不仅是为了人事动力机制的运转，还有更深刻的必要性。从日本企业的实际情况来看，经营者的才能有所下降。除了经营者之外，组织内各个岗位上能够发挥领导力的人也越来越少。

正如前文所述，要培养出能够肩负企业经营的人才，所需的条件为"一志二场"。企业能够提供多少符合条件的人？这是人事面临的最重要的问题。因为具备这三大条件的人中也只有一定比例的人能够成长为经营预备干部。因此，我们需要让员工尤其是年轻员工具备这样的条件，因为之后的培养同样费时费力。

但是我们无法让多数人平等地具备这三大条件。比如"志存高远"这一项，本身就是很多人都不具备的素质。因此，我们需要事先选拔出具备这一素质的人。我们无法让许多年轻员工都去参与大项目，从事大规模工作。大格局思考的机会也一样，我们无法将其给予多数人。

综上所述，要让年轻员工"具备三大条件"，必然要选拔出其中的少数人。因此，我们不得不进行精英选拔。

练习

- "吃同一锅饭的伙伴"这一表述在企业的现场工作中也经常出现。"吃同一锅饭"指的是什么？它在同为工作伙伴的人们之间发挥着怎样的作用？
- 从人的培养这一角度来看，终身雇佣或长期雇佣等雇佣习惯具有什么样的缺点与优点？请详细说明。
- 本章中提到了"日本企业的人事动力机制是以配置为起点、慢速，而美国企业的人事动力机制是以选拔为起点、快速"。请思考产生这种区别的原因是什么以及这一区别所带来的多方面影响。

第三篇

矛盾与发展的管理

第 16 章
矛盾、学习、内在动力的动态平衡

——

在企业的发展过程中会出现各种各样的矛盾。矛盾指的是多方面内容难以并存而必须全面思考的情况，或是企业各经营要素之间难以统合的情况。两难困境或者抉择也是矛盾的一种。当企业陷入两难困境时，也可以说企业是陷入了不均衡的状态。在环境管理中存在着竞争与协调等各种各样的矛盾，在组织管理中也存在着自由与规范等各种各样的矛盾与悖论。

这多种多样的矛盾，通常不是作为亟待解决的问题出现的，即非自然出现的。有的甚至是经营者有意制造出来的。因为矛盾能够成为企业发展的原动力。说得极端一点，没有矛盾便没有发展。可以说，矛盾的管理对经营者来说是一项大工程，是终极工作。在第三篇，我们将对矛盾的管理展开论述，并讨论发展的管理。

矛盾是发展的必要条件。如果我们以静止的眼光看待某一时间点上的经营现象，或是以短期视野看待企业的经营发展，矛盾都不是我们所希望看到的。显然，最理想的状态是企业与环境的关系或企业内部的关系处于均衡的状态。所有的要素像拼图一样互相吻合、实现平衡才是短期内最具效率的。

但若是从长期、动态的角度思考企业的发展，便会发现，如此严密的平衡状态是很难产生引起变化的诱因的。或者说，是很难应对变化的。即短期内看似有效的平衡状态，从长期效果来看未必是理想的。同时，也会出现随着企业的发展失去平衡而产生矛盾的情况。

这是为什么呢？我们就此展开矛盾与发展的管理的相关讨论。

产生的矛盾

组织管理中显现的矛盾

组织的矛盾主要有以下三种。

- 组织管理中显现的环境与个人要求的矛盾；
- 企业发展自身产生的矛盾；
- 组织的惯性与环境间的矛盾。

组织管理的要求常常是充满矛盾的。这也是我们在第二篇中谈到两难困境与悖论的原因。充满矛盾的要求集中在某一个组织的管理中，由此便导致了两难困境与悖论的频发。

组织管理的这种困境主要有两个来源。一个来源是环境管理的要求与组织管理的要求相违背。比如，从环境的管理来看，业务的重组是理所当然的。然而，从组织管理的角度来看，尤其是考虑到员工的干劲问题，简单的重组并不是大家所期待的。这便是两种管理要求相矛盾的典型例子。

另一个来源是组织的要求与组织中某一个人的要求之间的矛盾。比如，组织追求的是向心力和规范。而个人追求的是一定程度上的离心力与自由。于是便产生了如何克服组织与个人的矛盾这一古老而又全新的问题。如果要响应个人的要求，组织的协作便无法顺利进行。

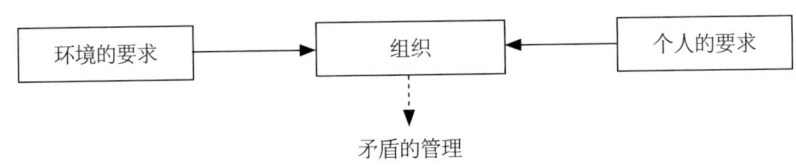

图 16-1　环境与个人对组织施加的压力

也就是说，组织的管理被夹在内在的个人要求与外在的环境要求之间，是产生众多矛盾的源泉。我们也可以说，其最终会导致组织管理困于个人要求与环境要求的矛盾。总而言之，组织管理困境真正的源泉在于个人与环境间的矛盾。

如果要列举环境管理基本要求的关键词，那便是革新、竞争、代谢、多样性等。企业需要不断进行革新，就必须参与竞争。同时，如果不通过频繁的代谢保持企业的活力，企业的革新与竞争都会老化。此外，为了适应不断变化的环境，我们也需要保持企业的多样性。这些都是组织管理提出的要求。

另一方面，要使由人构成的集体作为一个组织形成持续的协作系统，企业就必须满足其中大多数人的要求。这一管理基本要求的关键词便是安定、调和、保存、凝聚性等。这些东西都是人们所谋求的。

革新与安定、竞争与调和、保存与代谢、多样性与凝聚性，所有这些都是矛盾的。至少从表面上看是这样。那么，我们应该如何应对这样的矛盾？此时，就需要对矛盾进行管理。

发展产生的矛盾

前项矛盾主要是由于围绕企业组织的环境与构成企业组织的个人施压于企业组织，要求其满足自身的要求而产生的（两者要求相互矛盾）。所有组织都会存在这样的矛盾，这就是存在于组织中的本质性的矛盾。

但是，对于发展中的组织，也就是基于某一成功而不断发展的企业来说，它们还面临着另一种不同层级的矛盾。那便是发展自身这一矛盾。很多情况下，组织发展自身会产生新的矛盾。

比如，战略的成功会使得该战略丧失有效性。因此，如果坚持一直以来的战略便会导致矛盾的产生。举一个简单的例子，比如，走高端路线的缝隙战略。这一战略若是获得成功，其结果会导致许多客户使用该公司的产品。这样一来，随着该商品的普及，产品本身便会失去高端的形象。而企业自身也不再是缝隙产业制造商。这些优势企业如果深入挖掘其目标市场，便会失去生存的场所，进而失去进一步成长的机会。

这样的矛盾，我们也可以称其为"自身矛盾"。"自身矛盾"作为发展的结果，其产生主要有三大原因。

第一，环境自身会对企业的发展做出反应，发生变化。前文列举的缝隙战略正是如此。因为在这种情况下，市场不再有缝隙可供企业进一步占据。还有一种情况，那便是由于某一企业的战略而蒙受不利的竞争对手会故意实施新的战略以改变竞争条件。这样的竞争带有危险性，可能会让一直以来大获成功的战略失败。

第二，发展为企业内部组织管理的旧体制带来矛盾与不平衡。比如，随着企业的发展，其规模会不断扩大。而随着规模的扩大，企业一直以来的做法有可能不再适用。企业规模小时，总经理可以下达具体的指示以推进工作。比如，明确指出该从什么做起，做到哪一步。但是，随着企业规模的扩大，这种方式便不再可能实现。因为组织管理的形式与环境的要求之间产生了矛盾。

或者，随着企业海外业务的发展，为国内业务管理设计的组织体制与国际环境之间产生了矛盾。举一个简单的例子，在日本国内用日语开会是理所当然的。如果有必要的话，还可以打电话直接与同事进行沟通。但若是与美国分公司进行沟通的话，就必须用英文进行交流。英语不好的日本国内员工就无法像以往一样用电话解决问题，这一管理方式便不再适用。这时，如果无视英语能力这一新要求，继续采用旧体制，公司内便会产生沟通不足的矛盾。

第三，人们的学习能力与人们通过学习积累的能力。企业的发展过程也是企业中人们的学习过程。企业中的人通过工作实现了自身的学习、成长。通过日常的工作，人们能够获取各种各样的信息，养成适合该工作的思考方式。这对于企业来说是珍贵的经营资源。但与此同时，这也会导致企业内部产生不平衡。

这样的矛盾在小规模和大规模范围内都会发生。举一个小规模的例子，比如某机械工同时操作三台机器进行生产活动。由于人们可以通过工作进行学习，如果该机械工能够熟悉机器的使用方法，便不只是同时操作三台机器，而是对三台机器的操作了如指掌。这样一来，生产效率有所提高，企业也实现了发展。但是随后，该机械工的熟练程度足以同时操作四台机械。此时，若还停留在三台机器的操作，机械工的能力与机器数量之间就会产生矛盾和不平衡。

从大规模范围内来说，在某项业务中培养起来的技术有时只能用在该业务中。由于有了技术积累，该业务有了发展。但是发展可能会导致该项技术的潜力无法适用于市场。如果该技术不能转用于别的地方，便会始终处于未使用的状态。这便会带来未得到充分利用的潜力与实际利用方式之间的矛盾。像这样，人们在学习的时候，企业常常会因为发展而出现矛盾与不平衡。

企业必须应对发展产生的矛盾。此时，我们需要对矛盾进行管理。

惯性引发的企业经营与环境间的矛盾

企业的发展不仅仅会带来上述显性矛盾，有时还会带来隐性的矛盾。

比如，长期的成功可能会导致企业内出现放松、疏忽、狂妄自大的现象。企业内的员工有可能不再像以往一样积极地对待工作，同时也有可能丧失对外部环境的敏感度。这便是由于企业的发展，组织中产生了惰性、惯性的实际例子。发展不仅会引发矛盾，还会带来惯性。

以上是企业组织产生惯性，因发展而导致企业产生骄傲情绪的事例。在企业组织中，还存在着其他产生惯性的根源。不管发展还是不发展，组织中都会存在惯性。惯性往往是企业发展的敌人。因为在惯性与环境的要求之间存在着产生巨大落差——矛盾的危险。

企业要实现发展，需要各种各样的新陈代谢。新业务、新市场、新技术、新组织、新战略、新人事等。开启这些各种各样的新事物，与此同时也是舍弃一直以来拥有、使用的旧事物。但是，人们做事往往是带有惯性的。组织中渗透着过去的价值观、范式以及利害关系。人们往往会觉得延续熟悉的事物比较轻松。因此，总是难以避免地用旧常识进行判断。这便是旧事物带来的"污染"。但是，如果不脱离旧事物，就无法产生挑战新事物所必需的能量以及看待新事物的思维方式。从这个意义上来说，在意识与能量两方面与惯性进行斗争对于企业的发展来说是必要的。

但是，从好几个层面来看，组织都套着惯性的枷锁，这一枷锁会成为企业发展的障碍。一个一个地解开枷锁便是与惯性的斗争。惯性枷锁大致可分为系统枷锁与人员枷锁。系统枷锁指的是企业工作与组织架构等系统构造上套着的枷锁，人员枷锁指的是在构成企业的人员的思维方式与感情上套着的枷锁。

系统枷锁主要涉及两大内容。第一个是业务的系统性关联，是指所有的工作和业务都与其他工作紧密相连，我们很难只对系统整体中的某一部分进行修正。如此一来，便会发生这样的现象，即"如果我们要尝试A这一事物，就必须改变B和C。但是因为改变B和C十分困难，所以便不能改变A"。由于改变整个工作系统需要许多人的同意，最后什么也改变不了。组织采取的行动便被惯性束缚着。

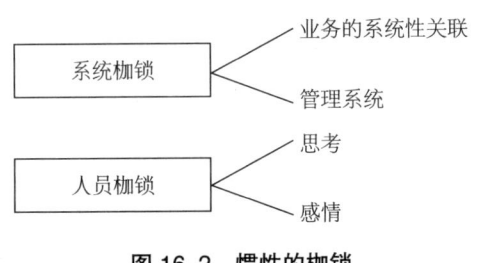

图 16-2　惯性的枷锁

第二个是管理结构、绩效考核方式的枷锁。比如，如果人事奉行的是减分主义，那么大家都会选择失败率较低的、做惯了的工作，做不了新工作。或者，由于绩效考核划分得十分细致，便不会有人提出要改变多数人参与的企业活动。在这样的案例当中，也都是惯性在作祟。

这些系统枷锁事实上是组织架构本身所带有的。组织架构是基于组织管理的需求而存在的，反而很容易被套上枷锁。

人员枷锁也涉及两大内容。第一个是人们思维方式的惯性，即思考的枷锁。因为人们很难脱离旧的范式，所以新陈代谢的速度也十分缓慢。第二个是感情的枷锁。人们对提出新方案的人会抱有抵触情绪，"因为是那个人提出的，所以我不喜欢"。其结果是，组织仍会继续采取固有的行动。令人想不到的是，这一枷锁反而是最容易套上的。

如果不思考如何打破这些枷锁，就无从对企业发展进行管理。但是，套有惯性枷锁的状态也处在相应的平衡、秩序之中。即"套有枷锁"这一状态使得整体在一个恶性状态、旧式状态下维持着均衡。因此，仅从组织内部来看，我们也可以说其处在一个矛盾较少的状态之中。

但是，该惯性可能会带来组织与环境要求之间的巨大矛盾。如果环境能够容忍组织在保持惯性的情况下有所发展，那么没有问题。但是，实际上是不可能的。

因此，惯性是一种十分棘手的状态，它不会在组织内部显现出矛盾，但却很容易引发组织与环境之间的矛盾。为了摆脱这种状态，我们有必要在企业内部酝酿出自内而外打破惯性的矛盾。为解决该矛盾而产生的学习与能量可以帮助我们摆脱惯性。为此，我们有必要创造出一种充满内部矛盾的情况。若放任不管，企业很可能直到陷入危机才开始尝试脱离惯性。这样一来，很可能为时已晚。

为了与惯性进行斗争，我们需要创造矛盾。

矛盾与发展的管理

矛盾的消除，矛盾的积极利用

综上所述，随着企业的发展会产生各种各样的矛盾。这些矛盾产生于相互关联的三大来源（组织管理、发展本身、惯性）。矛盾的管理指的是站在经营管理的立场应对矛盾所采取的措施，其大致可分为两大态度。

首先是解决矛盾的态度。眼前的矛盾大多是必然会产生的，如果将消除眼前的矛盾作为首要目的，企业便无法实现发展。比如，虽说缝隙战略带来的矛盾令人不快，但如果为了解决矛盾放弃成功的机会，企业便无法获得任何发展。这样一来，便成了本末倒置。由此可见，解决那些随着企业的发展必然会产生的矛盾并非易事。

其次是不以消除矛盾为目的，换句话说就是要积极地利用矛盾。有时候，我们甚至应该故意地制造矛盾。如果能够通过人为制造的矛盾获得新发展的动力，那么制造矛盾这一选项也有其合理之处。

比如，企业想要进军某一业务市场，但是目前在该领域的竞争力仍然不足。在这种情况下，我们便可积极地利用矛盾。虽然现在还没有竞争力，但是我们仍要进军该业务市场。当然，届时会出现明明没有竞争力却不得不参与竞争的矛盾。为了消除该矛盾，我们只能在现场工作中一点点地积累竞争力。也就是说解决该矛盾的能量因矛盾而产生。从结果来看，企业的竞争力能够在不远的将来得以加强，而进军某一业务市场与目前竞争力不足这一当下的矛盾反而会具有意义。本书将在第17章中介绍的过度扩张这一战略正是这一内容的实例。

另外，还有一种利用矛盾的方法，那便是为了消除矛盾A，我们可以利用另一矛盾B所产生的能量。我们在前一章提到了这样一个例子，为了解决企业内中老年职位（许多中老年职员没有相应的职位）与年功（长年业绩，资历）的矛盾，企业需要积极地提拔年轻职员。这一悖论的例子便是我们所说的"为了消除矛盾A，利用另一矛盾B所产生的能量"。企业若是提拔年轻职员，便有可能导致年轻职员与中老年职员之间产生矛盾。但是，如果到处都是这种充满风险（在年轻职员与中老年职员之间产生矛盾）的状况，企业内部便会产生这样一种能量——人们停止抱怨，开始思考如何应对新情况。人们会拼命地思考，如何让中老年职员即使没有职位也能有岗位工作。也就是说，通过年轻职员与中老年职员之间的矛盾来解决中老年职员的职位与年功之间的矛盾。

在上述这个例子中，我们并不是用单纯求平衡、各打五十大板的方法来解决矛盾。而是创造出了另外一个大的情境，使得在动态、各种条件的变化当中，看似矛盾的内容不再是一个矛盾。也就是说，动态消除矛盾。

这是矛盾管理的第一种态度，也是消除矛盾最有效的、最基本的方式，即动态消除。我们很难在不改变其他条件的情况下解决矛盾。要解决矛盾，需要我们将事情复杂化，动态地解决。

矛盾的动态消除也好，积极利用也好，为了让矛盾管理的这两大基本方式有效地发挥作用，我们所需的理论是什么样的呢？其与发展管理又有着什么样的联系？

我们认为，构成其理论基础的是"学习与内在动力的动态平衡"。在本章的后半部分，我们将会对该动力机制的理论基础有所涉及。第17章与第18章介绍其应用。在第17章，我们将思考与惯性斗争的问题，在第18章，我们将介绍企业成长过程中显现的各种各样的冲突及其管理。

第三篇所讨论的管理的形式与第一篇、第二篇讨论的管理形式性质大不相同。在第19章中，我将介绍场的管理这一思考方式。它也可以说是新型管理基础方式的概念性框架。在这一概念性框架中，组织中人员的学习与内在动力的动态作用也是一个概念基础。

矛盾与发展的管理，也是学习与内在动力的动态管理。

矛盾与发展的管理这一领域尚未得到充分研究。我们斗胆把这未成熟领域的相关讨论搬到教科书中，是因为我们确信其与环境管理、组织管理一样，对企业管理的整体来说十分重要。

为什么是学习与内在动力的动态机制

学习是信息与知识的获取过程，是让人们的认识发生变化的活动。在组织中工作的人们常常会通过某种形式进行学习。内在动力指的是一种心理力量，它是让人们发现自身的欲求与主体性、驱使人们采取行动的力量源泉。在组织中工作的人们都是带着某一种或大量的内在动力参与企业活动。

人类的学习活动并没有一定的节奏或方法。内在动力也会因为各种各样的原因随着时间而变化。我们认为，这种学习与内在动力的动态机制是企业发展最基础的内容。理解这一动态机制是我们理解矛盾管理所不可或缺的。为什么这么说？

通过学习，企业的信息储备与思维方式会发生改变。用第1章中的话来说，即通过学习，信息类经营资源这一看不见的资产会发生变化。正如我们在第一篇所说，信息类经营资源是企业竞争力的真正来源。不仅仅是竞争，通过多元化经营成为企业成长源泉的规模经济，其本质也在于信息类经营资源的有效利用。也就是说，不论是竞争战略还是多元化战略，市场信息、技术、组织的思维方式、品牌、信誉等信息类经营资源才是企业发展的源泉。

企业发展的另一个源泉在于人们的内在动力。这是双重意义上的企业发展的源泉。一层含义是，因为有了动力，人们才会更加努力地参与企业的经营活动，即"干劲"的问题。另一层含义是，该动力有利于信息类经营资源的升值。首先，动力是学习所必需的。而学习是拓展信息类经营资源的一大途径。其次，有了动力，人们便会通过整合既有的信息类经营资源，更努力地设计出具有成效的企业经营活动。

只要人们有动力，哪怕不学习，企业都能发展。但是，学习可以帮助企业得到进一步的发展。只要人们会学习，哪怕动力不足，企业也能发展。但若是缺乏动力，学习早晚会中断。

企业的发展在本质上是依赖于信息储备与动力储备的。因此也可以说，企业的发展依赖于学习与动力的动态机制。并且，决定学习与动力动态机制的关键，正是矛盾的管理。学习也好，内在动力的高涨也罢，都是动态的、受个人影响很大的活动。而这些活动正是由矛盾引发的。矛盾管理所带来的影响能够维持这一动力机制的运转。

学习的动态平衡

企业内个人的学习

企业的学习，说到底还是在其中工作的每一个人的学习活动的集合。企业内个人的学习与个人单独的学习有所不同，具有"集体"或"组织"的性质。但是，学习活动的主体说到底还是个人。通过促进个人的学习，能促进企业的学习，同时也有利于企业发展。考虑到个人学习是发生在企业这一进行经济活动的人的集体中，我们可以总结出关于促进个人学习的几大关键点。

第一大关键点，以"行动"为媒介的学习的重要性。一般来说，在企业中工作的人都有任务在身，不像学生只需专注于学习。但是，这实际上对于企业中工作的人来说也是有利的，同时也是有意义的。

人们的学习是随着工作这一行为本身进行的。如果工作顺利，即证明事前所设想的内容（我们称之为假说）是正确的。这便是学习。如果工作不顺利，即说明之前的假说有误。由此去思考哪里错了、为什么错了，这一过程也是学习。这便是我们说的体验式学习。现场培训指的也是这个。

如果学习是以行动即工作为媒介展开的，那么认真思考、设计工作与行动的方式能够促进学习。这也是企业内学习的一大关键点。比如，相比每天重复同一种工作，体验各种各样的工作，以此了解整个工作流程将会更有利于提高学习效率。同时，相比从事轻松简单的工作，承担稍有难度的工作任务也将会有更高的学习效率。不过，如果从事太难的工作，学习的效果也不会理想。

第二大关键点，人们是通过模仿学习的。学习即模仿。或者说，学习的第一步在于模仿。反面教材也可以说是一种模仿，因为模仿的是他的相反面。我们称这种学习为社会学习。

很多情况下，模仿的对象都是自己身边的人、自己所遇到的事情。因此，在周围创造模仿条件对个人学习具有重大影响。模仿的内容不仅限于知识，学习方法、努力方式、思维方式等也都包括在内。团队的影响有利于人们理解企业文化与组织范式。由此可见，周围情况、团队氛围能够影响学习的活跃度。

第三大关键点，作为学习成果的信息储备与思维方式具有"保守性"。我们也可以称之为消除障碍。很多人都会认为自己所知道的东西很重要，总是抱着现有的学习成果不放。因此，消除既有知识、加入新的东西就变得十分困难。只有意识到这一点，个人的学习才能进步。

这一困难程度尤其体现在打破范式上。人的思维方式，实际上是很难改变的。

由此我们获得了两个收获：一个是，不直面问题、不积极地思考如何消除过去的学习成果，便无法推进新的学习。另一个是要区别两种不同的学习。第一种是基于既有范式的学习。这是一种渐进的、累积的、连续的学习。我们将其称为范式内部的学习。第二种是伴随着范式的转换、创造的学习。这是伴随着企业内共享的基本思考框架的变化而发生的学习。这是一种非连续的、飞跃的、创新的学习。我们称其为伴随范式转换的学习。

是想要促进既有范式内部的学习，还是想要转换范式本身，根据意图的不同，从方法论到困难程度，都会有很大的不同。我们不能将两者混为一谈。一般来说，伴随范式转换的学习并不常发生。

不论企业内外，学习都需要内在动力，即想要学习的动力，或者想要提高学习效率的动力。在前一节介绍矛盾的作用时，我们提到过矛盾能够带来解决该矛盾的动力，以此促进学习活动。范式内部的学习也好，改变范式的学习也罢，都需要动力。但是，相比范式内部的学习，若要引发伴随范式转换的学习，需要在很大程度上激发内在动力。

内行与外行——西蒙与蔡斯的实验

经营学家赫伯特·西蒙与心理学家威廉·蔡斯曾就内行与外行的区别做了深度实验。他们认为，人的记忆分为两种。一种是长期记忆，其容量接近无限,且该记忆信息很难消失。另一种是短期记忆,容量有限且忘却速度快。长期记忆的内容一旦被发送至短期记忆,人们就会以其为基础进行思考。用电脑来比喻,短期记忆就是CPU。与短期记忆容量有限这一假说相左的,便是各行各业的行家的事例。他们能从短期记忆中提取大量的信息,基于该信息进行深度思考。其代表性例子便是国际象棋大师。那么,为什么这种情况是可能的呢?西蒙试图找出其中的奥秘。

西蒙召集了国际象棋大师(M)、中级棋手(A)、新手(B),进行了再现棋盘的实验。一次只让他们看5秒棋盘,由此测出他们要看几次才能完全再现所有棋子的位置。首先,西蒙让他们再现的是中局阶段的棋局。其结果如下方左图所示。大师(M)平均看4次就能完全再现棋局,而新手(B)看了7次也不能完全再现棋局。接着,西蒙让他们再现的是随机摆放的棋面。其结果如下方右图所示。让人感到惊讶的是,这一次,大师(M)的再现率最低。

通过这一实验,我们可以得出两点启示。第一,被誉为某一领域专家的人能够对某一领域进行深度的思考,并不是因为他们的记忆容量大,而是因为他们已经将信息模式化了。由此,他们能够有效地利用有限的记忆容量。即这些专家掌握了压缩信息的技术。第二,如果我们掌握了某种模式,便难以再记住不符合该模式的信息。或者说,经组织过的信息会忽略与其不符的信息,且难以消除。

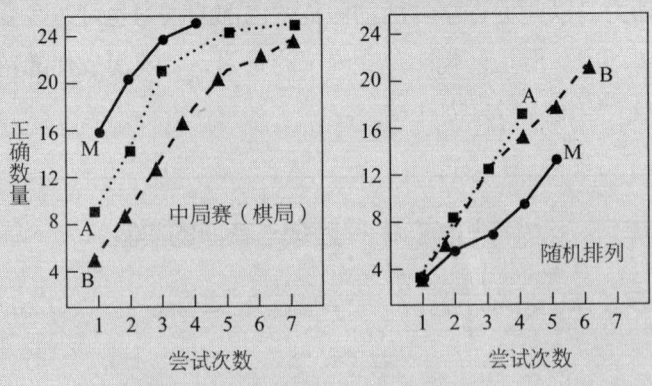

组织学习的动态平衡

企业的学习，是组织这一由人构成的团队的学习。它是团队整体的信息储备、知识获取、认识的变化，是个人学习相互作用的集合。个人是学习的主体。但是，每个人都会受到周围人们学习方式的影响。在这一影响下，产生了个人学习间的相互作用。而这种相互作用的结果，便是组织特有的学习现象。

在思考企业的学习过程时，我们需要"组织性过程"这一视点。即企业中信息与知识的获取不仅仅是随着时间的推移而产生的，同时也要关注信息与知识是在企业中何处获取的、怎样传播的。

组织内的知识，大致可分为两个层级。

第一个是个人知识池，即保存在组织成员记忆中的知识。其中包含着各种各样的内容，从关于组织工作的内容，到与组织工作无关的内容，均被包括在内。当然，哪些内容是相关的，哪些内容是无关的，并没有明确的界限。这一界限是由人们的集体意识、内在动力以及个人知识所决定的。这些个人知识，是组织可利用的潜在知识储备库。

第二个是组织共有的知识，即组织的知识，是以组织内部人员共同利用的形式保存、传承下来的知识。知识的保存方法是多种多样的。组织的规范、手续、职务说明书等，都是呈现组织知识的手段。其内容是关于如何有效地完成工作。组织的行为规范与价值观、习惯等被统称为组织文化，都是关于"组织中重要的是什么""此处应该如何应对"的知识。还可以通过"困惑的时候就到现场去看看""重复问自己五遍为什么"等格言与先进事迹等分享、传承知识。为了能够分享所有共有的知识，我们还需要制定组织内的人际关系图，明确谁拥有什么样的知识。

组织中的知识并不是永恒不变的，而是不断变化发展的。这一过程便是组织学习的过程。其中包括创造出全新的知识、知识的累积、对无效知识的舍弃、更新知识库以及共享知识等。获得组织性知识的方式是多种多样的。这些方法也可以用前文介绍的两大层级予以论述。

第一大层级指的是组织中个人知识的获取。人们可以通过日常生活的经验、理论性推理与类推、实验、直觉与灵感、模仿、对话、他人的批评与反省、教育训练等各式各样的手段获取个人知识。而组织可以通过促进这种个人的学习，扩大其可利用的潜在知识库。或是通过中途聘用、聘用新人等形式吸纳有新经验的人，以扩大组织可利用的知识储备。

  第二大层级指的是组织性知识获取的过程。主要有两种方法。第一种方法是将个人知识转化为共享的组织知识，即知识的客观化。将个人经验制作成操作手册，将其概念化、格言化、规则化等都是将个人知识转化为组织知识的基本方法。将人们无意识、沉默地共享的印象通过语言或者图示等表现出来也是将个人知识转化为组织知识的方式。

  第二种方法是将人们的知识融入组织的决策中，以实现知识的共享。知识的共享首先发生在组织内的交流阶段。大多数情况下，组织内的交流并不是将获取的信息原封不动地传递给他人，而是加入了人们对信息的处理、编辑。比如，销售负责人在传递信息时，要使用负责挖掘顾客需求的人员能够听懂的语言。"编辑"指的是对接受的信息进行加工、压缩的过程。这也是人们共享知识所必需的手段。同时，通过组织内部人与人之间的相互作用，创造出个人难以想到的解决问题的方法，也是组织获得固有知识的方式。

  上述获取知识的方法，是一个从可利用的潜在个人知识库中发现有用知识并将其转化为组织可利用的形式的过程。因此，组织的学习也可以说是再现、激活个人知识储备的过程。

  我们在这里所说的知识中也包括组织范式等"关于知识的知识"，或者是为了判断、解释知识的有效性的元知识。组织的元知识与个人拥有的元知识一样，很难消除。

  另一方面，这种元知识或者范式，对于高效地获取知识以及组织内的交流来说都是必要的。不过，这种范式如果固定下来，组织的学习便沦为套用范式。相关知识虽有所加深，但也会由此固化。相应地，便会引起学习的退化。

  因此，我们需要对范式进行转换。这是矛盾与发展的管理中极其重要的内容，我们将在下一章中予以论述。

组织知识创造的理论

在日本的组织知识创造理论中，野中郁次郎创建的理论影响很大。野中遵循波拉尼的理论，将知识分为缄默知识与显性知识。缄默知识是关于特定情况的个人知识，难以将其形式化传达给他人。显性知识指的是能够通过形式、理论性语言进行传递的知识。我们也可以称之为模拟知识与数据知识，经验知识与理性知识。

这两种知识之间具有相互作用。人们通过经验获得缄默知识，并在试图向他人传达时将其转化为显性知识。工匠们通过语言表达让别人明白自己从经验中获得的技艺便是这样一种转换过程。另一方面，个人也可以通过显性知识的积累获取新的缄默知识。通过缄默知识与显性知识的相互作用，人们创造出新知识。野中所提出的组织知识创造理论，正是试图借此将发生在组织中的创造过程分为四个知识转化的阶段。这四个阶段分别是社会化（Socialization，通过个人的缄默知识创造出团队的缄默知识）、外在化（Externalization，通过缄默知识创造出显性知识）、融合化（Combination，基于个别的显性知识创造出体系性的显性知识）、

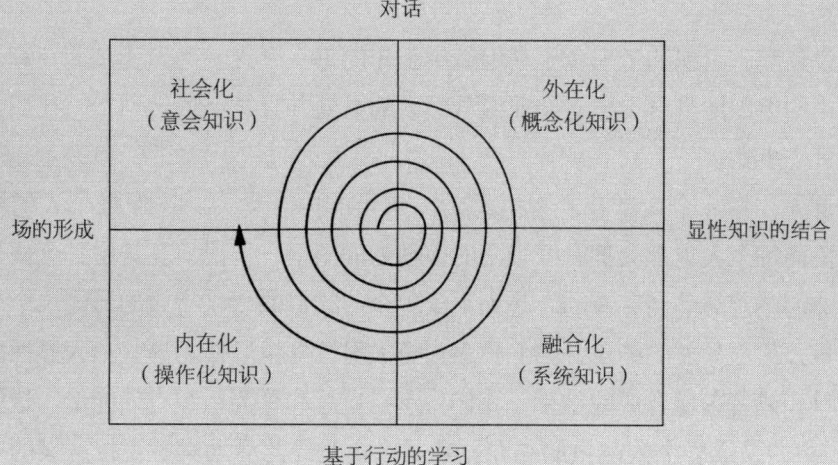

知识螺旋与其内容的变化

> 内在化（Internalization，通过显性知识创造出缄默知识）。
>
> 　　社会化指的是通过共享经验创造出心智模型或技能等缄默知识的过程。外在化指的是缄默知识借助隐喻、类比、概念、假说、模型等形式逐渐转变为显性知识的过程。融合化指的是通过将不同的显性知识进行组合，创造出新的显性知识、新的知识体系的过程。内在化指的是显性知识变为缄默知识的过程。这都与基于行动的学习相关。
>
> 　　这四个阶段以社会化为起点，按照SECI的顺序（四个阶段的首字母的顺序）相继在组织内发生。这一知识螺旋是组织知识创造理论的核心。我们称其为SECI模型。

内在动力的动态平衡

组织有效动力的产生

　　内在动力指的是，能够让人们发现自身的欲求与主体性，驱使人们采取某一行动的心理动力。这一定义既适用于个人的能量（从现在开始，我们所说的能量都指的是内在动力），也适用于组织的能量。但是，组织的能量是什么呢？

　　说到底，组织能量来源于在组织中工作的每一个人。为了让掌握在每一个人手中的组织能量显现出对企业经营活动的益处并且被有效地利用，我们需要经过几个步骤。

　　首先，每一个人都在心里隐藏着一定量的内在动力。这便是个人的潜在动力。而每个人也都会拥有好几个内在动力的出口、发泄口。其中一个便是为了企业的经营活动而存在的。是为了实现企业的目的、以有效的形式由个人潜在能量外化而形成的能量，我们称之为个人显性能量。作为这些个人显性能量的矢量和或者矢量合成的结果，我们将这能量总和称为组织有效能量。这里的"和"指的是众多个人能量的总和。它是对企业经营活动具有直接意义的"组织有效动力"。

我们在这里所说的矢量和并不是通过单纯相加得出的总和。考虑到每一个人的显性能量作为一个矢量都有自己的大小与方向，此处的"和"指的是矢量合成才能得出的"和"。在这一合成过程中，每一个人的显性能量这一矢量会受到各种要素的影响，由此产生出与个人单独活动时所获得的矢量简单相加不同的合成的"和"。理解了这一合成的过程，事实上就理解了作为一个组织集体的动力的本质。我们可以用表 16-1 所示的矩阵予以思考。

表 16-1　有效动力的合成与场的能量

		影响的机制	
		组织对个人的直接影响	组织这一环境中个人间的相互影响
步骤	潜在能量的表面化	1	3
	显性能量的生效	2	4

组织有效动力说到底是来源于每一个人的。一个人的个人能量要转变为组织动力，需要两大步骤。这便是表面化与生效。简单来说，表面化指的是个人显性能量的矢量增大。生效指的是，这一矢量的方向转为面向组织目标的方向。

在与组织的关系中，表面化与生效的过程依靠两大机制对个人产生的影响来推进。一是通过组织的管理系统与流程直接影响到每一个人的机制。组织为了经营管理，会制定出各式各样的系统与流程。二是个人在他人的影响下，通过个人间的相互作用引起个人内在动力矢量发生变化的机制。

表 16-1 中，单元格 1（写着数字 1 的单元格）指的是在组织提供的奖励机制与领导者的领导力的作用下，个人的内在动力提升，想要更多地将自身能量贡献于组织。单元格 2 指的是，管理者通过调整与控制机制合成组织内个人的矢量，将相比个人分散行动时获取的更大能量导向利于实现组织目标的方向。

单元格 3 的情况是，正如参与节日活动的人会因为周围情绪带动而充满活力一样，周围的人都十分拼命地工作，在这样的情况下每个人都会开始努力工作。有时候也会发生另外一种情况，即在别人行为的煽动下，产生了竞争的心理，显现出与他人不同方向的能量。单元格 4 的事例为：在团队摸爬滚打的过程中，团队成员之间形成默契，或者是在影响力较大的团队成员的影响下，团队个人间的矢量合成得到促进。无论如何，这两者都是团队力学或者说是相互作用发挥了关键作用使得能量表面化的现象。

在单元格1与单元格2对应的过程中产生的能量可以还原至个人。但是，在单元格3与单元格4对应的过程中产生的能量是在组织这一特定集体的作用下才得以产生的，无法完全还原至个人。因此，让其归属于组织这一特定集体才比较清晰。个人能量在组织这一环境中进行矢量合成，而在合成的相互作用下，它将产生个人在单独环境下无法产生的能量。我们将其称为场的能量。也就是说，这是组织提供的，或者说是因为组织的存在而产生的能量。而在现实中，能够激发场的能量的大部分机制与流程都是由经营管理者提供的。

场能的供给机制

三大代表性机制（以及经营管理的促进作用）能够为我们提供场能。

第一种是促进个人融入组织价值观与组织本身，拥有"一体感"。组织的凝聚力与使命感能够产生"一体感"。"一体感"的共享能够促进个人内在动机的形成，进一步激发个人的显性能量。不仅如此，它还能促进不同个人能量的融合（矢量合成）。这两种情况都能提高场能的有效动力。经营者付出巨大努力维持企业的"一体感"、传递企业的经营理念正是为了提高场的能量。

第二种是通过能量传递创造出个人在单独环境下无法产生的场能。换句话说，某一部分的高能量能够激发其他部分的高能量，产生相乘效果。成功会召唤成功。

比如说，某一阶段的成功会提高人们对下一阶段成功的期待，形成组织向前发展的势头。这便是跨时间的传递效果。另外，还存在着跨空间的传递效果。即某一个人或者团队的成功，能够提高其他个人或团队的能量水平。我们经常可以看到经营者发挥领导力，让组织体验小规模的成功并在组织内进行传播，以此来促进组织发展势头的形成。这便是通过传递效果创造场能的例子。

第三种是通过提高组织内的紧张程度增强有效动力。当人们对组织拥有很强的"一体感"时，提高紧张程度能够在增强组织的凝聚力、更大程度地激发个人的显性能量的同时，促进能量的融合（矢量合成）。

此时，矛盾与不平衡将发挥巨大的作用。以矛盾为契机，组织内的紧张程度有所提高，解决不平衡的能量也会由此产生。经营者诉说危机感或者根据情况制造危机等，都是为了从组织的紧张中追求场能的产生。

积极能量与消极能量

我们已经介绍了使能量表面化、有效化的手段。但是我们必须知道，能量是由其中哪一个手段或契机产生的，会对能量的持续性与动力机制产生微妙的影响。这便是积极能量与消极能量的区别。

积极能量指的是，以成功带来的喜悦、将要成功时的期待为契机得以表面化的能量。积极的，也就是以"好的东西"为目标的能量。与此相对，消极能量指的是，以困境为契机，由想要脱离困境的意愿带来的能量。消极的，也就是想要避开"糟糕的东西"的能量。在面对矛盾、不平衡以及危机时产生的，大多是消极能量。至少在初期是这样。

这两大能量有着自身固有的动力机制。我们可以试着从爆发力与持续性两个角度予以思考。

一般来说，消极能量的爆发力比较强。想一想在面临危机时组织的挣扎或是俗话说的"火场的惊人爆发力"就能理解。但是，消极能量不具有持续性，会随着困境的摆脱而消失。同时，还存在这样一种情况。即随着糟糕状态的持续，它会演变为常态，人们也会逐渐认为这是理所当然存在的状态，在心理上将其合理化。最终导致人们不再能意识到状态的糟糕，而能量也会随之消失。因此，消极能量一般不具备持续性。

积极能量在多数情况下具有持续性。成功带来的积极能量能够促使人们更好地采取行动与付出努力，而其带来的进一步成功则会提供更多的积极能量，由此形成一个良性循环。这是经常发生的情况。组织整体发展的势头正是这种良性循环所带来的。当然，这样的良性循环并不会永远持续下去。成功的喜悦也会减退。但是，我们可以认为积极能量比消极能量拥有更长久的持续性。简单来说，这是因为困境会消失，但成功没有上限。

产生消极能量的方法有诉说危机、制造矛盾与不平衡等。与此相对，要激发积极能量，我们可以想到以下一些方法：给予组织成员具有挑战性的目标与理想；让组织成员体验小规模的成功；制造使成功得以持续的势头；给予组织成员一定的自由，让成员们做实验等。

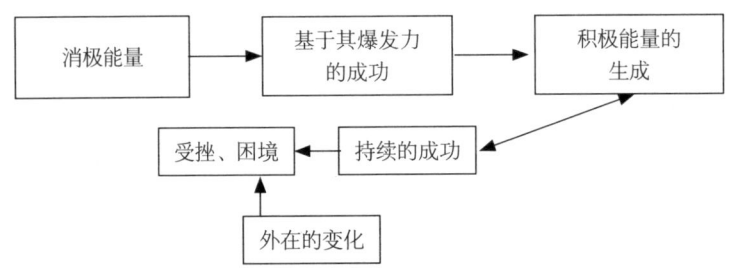

图 16-3　积极能量与消极能量的动态平衡

为了促进企业的发展，我们需要持续地为其提供组织能量。因此，我们有必要充分地利用两大能量动力机制的差异。也就是要利用消极能量的爆发力产生能量，在其带来成功之后将重点转向积极能量的生成。但积极能量的生成也不可能永远地持续下去。有时，为促进消极能量的产生，我们需要制造出矛盾与不平衡。幸运的组织会周期性地面临可解决的危机。这便是外部环境为组织提供消极能量的事例。

在积极能量与消极能量之间，也存在着内在转化的过程。即消极能量中产生出积极能量。典型事例便是人们从事某项困难的工作。因为工作存在难度，便会产生消极能量。人们借助这种消极能量不断努力，在此过程中，工作开始变得顺利。这样一来，工作变得有意思，积极能量也开始产生。

我们需要利用两大能量的动力机制，将消极能量转化为积极能量，随着积极能量的衰退，再次创造机会引发消极能量。如果只是诉说危机，并不能使能量持续。况且，企业内如果只有安定与发展也是不好的。只有矛盾双方交替出现才是有意义的。这才是企业的内在动力机制应有的长期运转模式。

学习和能量的相互作用与矛盾的管理

学习所需的内在动力

学习与能量间的相互作用是双重的。其中一种相互作用是学习需要能量。

因此，内在动力越高，学习活动便会越频繁、越活跃。

但是，这并不是单向的，还存在着一种反馈关系。通过学习，内在动力会发生变化，而这一能量的变化会进一步导致学习发生变化。这便是两者间最为活跃的相互作用。

首先，让我们来了解学习所需的内在动力。

正如前文所述，大多数学习以行动为媒介，以模仿为出发点。因此，企业学习是自然发生的。人们无须刻意也能从工作中、从周围学到东西。但是，如果能够在工作中倾注热情，便能进行更深、更广的学习，人们也会因此更积极地观察身边的人。学习的强度，依赖于人们的内在动力。因为内在动力的表面化能够促进人们的学习，即信息类经营资源的积累。这便是学习与能量之间最基本的相互作用。也就是说，首先存在着学习需要内在动力这一关系。

学习分为范式内部的学习与改变范式的学习。前者被称为单循环学习，后者被称为双循环学习。双循环是由于后者具备学习方法的学习这一性质。这两种学习的存在使得学习的强度与必要能量水平之间的关系为复杂的非线性关系。正如图 16-4 所示。

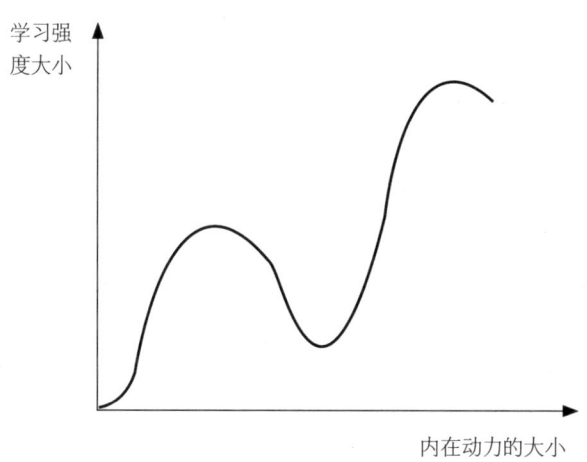

图 16-4 学习的强度与内在动力的关系

根据心理学的研究，能量与学习之间呈现一种倒 U 字形的关系。这便如图中左半部分所示。随着能量水平的提升，学习的强度会有所提高。但是在过了某一峰值之后，又会开始下降。这是因为能量的过度投入会导致挫败感的增强。企业中的学习如果同时存在单循环学习与双循环学习两种，我们便可以认为与能量投入相对应的学习强度拥有两大峰值。

一般来说，人们除非感受到很大的心理不平衡，否则不会轻易改变既有的范式。因此，双循环学习所需的强度极大，支撑该学习强度的能量要求也极高。借用图16-4来解释，若是过度倾注能量，单循环学习的强度反而会有所下降，但若是不进一步倾注能量，又无法达到双循环学习所需的能量标准。这便是右边的峰值。在这里，也存在着倒U型关系，即过高的能量会导致范式转换失败。不过，需要担心这种情况的企业很少。因为大多数企业都还处在第二个峰值左侧的状态，苦恼于如何才能确保范式转换所需的能量。

范式内部的学习是持续性的学习，而转换范式的学习只是间歇性需要的学习。因此，单循环学习需要持续性的能量供给，而伴随着范式转换的学习需要内在动力的迸发或爆发力。

考虑到积极能量的持续性与消极能量的爆发力便可知，范式内部的学习需要基础的积极能量。企业仅仅拥有积极能量也并非不可，但人们通常认为，伴随着范式转换的学习需要借助消极能量的爆发力。这也是为什么范式转换在大多数情况下都是以矛盾、不平衡与危机为契机。

学习与内在动力间的反馈关系

学习与内在动力间的反馈路径可以分为"通过学习积累信息"的路径与"通过学习共享组织内信息"的路径。

- 学习——信息积累——成功——能量变化；
- 学习——信息共享——相互激励——积极能量。

首先，在第一个路径中，学习活动在某种能量的支持下发生，信息得以积累，业务活动得以顺利开展。这一成功会进一步带来能量的变化。通过这样一种能量变化，学习的强度又会发生改变。

在这一路径中，关键在于成功带来的是能量的增强还是减弱。若是属于前者，该反馈开启的便是良性循环。即成功增加了组织的能量值，使学习得以进一步开展。这便是"通过学习，工作得以顺利开展，工作内容变得有趣，由此创造出积极能量"的例子。

但是，成功也有可能会导致能量的衰退。以高考为目标的学生在考上大学之后不再学习便是典型的例子。学习带来的成功不仅会使得学习不再必要，还会导致人们学习的内在动力衰退。此时，形成了一个恶性循环。在这种情况下，如果没有外部的能量注入，学习便无法持续下去。

其次，第二个路径是着眼于组织学习而非个人的路径。

组织学习包括在众多人员之间进行信息共享的流程。通过信息的共享，组织整体的信息储备会得到扩充。除了信息储备量的充实，组织学习还具备另一个意义，那就是让参与组织学习的人拥有"共同享有"信息的感觉。

充实信息储备是我们在第一种反馈路径中谈到的效果。使人们产生共享信息的感觉能够为能量的生成带来另一种不同的影响，这才是我在这里想向大家介绍的反馈。

大多数人会通过与周围的人拥有相同的信息、信念与思维方式进行相互确认，实现相互信赖。通过这种确认与信赖，人们能够相互激励。相互激励指的是，能够相互激发起高昂的内在动力。由此，积极能量得以产生。也就是说，组织成员不再作为个人，而是作为大圈子中的一人而获得充实感、充满斗志。组织的发展势头、"一体感"、节日庆典中能量的传递等都是基于这一相互激励的机制。

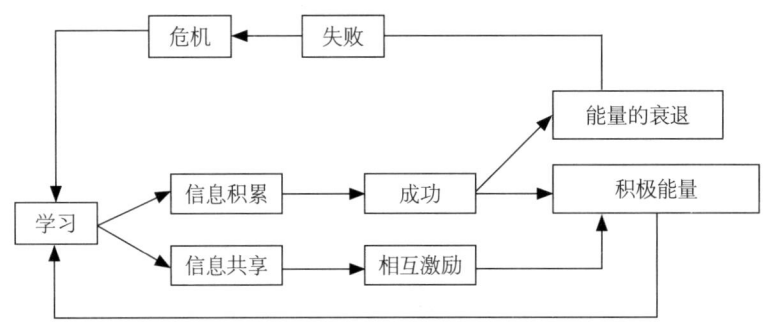

图 16-5　学习与能量的反馈

为了促进人们相互激励，我们有必要关注组织流程本身做出的贡献。因为人们互相分享信息这一行为本身就能提升能量水平。顺畅的交流能够在不知不觉中使大家充满活力就是一个有代表性的实例。

"学习与内在动力的动态平衡"与"矛盾管理"的关联

矛盾的管理指的是，利用矛盾的动态消除过程和矛盾本身对抗组织惯性以及应对其他矛盾。"矛盾管理"和"学习与内在动力的动态平衡"之间的关系会通过多种形式体现出来。

这一关系大致可分为两种。一是矛盾的消除需要学习，人们在遇到矛盾时需要具备接纳这一矛盾的内在动力。二是某些矛盾的存在反而能够加速学习与内在动力的供给。这样，组织才能对抗惯性，或者消除其他矛盾。

矛盾之所以能发挥这样的功效，是因为矛盾的存在并不是相关人员所期待的，他们会思考如何才能消除矛盾，并为之付出努力、不断学习。此时，矛盾发挥的是"契机"的作用，是促进人们产生学习的内在动力的契机。同时，矛盾还能为组织提供学习的目标。也就是说，矛盾的基本作用在于刺激与提供目标。

"矛盾的存在是必要的、'故意制造矛盾'来管理"等，本章所说的这些内容听起来似乎都是矛盾的。这是因为我们将企业看作一个静态、固定的存在。然而，这一认识是错误的。企业如同活着的生物一般，是一个有着学习与内在动力变化的存在，甚至可以说"企业是以矛盾为杠杆改变自身的生物"。

此处所指的"企业的变化"既不是指资金方面的变化，也不是指工厂设备的变化，而是人们对所拥有的信息与能量的自我革新。这也是企业革新与发展最本质的内容。因此，学习与内在动力的动态平衡这一概念框架将会是企业发展与以实现企业发展为目的的矛盾管理的基础理论。

练习

- 请思考一个人的成长过程中为什么会产生各式各样的矛盾与不平衡以及其对个人成长能做出怎样的贡献。对应到企业中，我们如何诠释企业的成长？此外，个人成长与企业成长的区别是什么？
- 个人的学习与组织的学习之间具有怎样的相似点与不同点？请基于

组织学习的定义予以分析。
- 请思考，在第二次世界大战后日本企业的发展过程中，积极能量与消极能量之间呈现出怎样一种动态平衡关系；在那被讽刺为"迷惘的十年"的20世纪90年代，日本企业为什么并未产生巨大的消极能量。

第17章
范式转换的管理

企业的学习与内在动力的动态关联关乎企业发展，其中一个典型事例便是企业的范式转换。企业的范式转换过程充满了矛盾，这一过程对于企业的发展是极其重要的。在本章中，我们将首先介绍范式转换的相关内容。这既是基础框架的应用实例，也是矛盾与发展管理的典型事例。然后，将对企业的脱成熟化展开论述。企业的脱成熟化问题是范式转换的具体事例，也是众多企业发展过程中难以回避的问题。

正如前文所述，企业的范式是构成组织文化的一大要素。它是企业内成员关于企业自身、企业所处的环境、企业中的人的共同印象（世界观）以及其中共享的思维方式。这种世界观与思维方式会决定人们认识事物、处理信息、决策的模式，并成为人们获取知识的方法论与整理知识的框架。

在企业中，并非所有人都拥有完全一致的范式。但是，各企业的核心部门成员都会认为范式代表着正统的思想，因此拥有着"缄默的"共同理解。这一共同理解便是范式。

正因有了这样的范式，组织才能获取知识，知识的共享才能推进，交流也变得顺畅。但是，随着企业所处的环境发生变化，该范式也必须发生变化，同时企业关于世界的印象、观念也必须发生变化。如果不这样做，企业便会在错误的观念与思维方式的引导下做出错误的决定。

但是，范式的转换并非易事，尤其是基于某一范式获得了巨大成功的企业。这就是我们在前一章中提及的"思维定式"。它是套在组织上的四大惯性枷锁中最棘手的一个。"思维定式"即范式枷锁。

范式转换的难点

范式的功过

在前文中我们提到，范式是"关于知识的知识"，或者说是为了判断、解释知识的有效性的元知识。

范式对组织来说有利也有弊。范式作为组织中每一个人得以高效地获取知识的框架，发挥着十分重要的作用。范式的共享对促进组织内人员之间的沟通交流十分有效。

另一方面，当某一知识或范式开始固化，组织便只能依赖该范式。在这种情况下，组织对相应领域知识的理解虽能有所加深，但会导致僵化。相应地，学习也会开始退化。此外，组织的元知识与个人的元知识一样，要消除这些知识会遇到巨大的阻碍。

因此，在范式内部的学习与改变范式的学习之间会产生严重的矛盾。如果没有范式，便无法推进组织的大规模学习。但有时，范式也会成为绊脚石。在这样的时候，我们需要打破当前范式，转换至新范式的学习。但在这种情况下会发生混乱，学习效率也会因此而降低。

为了摆脱这种困境，我们需要基于组织学习的长期动力机制，努力使范式内的学习与转换范式的学习交互发生。这才是最理想的组织学习机制。这也是很多企业的经营者会定期提倡"打破既有观念"的原因。然而经常性打破既有观念并非好事。一般来说，以既有观念为基础，在内部推进高效的学习比较理想。但有时，我们需要应对环境的变化，或者说先于环境的改变，打破既有观念。

但是，转变范式的行为并不会在范式内部的学习过程中自然生成。相反，范式内的学习通常会推进对该范式内知识的深度挖掘与体系化，使得范式日渐完善而难以转换。因此，范式的转换需要范式内学习延长线以外的、来自外部的推动力。这样的推动力以何种形式发挥作用、怎样构建新的范式、如何重新推进范式内部的学习、该机制是否能良好运转等，都属于范式转换的管理。

范式的转换是学习方法的转换，它是我们对新的学习方法的学习。范式是关于认识与知识获取的方法，这意味着范式的转换就是"学习方法"的转换。换句话说，也就是元知识的学习。范式转换的难度也正是在此。

因此，我们需要对学习的动力机制、内在动力的动力机制、学习与内在动力的相互作用、积极能量与消极能量的区别等所有的机制进行总动员。

为什么范式转换存在困难

范式转换困难的原因有很多，其中最大的原因在于，范式通常是人们各自默默持有的东西，实际上是人们的一种信念。要让人们意识到自己坚信的东西是什么，需要很大的外部契机。

难以转换的原因还在于，要改变人们的想法就必须告诉人们"为什么必须改变范式"。而要在组织这一由庞大人群构成的集体中推进这种大幅度的意识改革，需要我们付出极大的时间与精力。

此外，范式转换难以由组织的高层主导。这是因为组织高层是基于既有的范式才获取了成功，并得到了现在的地位。因此他们往往是最习惯于既有范式的人群。即使他们宣称自己的思维方式已经发生了改变，周围的人也不会相信。况且，在大多数情况下，他们的想法并没有像自认为的那样发生巨大的改变。

为了转换范式，我们需要创造新的范式，并以一种具体模型的形态将其呈现出来。要生成这样一种模型，需要耗费大量的时间，并且说服多数人接受这一模型也需要时间。在科学理论中首次提出"范式"概念的库恩表示，"范式是被普遍认可的科学成果，能为某一时期的专家提供提问与回答的模式"。范式是通过实际的事例而非抽象的概念为人们所接受的。

比如说，对于那些认为企业的发展需要规避风险的人，如果要让他们主动应对带有风险的挑战，我们不仅需要告诉他们这样做的必要性，还要给他们举出具体事例，让他们知道应对带有风险的挑战会带来成果。

要告诉人们旧范式已经不再适用，仅有数据是不够的。即使是能够反证某一范式的数据，也会被当作证据以证明旧范式的合理性。用理论去说服人们抛弃既有范式以构建新的范式是极其困难的。因为即使环境发生了改变，范式也不会马上就变得不适用，基于既有范式的对策至少在短期内也是适用的。正因如此，范式的转换才十分困难。

亨利·福特的失败

亨利·福特曾通过大量生产单一车型，使汽车这一有钱人的专属物走进了平民生活。在这一战略下，福特取得了巨大的成功。这一成功的象征便是T型车，流水生产线。于1908年发售的T型车以825美元的低价出售，其中采用了矾钢、流星变速器等创新技术。之后，其价格继续下调并且不断融入新的创新。直到1928年停产，福特公司共产出了1500多万台T型车。这一成功最初开始出现坏兆头是在第一次世界大战后的经济萧条之后。即使在那样的时候，福特公司还是奉行一直以来的战略。一是进一步下调价格，标准车型的价格从550美元下调到了395美元。二是导入新的创新，比如导入一直以来只用于高档车辆生产的电动（发动机的）启动装置、新型轮胎等。三是实现车体颜色的多样化。但是，福特公司一直都坚持着大量生产单一车型的基本方针。当时，他的部下努森曾建议不要过度依赖T型车。但是这一提醒并未被亨利接纳，努森也在1921年2月离开了福特公司。不过福特公司的对策至少从短期内来看是带来了成功的。1923年，T型福特车的生产量创下了最高纪录，高达212万台，占据了美国57%的市场份额。然而到了1925年，该份额跌至45%。究其原因，一是由于通用汽车尤其是其雪佛兰业务部导入了重视款型的车辆，二是由于福特自身每年的改型，落实了其有计划地推进汽车的陈腐化、旧式化这一战略。T型福特车虽然在价格上具有优势，但由于其款式过于落后，大部分车主都转向了雪佛兰。为了应对这悄然而至的危机，亨利·福特的儿子埃德塞尔与欧内斯特·坎茨勒（埃德塞尔·福特妻子的哥哥）试图说服亨利·福特更改范式。但固执的亨利·福特并未采纳。

> 为了应对危机，亨利·福特也开始开发新的发动机，试图导入新技术。1927 年，A 型福特车取代了 T 型福特车。A 型福特车是采用了当时新技术的新标准车型，其价格为 495 美元，比雪佛兰还要低 100 美元。同样，这一对策也是在组合新技术与低价这一既有范式的框架内推进的，在短期内获得了成功。在正式发售前就收到了 50 万台的预订。但是好景不长。因为雪佛兰的改型，A 型车的优势完全丧失。
>
> 在紧接着的经济危机中，福特还是采取相同的对策。他开发了 B 型福特车，为其配置了一直以来只用于高档车辆的 V8 发动机，并以高档车 1/4 的价格 460 美元销售。为此，福特公司进行了技术革新，试图实现手工才能制作的 V8 发动机的量产。在这样的反复过程中，福特公司不断错过转换范式的时机。

范式转换的管理：四大步骤

企业革新与范式转换在大多数情况下是一样的。我们从推进企业革新的成功事例中可以看出成功的范式转换拥有共通的模式，大致由以下四个步骤组成。

- 高层的动摇；
- 中层的突出；
- 变革的连锁反应；
- 新范式的确立。

第一个步骤指的是，通过高层的能动性行为，在组织中制造出各种各样的问题、矛盾与不平衡。第二个步骤指的是，通过创造性地解决高层制造的问题，使得组织内出现能够成为优秀范式样本的团队。第三个步骤指的是，由突出形成变化的漩涡，以该突出集团为核心，促进企业整体转换范式。第四个步骤指的是，与第三个步骤的连锁反应同时进行的、新范式得以明确构建并在组织中得到公认的过程。

高层的动摇

企业这一组织体或社会整体发展的契机在于矛盾与不平衡。在努力解决深刻矛盾与不平衡的努力当中，人们会创造出新的战略构想。不论是什么样的社会或企业，都会存在某种矛盾与不平衡。但是，其中大多数都能在既有的观念框架中得以消除。为了转变观念以促进范式的转换，我们必须增加、扩大这种矛盾与不平衡。增加、扩大矛盾与不平衡，培育范式转换的土壤，这便是我们所说的"动摇"。

"动摇"的方式有许多种，其中最具代表性的是以下手段。

- 在未来的核心技术领域或业务市场中投入大量的资源；
- 通过大规模的机构改革，大胆地对人力资源进行倾斜分配；
- 通过高层否定现状或进行高层的更替；
- 设置极具挑战性的企业整体目标与部门目标。

有时，我们需要将CI（企业形象识别系统）与TQC（全面质量管理）作为"动摇"的手段推进"公司总动员"。但是，这种波及全员的动摇会使得变革所需的能量流失，有可能导致组织丧失巨大变革所必需的能量储备。

在"动摇"被制造出来的时候，组织高层往往还没有关于新范式的明确构思。但是，他们会有方向性的把握。比如"如果不在内部生产零部件，便无法在商品中体现出自身的特征""综合金融服务的时代将要到来""企业的稳定成长需要三大支柱""从综合电子产业中转出"等潜意识中平和（非激进）的想法。有时候，如果这一想法能够刺激到人们的观念，其本身就能成为"动摇"的手段。

在"动摇"的阶段，高层管理者扮演着极其重要的角色。也可以说，"动摇"是组织高层对中层的挑战。为了应对这一挑战，中层会产生新的想法。因此，"动摇"只是范式转换的导火索，范式转换的引爆发生在接下来要介绍的中层突出阶段，而高层所发挥的"动摇"作用只是范式转换的"土壤培育"。

"动摇"这一范式转换的"土壤培育"过程并不一定能促成范式转换。要让它诱发范式转换，需要满足以下三个条件。

第一，"动摇"能在企业中引发多大程度的矛盾与问题。也就是说，矛盾的大小这一条件。在这一阶段，组织高层的行动发挥着重要的作用。但是，其扮演的是问题制造者而非问题解决者的角色。组织的高层如果能够揭示出相应问题，激发出人们制造变革的能量，该"动摇"则更容易引发范式转换。因此，我们必须在能够激发出组织成员的情感并实现共振的场（技术领域、业务领域、市场、组织编制的方法等）中激起"动摇"。人们对职场的矛盾最为敏感，该矛盾的规模大小将是"动摇"诱发范式转换的第一条件。

第二，能否构建克服既有观念框架所需的内在动力储备。这是变革与创造的动力，而由"动摇"造成的对现状的不满与危机感是内在动力的来源。观念的转变，是在人们面对既有的观念框架所无法解决的问题且具备解决该难题的能量时发生的。因此，所需的变革规模越大，变革所需的能量储备也越大。有时，"动摇"过度会引发真正的危机。因此，我们需要在做好这一心理准备的基础上，做好能量的储备工作。矛盾与危机，是激发中层创造力与能量的驱动力。

第三，动摇产生的积极能量的大小。外在压力带来的危机反而很少能促成范式转换。这是因为外在危机带来的是消极能量，而消极能量是缺乏持续性的。如果缺乏持续性，范式转换也难以长久地持续下去。

要让变革的能量持续产生，我们需要基于"一定能成功"这样一种心态产生的能量，即积极能量，因为积极能量才是促成范式转换所必需的能量。在"动摇"阶段提供积极能量的一大典型事例便是组织高层向大家展示关于未来的愿景。比如，"我们想成为这样的企业""我们公司必须朝着这个方向前进"等。虽然作为战略仍不够清晰，但有了这种能让大家产生共鸣的愿景，便能够提供积极能量。并且，不仅愿景本身能够发挥积极的作用，当愿景得到高层能动性行动的实践支持时，"动摇"便会成为范式转换的契机。

中层的突出

组织高层的"动摇"是范式转换的前提，而非构成范式转换的实际内容。范式转换指的是企业内思考方式与行为方式的转变以及该转变带来的工作内容的变化（产品的变化、市场目标的变化、组织的编制替换等）。

在这种思考方式与行为方式的实际转变过程中扮演核心角色的，是组织的中层。组织的高层虽能指出变革的基本方向，却无法具体地说明如何才能真正实现组织愿景。新的想法、行为方式以及具体的产品都产生于中层。因为中层能够接触到两方面的信息——工作现场与市场的信息以及关于组织高层战略意图的信息。当中层创造出新的行动方式等能展现新的企业姿态的内容时，范式转换便进入了第二个阶段。

之所以将这个阶段称为"突出"，是因为在这个阶段，一部分的中层走在组织之前或者说在组织群体中表现突出，领导、实践了组织的变化。这一突出将成为接下来"波及"阶段的源泉。

突出团队指的是，为了创造性地解决"动摇"带来的矛盾与危机，提出新的想法以形成新观念与行为方式的核心，并创造出体现新想法的新业务、商品、服务的团队。突出团队既有作为中层改变策划团队自然产生的，也有正式组成的项目团队。

在大多数情况下，突出团队最初的规模很小。人数多的团队很难产生带来飞跃性创造的团队力量。这是因为，哪怕团队有意识地试图提出创造性的想法，也很容易在团队的相关流程中向既有的思维框架妥协。要创造出能够超越突出团队内既有思维框架的一大关键在于团队领导者的领导力。即使团队处于危机之中也绝不妥协，促进富有创造性的矛盾解决方式——这才是我们需要的领导力。

在这一"中层的突出"阶段，组织高层只是配角。如果突出团队是作为中层改变策划团队自然产生的，高层作为配角的作用便是发掘、支持、培养策划团队。改变策划团队发出的声音很容易在组织中消失。因为对于那些坚持既有思维框架的人来说，突破既有框架的想法与行为都是危险的杂音。而高层的职责就在于收集这些杂音并以一种不显眼的方式不断提供人员、物品、资金以及精神上的支持。组织高层的职责之一便是打造良好的周边环境，以帮助中层在现场创造性地解决问题。

也就是说，在这一革新过程中，我们需要两个人的领导力。其中一个是组织高层，另一个是中层突出团队的领导者。就像玩投接球一样，若没有两个人的参与，游戏是无法顺利进行的。

创造性的突出所需的第一个条件是隔离公司内的杂音。美国的3M公司里流传着这样一句谚语：通往失败的道路是由善意铺成的。即来自周围的善意的建议与干涉是导致新尝试在公司内失败的最大原因。这种公司内的杂音是危险的，因为这可能会让突出团队的想法回到既有秩序之中。

另一个条件是在集团内纳入足够多的异质。创造的基础是不同想法的碰撞，突破功能与业务领域界限的混合部队能使不同质的想法实现碰撞，由此产生突破既有业务秩序的想法。当然，不同团队间的范式调和（矢量合成）并非易事。不过，"动摇"产生的危机感是能够促进混合部队的矢量合成的。此外，在很多情况下，明确提示解决问题的时间限制也有助于矢量的合成。究其原因，正是因为有了期限，人们才会齐心协力、携手共进，且由此在危机与时间的压力中简化、明确目标的优先顺序。

有时，我们也可以制造出这样一种情况：通过消除预算、职务规定等组织障碍，使人们意识到"看不见的"思考框架的壁垒，从而失去辩解的余地。由此，内在动力便会喷薄而出。

设定具有挑战性的目标有时也会成为生成创造性突出的条件。俗话说，"要削减3%的成本很困难，但要削减30%的成本立马就可以实现"。这是因为通过设定一个大大超出自身能力的目标，能够促进我们的思考突飞猛进，同时也

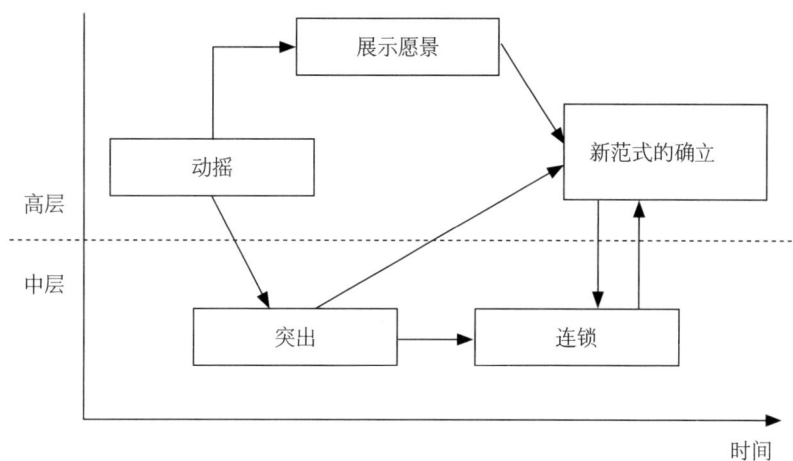

图17-1 范式转换的流程

能让我们拥有一种"积极的心态",即"现在不行就要更加努力"。过于保守的目标会让人目光短浅、视野狭隘。

在中层突出阶段,最重要的是创造出业绩。只有业绩才能向人们证明新提案的有效性。借助业绩,突出团队的新范式与体现该范式的业务、商品、服务便会成为变革的标志。因为范式过于抽象,我们需要一些具体的标志以实现范式的转换。

中层突出团队是在高层的动摇下产生的,这既是范式转换的种子,也是范式转换的关键。如果我们能够有效利用突出团队带来的新的行为方式、产品、思维方式,这将成为范式转换的杠杆。但是,突出若是仅限于字面意义的突出,其将无法促成范式的转换,因为游离于企业之外对范式的转换而言毫无意义。

因此,我们需要紧接着"突出"阶段的第三和第四阶段,这两个阶段的内容必须在组织的高层与中层同时推进。

变革的连锁反应与新范式的确立

范式转换的第三个步骤是以突出团队为核心激起变化的漩涡,即在公司内推广突出集团的新范式,强化观念的变化,将新的观念体系化。

为此,我们必须制造"以变化带来新变化"的连锁反应。当这一连锁反应的波及面足够广时,便会出现公司级别的范式转换漩涡。比如,佳能在开发出划时代的Autoboy系列相机、基于新范式开启新业务之后,公司内类似的新产品开发接连不断。如A-1单反、迷你复印机(私人复印机)等。这种连锁反应将成为改变企业整体的杠杆(契机)。

至于促进这一连锁反应的动力,那便是组织中层、部门间复杂且微妙的作用力。"我们要接着……""不能输给……"等心理活动会成为连锁反应的起爆剂。在这一阶段,组织的高层扮演的角色是"连锁反应的煽动者"。

促进连锁反应,关键在于人事。即突出团队与其跟随团队的领导者及跟随者的待遇问题。有两种人事配置可以促进连锁反应。其一,对于那些在自然产生的突出团队中担任变革领袖的人,要"大张旗鼓"地提拔他们。这是为了让组织中其他部门的人能以他们为榜样,让组织上下认可他们。其二,将变革突出团队的成员分配至其他部门。这是因为,人是传播新思想的基本手段。

决定连锁反应这一变化漩涡的还有另外一个重要因素，即"动摇"与突出的原始性质。"动摇"与突出的原始性质与公司内的各种人事安排相关。当公司内的人事安排在其影响下产生了各种各样的矛盾时，变化的漩涡便会扩大。这是因为，没有变化需求的地方便不会发生变化。在企业内，某一岗位上若是发生了人事变动，该影响有可能会波及企业整体。我们将这样的岗位称为杠杆点。这是因为，对于企业整体来说，这一人事变动在技术上拥有波及效果，在心理上能让人们产生共鸣，同时也会给其他部门带来新的问题。

第四个步骤"新范式的确立"指的是，将最初关于范式的模糊印象、方向性内容转变为有具体战略构想支撑的内容。该过程与第三个步骤同时进行，是组织高层响应中层行动的过程。中层的突出由此被赋予了战略意义并且得到了组织的公认。

这一步骤的特征在于，整个公司的战略、工作框架等具体的经营管理方式会朝着支撑或象征新范式的方向发生巨大、具体的改变。范式的确立，不能只停留在抽象的层面。

这样的变化不应只限于企业中层采取的每一次行动。为了确立新范式，高层必须努力扩展中层的行动，使其达到能实现进一步扩大再生产的规模。

关于扩大再生产有这样一个例子，那便是在企业的战略层面促进新范式的建立，即改变企业领域的切入口这一高层采取的行动。当组织中层突出、找到了某一新的市场方向时，组织高层要用更为抽象的语言精准地描述这一方向，且将其作为新的切入口告知组织全体成员。

举一个例子，通过这一新的切入口去观察自身所负责的工作领域，人们便能注意到那些在既有范式框架内看不见的新方向。这种新发现会在企业的各处显现，新业务由此在工作现场得以实践，新领域与旧业务、旧工作体制之间也会因此产生紧张的关系。而这种紧张关系或者说矛盾会为我们带来扩大变化漩涡的契机。正如前文所述，通过中层的某一突出行动，规模宏大的连锁反应能够得到扩大再生产。而这一扩大再生产将有助于新范式的实际确立。

高层与中层的运动论

在以上关于四个步骤的说明中，我们提到了高层与中层两方面的内容。范式转换既不是仅由高层主导的运动,也不是在组织中层中自然产生的。我们需要两者相互联系、相互作用的运动论。

换句话说,组织高层与中层各自分担了一部分角色。即高层的战略意向与中层的现场创造性。我们需要协调好二者,以制定出企业动态发展的流程,这便是高层与中层的运动论。

到目前为止,日本企业应用了各种各样的运动论对企业进行管理。其中大多数都以现场为中心,以全体成员为对象。但是,从范式转换的管理这一角度来看,大众型运动论似乎并不能发挥有效作用。因为现场的广大员工每天都面临着实际的工作任务,如果既有的范式并未彻底渗透,范式共享本身也是没有意义的。因此,如果把这些人加入范式转换的进程中并以此推进抽象的运动,只会在现场造成误解与混乱。

因此,我们需要这样一种看似烦琐的流程。即始于组织高层的动摇,其次是高层与中层轮流发挥作用,然后工作现场逐渐发生变化。现场工作的变化便象征着范式的转换。

如果与一直以来的全员参与型运动论进行比较,我们会发现上述流程具有以下两个特征。

- 高层与中层交替承担职责;
- 从集中到分散。

第一个特征已经在四个步骤中体现出来了。因为仅靠高层或中层的任何一方都是不行的,我们需要高层与中层协调配合。

第二个特征也可以说是这样一种运动论,即首先改变组织的一部分,然后将其逐渐推广至全体。既不是一下子让大家都参与进来,也不是公司整体自上而下一气呵成。是一小部分的变化通过连锁反应在整体中形成旋涡。

这是由集中带来契机到最初获得成功,再通过该成功的分散波及组织全体的全新运动论。我们也可以称其为"从集中到分散"。范式转换需要这样一种流程。集中也好,分散也罢,高层与中层都有各自应该履行的职责。

范式转换的脱成熟化

脱成熟化与其滞后性

当占据企业销售额大半部分的主营业务成长放缓（或预测其速度会减缓）时，为了恢复自身发展能力，企业会积极拓展新业务，运用新的战略思考激活既有业务。我们称企业的这种转变为脱成熟化。这既是企业发展最正统的方式，也是范式转换的一个重要事例。

脱成熟化可以分为两个方向。第一，通过开创新业务调整业务结构。企业尝试多元化经营便是这种情况。第二，通过新商品或新商业模式再次激活成熟业务。最近二十年间最为成功且家喻户晓的脱成熟化的例子便是朝日啤酒通过"super dry"从业界第三一跃成为业界第一的案例。这两条道路并不是选了其中一条便无法选择另一条的排他关系。我们可以同时在这两条路上追寻。

不论选择哪一条道路，要实现脱成熟化，企业都需要转换在主营业务中培养出的关于业务运营的基本思考方式（范式）。比如，想要实现钢铁业的脱成熟化时，我们常常会在不经意间将钢铁业务领域特有的思维方式带入工程或电子技术的业务领域中，即人们常常会在不知不觉中用自己固有的思维方式对事物进行思考、判断。如果这种思维定式得不到纠正，不采用新的范式，脱成熟化便不可能实现。

进一步说，能够意识到"市场是成熟的"这一信息本身也需要我们进行范式转换。对于在"铁是国家之本"这一范式下成长的人们来说，很难接受"钢铁行业已经饱和，不再是能实现增长、具有魅力的产业"这一事实。接受这一行为本身对他们来说已经十分困难。道理都懂，大脑都很清楚，但是感情上无法接受。正如日本大型钢铁厂商，他们真正开始采取脱成熟化的行动是在粗钢生产量由巅峰开始走下坡路的十多年之后。

实现脱成熟化的难度不仅在于范式的转换，还在于下定决心推进脱成熟化的时机本身具有滞后性。因此，范式转换便有了双重困难。结合这样一个事实，让我们来思考一下。

为什么脱成熟化的行动往往会具有滞后性？

这种应对的滞后实际上是组织中思考与情感相互作用的结果。它是脱成熟化的阻碍，是它带来了这种滞后。

第一大障碍，认识到主营业务已经成熟，这本身具有难度。业界的成熟并非突然发生的事情，是在波动中悄悄逼近的。产业需求的变化曲线有高潮也有低谷。若是让高潮与低谷平均，整个趋势会趋平或者下降。但是，企业中的大多数人更希望看到高潮而不愿看到低谷。因此，他们很容易产生错觉，认为市场数据传来的信号说明"还能发展下去"。许多企业只有在多次经历高潮与低谷之后才能意识到行业成熟这一事实。

第二大障碍，认为一直以来的业务运营范式足以应对各种变化。即使进入了成熟期，也并不意味着一直以来的范式可以通用于各种情况。企业若是加强了基于既有范式的行动，市场也会给出相应反应。因此，人们会认为"看来问题还不大"，将问题放到日后解决，由此导致问题更加严重。

第三大障碍，规模判断的失准。为了应对大规模主营业务的成熟化、恢复发展能力，企业需要追加一定规模的新业务。但是，能够实现一定业务规模的成长业务是有限的，机会也极少。同时，竞争公司也可能会瞄准这一领域，因此，进军后的竞争十分激烈，成功十分困难。

与此十分相似的是利润判断的失准。主营业务成熟之后，业务进入回收期，企业的利润率也会上升。如果以这一利润率为基准，其他领域便会失去吸引力。同时，由于先行投资往往会打破当前增收、增益的基调，经营者对此便会十分犹豫。

第四大障碍，主流意识。主流意识在生产单一产品、单一经营的企业尤其强烈，将员工调往新业务往往会被认为是降职，由此导致新业务的负责人意志消沉。在这种情况下，即使对新业务进行摸索性的投资，投资额也很小，并无成效。这种情况会进一步强化企业内部"果然还是只能靠主营业务"的意识。

脱成熟化的四个阶段

我们应该怎样克服这些障碍呢？成功实现脱成熟化的企业通常能通过一系列的行动创造出变化的流程。

在这一流程中，各个阶段、各个领域都会体现出我们前文提及的范式转换。

脱成熟化的进程正如一条奔腾的大河，其中包含了众多范式转换流程中的漩涡。当然，除了范式转换，其中也包含着其他流程。在本节中，我们将对这一总流程进行论述。但在这当中，我们要再次强调作为其核心的范式转换。

脱成熟化并非仅仅通过某一次重要的决策即可实现，它是许多人在长时间内决策、行动的结果和产物。这一长期流程可分为四个阶段，并以此建立模型。虽然从事实上来看，各个阶段之间相互渗透并没有明确的时间分割点，但按顺序大致可分割如下。

第一阶段，认识到主营业务部门进入成熟期或迫近成熟期的阶段。即组织认识到"若是继续坚持一直以来的关于业务运营的思考（范式）便无法实现组织的全面发展"。我们将这一阶段称为"成熟期的认识"。这一过程十分困难，其本身就是一种范式转换。

第二阶段，在认识到业务进入成熟期的背景下，采取与既有范式不同的行动或开拓新业务并将其持续进行下去。在这一阶段，很多的行动乍一看是权宜之计，回过头来却发现实际上也走了弯路。不过，企业会通过这些行动与失败学习、成长。因此，我们称之为"战略性学习"的阶段。事实上，许多行动都是在"成熟的认识"还没有充分渗透到组织中时开始的。

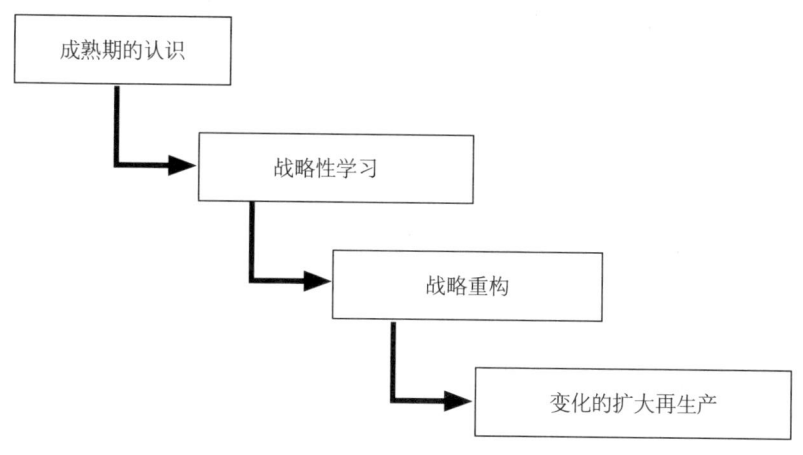

图 17-2　脱成熟化的四个阶段

第三阶段，通过战略性学习，企业战略得以明晰的阶段。即企业前进的方向、作为企业再发展"推动力"的资源、能力都会得到明确。在这一阶段，企业将会对经营资源进行倾斜性的再分配。同时，这也是经营者要做出重大决定的时期。我们可以称之为"战略重构"阶段。

第四阶段，企业在新的成长轨道中，实施新战略，同时这也是新战略扎根的阶段。我们可以称其为"变化的扩大再生产"。

四个阶段相互重合，每一阶段从什么时候开始，能持续多久，都根据企业自身情况有所不同。虽有时间上的差异，但这四大阶段是多数企业共通的。

认识到业务进入成熟期

"主营业务进入成熟期或是迫近成熟期"这一认识在组织中的渗透需要花费很长时间。虽然从外部观察者的角度看来，这是理所当然的现实认识，但该认识要在组织内充分渗透，不仅花费时间，还需要极大的努力。这是由于市场产生的矛盾信号、既有思考框架（范式）、对某一业务的不舍、组织部门间的利害冲突等造成的。

这一认识过程，首先会从极少的一部分人开始。有时是组织高层，有时是突出的中层。大多数情况下，与企业日常的现场工作稍有距离且能以广阔的视角看世界的人是最早意识到成熟期危机的。但是，这一认识在组织中的普及十分困难。即使高层有所认识，也需要制造"动摇"。经过动摇，一部分的突出团队开始行动。然后在他们的说服下，有共识的圈子慢慢扩大（变化的漩涡）。当这一普及过程达到临界规模时，其渗透的速度会大大提高。但即使是在这一阶段，也仍会存在一些保守派，他们不会认可"业务进入了成熟期"这一观点。可以说他们是这一阶段的一大"障碍"。不过有时候，他们也会在之后的阶段中扮演极其重要的角色。在这一阶段当中，关于成熟期的认识强度也会发生变化。即最初模糊的危机意识升级为强烈的危机感。

成熟期的认识在什么时期渗透到组织当中，这根据各企业的情况有所不同。渗透比较慢的是"单一产品、单一经营"的企业。"单一产品、单一经营"的企业指的是，某一项业务占据了该企业的大部分营业额且适用于该业务的范式在企业内根深蒂固、充分普及的企业。这样的企业对成熟期的认识难免滞后，它们总是在过了高峰后很久、业绩开始出现低迷之后，相关认识才开始萌芽。因为在这些企业中很容易出现我们在"脱成熟化滞后的原因"中提到的情况。

这一阶段即脱成熟化的助跑期。在助跑期中，企业内发生着两个重要的、看不见的变化。一个是权力的集中。我们很难通过理论和数据说服他人"业务已经进入成熟期"。因为采取脱成熟化的行动需要我们突破理论。比如，我们需要这样一种突破理论的言辞："变化是好的。为什么这么说呢，因为从它的性质上来看变化是好的。"而一般来说，只有拥有权力的高层才有能力说服他人。因此，很容易发生权力的集中。人们认可"权力向经营者集中"，这种看不见的一致实际上是组织性的意志表示，表明人们认识到了成熟期的到来及其带来的危机。

另一个是建造变化所需的能量库。要建造能量库，需要我们避免不必要的能量释放。机构改革、全公司运动等与解除危机并无直接联系的行为难免会带来不必要的能量释放。但是，在成熟期的认识滞后、企业内出现了彼此不信任的时候，我们需要采取行动，通过小规模的成功使员工恢复自信。

战略的学习

第二个阶段是通过各种各样的行动（业务开发、产品开发）进行试错的阶段。在这一阶段采取的许多行动都是事后看来走了弯路，或是之后失败了的。这是一个企业内成员不愿提及的阶段。同时，它也是一个会在历史长河中逐渐被淡忘的阶段。大部分成功实现脱成熟化的企业都经历了这一阶段。

的确，没有弯路、没有失败，万事都一帆风顺是最理想的。但初期的失败是脱成熟化的必然成本。为什么会失败呢？

第一，开拓新业务必然会带来风险。脱成熟化需要我们开拓新业务。那么，开拓新业务伴随着多大的风险呢？想想很多新成立的创业公司在几年之内就会破产便可知其风险之大。大企业虽然能够利用其丰富的经营资源，但这也无法使其将失败的风险降为零。

第二，新业务或战略中既有范式带来的失败。在任何一个业务领域，想要获得成功，就必须运用适合该业务的思维框架（范式）。但是，组织原有的范式并不会轻易改变。即使意识到"新业务需要新的思考方式"，人们也还是不自主地会将既有的范式带入新业务中。这一现象也可以称为"污染"现象。尤其是在与既有范式有紧密协同效应的领域，污染带来的失败会更多。

从企业漫长的发展过程来看，很多情况下，企业在这一阶段所走的弯路或所经历的失败都会发挥十分重要的作用。我们也可以称之为失败的效用。

第一，给予我们发现既有经营资源（尤其是被称为信息类经营资源的技术与经验、人员的技能、企业形象与品牌等）的潜力与了解自身能力上限的机会。经营者对经营资源的潜力并非了如指掌。经营资源的潜力很多情况下是通过实际行动被偶然发现的。

第二，新型核心技术的积累。佳能曾在 30 年前开发了 synchro reader 这一录音装置。这一产品业务虽然在后来失败了，但它为佳能带来了电子技术，发挥了技术积累的作用。在试错的过程中，我们可以积累一些意想不到的新技术与经验。再比如，纤维产业通过发展合成纤维积累了高分子技术的例子。虽然一些企业并未能在合成纤维领域获得想象中的成功，但它们借此积累的技术在之后的发展中大放异彩。

第三，人才培养的效果。试错的过程也是发掘、培养拥有开拓新事业经验的人才的过程，他们是实现脱成熟化所必需的人才，而培养企业家最有效的方法在于职场内的体验学习。

考虑到以上效果，这一时期也可称为学习的时期、"战略性学习"的时期。该学习的成果使得下一阶段的飞速发展成为可能。如果因为害怕失败而过于谨慎，便有可能浪费了这一学习的机会。此时，虽然从表面上看来是"因为没有尝试，所以没有显性的失败"。但从本质来看，这会导致看不见的机会损失。即错过开展新的学习、扩大企业业务领域的机会。如果说战略性学习阶段中出现的各种各样的失败均有积极的意义，那么这样的机会损失就是可以避免的。

这些战略性学习的具体内容以及各式各样的实验性行动并非全是基于高层的指示，许多都是因中层的突出而在组织中自然产生的。在大家都不能清晰把握全局的情况下，进行着各种各样的实验。不过，我们不能说这是没有效率的实验。倒不如说，这一阶段能否获得成功的关键在于如何创造出这样一个充满创造性实验的环境。因为只有在包容创造与突出的环境中，才能产生"偏向虎山行"的动力。

在这一战略性学习的阶段，公司内会出现各种各样反对的声音。比如有人会认为，因为不是本公司拥有竞争力的领域，所以不应该开展该领域的业务。但是，很多情况下反而是这样遭受反对的领域才会获得成功。而在那些公司内谁也不反对的业务领域中，成功概率却很低。

为什么会出现这样的反对、为什么在这样遭到反对的领域中反而会出现成功？主要有以下几个理由。第一，遭到反对的业务领域，别的企业也不会拓展该领域的业务，因此竞争减少，成功的概率提高。关于这一理由，我们会在下一章中予以论述。

第二，有了反对的声音，推进新业务的人就必须深入思考该业务的相关内容。通过反省组织内的反对意见，可以发现新业务中的陷阱。

第三，反对能够激发推进派的动力，即产生"既然选择了不顾反对，便没有后退的余地"的想法。

和弯路、失败一样，很多人都不希望遭到反对。但是，"反对"这一逆行动方向反而能为我们做出意想不到的贡献。

战略的重建与变化的扩大再生产

脱成熟化的第三阶段是新的战略构想逐渐确立的阶段，从第二阶段过渡到第三阶段通常基于以下两大契机。

第一，体现新范式的成功事例。通过试错过程中产生的成功案例，人们可以了解到新范式的大致框架与其有效性。第二，高层组织所做出的推进业务成功的决断。根据组织高层的决断，新战略的方向在短时间内得以明晰，为组织成员所了解。

在这一阶段，企业未来的发展方向开始明晰，并将作为新的业务领域通过语言表现出来。人们能在这一阶段识别出、注意到那些可成为企业成长"推动力"的经营资源，并基于具体模型产生新的业务想法，而这些新想法也会为更多人所知。此外，人们开始明白，在试错过程中，什么是有价值的、哪些地方走了弯路。对于过往的成功与失败，也能给出明确的、逻辑性的说明。

脱成熟化的第四阶段是变化的扩大再生产，即新的范式在组织中渗透、企业各处开始发生变化的时期。一般来说，人们会逐渐淡忘其在试错过程中遭受的失败。相反，他们只会记得其中的成功经验并由此恢复对经营者判断力的信任。此外，组织成员还会由此产生自信、对新范式的信赖感，并通过日常行动对新范式的恰当性予以确认。

有时候，在新业务获得成功这一刺激下，成熟的业务部门也会开始谋求新的战略部署。出人意料的是，主导这一新战略的往往都是那些一开始不愿承认相关业务进入成熟期的顽固派。这些人中，很多都是出于对新部门的竞争意识才想要确立成熟业务的新战略。事实上在很多情况下，成熟业务部门通过实施新战略所获的利益比那些新的业务还要大。这与前文论述过的"肯定技术与否定技术的组合"是一样的道理。

由于上述原因，在保守派与革新派之间会产生竞争意识，双方互相模仿，由此出现了奇妙的"投接球"现象。最终，企业整体开始出现共振。根据方式的不同，有的还会让组织充满自信，即"成熟部门也可以重现活力"。比如，新型合成纤维这样一种奇迹般的纤维就是在已进入成熟期的合成纤维领域中诞生的。东丽与帝人两家纤维制造公司在正式开始实践其多元化经营时，其主营业务周边也发生了新的革新，仿佛是在对抗新业务。

但是，也有一些企业过度地推进变化的扩大再生产。比如，随着初期多元化经营项目接连获得成功，一些组织的高层会采取"冒进"的态度，盲目地扩大业务领域。究其原因，由于最初那些提出反对的人在组织内的话语权减弱，组织内的反对声音逐渐消失了。但是，没有经历过公司内公开反对的项目反而容易失败。

有益的扩大再生产并非自行产生的，而是需要我们付出巨大努力。并且，就像沿着山脊前行一般，在这一过程中若是稍不注意，就会偏离脱成熟化的轨道。并且，由于新业务也终归会步入成熟期，保持持续的增长便也成了难事。很多时候，我们需要不断重复脱成熟化的进程。

曲折进程的管理

关于上述脱成熟化的进程，最重要的一点在于我们要认识到脱成熟化并不是直线型进程，而是迂回曲折的。人们往往会认为避免不必要的弯路、直接达成最终目标才是理想的状态，为此想尽各种办法。这种想法从个人角度来看是合理的。

但是，从组织这一由人构成的团队的立场来看，这样的弯路在大部分情况下具有积极的意义。甚至可以说，走弯路是脱成熟化过程中必经的阶段。脱成熟化的关键，并非将曲折进程改变为直线进程，而是利用迂回曲折对整体进程进行管理以掌握好前行的方向。

事实上，"曲折进程的管理"这一部分内容与本文将在第 19 章中论述的内容是相同的。"曲折"这一关键词有两个要点。

第一个要点，即使不完全理解"迂回曲折的弯道"是什么，也要认识到其意味着"弯道的存在"，并由此设想大概在哪里会遇到弯道，相应地做好准备。当然，由于途中会遇到意想不到的弯道，我们无法提前做出全面的计划。重要的是，我们要认识到弯道是一定存在的，我们只要在遇见弯道时冷静地掌握好方向盘即可。

第二个要点，通过反过来利用"道路的迂回曲折"，推进组织的整体变化。前文已经介绍了保守派与革新派之间奇妙的投接球现象。为了促进这种现象的产生，我们需要有意识地将保守派成员纳入推进新业务的进程中，比如保证一些重大会议中保守派的席位。若是将保守派关在门外，推进新业务的进程虽然能够屏蔽反对、顺利进行，但这样一来，我们便无法利用反对的作用，也会因此失去与保守派分享成功的机会。

接受而非拒绝，反利用而非反抗，这才是我们管理曲折进程的本质所在。

练习

- 请从组织高层应采取的行动、推行方式以及与组织成员沟通的方式等角度，开放性地思考组织高层管理范式转换的条件。你是以谁为具体对象展开思考的？
- 为什么说覆盖全体员工的动摇会释放变革的能量，带来清空能量储备的危险？
- 请将"成熟期的认识"这一实现脱成熟化的阶段本身作为一个范式转换的过程，说明其中的动摇、突出、连锁反应、确立等阶段。

第18章
企业成长的双刃剑

前一章论述了企业脱成熟化的道路是曲折的，在此过程中遭受的众多失败都是企业成长所必需的。换句话说，第三篇传递的一个基本信息就是矛盾是有用的。

这些想法对于大家来说可能并非常识。大家都希望发展的道路是一帆风顺的，都希望没有失败、没有反对、没有矛盾。

但是，在企业的发展过程中，这种"非"常识性的，或者说是矛盾的现象十分多见。与常识含义不同的"非常识"才是企业发展过程的常态。

企业发展的管理需要把这些矛盾当成理所当然的内容。发展管理的其中一个方面就是矛盾的管理。

本章将以企业发展过程中常见的矛盾现象为主，基于第16章中的学习与内在动力的动态平衡这一概念框架，说明为什么矛盾现象是成长过程中的附属物及其意义。比如，失败的效用、边缘的创造性、过度扩张（勉强的扩张战略）、动摇以及偶发事件的作用等均为企业发展过程中的矛盾现象。

对于这些矛盾现象，企业不应被动应对。相反，企业应该积极地思考如何进行"矛盾的管理"。这一管理即矛盾与发展的管理的本质所在。正因为企业在发展的过程中会出现各式各样的矛盾，其发展问题的解决才会是一把双刃剑，"以矛盾解决矛盾"才是矛盾管理的特征所在。

失败的效用

失败的效用的实例

前一章内容中提到了许多成功实现了脱成熟化的企业。它们实现脱成熟化的过程并非一帆风顺，而是充满了曲折和失败。下面我们来看一些具体案例。

美国的电子产品制造商摩托罗拉一开始生产的是汽车收音机。第二次世界大战后，摩托罗拉开始了电视等通信设备的生产，由此实现了企业的发展。但是，随着电视机的国际竞争力下降，摩托罗拉迎来了企业成长速度放缓的成熟期。在成熟化的初期阶段，摩托罗拉公司胡乱地拓展新业务，其中大多数都是通过收购别的企业。因此，摩托罗拉曾被嘲讽为"零战略"企业。但在经历了这样的失败之后，摩托罗拉公司确立了自身的战略，即以通信器、半导体、电脑为三大主营产品。

在日本也有很多这样的例子。第二次世界大战之后，帝人公司便迎来了人造丝业务的成熟期。由此，帝人迈向合成纤维（聚酯）的领域，走上了多元化经营的道路。在合成纤维也步入成熟期之后，帝人便积极拓展其他多领域的业务，设立了未来事业部，将业务触角伸到食材、石油、汽车销售、化妆品、医药等众多领域。虽然其中大多数都未获得成功，但医药事业成功地发展成为后来的支柱业务。

成功走出相机业务成熟期的佳能也是一样。在脱成熟化初期，佳能先是在同步阅读器这一新业务项目中遭受了失败，后来又在台式电子计算器的生产领域输给了卡西欧。但在这些失败之后，佳能发展成了以生产复印机与打印机为中心的世界级厂商。面临烧酒成熟期的宝酒造，也曾积极地开展啤酒领域的业务，却遭到了沉重打击。但是宝酒造开发的新型烧酒"纯"正是在经历那些失败之后诞生的。

失败并非只存在于脱成熟化的过程中。在企业发展的进程中，任何一个成功事例背后都一定会有相当多的失败。就像开发新技术一样，任何新技术的成功都需要经历无数次失败的实验。

为什么失败是有意义的

这些失败具有意义的原因在于,失败一般会在学习与内在动力两方面带来积极作用。

首先,失败在学习上的意义。

并不是说失败本身是好的,而是说失败这一结果出现前的过程是充满意义的,因为企业能从中学到各种各样的东西。比如为实现脱成熟化的战略学习,其中主要涉及两种学习。

某些业务虽然从业务发展或表面的收益来看是失败的,但其经验能够为之后企业储备信息类经营资源做出巨大贡献。信息类经营资源是企业未来发展的核心所在。以佳能为例,对佳能来说,因为这种新资源与其已有的经营资源并无多大关联,可以说是添加新学习内容的过程。这种学习新事物的过程,难免会带来收益上的亏损。

还有一种学习并不是指企业学习自身不具备的经营资源,而是企业认清自身已有的信息类经营资源的价值与局限,重新认识那些之前没有充分认识到的能力。这便不是"添加",而是重新挖掘已有的事物。

很多时候,为了重新挖掘现有资源的价值与局限,我们需要尝试那些会带来亏损的实验。当然,失败并不是唯一的办法,也有在成功中重新挖掘出自身潜力的完美案例。但是,我们如果不经历几次失败的实验,便无法清楚地认识到自身潜力的局限性。

这些实验具有意义的根本原因在于,没有一个人是真正了解公司的潜力与局限的。企业中的人如果能够客观、正确地把握公司的潜力与局限,那这种学习便是没有意义的。正因为事实并非如此,我们尝试伴随着失败的实验才是有意义的。其意义就在于通过失败发现已有能力的潜力。

也就是说,如果因为害怕失败而不做实验,便有可能导致我们无法了解自身能力的极限。本可以充分地认识、利用自身的潜力,却眼睁睁地错过了这一难得的机会。这样的情况对于企业来说可能是最糟糕的。因为不去尝试,所以从表面看来是没有失败,但事实上,企业却"放走了一条大鱼"。

其实,这一问题的本质比我们想象的还要深刻。在上述内容中,我们通过

"发现潜力"这一作用说明了失败的意义。但该问题的本质还关乎企业在采取行动前，能在多大程度上判断自身行动的合理性。为了论述这一问题，我们需要区分事前合理性与事后合理性两个概念。

企业在决定采取某一行动（比如拓展某一新领域的业务）时，都坚信这一行动会给自身带来某种意义上的成功。也就是说，事先判断某一行动是合理的，企业才会采取行动。但是，哪怕这一行动本身失败了，中间的过程也能够帮助企业发现自身的潜力。在这种情况下，事前的合理性并未成立，而是在事后发现了其他的合理性。

换句话说，用行动之前还是行动之后来区分的话，事前合理性指的是，在事前拥有的知识、认识的范围内判断出的合理性。而事后合理性指的是，基于行动过程中获得的新知识、新认识判断出的合理性。在行动的过程中，人们会不断进行学习，知识、认识都会随之发生变化。因此，这两种合理性会出现不同点。

我们可以通过这两种合理性的组合，思考表 18–1 中的四种情况。

表 18–1　事前合理性与事后合理性

		事后合理性	
		有	无
事前合理性	有	例 1	例 2
	无	例 3	例 4

企业最容易采取行动的自然是例 1 和例 2。但是，实际上能获得成功的往往是例 1 和例 3。例 2 会因为事前的判断有误而失败。例 3 虽然缺乏事前的合理性，但是其行动在新的意义上是合理的。即其在不同于"原先计划的合理性"这一意义上是合理的。因此，行动本身的收益是成功的这种情况也是有可能的。不过，即使从收益角度来看是失败的，从获得了学习、发现了新的合理性的角度来看，该行动也可以说是成功的。这种情况十分多见。

但是，因为缺乏事前的合理性（或是不理解事前合理性所在），许多重视事前合理性的企业便很有可能不会采取这一行动。由此，不采取行动这一"看不见的失败"便发生了。

为了享受事后合理性带来的益处，我们不能过于重视事前合理性，而要勇敢地进行尝试，哪怕结果是失败的。当然，企业很难在明知缺乏事前合理性的情况下采取某一行动。因此，我们也可以说企业需要有这种态度，对于那些处于有、无事前合理性之间的情况，不过度要求事前合理性。

当然，也不是说只要做实验就好。如果总是抱着实验的心态采取行动，自然很容易失败。与此同时，在"失败"之前的过程中会发生很多"意想不到"的事。事后合理性的显现都始于此。但是，能够在多大程度上学习、吸收这些意想不到的经验，决定着我们能否扩大例3的意义以及能否增强失败的效用。

其次，从提供内在动力的角度来看，失败也是有意义的。

失败能够提供学习的内在动力。在很多情况下，人们都会从失败中学习。这也是由于失败会为学习提供内在动力。失败会激发出我们想要挽回失败局面的内在动力，而这种动力会促进我们的学习。

失败的作用不仅仅在于促进我们的学习，很多时候，失败还有利于我们汇聚能量。这是因为失败引起的危机能够简化人们的目标结构。陷入危机状态之后，目标的优先级便会自动变得明晰。即使是那些注重程序的行政单位，一旦陷入了危机状态，也会将程序放在第二位。

企业也是一样。当企业处在危机状态之中，目标也会简化。比如资金周转出现困难时，如何筹措资金便成了最优先的目标。再比如，企业的某项业务陷入了危机，那么企业便会优先将资源投入该业务。通过这种目标的简化，企业中所有人的力量便能更容易地团结起来，组织的力量（力的矢量和）会更强大。

失败的管理

面对失败，我们不能只考虑其发生时该如何应对、采取怎样的行动。我们应从更多角度面对失败，这可以称为"对失败的管理"。

第一，也是最重要的一点，创造一种不畏惧失败、使企业实验能够在足够大的范围内进行的组织文化。这样的实验，并非只要组织高层下决心就能实现。事实上，如果在现场工作的组织中层不提出要进行某一实验，组织高层（或是员工们）可能连实验的原因都不知道。也就是说，高层在两大层面上都是无知的。一是不知道实验的原因是什么，二是不知道实验的具体情况以及可能会创造出什么样的成果。"双不知"的高层若要让员工尽可能地多做实验，就必须提高自身对风险、失败的容忍程度，完善包括人事体制在内的相关制度。其中一项就是失败（员工）的待遇问题。比如，在对待失败的员工时，我们应避免挫伤他们再次做实验的积极性。

第二，如何从组织角度学习失败过程中所发生的意想不到的事。这不仅需要我们敏感地察觉、追寻意想不到的事情的发生，还需要我们通过一些方式使失败员工的经验得以传承与共享。如果我们不能妥当地处理失败员工的待遇问题，那么对失败的学习只会停留在个人或团队层面，而难以上升到组织层面。

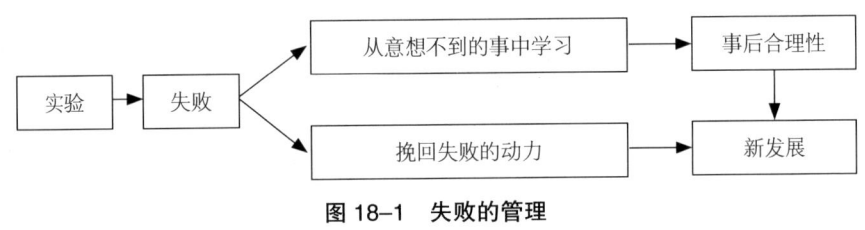

图 18-1　失败的管理

边缘的创造性

边缘创造性的实例

企业的成长，分为依靠已有业务带动的成长（被动型成长）与依靠企业自身的创造实现的成长（主动型成长）。依靠开拓市场，唤起、挖掘市场需求实现的成长都属于后者。后者的成长通常伴随着新的战略、范式的形成。因此，这样的创造往往不是发生在某一业务领域的中枢企业，而是发生在信息不足、经营资源不够丰富的边缘企业。

比如，大荣株式会社与伊藤洋华堂株式会社在刚开始经营超市的时候，都是所谓的"边缘"企业。在当时的流通革命中，主角并不是那些拥有丰富的信息以及经营资源的百货公司，它们之中只有零星几家成功地开展了超市业务。同时，通过家庭餐厅这种营业方式开创了日本人在外就餐这一生活方式的也是云雀这家小超市（就当时而言）。还有成功创造出"宅急便"业务的大和运输、率先提供综合搬家服务的艺术搬家中心，它们原先都只是边缘企业。

与同一业务领域的中枢企业相比，这些企业在人力、物力、资金、信息等经营资源方面都处于明显的劣势地位。尽管如此，创造新战略的却是它们，而不是那些中枢企业。

中枢企业不仅难以实现新的创造，即使在自身采取的战略无效时，它们也不愿改变战略。相对边缘企业的创造性，中枢企业更多的是保守性。因此，它们的战略转换总是滞后。

中枢企业本应能通过其拥有的日常经验与市场信息，敏锐地察觉到市场的变化。但它们却需要花费很长一段时间才能实现战略上的转变。比如，亨利·福特曾通过大量、单一生产某一种车型获得了巨大成功。但当消费者开始追求多样化的车型时，福特公司并未采取相应措施予以应对，而是继续生产单一车型，倾尽全力地提高性能、降低价格。通用公司也是一样，在石油危机之后，通用公司与福特都在油耗小的小型车开发上被抢夺了先机。还有日本的众多纺织企业，它们虽然充分了解欧美纺织企业的先例，却还是重蹈覆辙。

日本的钢铁行业正式开始多元化经营是在20世纪80年代之后。那时距离粗钢生产量达到峰值的1973年，已经过去了近10年的时间。虽然中枢企业基于其日常经验能够获得众多关于市场变化的信息，但它们还是难以意识到行业的变化，或者说，即使意识到了，在应对方面也有滞后性。

这种边缘与中枢的区别对创造性的影响不仅仅存在于某一产业中。即使是在一个大的组织当中，也会存在边缘与中枢的区别。我们也可以称之为支流（少数派）与主流（多数派）的区别。许多企业在面临危机时，能够拯救它们的往往是少数派。

为什么边缘会产生创造性

为什么会产生这种悖论？这与第16章论述的"学习与内在动力的动态平衡"具有紧密关联。

解开这一悖论的第一大关键在于边缘的脆弱性。很多情况下，边缘的企业以及某一企业中边缘的业务往往是存续受到了威胁。

相比中枢组织，这些边缘组织对于环境的变化更为敏感，因为任何细微的变化都关乎它们的生存与发展。因此，边缘的企业（本文提到"边缘企业"时，既包括"边缘企业"，也包括"边缘业务"）必须对外界环境的变化保持敏感，这不仅能够帮助企业获得确立新战略的机会，有时甚至可以帮助企业找到机会创造出新的范式。这也可以说是对学习的敏感。

但有时，边缘企业虽能抓住机会，却不具备充分利用该机会的资源。为了实施新的战略，边缘企业必须弥补自身资源的不足。这便需要企业家创造出的新概念，同时也说明边缘创造性的第二大关键。即边缘企业会通过其智慧创造出新概念、新想法，以此弥补经营资源的不足。

比如，大和运输过去曾是业界家喻户晓的企业。但是，由于没能跟上发展长距离运输业务的潮流，一度沦为边缘企业。当时，大和将关注点放在了"宅急便"业务上（相对于大宗运输）。由于"宅急便"业务非定期、数量少、顾客群体不确定，包括中枢企业在内的很多企业都认为该业务不会带来什么商业机会。但是，大和运输却看到了该业务创造出商业机会的可能性。而它发现其中可能性的契机便在于"地区"与"密度"的概念。即使需求不定期、顾客群体不确定，但从"地区"单位来看，某一地区在一定时间内必定会有一定量的货物需要送出。同时，只要在该地区继续提供服务，该地区的送货密度一定会提高。正是这样一种思考方式，创造了日本的"宅急便"这一新业务。

"对环境的敏感程度"与"开动智慧"这两大关键，依靠的是我们的内在动力。发现机会、运用智慧以利用该机会，这些都不是自然发生的。边缘企业可以通过很多方式避免被淘汰。哪怕只是在原有的战略基础上提高效率，企业也有可能存活下来。但是，一些企业、企业家仍会放弃这种方式，而选择去创造一种全新的战略。我们认为，这正是源于他们强大的内在动力。

这种内在动力十分珍贵。处于边缘的组织有很多，但其中能创造出新的战略与范式的却只有很少的一部分。这也阐释了人们很难提供如此强大的内在动力。经济学家约瑟夫·熊彼特说：

> 尝试新的事物比进行那些已成惯例的活动要困难得多。不仅是因为这

会改变相关主旨，还因为会遭到经济主体的反对。哪怕没有什么实际上的困难，他们也会反对……即使是在惯行的轨道不再适用、最合适的新事物本身也没有困难的情况下，人们也还是会采取一贯的做法。

也就是说，创造会破坏既有的秩序。而试图去破坏这一行为本身就需要相应的内在动力，要积蓄相应的内在动力并非易事。

相比于边缘企业的创造性，中枢企业则是保守的。第一个原因在于能量的长期动力机制。随着企业的发展、稳定，中枢企业的内在动力会不断衰退，这会使得企业对变化越来越迟钝。同时，对于富余资源充足的中枢企业来说，即使它们忽略了一些小的变化，也不会马上出现大问题。因此，"迟钝"并不会给它们带来严重的问题。

中枢企业具有保守性的第二个原因在于其企业内共享的范式。正如前一章所述，对那些基于某一范式取得了巨大成功的企业来说，舍弃原有的范式、创造出新的范式难于登天。首先，在向外部收集信息时，它们会有选择性地选取符合自身范式的内容。其次，即使它们收集的是与自身范式不符的信息，这些信息也难以在组织内得到传播。此外，范式不再适用是很难通过理论或者数字证明的。即使企业陷入了极端危险的境地，其范式通常依然有效或是看起来依然有效。

中枢企业具有保守性的第三个原因是害怕失去。新的路线、新的领域、新的思维方式，更换或是添加其中任何一项内容，都有可能导致组织基于旧事物打下的基础崩塌。有时，还会导致组织中出现牺牲者，甚至可能在短期内对现有业务造成负面影响。基于这些风险，中枢企业害怕失去。与此相反，边缘企

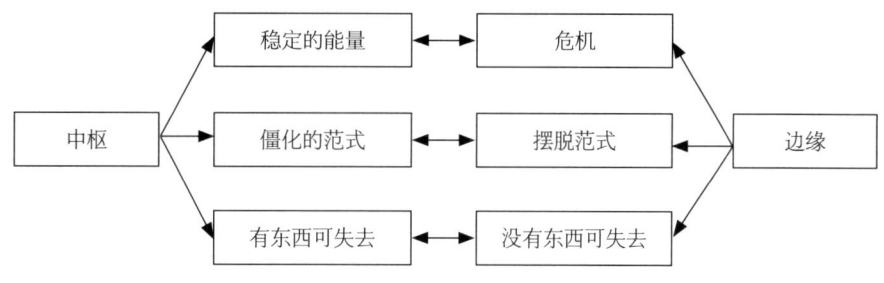

图 18-2　中枢与边缘

业本身也没有什么可失去的。

边缘的管理

说起"边缘的创造性"在企业管理中的应用，最重要的作用体现在"作为某一领域中枢企业所应采取的对策"与"支流的组织内管理"（关于组织内主流与支流的现象）两方面。关于中枢企业的问题及其产生的原因，前文已经有所论述，相应的对策基本上也明确了。这里简单谈一谈支流的管理。

对于组织中的支流来说，最大的敌人便是组织的凝聚力。作为一个组织，理所当然需要有凝聚力。比如组织上下团结一致、拥有共同的文化等。但是，这往往会发展成主流的凝聚力。支流的人事与资源分配便会受到影响，有时甚至会连生存、发展都得不到保障。此外，即使支流产生了新的想法，组织也不会予以采用。

为了避免上述危险的发生，保证组织整体的健康发展，我们需要采取以下三个基本对策。第一，为支流的生存创造土壤。有时，我们甚至需要为此进行隔离。或者，对公司进行拆分，使支流成为另一个独立的组织。第二，给予支流参与公司内竞争的机会。即通过资源分配、项目设计等手段使支流有条件与主流展开竞争。或者，在人事安排中提拔支流中的员工。这些措施也有利于防止支流发展成为"温室"。第三，创造包容的组织文化，包容异己分子。即让广大组织成员意识到，异质才能带来新事物。

过度扩张

过度扩张的实例

过度扩张指的是企业过度地拓展自身业务的战略，也可以称为"踮脚战略"。通过过度扩张的战略，许多企业在其发展的停滞期获得了成功。

过度扩张指的是，企业在明知自身现有资源（尤其是信息类经营资源）不足或是难以满足相应需求的情况下仍坚持采取某一战略。比如，第二次世界大战后日本为振兴汽车产业制定的相关政策。当时，日本银行总裁一万田尚登对此提出了反对，他认为："汽车行业范围过大，日本在这方面毫无竞争力可言。"但日本通产省表示，正因该业务领域大，汽车产业才能产生广大的影响力，而相应的能力在生产过程中自然会形成。因此，即使十分困难，也应推行这一政策。从日本汽车产业现今的国际竞争力来看，当时的争论可谓天方夜谭。因为这一过度扩张的政策确实获得了巨大成功，而且这也为日本产业发展打下了坚实的基础。

另一个例子是过度投资，即企业大胆地进行超出自身能力范围的投资。在第二次世界大战后不久，东丽株式会社便从杜邦公司引进了新技术以进军尼龙产业。当时，其所花费的资金几乎是公司资本金的 1.5 倍。

1969 年，夏普的佐伯旭专务（当时）决定进军半导体产业。公司上下尤其是技术人员强烈反对，称之为"食金虫"（比喻光花钱不产生利益的事物）。并且，当时公司也缺乏相应的资金。但是，夏普还是推行了新战略，取消了在大阪、千里的世博会中展出的计划，并用这笔资金在奈良的天理建起了生产半导体的工厂。可谓"舍千里，取天理"。短期来看，这一举措确实给夏普公司带来了巨大的危机。但从长期视角来看，它大大促进了夏普的技术积累。同样，本田公司也曾在其发展过程中进行过多次"勉强"投资。由此看来，许多实现了发展的企业都会进行一些"勉强"投资，哪怕这些投资可能使它们陷入危机。

过度扩张的效用

过度扩张能够促进企业发展的根本原因在于其产生的学习与内在动力的动力机制。短期看来，过度扩张会导致企业内产生失衡的现象。这是由于企业并不充分具备开展业务所需的能力。因此，企业能力与战略之间会产生不平衡的现象，矛盾凸显。但是，这一矛盾也会促进企业学习，使内在动力得以外显。我们也可以称之为"勉强"的效用。

通过过度扩张在"强行进军"的领域创造出自身的业务市场，企业可以由此获得良好的学习环境。即在竞争压力下，通过日常工作进行学习。当企业进军那些看似"不可能"打入的"偏远"市场时，这一效果尤为显著。企业即使不专门进军某一市场，通过研究开发也可以积累新领域的相关技术经验，但通过直接参与市场竞争，可以获得实验室里得不到的、深度的技术经验。

当然，这种"勉强"并不适用于所有情况。在一些情况下，这可以促进企业的发展，但对于另一些情况来说并非如此。这与"勉强"促进学习的程度相关。其能发挥作用的第一种情况，即打造企业的核心资源。东丽生产尼龙便是典型的案例。此外，还有夏普生产半导体的案例。

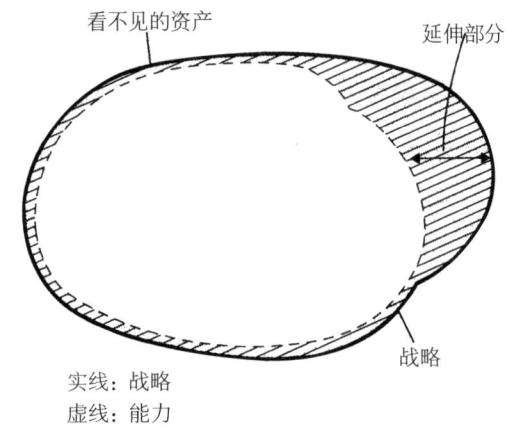

实线：战略
虚线：能力

图 18-3　延伸

即使未能带来业务方面的巨大成功，这种在核心技术上的"勉强"也会为企业留下宝贵的财富。哪怕这一过度扩张失败，企业因此运行困难，只要企业在此过程中积累了充足的资源，还是可以东山再起。大王制纸和山阳特殊钢就属于破产后又东山再起的企业。两者的共通之处便在于，它们对核心技术的先行投资既导致了它们的破产又促进了它们的企业重建。

第二种情况是能促进企业内技术经验传播的业务过度扩张。在这种情况下，企业会通过多样的安排扩大技术经验的传播和影响力。比如对于电子制造商来说，半导体技术不仅是其核心技术，还具有巨大的影响力。

过度扩张的管理

在谈及过度扩张的管理时，第一个要点是判定该在何处进行过度扩张。一般来说，过度扩张的意义在于学习。如果不是具有高学习价值的领域，便没有必要进行扩张。

第二个要点是对不同的学习活动进行资源分配。过度扩张并不是为了让企业吃苦、扩张而是需要企业采取一系列的措施、点放在选拔善于学习的人才、传播学习的成果以及推进学习成果上。

第三个要点是提示企业战略大愿景。如果不告知员工我们为什么要进行过度扩张、扩张会为企业未来发展带来怎样的潜力、不向员工描绘企业的未来愿景，他们恐怕很难认同并做出努力。

第四个要点是检查企业的能力。过度扩张，换句话说，就是通过赤字为学习支付学费。因此，我们需要检查该赤字的额度是否在企业能承受的范围之内。

摇 摆

各式各样的摇摆

在本书中，我们重点强调了企业管理方面各式各样的矛盾与困境。管理绝非易事，处处都充斥着矛盾。可以说，企业的发展过程正是不断解决这些矛盾的过程。企业常常会在矛盾的两极之间摇摆。

比如，美国综合电器制造商通用电气公司。在20世纪60年代，该公司尤其重视自身的发展与多元化经营，当时甚至有人讽刺其模式为"无利润成长"。可到了20世纪70年代，通用却转而将关注点放在了企业利润上。结果，作为未来发展基础的技术积累出现了滞后。于是从20世纪80年代开始，通用公司又开始通过企业并购积极重建业务结构。

在第二次世界大战后的一段时间里，帝人公司一直坚持以生产人造纤维为中心的稳健战略。但到了大屋晋三执掌公司的时代，帝人开始积极地进军聚酯纤维、石油、食品等有发展前景的业务领域。紧接其后的德末社长也因此不得不面对庞大的业务。这个例子可能有些极端，但企业有时呈现出过剩的发展、扩大倾向，有时又过于保守，这些都是常有的事。

即使在组织的内部管理中，也经常会出现摇摆。比如关于组织构造是集权还是分权，许多企业都会出现集权与分权交替的现象。有的企业有时采取事业部制，有时废除该制度，在如此循环反复的过程中实现了组织的壮大。也有的企业会在强调自由还是规则之间发生摇摆。

也就是说，没有企业能在发展过程中保持恰到好处的平衡，平稳地前行。企业就像钟摆，不断摇摆才是常态。在摇摆的过程中不断成长。

有的经营者甚至会在人员的大动摇来临之前，故意将钟摆拨至相反方向。即效仿钟摆的运动，利用反作用力蓄势，积蓄能量。松下电器原社长山下俊彦在事业部制方面采取的相关行动便是最好的例子。

松下电器是具有代表性的采取事业部制的公司。其事业部制不仅仅是组织的构造，更与企业理念密不可分，是松下电器的一大文化。各事业部既是企业的一员，也是相互展开激烈竞争的对手。公司会以每一个事业部为单位，根据每期的收益（销售额、利润）对其进行评价。这也是松下电器得以强势发展的一大原因。

当然，松下的这种政策也会引发矛盾。其录音机事业部与收音机事业部之间就发生过重复开发出相同商品的情况。录音机事业部将磁带式录音机装在收音机上，发明了收录机。而收音机事业部则开发了具有播放磁带功能的收音机。究竟哪一个更好？松下电器认为，这个问题应该交给市场去评判，而非由公司下结论。

但是，当松下电器开始从传统家电行业转入新的领域（比如OA与系列商品）时，这样的方式便不再适用。因为这时候企业需要的是各事业部门间的协调以及长期的投资。在这样的情况下，企业需要放宽短期收益的责任制。如果事业部需要完成高指标的短期收益，便无法进行先行投资，也无法与其他事业部开展合作。但是，社长山下俊彦却反其道而行，进一步加强了对以短期收益为中心的事业部的自我责任追究。这一举动打破了企业内外的期待。

对于山下的这一举动，我们可以这样解释：其一部分的意图在于重新确认自我责任这一方式，并进一步激化事业部制的矛盾。自那以后的几年间，松下电器逐步走上了组织一体化的道路。比如合并事业部、设立事业总部作为事业部的上级组织，以及将其他公司并入松下电器贸易这一出口部门。人们也纷纷接受了这一做法。短时间的事业部制强化正如将钟摆拨往反方向，以此为所需的组织改革蓄势。2011年，中村社长高举废除事业部制的大旗，大刀阔斧地对组织进行了改革。

为什么会发生摇摆

企业的摇摆，指的是在两极之间不断来回。通过这样一种方式，企业得以实现长期、动态的平衡。

比如企业在成长目标与收益目标之间摇摆的情况。若是一味地追求成长目标，收益方面便会出现问题。因此，就需要对轨道进行修正。这一间歇性进行的轨道修正虽然从短期来看缺乏平衡性，但是从长期来看，能实现组织的平衡。

因此，摇摆可以说是满足两个相互矛盾的要求的基本原理。即"在某一时间点上，只关注某一焦点。但是这一焦点会随着时间的推移发生变化"。从这个角度来说，摇摆是为了消除动力机制矛盾而进行的。我们也可以称其为矛盾管理的一个基本原理。

但是，要平衡矛盾之间的两极，并非只有这一种方法。有时，中庸之道也是一种实现平衡的方式。那么，为什么许多企业都是通过摇摆而非中庸之道来实现平衡呢？

这主要有两个理由。第一，在组织这一人员的集合体中，传递复杂观念的方式总是有限的。这也可以说是组织理解能力的局限性。我们必须清醒地认识到，组织并不具备可以同时设定两个焦点并持续平衡两个焦点之间微妙且不断变化的敏捷性。这样一来，为了能在某一时间点上团结组织上下、汇聚组织的力量（矢量合），我们必须对届时的行动焦点或目的进行简化、一元化。因此，每一个时期只有一个焦点。这一倾向会在组织发展势头良好时表现得更为明显。如果在组织发展势头良好时设定了多个目标，很有可能会导致组织发展势头的分散。

第二，单一焦点带来了组织凝聚力，我们也可以称其为集中力。在前文"学习与能量的反馈"中，提到了相互激励的作用。如果组织成员之间产生了这样一种相互激励的作用，在他们朝着同一个方向前进的过程中便会产生内在动力。因此，单一焦点可以激发组织凝聚的内在动力。

企业的摇摆，不仅是为了实现发展的长期平衡，我们还可以通过反向拨动积蓄能量，为下一阶段的行动积蓄内在动力。这一"拨动"的经营行为会使得企业整体发生动摇。

同时，摇摆是一种变化，而变化会成为刺激。为保持企业的活力，让组织全体接受这种刺激便显得尤为重要。为了制造这种刺激，企业需要在各种各样的情况下、时间点上改变自身发展路线。我们甚至可以说是因为变化本身就有意义，所以需要改变。

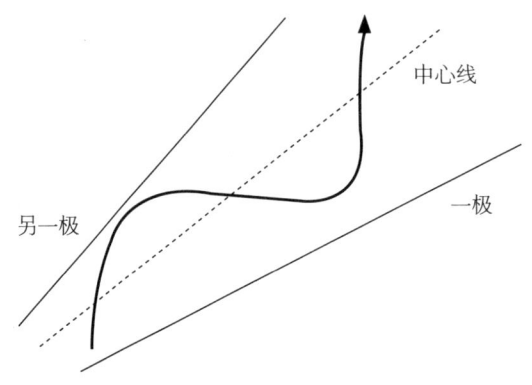

图 18-4　摇摆的管理

摇摆的管理

这些摇摆之中，有的是自然发生的。我们可以称之为组织的自我修正。但是，我们不能就此完全任由其自然发生，而需要进行适当的管控。

适当的管控有三个要点。第一个是在充分认识摇摆路径是为了实现怎样的长期平衡的基础上，制造摇摆。也就是说，既然组织在不断"摇摆"，必然会有摇摆的中心线。如果不思考中心线是什么，这样的摇摆便毫无意义。

第二个是时机。即从一边摆向另一边的时机。由于组织通过摇摆走向的是一条极端的道路，若是不及时摆正，便会偏离轨道。但若是过早地调整，又会导致组织出现混乱，或是使摇摆止于中庸的状态，半途而废。为了计算好这样的时机，我们需要认识到组织高层摇摆与组织整体摇摆的时间差。摇摆从高层渗透到组织中需要花费很长的时间，有时甚至需要长达一年的时间。

第三个要点是高层摇摆与组织整体摇摆之间的错位不仅仅体现在时间差

上，还有振幅的问题。企业需要决定摇摆的幅度。在很多情况下，即使高层的摇摆幅度很大，传递到组织中时，振幅已经大大减小。因此，组织高层需要"过度地"摇摆。但是有时候，高层过度增大振幅也会激化组织整体的摆动。这个度很难把握。

矛盾、管理的本质

偶发事件与过程

上述企业发展过程中的矛盾并非全部，大家也可以列出自己企业的矛盾清单。

企业必须采取相应措施解决这些矛盾。不仅仅是被动地去应对，也要积极主动地利用矛盾进行企业管理。针对所列举的矛盾现象，我们简短地介绍了它们各自的管理要点。但在这些要点的背后，存在着"矛盾、管理的本质"。

当然，本质在于，对矛盾的管理相当于对学习与内在动力的动力机制的管理。

除此之外，矛盾的管理中还存在两大本质内容。其一，在矛盾管理的过程中，经常会出现"没想到的事情"。矛盾管理的本质之一就在于应对这些偶然出现的事情。

其二，矛盾管理是一个花费时间的"过程"，形似迂回曲折的道路。因此，我们需要对该过程整体进行管理，而不是为其预先设定一个程序之后就放任不管。谨慎观察四处的变化，在不断应对各种突发事件的过程中进行流动性管理，这才是我们所指的"过程的管理"。

偶发事件的管理

本文所指的偶发事件并非只是迎面撞上的随机事件，而是包括随机事件在内的、对当事人来说所有"没想到的事情"。包括一些看似随机的事件在内，许多看似偶然的事情，其发生都是有一定原因的。但是从当事人的角度来看，它们都是基于一些事先完全预料不到的原因而发生的。对于他们来说，除了原因难以预料之外，事态的发生本身也是难以预料的。究其原因，人们的事前认知范围是十分有限的，正是因为超出了这一范围，才会发生"没想到的事情"，看似偶然的事情。

正因有了这些"没想到的事情"，企业才会发展。企业如果只是在事先预想的范围内开展业务活动，便没有长期发展可言。或者说，因为矛盾指的是自身知识范围内看似相悖的事物，所以我们在对矛盾进行管理时，需要采取一些措施以突破自身局限。

"失败的效用"这一部分内容强调了"没想到的经验"的重要性。事后合理性这一概念本身就证明了"没想到的事情"的重要性。即使支流会带来充满创造性的新事物，我们也无法事先获知是哪一条支流会带来这一结果。不论是在过度扩张还是摇摆的过程中，我们都经常会得到偶发事件的帮助。

为了对这些偶然发生或我们没想到的事情进行管理，我们需要考虑两点。第一，利用偶发事件的方式，即如何利用这些意料之外的事。第二，思考为什么会发生这些意料之外的事。我们可以看到日常生活中总是有那么一些人，他们会经常遇到"没想到的事情"。有些情况下更容易产生"没想到的事情"，但这些人遇到的其实并非全都是"没想到的事情"。问题是他们"如何制造偶发事件"。

为了利用这些偶发的意外，我们至少需要满足以下四个条件。

- 纯朴的问题意识；
- 宏大的战略图；
- 本质的思考；
- 资源的自由度。

条件一，我们首先要关注那些没想到的事。也就是说，要做到不忽视它们。为此，我们不能总是以僵化的观念看待周围的事物，而要对那些不可思议的事抱有纯朴的问题意识。人们若是不产生"纯朴"的疑惑，便会错过偶发事件。这便关乎人们对偶发事件的洞察能力。

条件二，能根据直觉判断出这些偶发事件对自身是否有意义。因此，组织上下需要拥有一个"战略图"，将偶发事件进行定位、意义判定。这地图可以是企业愿景，也可以是战略。当某一偶发事件与"战略图"相关时，人们才会予以关注。这便是对于偶发事件的判断能力。

即使能够通过战略定位给予某一偶发事件相应的关注，企业如果不充分思考偶发事件真正的意义和影响，也难以借此促进矛盾的管理、企业的发展。为此，我们需要条件三——深入思考偶发事件的本质。只有充分思考了偶发事件为什么会发生，我们才能知道该如何加以利用。这便是对偶发事件的分析能力。

条件四，资源的自由度。即我们在落实某一基于上述思考产生的新想法时，需要资源的支持。若是不能动员相应的资源支持该行动，想法便只能停留在想法阶段。哪怕需要现场筹集相应的资源，我们也应充分保障想法的落实。若是没有相应的"资源自由度"以筹集相应资源，认可资源用途的变更或是承受该变更，偶发事件便无法转变为企业的行动。

比起"如何利用偶发事件"这一问题，"如何制造偶发事件"则更为困难。第一，从制造偶发事件的成功率这一角度来看，我们若要制造出更多的偶发事件，就需要采取更多的实验性行动。实验性行动是偶发事件产生的基础。也就是说，若想更多地观察，就需要进行更多的实验。为此，我们需要创造出一个能够包容实验行为的组织环境。

第二，设定一个能让有意义的偶发事件更容易发生的活动领域。我们在第一点提到了实验的次数，但为了制造出有意义的偶发事件，实验的领域也是我们需要考虑的重要问题。

其中一个条件是在涉及本质内容的领域，单纯、彻底地落实重要内容的领域以及理论上正确的领域进行实验，因为在这些正确的、涉及本质内容的领域更容易产生偶发事件。另一个条件是在相关活动领域中有计划地保障多样性。本质的、正确的内容也有很多选择，我们需要考虑到多样性的搭配，布置相关网络。

发现了半导体原理的约翰·巴丁曾说过"经规划的偶然性"这个词，而他发明晶体管的过程也正好验证了这个词。也就是说，我们先要有一个明确的目的。在此基础上，经过充分的思考设定出能够进行实验的领域。只有这样，偶然性才会发生。我们也需要采取相关举措以保证组织的多样性，比如在人员构成方面，将特质不同的员工组建成一个团队等。

过程的管理

矛盾的管理即为对变化过程的管理。在此过程中，我们需要管理的是一个曲折的过程，而非直线型过程。

虽然变化是随着时间的推移、不依赖于任何事物自行产生的。但在企业发展的矛盾中，事态发生变化这一过程本身也很重要。失败之所以具有积极的作用，是因为失败的经验会为我们播下成功的种子，而其终有一日会转变为成功。支流与边缘具有意义，是因为它们会逐渐成为新的主流。若永远只是支流，便毫无意义。同时，过度扩张之所以有益，是因为企业会因此经历"勉强"状态得以消除的变化。如果"勉强"的状态一直持续下去，企业便会崩溃。动摇也是一样，其意义在于动摇本身不断发生着变化。

对上述变化的过程、趋势的管理，都是我们在管理矛盾的过程中所必需的。在此过程中，我们需要仔细观察、发掘出那些能够成为变化契机、发展潮流的内容。为此，找准时机、借势出击十分重要。

创新中的偶然性与必然性

几乎在所有创新的事例中，偶然性与必然性都是并存的。人们在有目的、有计划的实验与意料之外的偶然现象间不断摇摆、不懈创新，由此产生了新的技术。这是一个十分有趣的现象，我们应该以一种"必然会抓住偶然"的态度看待它。

不论是获得了 2001 年诺贝尔奖的白川，还是获得了 2002 年诺贝尔奖的田中，他们都在实验中出现了失误，并在实验中出现了奇妙的现象。但是，他们都没有舍弃这些"奇妙"的实验结果，而是追问起了其中的"为什么"。这一举动为他们带来了巨大的发现。这也正是"必然抓住了偶然"。

因此，我们需要认识到：第一，用必然的理论去理解偶然产生于创新过程中的契机是十分重要的；第二，偶然的必然化过程是有结构的。必然化不是混乱的过程，幸运也不是凑巧发生的。如果没有偶然与必然的同时存在,创新是无法产生的。

技术开发是为发现那些事实上在自然界中已经存在的原理而进行斗争。推进这一进程的人类,其认知能力是十分有限的。另一方面,自然界中的现象又太过丰富。因此,对于偶然发现其中某一现象的个人来说,某一发现只能说是意外,看似偶然。

但是,偶然的契机说到底也只是一个契机。若是不能敏锐地发现它并探明其背后的理论,也难以将其转化为创新。也就是说,我们需要采取一些措施将只出现了一次的现象固定下来,永久地保存下来,并将其转化为知识。这是一项对逻辑性要求很高的工作,我们也可以称之为"从偶然中制造出必然",这也正是创新中的必然。

将偶然转化为必然,我们需要经历以下三个阶段,并在每一个阶段中具备相应的能力,付出相应的努力。

- 偶然的产生——提高偶然现象发生的努力;
- 关注偶然——评价偶然现象的能力;
- 偶然的固定化——阐明该现象的道理的能力。

是否付出了相应的努力、是否具备相应的能力,每个企业都有所不同。有的企业在这方面表现良好,有的企业却差强人意。至于为什么会产生这种差距,主要有两大原因。其一,为创造偶然契机付出的努力的大小。其二,作为偶然现象的观察者,是否做足了相应的准备。此处的准备指的是,对于偶然的评价能力以及将其固定化的能力。若是企业付出了足够多的努力且准备充分的话,便能够实现"控制偶然性"这一悖论行为。但是,如何才能做到依靠偶然性却又不被偶然性玩弄于股掌之中呢?

创新中的偶然性并不是从天而降的,它是在技术这一高度相互依存的理论系统中必然被纳入其中的偶然,因为创新就是技术体系这一开放知识体系伴随时间的发展。该技术体系中蕴含着能从偶然中不断汲取信息的必然机制。

在管理变化趋势时最重要的一点在于，我们要认识到该过程必然会伴随着动摇、反弹、逆流等一系列的现象。企业出现动摇的一部分原因是组织中必然会出现这些发挥着反作用的"反向摆动"。

动摇往往会让人们大失所望。刚觉得某一动向上了轨道，马上在组织的某处又出现了相反的动向。很多情况下，有人会就此相信新的动向，并开始动摇。

很多时候，如何应对这种动摇将决定整个过程的管理是否能够获得成功。契机很容易制造，人为的变化趋势也很容易营造。但是，如何将动摇融入整体的过程当中，这是我们进行过程管理时面临的最大困难。

所以说，过程的管理其实是对"绕远路"现象的管理。我们不能单纯地追求直线化。由于过程的管理原本就是矛盾的管理，我们需要从一开始就意识到，仅靠一般手段是行不通的。

练习

- 请用"边缘的创造性"理论说明，实现了明治维新的团队为何以萨摩、长州、土佐各藩的下级武士为中心。
- "创新需要偶然性""创新不仅需要偶然性，还需要经历必然的过程"，这两句话都是正确的，却又相互对立。请分别解释这两句话的意思。请结合该意思，解说获得 2002 年诺贝尔化学奖的田中耕一的事例。田中也是从偶然的发现中获得了丰硕的成果。你觉得为什么田中会十分重视那些其他同事只当作"杂音"的实验结果。
- 企业发展过程中经常会出现"波动"，即急速成长期与缓慢成长期（或是原地踏步）的交替出现。为什么会经常出现这种现象？

第19章
场的管理

序章中提到，经营指的是借助他人的力量完成某项事业，并且要促进众人的协作，使他们一同为我们完成某项事业。独自思考、奋斗并非经营的本质。经营的本质在于让他人为我们工作。

此外，经营并不只是让他人完成被分配的工作任务，而是要让他们在此过程中有所学习，激发他们的内在动力，并且令在其他组织中工作的"他人"也能为我们完成各式各样的工作。正如本书在第三篇所强调的，在上述过程中，会存在各式各样彼此矛盾的要求。因此，我们需要对矛盾进行管理，将其转变为发展的契机。

这一阶段的关键在于如何激发人们的主动性。由此便产生了以范式转换为目的的中层突出，边缘的创造性也由此诞生。中层突出也好，边缘的创造性也罢，它们都不是经营者下一个命令就能马上产生的。

擅长经营的人看似都能很好地设定人们的工作情形，使得主动性不仅能在个人层面产生，还能实现人们彼此之间的相互作用。得益于这样一种主动性以及主动性的相互作用，经营者不用一一下达指令，现场工作也能实现良好运转，问题、矛盾也会不断得到解决。由此促进新的发展。

为什么这种情况是可能的呢？如果我们以场的思维为中心，这一问题就容易理解了。即存在一个消化矛盾、容纳发展动力机制的场，人们在其中进行信息的交换，决定自身的自发行为。但是，它同时也是一个能避免人们的自发行为"各奔东西"的场。

本章将以"场"这一概念为中心，对组织的管理范式进行相关思考。并且，本节将以此为我们思考矛盾与发展的管理、深化经营过程的相关讨论做出铺垫。

"场"这一词汇是人们在实际经营、管理中经常挂在嘴边的，也经常出现在组织或社会动向相关的"微妙交流"中。比如以下情形。

多亏自然而然地形成了那样的场（氛围），大家都变得很有活力。
我觉得在那样的场（情况）下，做出那样的决定也是理所当然的。
因为没有形成好的场（氛围），所以也没办法统一大家的想法。

场，既可以指物理性的场所，也可以指代所有的抽象状况。如此使用便捷的场，其概念中包含着什么样的内容？如果以场为镜头观察组织的管理，我们又能看见什么？本章的目的就在于解决这两个问题。

场的定义与功能

场与场能带来什么

场指的是，人们参与其中并有意识、无意识地互相观察、互相交流、互相理解、共同开展工作，由此构成共同体验的框架与范畴。

在某种意义上，这一框架也可以说是人与人之间进行信息交互的容器。在这一容器中，人们通过各种各样的方式、频道互相交换信息、互相刺激。这便是信息的交互作用。

人与人之间进行信息交换的方式是多种多样的，并非只限于语言对话、书面往来，还包括表情、动作、声调以及身体语言等。此外，由于人类具有观察能力，有时候也可以通过观察一系列的事件进行信息交换。由此看来，人类事实上是拥有五感（视觉、听觉、味觉、嗅觉、触觉）的高端信息收发装置。在此基础上，人们甚至还可以通过无声的言语、潜在的神态、默契等"微妙"的方式进行信息交换。

通过信息交互，会自然而然地发生以下两件事。其一，人们之间的共同理解得以增进。其二，人们之间产生内在的共鸣。在下文中，我们将这两者称为场带来的"秩序"。

共同理解包含着两种意义上的"理解"，即"与周围的人拥有相同的见解"以及"某一团队中的成员能够相互理解各自对现实的理解存在不同"。其中任何一种解释都可以。总而言之，共同理解产生于信息的交互作用之中，这也是组织内学习的一部分。

对组织内的协作来说，共同理解是十分必要的。

请大家回想一下第9章的框架。组织中的人们都有各自的工作。该工作的内容既是促进业务发展的业务行为，也是学习行为。而行动与学习的内容，是由人们决定的。虽然这是个人的选择，但从组织的角度来看，也需要统合每一个人的决定、学习与落实行动。这便是"协作"。

为实现组织的协作，需要人们的行为相互协调、保持一致。而在推进这种协调合作的过程中，基于信息交互作用产生的共同理解发挥着重要的作用。有了共同理解，众多个人决策才得以整合为一个整体。也正因为有了共同理解，我们才能顺利地在相关人员间进行调整。

组织内的信息交互也会产生另一种作用，即激发内在共鸣。我们可以这样理解，内在共鸣指的就是内在频率相一致。举一个通俗易懂的例子，比如在一些节日的庆祝活动中，人们往往都会表现得十分兴奋。还有这样的例子，人们在觉得自己得到周围人的理解时，就会更有动力。如果在同理心较弱的上司手下工作，动力就会有所减弱。这便是负面共鸣。

信息的交互作用之所以能够激发人们的内在动力，是因为人是在与他人的关系中进行思考、感知的。当人们遇见与自己拥有相同见解、共同感受的其他人时，他们之间便会产生心理层面的共振。而这种共振会促进内在连体感的产生，也就是我们说的共鸣。同时，通过相互刺激，人们的内在动力也会有所提升。换句话说，也就是他人会激发我们的内在动力。当我们接近那些充满活力的人时，自己也会变得有精神起来。这即使算不上共鸣，也是一个相互刺激促进内在动力的例子。

共同理解也好，内在共鸣也罢，都是基于信息的交互作用产生的。由于共同理解也意味着信息的共享，这便说明共同理解之所以能够通过信息的交互作用产生，是因为人类本身是一个信息化的存在（也就是处理信息的装置）。但是，人类既是信息化的存在，也是心理存在。而且作为心理存在的这一部分很大程度上会受到信息化存在那一部分的影响。因此，人们的内在动力会随着信息交互作用有增有减。

焦点与范围的必要性

信息的交互作用能够在决策与心理两个层面带来各种各样的影响。为了使其促进组织成员之间的共同理解、激发出人们的内在共鸣，我们需要信息的交互作用具有一定的焦点或范围。因为没有焦点或集中范围的交互作用会有分散、扩散的危险，这样一来，共同理解与内在共鸣都无法产生。

换句话说，人与人之间的相互影响会因为聚焦与集中而增强。因此，我们需要让信息的交互作用发生在某种"容器"当中。相比散射、扩散等无法自行回归或与他人毫无关联的信息交互行为，我们需要的是能够相互影响并由此使得信息交互双方发生改变的交互作用。为此，我们需要一种能使物质聚焦的装置，比如使交互行为得以进行的通道，使发送出的行为能够反射的反射壁，抑或是能像镜片一样聚焦太阳光的装置。总而言之，我们需要这样一种"信息交互作用"的容器。而在本章中，我们将这种容器称为"场"。

场这种容器，就与装了水的烧水壶是一样的。如果给水壶加热，里面的水也会通过壶壁的热传递得以升温。之后，水分子会通过热能相互作用，顺着壶壁形成对流。热水上升，冷水下沉，由此实现整体的流动。可以说，整个对流过程是因为有了水壶这一容器的存在才得以实现的，并且，对流的形状也由容器的形状决定。毕竟像海水这样无边无际、没有界限予以区分的对象，无论对其如何加热，热量都会扩散，无法形成一个能在水中相互作用的焦点，也无法形成一个完美的对流。而正是因为有了烧水壶这样一个容器，水分子才能相互作用，并且由此形成某个焦点，带来某种改变。

人与人之间的相互作用也是同理。为了在信息的交互作用中产生共同理解与内在共鸣，我们需要有一个信息发生交互的容器。而正是有了场这样一种容器，人与人之间才能通过信息交互产生共同理解与内在共鸣。

场的定义

严格地说，场可以进行如下定义：场指的是能够使参与其中的成员通过在某种程度上共享四大"场的基本要素"，持续地产生各种形式不同的高密度信息交互作用的框架。

- 议题（信息的内容）；
- 解读准则（解读信息的方式）；
- 信息的载体（传递信息的媒体）；
- 关系需求。

①议题

会议的议事日程便是典型的例子，规定了对什么样的内容进行信息交互。议题的确定既可以是十分详细的策划，也可以是大致确定一个内容。只要能传递出"我们想要对什么样的内容进行交流"即可。这一内容若是不能在组织成员之间达成共识，他们便不知道究竟要对什么样的信息进行交互。

②解读准则

解读准则，即关于如何解读参与信息交互作用的成员所发出的信号的规则。没有统一的解读准则，组织的交流便无从谈起。很多时候，我们若是不明白某一特定情况下特有的发言、表情、动作的含义，不理解表达者所处的组织的习惯，不了解组织中某一情况的前因后果，便无法对当时的情况予以正确解读。此时，就解读准则达成共识指的就是，场的参与者都对相关情况有充分的了解与理解。

③信息的载体

信息的载体既可以是我们进行对话的话语，也可以是电脑的图像语言或图表。除此之外，还存在着更为微妙的载体。比如在会议这个场中，参会人员的表情、语气等身体语言就是搭载着信息的载体。还有，本该参与会议的相关部门却无代表参会这一事实本身也是信息的载体。此外，不会说话的机器、站着工作的员工们一直忙忙碌碌，这些行为本身也都是信息的载体。

当载体是某一种人类语言时，组织内成员若不了解该语言，便无法实现相互交流。比如以日语为会议语言的会议，不会日语的外国人即使参会也无法与其他参会者进行语言上的沟通、交流。但是，他们能够观察会场的氛围，并能从特定对象的声调与动作中进行解读。在这种情况下，听得见声音、看得见人们的动作便是共享信息载体的条件。

这样一来，共同参与某一会议所代表的"物理空间的共享"常常会自动形成多种多样的信息载体的共享。这是因为，人类拥有视觉、听觉、味觉、嗅觉、触觉五大感官系统以及观察的能力。人们常说，面对面的交流十分重要。这意味着，通过面对面的交流，双方通过共享物理空间所获的信息载体能够得到极大的扩展（比如与通过邮件进行的对话相比）。这是因为，我们所处的物理空间中充满着各式各样的载体。

④关系需求

关系需求指的是渴望与其他人拥有某种联系的需求。该需求源于人是社会性的存在、无法独自生存这一事实，而且这一需求也蕴含在与他人的关联、共鸣之中。只有在大家都拥有这种关系需求时，信息的交互作用才能促成内在共鸣的产生。虽然关系需求的程度有高低之分，但共享指的便是渴望拥有与他人共通的部分。若是能在交互的信息或交互带来的理解中发现与他人的共通之处，便能由此产生共鸣。难以与他人建立关系的人往往也难以与他人产生共鸣。

组织成员的关系需求会因文化背景、经历等各种各样的原因表现出高低不均的现象。因此，如果某一组织中关系需求的共有度过低的话，即使在该组织中发生了与其他组织相同的信息交互，同样达成了议题与解读规则的共识，场的效用也很有可能会有所降低。

为了生成场这一容器，我们需要实现"场的基本要素"的共享。若是不能实现这种共享，便难以保证信息交互作用的"高密度与持续性"。

场的地位与机制

组织管理中场的地位

那么,作为信息交互作用容器的场与组织管理又有着怎样的关系呢?

图 19-1 显示的是组织管理的整体情况以及场在其中的地位。此图以图 9-4 为基础,在"经营手段变量"与"决策"、"内在动力"间加入了"场"与"信息交互作用",丰富了图 9-4 的内容。简而言之,场连接着"一般经营手段变量"(或者可称之为"经营管理的手段")与"组织成员的决策""内在动力",发挥着十分重要的作用。

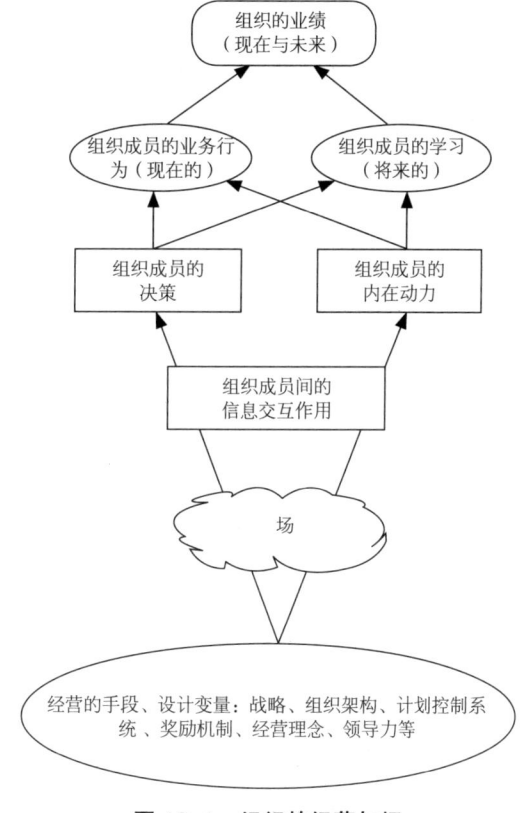

图 19-1 组织的经营与场

如图所示,场的效用发挥会根据组织所选择的经营手段变量的不同而有所不同。在场的作用下，组织成员之间会产生共同理解与内在共鸣。而这种理解与共鸣会影响到组织成员的决策与内在动力。要知道，组织成员的决策与内在动力是决定组织业绩的基础。因此，场的作用可谓至关重要。

决策与内在动力是在人与人之间的信息交互作用中产生的。所以在图 19–1 中，源自"信息交互作用"的箭头一直延伸至"决策"与"内在动力"。并且，场作为信息交互作用的容器，决定着信息交互的形态。

在第 9 章中，我们提到了组织管理的三大方式。即依靠战略进行管理、依靠经营系统进行管理以及依靠理念与人进行管理。这便是经营者、管理者所采取的设计行动。具体来说，其中包括人员安排、研修项目的设计、办公室与研究所的布局、会议的召开及其形式设计等众多手段。组织各级管理层都会采取多种手段，将其运用于整个组织的管理之中。

这些经营手段虽然会作用于人们的业务行为以及学习相关的决策与内在动力，但说到底还是基于人与人之间的信息交互才能产生相关作用。这也是为什么"经营手段变量"与"决策、内在动力"之间嵌入了"信息交互作用"与"场"这两项内容。

在图 19–1 的下方提示了各式各样的经营手段。能否通过这些手段在组织成员之间创造出合适的场以及组织能否有效地利用场，都取决于所采取的手段是否有效。这也是图 19–1 的基本理念。也就是说，场这一容器将决定人们信息交互的方式，而信息的交互又会影响到人们的决策与内在动力。这便是组织经营整体框架中场所处的地位。

经营的作用是通过图 19–1 中的"经营的手段"实现的。但是，看得见的经营手段对于看不见的"决策"与"内在动力"又有着怎样的作用呢？

在现有的经营理论中，大多数理论都与经营组织、经营系统的"构造"相关。比如组织构造中的权限体系、奖励机制的设计等。本书的第二篇就"构造"问题展开了相关论述，因为这些都是必要的理论。但是，要充分地理解经营现象，仅凭构造理论是远远不够的。

究其原因，在构造所象征的"经营的作用"与人们实际的"决定""能量"之间，可能会发生各种各样的情况。并且，由于这两个层级之间隔着大量的个人自主性以及现场自发的组织，从理论上来看也间隔着很大的距离。比如，如果设计了某一组织构造，它会通过怎样的理论途径影响到人们的决策与内在动力。如果理论路径十分复杂，人们便很难理解。

这一部分便是关于经营的"过程"的内容。我们有必要将其与"构造"的相关内容相结合进行论述。

从参与经营实务人员的角度来说，"构造"这一选择"虽然很重要，但只是偶尔使用"。但是，经营的过程是每天都会发生的。对于经营者与管理者来说，如何应对相关过程才是日常的主要工作。在实务的世界中，重中之重在于过程。

当然，并不是说至今尚未有过"过程"相关的讨论。仅在经营理论方面，就已经有了从"非正式组织""团队动力""领导力"等角度出发的相关讨论。本书在第 12 章中谈到了"计划与控制的流程"，在第 14 章论及了领导力，第 12 章到第 14 章之间的内容大家也可理解为过程的形态。此外，第三篇中从"学习与内在动力的动态平衡"到"发展的两难困境"的内容，也都是关于"过程"的论述。

以场为容器的信息交互作用，这便是我们说的"过程"。在人们相互影响、相互交流的过程中，共同理解（信息秩序）得以生成，内在动力泉涌而出。

从看得见的"构造"到看不见的"过程"，这一部分内容属于场的理论（以下相关内容在伊丹敬之《场的管理》一书中会有更详细的介绍）。

场如何产出秩序与能量

现在，我们假设场的议题、解读准则、信息的载体、关系需求等都已为组织内成员所共享。也就是说，场形成了。那么，这个场是如何刺激人与人之间的信息交互，其中又会生成怎样的共同理解（某种秩序）与内在共鸣（某种能量）呢？为什么在信息的交互作用下"半自主"的组织成员之间会"涌现"出秩序与能量呢？图 19–2 所示的就是这一机制的大致情况。

一般来说，当某一外部信息被带入组织内的某处时，需要产生共同理解的地方就开始有了信息的交互。也就是说，外部信号是我们启动场的形成过程的契机。

在接收到来自外部的信号之后，场内各成员便会形成相关的理解。该箭头来源于图表外部的信号。开始的时候，每个人的理解都是不同的，换句话说，即零散、毫无整体性可言。

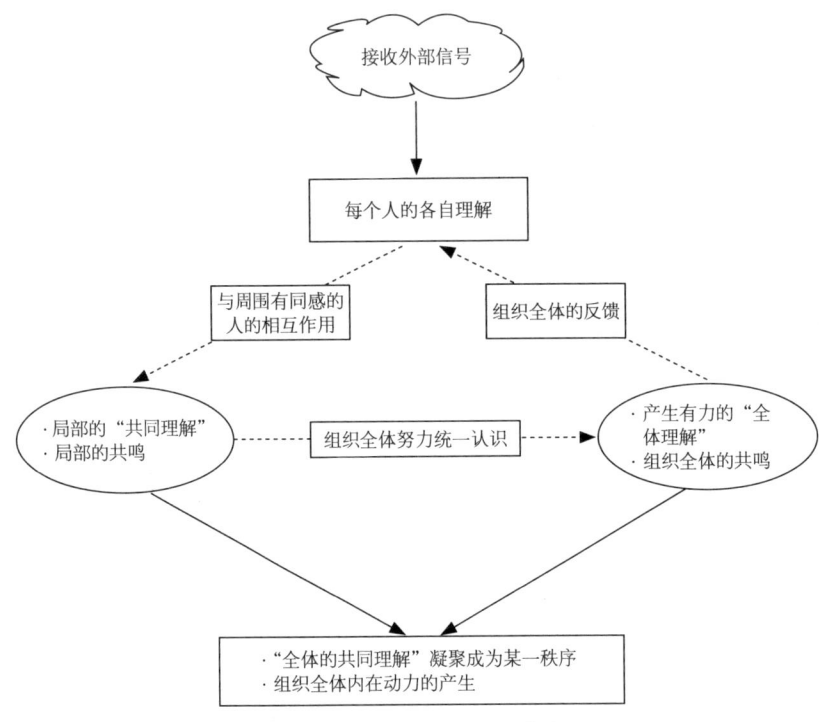

图 19-2　秩序与能量的产生

不过，这些各自拥有不同理解的人在与周围人的频繁接触中，会产生相互作用。当对方与自己的看法相近时，他们之间会产生更强的相互作用。由此，这种关系紧密的人际圈中便会形成局部的共同理解。

当人们接触到那些与自己拥有相同感受的人时，他们之间便会进一步产生局部的共鸣。这便是为什么"每个人的各自理解"与"局部的共同理解、共鸣"之间会有箭头相连。正因为将这两者联系在一起的是"与周围有同感的人的相互作用"，所以在该箭头上也注明了这一点。

即使局部理解开始在组织中的各处产生，各团队的理解之间大多也都会存在不同。因此，便有了团队间进行意见交换与调整的过程，也就是图中的"组织全体努力统一认识"。这一过程既可以在会议或闲聊时进行，也可以通过组织的管理积极推进。

　　基于统一全体认识的不懈努力，组织中会形成一种强势的、由局部认识统合而成的"全体理解"。该势力的形成既有可能是源于"少数服从多数"，也有可能是因为该理解得到了主要成员的支持或上级的指示，但它们都是随着场中生成的"统合方式的理解"产生的。

　　影响力大的"全体理解"会作为强势的全体理解在组织中兴起。在此基础上，局部团队间互相接触的过程也有可能会演变为互相刺激的过程，进一步生成组织全体的共鸣。而这一暂时性的、主流的全体理解，或主流之外的理解也会被反馈给组织中的每一个人。这便是为什么图中主流全体理解的方框会指向"各自理解"——这是"场的全体"给予个人反馈的过程。

　　反馈可以有各种各样的形式。比如组织个人间信息的传递，或通过召开调整会议使得结果为大家所知等。健全各种形式的反馈路径也是我们在打造一个良好的场时所必需的条件。

　　接受了全体信息之后，个人的理解也会发生改变。而改变后的个人理解又会成为新的起点，由此进入又一个形成局部共同理解的循环。不过，虽然第二次循环的模式仍与前一次相同，但个人理解与产生共鸣的对象可能会发生变化。

　　这样一来，便形成了一个由虚线箭头连接而成的三角循环流程。考虑到它是由个人这一"微观对象"与全体理解这一"宏观对象"构成的循环，我们将它称为"微宏循环"。

　　在"微宏循环"不断往复的过程中，主流的全体理解会为众多局部的团队所共享。也就是说，某一强势的全体理解会处于支配地位。此时，便产生了"全体的共同理解"。

　　这便解释了为什么会有箭头由"局部的共同理解"和"有力的全体理解"导向"全体的共同理解"。

　　到这里，场的机制循环也暂时停止了。在实现"凝聚"之前，场中往往还会产生相互刺激，由此激发出全体的内在动力。

　　内在动力之所以会产生于自主性强的相互作用之中，是因为"半自主"可以从两方面促进内在动力的产生。

首先，组织成员的自主性可以促进能量的产生。组织成员的自主性越高就越能管控自己的工作。对于大多数自主性高的组织成员来说，相比只是遵照上级的指示，他们更多的是由内在动力所驱动。

其次，因为与他人组队、有了相互刺激才使内在动力得以激发的情况。在这种情况下，独自一人无法生成的能量通过相互作用得以生成。这是因为在信息交互作用的过程中，组织成员之间会产生内在的刺激与共鸣。而只有通过刺激与共鸣被卷入信息交互的漩涡之中的成员，才有可能产生内在动力。这一过程便是通过相互激励创造出积极能量的过程，在图 16-5 中已经介绍过。

与共同理解的过程一样，并不是有了信息的交互，内在动力就能自动生成。营造出一个能量容易生成的环境，也是场的功能之一。

场的管理是什么

场的生成的管理：场的设定与创造

场的管理指的是，通过在组织中构建出各式各样的场并使其发挥作用来进行对组织的经营管理。

它由两部分组成。一是"让场得以生成的管理"（生成管理），二是"让已生成的场充满活力地发挥作用的管理"（过程管理）。

在思考场的生成管理时，我们首先要知道在组织中存在着两种场的生成方式。第一种是人为或设计的生成方式。第二种是自主或创造的生成方式。

人为的生成方式指的是，基于经营人员的人为设定促成场的生成。对于场中的成员来说，这属于"他律"（服从他人意志）的生成方式。自主的生成方式指的是，组织中的成员自主创造出场的方式，所有的一切都是自然发生的。对于这两种不同的生成现象，我们也可以分别称为"场的设定"与"场的创造"。

因此，当我们思考场的管理时，可以将其分为对"场的设定"与"场的创造"的管理。这种划分将有助于我们的理解。

场的设定管理指的是，通过采取一些经营管理的措施促进具体的场的生成。为此，我们需要实现场的四大基本要素，并促进"共享"。具体可以分为以下三个步骤。不过除了以下内容之外，有时我们还需要加上"场的成员的选拔"这项内容。

- 场的基本要素的设定（议题的设定等）；
- 促进场的基本要素的共享；
- "微宏循环"的模式设计（让谁联系谁等）。

①场的基本要素的设定

场的议题指的是组织的具体工作内容。组织需要明确自身的工作重点。解读准则指的是，如何解读外部流入的信息，比如规定组织中的某一部门说出的某句话应该理解为某个意思。

接下来，为了促进企业内信息的流通，我们需要思考什么样的信息载体更有效，在此基础上进行设置。比如，将会议室的外墙设为玻璃墙从而使每一个人都能清楚地看到会议室中正在讨论什么样的内容。这就是对信息载体的设置。

关于场的设定，并不是经理从一开始就能设定出十分具体的内容来的。详细的议题也好，解读准则的细则、信息的载体也罢，它们都是在与组织成员相互作用的过程中不断详细化、具体化的。管理的工作就在于"粗略地设定"场的基本要素，以此启动场生成的进程。

②促进场的基本要素的共享

和"设定场的基本要素"一样，在这一过程当中，管理者也只是"开球"的角色，之后具体的共享都是在场中各自进行的。但是，管理者有必要积极地向员工介绍他所构想的议题，阐明他所期望的解读方向，以及营造出组织的"一体感"。以此激发组织成员的关系需求与相互作用。促进"场的共有"的启动作用是管理者的一大工作任务。

③ 微宏循环的模式设计

与"促进场的共有"一样，微宏循环的模式也需要我们去思考、设计，这便是第三步。微宏循环指的是，场内成员的个人意见、理解与组织整体动向之间发生反馈的循环。通过这样一种循环，组织中的个人会形成整体意识。在设计这一循环模式时，有两大内容十分重要。一是设计何种模式，即要让谁与谁产生频繁的接触；二是怎样让组织整体的动向为组织内成员所知。

> ## 办公室设计
>
> 　　有一项内容，本书中虽未曾提及，但它会对组织内的成员造成巨大的影响。那便是办公室的设计。出人意料的是，关于这方面的内容，至今尚未有什么研究进展。这大概是因为人们总是将其视为理所当然的，而忽略了它的重要性。
>
> 　　办公室的设计能够决定人们接触与交流的模式，会对组织成员的协作带来多种多样的影响。
>
> 　　比如，某个拥有自动化工作车间的组织曾进行过一种尝试，将员工的办公室合并在了一起。通过这种改变，大家相互接触的机会增多了，避免了工作的单调性。同时，由于员工可以互相了解各自的工作任务，替班也变得更加容易了。
>
> 　　从国际情况来看，各国办公室的设计风格有着显著的区别。日本的白领大多是在一间大的办公室中工作。与此相对，美国的白领们大多在自己的办公室中工作。在大的办公室里摆上办公桌，大家一起工作，人们之间的信息交流自然而然地会得到促进。同时，通过面对面的交流，工作的调整也变得更加容易。不过这种设计也有它的缺点。比如个人难以进行深入的思考。相对的，独立办公室的设计会有这样一个特点：通过文书的交流会有所增多。即使是在美国，现在也有越来越多重视信息共享的企业开始导入日本的大办公室设计。
>
> 　　综上所述，办公室的设计会对人们的协作方式产生巨大的影响。不过就目前而言，这仍是个未知的领域。

　　关于下属间接触、联系的模式，我们需要进行相应的设计，将他们各自的局部相互作用发展为活跃、有深刻意义的互动作用。当然，为了促进其与宏观内容的相互反馈，我们也需要了解组织整体的发展动向。

很多时候，办公空间的共享对我们设计微宏循环的模式具有重大作用。空间的共享不仅会创造出信息的载体，还会使共享变得更加简单。由此，多样化的微宏循环也自然能够得以实现。

以上便是场的设定管理的大致内容。在场内，场的创造管理也十分重要。创造管理指的是，在场按照自身规律自主生成的过程（我们将其称为"创造"）中，试图给予该过程某种影响的经营行为。

听到"创造管理"这个词，读者可能会疑惑，是否能对"创造"这一自律的过程进行他律的管理。的确，对于创造的大部分过程，我们都不能进行他律的管理。但是，经营方设想、期待"创造"于某处、以某种形式发生并为此做好充分的准备是可能的。比如促进经营理念的共享，为大家创造能够自发聚集的空间。在此基础上，场得以最终生成。我们称这种情况为促进场的创造。虽然场的创造过程本身是自律的现象，但从经营管理的角度来看，"促进场的创造"也可以有他律的含义。

换句话说，创造的管理就是要采取相应的经营行动，让场能够应需而生。哪怕我们事先并不能详细地确定在什么样的情况下会产生什么样的场。

在这一经营管理的过程当中，有两大内容发挥着核心作用，即"场的基础设施建设"与"制造场得以创造的契机"。

场的基础设施建设指的是，以事先提高场的基本要素的共享程度为目的的经营行为。也就是说，搭建促进场生成的基础。属于这一范畴的经营行为有很多，比较通俗易懂的例子是通过经营理念将组织紧密地团结在一起，以此加强组织全体对议题这一方向性内容的共识，加强组织的关系需求。或是通过设定业务战略的焦点，明确设定具体的业务行动流程。除此之外，通过搭建计划控制系统来构筑信息流通的基础，这也属于基础设施建设的范畴。

很多情况下，制造场得以创造的契机往往指的是人为地在组织中制造动摇，或是对于偶然产生的动摇放任不管，任凭其影响力扩大。关于这一内容，我们在"范式转换的管理"这部分内容中其实已经进行了强调，即其中提到的"高层动摇的重要性"。这样的动摇之所以重要，原因就在于它能够促进场在组织成员之间的创造。此外，在这一创造的过程当中，中层的突出也会发挥很大的作用。

场的生成，是一个动态的过程。在场生成、发展的动态过程当中，既有设定好的部分，也有创造的部分。即经营管理行为对场的设定与人们带来的场的创造在此过程中交替出现。在"范式转换的管理框架"中，我们论述了高层与中层相互作用的重要性。若用场的管理的术语来表述这种运动论，即经营管理行为对场的设定以及促进场得以创造的预备工作都属于高层的工作任务，而由组织成员带来的场的创造则属于中层的工作。

也就是说，场生成的管理是一个混合的内容，由促进场得以生成的设定行为与放任组织成员的创造混合而成。

场的过程管理：场的掌舵

场的过程管理指的是场的掌舵。即在场产生之后，通过对其中信息交互作用的把握，对整个过程进行掌舵。

比如，在场内信息流通出现障碍时清除障碍，当场内成员对解读的方式出现分歧时努力统一解读标准，制造契机以激发场的相互作用，最后适时停止讨论转而督促成员将其转为实践等。这些都是对整体过程的掌舵。

在这里，我用了"掌舵"而非"过程管理""过程控制"等词汇。这是为了避免给大家带来"上级对下级进行控制"的"支配"印象。因为"掌舵"相对而言是一个比较中性的词汇。

掌舵大致可归纳为以下五个步骤：

- 扰乱（或是制造动摇）；
- 收集碎片；
- 指明方向；
- 创造潮流；
- 停止（或暂时停止）。

这五个步骤是按照场从无序或者秩序被破坏的阶段发展至新秩序生成阶段的相应顺序所设想出的。

五个步骤均为动词描述，其主语是企业的经营者或者管理者。既可以是组织的高层对自身必须管理的过程进行掌舵的内容，也可以是中层的相应行为。凡是他们为促进场的生成过程"所做的行为"，均为"掌舵"。

事实上，这五个步骤并不限于场的过程管理当中，也可运用于众多其他领域。本文将其总结为"场的掌舵"，是因为场内发生的过程都是自主性极高的过程。即使如此，这里所用的表达与矛盾管理的过程论中的内容还是十分相似的。

"扰乱"（或是制造动摇）指的是，破坏既有的秩序与平衡，并在此基础上寻找机会创造新的秩序。"扰乱"的主要目的在于"刺激"。我们之所以需要"扰乱"既有的秩序与平衡，是因为很多组织在需要建立新的秩序时，往往已经有了相应的秩序，实现了某种意义上的平衡。

人们在面对各种事物时，往往会带有"思维定式"。而且很多时候，我们并不会意识到自己的思维定式。而组织作为这种"思维定式"的集合，却会由此形成相应的秩序。用场相关的术语来说，即从场生成的起点开始，成员们的"思维定式"就会形成一种潜在的为大家所默认的议题以及解读准则的框架。

掌舵的过程往往始于对这种平衡的破坏，因此，需要进行"扰乱"。我们也可以将其称为"制造动摇"。

"收集碎片"指的是，在既有的秩序被扰乱之后，管理者要从成员所采取的多种多样的应对措施中获取其中有价值的、能够启发组织发展的内容。这里指的"碎片"包括组织成员提出"我们公司的产品也应具备这样的特性"，"我们之前攻克了小的技术壁垒，技术开发实验出结果了"等。说到底，这些"碎片"是由组织成员而非管理者所提供的，也可以说是由中层突出带来的。

关于这种收集组织成员行动"碎片"的行为，有以下具体事例。对符合场的议题方向的行动加以赞扬，或是对那些准确解读外部信息并在此基础上做出信息交互行为的员工予以肯定。

"指明方向"指的是，以恰当的表达总结、明示"碎片"所指明的方向。若只有零散的碎片行为，只能产生单次的刺激，组织的方向性却无从明确。为了刺激、引导组织成员向着碎片所示的方向行动，我们有必要为其"指明方向"。这一步骤在范式转换中也十分重要，为了制造出变革的漩涡，高层需要有所行动，为组织"指明方向"。

前进的道路，在人们知道其存在并理解其方向时才会有意义。因此，"高举大旗"常常是有意义的，这能为我们开辟前行的道路、指明前行的方向。而这大旗对应的便是组织"目标""战略"。

不过，仅仅是出现了"碎片"行为以及方向得以明确还不够，因为组织成员未必会自发、主动地向着指明的方向前行。有人会因为各种各样的原因踌躇不前，也有人会因为理解不足而无法采取行动，甚至还有人会明确地提出反对意见。为了让这些人向着明示的方向前进，实现真正意义上的"指明方向"，我们常常需要"推他们一把"。

或者说，他们已经采取了行动，但是动作十分缓慢。在这样的情况下，我们也需要推动他们前进。此外，我们还可以找出那些发挥表率作用的成员，通过助推他们的前进，让他们领跑整个团队以强化组织的方向性。总而言之，很多情况下都需要我们推动组织成员行动。

但是，如果要一个一个地去推动组织成员前进，管理者也会力不从心。因此，更好的解决办法是让组织中的成员"相互推动"。对于那些尚未采取任何行动的组织成员，我们有必要采取措施让他们加入这样的进程中来。这种"相互推动"以及"拉拢"很多时候能够形成一股潮流。我们需要"创造潮流"。"创造潮流"指的是，采取相应手段让许多人同时、集体地向着某一方向行动，让更多的人加入这样的进程中来。

一旦潮流得以形成，其中的成员自然而然地会相互刺激。或者说，如果潮流得以形成，便会在组织中形成相应的势能落差，使周围的人也被卷入其中，这正是场的效果。在范式转换的管理中，我们提到了变革的连锁反应转化为漩涡的重要性，这也是我们所说的"创造潮流"。

"停止"指的是，为了再次向大家明确潮流的方向以及统合每一个人所应该做的事而暂时停止。

对于场内信息交互这一自律的过程，若是放任不管，很难自己停止。如果只是放任不管，虽会不断降温、失去能量，但这一过程会持续较长一段时间，反而会让情况变得更糟糕，即场内的成员会认为自己被强迫做了一些无用的信息交互。这会带来负面的影响。

因此，我们需要人为地予以停止，也可以是"暂停"。总之，管理者有必要公开表明"讨论与实验到此结束"。

停止也是一种确认，即确认已经由平衡、秩序被破坏的状态过渡到了新的秩序、平衡之中。当我们不知道新的秩序是否为我们所追求的理想状态时，便需要人为地停止。这也是"暂停"的含义。但是，停止也讲求时机。这是机体以及组织的节奏、律动所要求的。

不擅长过程管理而倾向于构造改革

场，依存于过程并在过程中诞生。前文我们提到过有必要实现"结构向过程"的转换。这一管理重心转移的关键，便是"掌舵"场的生成过程。

为了做好掌舵工作，我们就必须对场的内容了如指掌。比如应该"收集怎样的碎片"，在什么样的时机下创造潮流，这些细节都关乎我们能否抓住转瞬即逝的良机。若是错过了某个良机，即使我们在那之后重复与之前相同的行为，恐怕也是收效甚微。在"掌舵"场的生成过程中，细节与时机极其重要。"掌舵"过程可谓过程管理的典型事例。

当然，是否擅长"掌舵"场的生成过程是因人而异的。这从某种程度上说是无可奈何的。但是，越是不擅长"掌舵"的人，即越是不擅长过程管理的人越会倾向于通过"组织结构"解决问题。事实上在大多数情况下，这种倾向反而会使得问题恶化。比如，当业务部门间的协作出现问题时，立即对组织结构本身进行调整、对整体进行重组等。这便是"不擅长过程管理而倾向于构造改革"。

当然，正如图19-1"组织经营与场"所示，"组织结构"作为一种经营手段是十分重要的。但是，不擅长"掌舵"的人在面对因不擅长"掌舵"而产生的各种问题时，往往会将责任推给"组织结构"。此外，构造层面采取的相应措施也往往会被误认为是解决的良策，而这实际上是对问题的放任不管。

除了上述问题，还有更糟糕的情况，即由此发生改变的组织结构会进一步抹杀人们进行信息交互的自由与动力。因此，我们应该避免这种愚蠢的错误，不要忽视场生成的过程中出现的故障，也不要因此轻易地改变组织结构。

管理的范式转换

阶层范式与场的范式

"场的管理"这一表达对大家来说可能有些陌生，但其内容却是我们一直以来在经营管理现场中有意、无意进行的行为。因此，"场的管理"并不意味着我们需要采取一些"特别"的经营管理手段。但是，我们在选择经营管理的手段、设计所需的机制时，需要将基于场的概念所进行的思考过程放在中心位置。这种范式才是场的管理的思维方式，我们将其称为场的范式。

在这种范式下，人们往往会提出以下问题。

如果选择这样一种组织结构，场是否更容易生成？

从对场的生成过程的促进作用来看，这一战略所设定的议题是否不够充分？

为了激发组织中场的机能，我们需要选取怎样的信息载体、怎样对办公室进行配置？

在重要会议中，我们应选取哪些人作为参会人员、制定怎样的议程以及采取何种讨论方式以促进场的效用？

通过这一系列的提问，我们可以从范式中了解到许多内容。比如，组织结构与战略都很重要，但人员的空间配置与办公室的安排也十分重要。同时，我们也会明白为什么会议的设定方式是经营管理的关键——因为它会对场的生成与运行过程产生重大影响。

那么，怎样才能从一直以来的管理思维方式切换到场的范式，即怎样才能以场的概念为中心思考组织管理的方式与内容呢？

一直以来，大家所接受的都是经营学教科书中常识性的组织管理范式，我们将其称为阶层范式。这一管理范式以"上司对下属下达命令"为中心，完全以上下的阶层关系来看待管理。当然，在很多地方我们需要采取这种管理范式。本书第二篇中关于组织管理的相关说明可以说就是基于这种范式进行的。但是，我们会产生这样的疑问——仅凭这样一种范式就够了吗？其中一个促使我们产生疑问的原因就在于，第三篇"矛盾与发展的管理"中所提及的各种各样的经营现象。要理解这些现象，仅凭以"组织结构"为中心的经营范式是不够的。因此，"场的范式"的相关内容便应运而生了。

表 19-1 便是我对典型的阶层范式与场的范式的详细比较。

表 19-1　典型的阶层范式与场的范式

	阶层范式	场的范式
1.组织的含义	决策者的集合体	信息相互作用的群
2.管理的含义	做出决策、下达命令、促进	指明方向、创造环境、认可
3.经营行为的焦点	机制设计与领导力	场的生成与掌舵
4.管理者的职责	在队伍前列领队 信息集中于中央，管理者自身进行决策	观察动向进行掌舵 将决策权交给下属，偶尔自身进行决策
5.组织成员的职责	完成上司布置的任务 计划外的事务需与上司进行沟通，在沟通之后决定	组织成员自身决定工作的具体内容 计划外的事务与周围人进行探讨，在探讨之后决定

阶层范式指的是，将组织看成一个阶层结构，以其中垂直的命令系统为中心，极度强化中央集权的管理思考方式。一般认为，美国的组织管理基本上属于这种范式。其中最具阶层范式特点的便是近代组织论的范式。

在这一范式中，人们将企业组织看作决策者的集合体，而管理是对其中多数人的个人决策进行管理。说得直接一些，其内容便是由经营者自身做出大多数的决策，对下属下达命令，促进他们按命令行动。

对于这样一种经营行为来说，其焦点在于机制的设计与领导力。首先，影响下属、下达指令、接受下属汇报、对下属进行评价，相关机制的设计十分重要。在此基础上，经营者根据设计出的机制，在关键岗位上配置有能力的管理者，利用他们的领导力对下属进行管理。

在这一阶层范式当中，管理者的职责便是站在组织的前列对个人的集合体进行领导。并且，因为管理者在这种范式中处于组织的中心，所以他会收集各方面的信息，亲自进行决策。当然，在这种阶层范式下也会有"放权"的行为。但是，中央集权的倾向是十分强势的。大概是"50%交给下属决策，50%

由管理者决策"。

在这种形态下，组织成员（也就是下属）的职责便是完成上司布置的任务。同时，若是有计划之外的情况发生，则需与上司进行沟通，对自身的行动做出改变。

以上便是阶层范式的相关介绍。虽然有些地方描述得有些夸张且略有讽刺意味，相信大家也都对阶层范式、美式近代组织理论的经营范式有所理解了。

与此相对，场的范式可以看作"相互作用的群"。从某种程度上说，经营者个人由此退到了幕后。对"信息交互作用的群"的管理，是通过场进行的。因此，经营管理便是要恰当地应对、管理"发生于场中的情况"。

若是将组织理解为个人之间"相互作用的群"，则对其管理便是指明组织全体的前进方向、创造良好的环境使得该方向上的信息交互更容易生成。此外，组织管理还包括在必要的场合对产生于信息交互作用中的具体行动方案予以认可。此时，经营行为的焦点便不再是体制设计，而是"场的生成"。促进场生成、发生作用的过程的"掌舵"也变得十分重要。

在这种场的范式下，管理者的角色自然也很重要。其核心职责是关注场生成、发展的走向，参照外部环境的动向，在此基础上掌控方向。虽然"掌舵"的工作并非都需要管理者来做（也有自然而然发生的"掌舵"），但可以肯定的是，管理者承担着部分掌舵的责任。

正如"掌舵"一词所象征的含义，场的管理者并不会给人太多"中央集权"的感觉。在这一范式下，许多具体的工作都会交给下属去做，只是偶尔有时需要管理者自己做决策。与阶层范式进行比较，可以说是"70%交给下属，20%在于采纳下属的提案，剩下的10%由自己进行决策"。

在场的范式下，组织成员（下属）的职责有很大的自主性。当然，他们工作的大方向是由管理者决定的，且工作内容也取决于周围的情况。但是，工作的具体内容、细节是由组织成员自己掌控的，其中的大部分细节内容都不是由他人所决定的。

此外，在场的范式下，若是发生了事先设想之外的情况，人们可以从场的生成、发展过程中知道自身应采取怎样的行动。即"在与周围人探讨的基础上采取独立的行动"。与上司的沟通可以算是"与周围人进行探讨"中重要的一部分。并且,"与周围人进行探讨"也应包含"了解周围的情况,在此基础上对周围的意图与情况做出自己的综合判断"的含义。

从美式橄榄球到英式足球

在体育的世界里,有一个例子可以完美地呈现阶层范式与场的范式的关系。那便是美式橄榄球与英式足球。这两种球类运动都是围绕着将球投入(射入)对方球门展开竞争的运动,有着众多相似点。从它们的历史起源来看,相似也是理所当然的。橄榄球起源于英国,可以说是由足球这一运动演变而来的,即在足球的规则中加入了可以带球跑这一条。后来,橄榄球进一步分化,诞生了美式橄榄球。不过,两者虽在历史起源上有着相似性,但在规则上还是有着很大的不同。

美式橄榄球有着更细致的分工机制,比如会将队员分为进攻与防守两部分,在此基础上还会再细分每一部分中每一位队员在赛场上的职责。同时,在比赛时还会细致地计时,按时间进行赛程。由于分工十分细致,每一个位置上都会产生相应的"专家"。他们会基于四分卫的指令,按照细致的作战计划行动。比赛偶尔会中断,每次中断都需要重新制订行动计划。可以说,整场比赛在动静结合的节奏下,按照时间安排系统性地进行。其中,四分卫发挥着极其重要的作用。

与此相比,英式足球的情况大不相同。

在英式足球中,并不会区分进攻与防守。同一组队员既要进攻也要防守。当然,队员之间会有各自的分工,但该分工并不像美式橄榄球那么细致。整个比赛的时间安排也不像美式橄榄球那样分得很细,往往一场比赛会持续很久。因此,在比赛当中也会发生一些意想不到的情况。

在美式橄榄球中,若是谁撞到了球,导致球飞向了计划外的方向,比赛便会当场中止,重新开球。而在英式足球当中,在这种情况下比赛会继续下去。为了抢球,会有多位球员同时蜂拥至球的位置。但是其他的球员会留在原地,一边预测接下来可能发生的情况,一边决定自己在赛场上的行动。即根据球被踢之后运动的方向决定自身的行动。

在这样一场长时间的比赛当中，每一位球员都必须观察球的方向、对手的行动，在与同队队员的沟通当中决定自身下一步的行动。因为在英式足球中，并没有美式橄榄球四分卫那样的角色。虽然事先也会进行任务分配，比如由谁主要负责传球，但并不是完全依靠事先规定好的计划。因为在赛场上，情况每时每刻都会发生改变。

虽然许多球员都会自主地决定自身的行动，但大家也不会乱来，因为大家都有着"前进"的共同目标以及观察其他队员动向的观察能力。此外，大家还有着一定的共识，即知道哪一种基本模式是自己队伍所擅长的。

表19-1中所总结的两种管理范式的区别与美式橄榄球和英式足球之间的区别具有惊人的相似。

美式橄榄球对应的是阶层范式，而英式足球对应的是场的范式。美式橄榄球代表着中央集权、分工、系统性，可以说是以队长为中心、成员为齿轮的游戏，能让人联想到以近代组织论为代表的美式组织经营。

英式足球呈现的是分权的状态，其很多角色分配都是相互重合、不明确的。因此，过程便显得十分重要。队长并非其中的主角，队员们自主地发挥着重要的作用。这种情形会让人联想到日本的经营管理以及场的管理。

阶层范式到场的范式的转换在体育世界中对应的便是美式橄榄球的思维方式到英式足球的思维方式的转变，这样一种管理的范式转换是可能的。

但是，并不是说阶层范式与场的范式不能同时共存。实际上，我们应该采取混合型的范式才对。一直以来，我们所采用的经营范式都过度以阶层范式为中心。适当地将注意力转移到场的范式当中，将两者结合使用，这样一种视点转换意义上的范式转换是我们所倡导的。

综上所述，足球这一风靡全球的运动的管理范式与场的范式十分相近。这实际上也是在暗示我们，这种范式是在世界上普遍存在的。

练习

- 请用"场的管理"的相关术语与理论详细说明实现范式转换的"高层与中层交互的运动论"。

- 关乎企业命运的高额设备投资能在企业中生成各种各样的场。比如，建设工厂与增添新设备等简单易懂的现象能够向员工传递多种多样的信息，为场的生成创造机会。请想象一下在设计现场、营业现场、公司总部会产生怎样的场。
- 请用乐队指挥的例子思考场的范式与阶层范式可以在怎样的形式下共存。是否可以认为指挥者既是阶层中的管理者，同时也是场的管理者？

第四篇

企业与经营者

第20章
企业与经营者的职责

——

企业是一个生命体，而非物理性、固定、孤立的存在。它像生物一样会发生变化，具备众多生物的特质，存活于社会当中，并为社会中的人们所利用。

关于对作为生命体的企业的管理，我们从第一篇到第三篇分别论述了环境的管理、组织的管理、矛盾的管理等。在这些内容中，我们从企业组织的领导者或下属组织单位（组织三角形架构中处于下端的小三角形）的领导者的角度，对组织的外部管理、内部管理以及内外需求的矛盾管理进行了论述。

在第四篇中，将与大家一同探讨企业这一生命体在更广大的社会领域中的定位，以及经营者作为企业负责人的职责。也就是说，我们应该如何从外部更广阔的视角来看待企业。

在序章中，我们就企业的三大本质进行了说明。即技术转化体、信息载体与资金载体。这三者均可视为企业的本质内容。本章将在这三大本质的基础上，添加另外两大企业本质属性。其一，在市场中作为资源分配体的企业。在企业内部，进行着各种各样的资源分配，这与市场中的资源分配可以说是对应的。作为分配的结果，企业其实是一个分配机构，其分配的是财富、权力、名誉、时间等大多数人追求的东西。

其二，既然企业是这样一种分配机构，那企业经营者的职能便不仅仅是提升利润、回报股东等，而会更多地具有社会性。正因如此，公司治理（企业管理）这一为经营者制定规范、检查问题的内容便不仅限于企业的健康维持，而是带有更浓重的社会性色彩。关于公司治理的探讨，将在第 21 章中展开论述。

企业是一个生命体

在企业这一组织体中，经营者或管理者进行着各式各样的资源分配。他们决定着所有人力、物力、资金、信息等经营资源的分配，决定着所有资源的用途。比如，要决定对企业内的各个业务领域投入多少人力、物力，或者将既有的设备与人力资源投入哪一种产品、哪一项业务中。决定企业资源分配的，是企业组织的管理机构，是位于组织中心的经营者。

在经济学中，提及资源分配，很多人都会立即想到市场机制。然而就实际的经济整体情况而言，并非如此。通过市场进行的资源分配所占的比重固然很大，但企业组织通过经营决策进行的资源分配也占据了很大的比重。

例如，在市场当中，IT 这一新兴领域的就业人群会不断壮大，该领域的设备投资规模也会不断增大。通过市场机制的调节，劳动力正在不断地由传统领域向 IT 行业转移，设备投资亦是如此。

但是，企业内也会发生这样的资源转移。由于要废除旧的事业部，设立 IT 相关的新事业部，原先部门的人会被调到新的部门。或者，企业决定收回原先投入旧业务领域的资金，进行 IT 相关的设备投资。这些既不是由那些面临调动的职员决定的，也不是基于旧事业部门的自主判断，而是由组织的经营判断所决定的。

也就是说，企业组织中所进行的资源分配最终还是基于组织阶层构造所带来的权限产生的命令。这与市场分配资源这一基于每个人的自由判断而进行的分配机制是不同的。当然，在做出最终决定之前，每个人都有机会表达自己的意见，但最终还是会优先考虑组织整体的判断。

市场也好，企业组织也罢，均发挥着资源分配机制的作用。当然，既然企业是市场经济中的一员，其中的资源分配便不能与企业所处市场的资源分配趋势背道而驰。因为两种资源分配是联系在一起的。也就是说，企业组织是市场这片分配资源的大海中的岛屿，岛屿上也在进行着资源的分配。

从这层含义上来看，企业便是漂浮在市场海洋中的岛屿。

但是，市场机制与组织机制在内容与本质上有着天壤之别。市场机制的简单定义为"其中每一个经济单位只考虑自身的利害关系、自由地选择交易对象并在此基础上进行交易的模式"。在市场当中，只有"看不见的手"这一个调整角色。另一方面，在组织这个场中开展经济活动指的是，每个人在组织中遵循"组织机制"，交换资源、共同开发、通过阶层的调整进行生产活动。

简单说来，组织机制指的是"组织成员在考虑组织整体的共同利益、接受组织阶层调整的最终决定的基础上进行资源分配的机制，即组织成员不应只考虑个人利益，而要服从符合企业整体利益的调整决策"。其中，经营者的"看得见的手"发挥着调节的作用。

"看不见的手"这一表达来源于英国经济学家亚当·斯密，而"看得见的手"这一表达来源于美国的经营史学者艾尔弗雷德·钱德勒。如果这样定义市场与组织，那么不论是在哪一个时代、哪一个国家，我们所处的经济社会在分配资源时都可以说是同时结合了"市场"机制与"组织"机制。也就是说，社会的本质是看得见的手与看不见的手共同调节的结合体。

在市场当中，某一资源的买方与卖方会以价格为主要手段进行交涉。若是两者达成一致，资源便会从卖方转移到买方。零部件企业与组装企业间围绕着零部件的买卖便是如此。而在组织这一出于某种目的形成的共同体中，为达成共同目标，资源也会发生转移。但在组织当中，资源从一个人转移到另一个人是通过"协商和上级指示"实现的。举一个简单易懂的例子，在既生产零部件又进行组装的大企业中，零部件这一资源会根据企业整体的生产计划由零部件部门转移到组装部门。可以说在任何国家、任何年代都存在这样一种机制的混合使用。一个国家整体的资源分配的现实情况可以说是位于"整个世界是市场的"与"整个世界是组织的"两极之间。

前者正如教科书中所描绘的场景，世界上只有个体企业与个体消费者，他们通过自由地在市场中进行交换来实现整个世界的资源分配。也就是说，完全依靠市场机制。

后者属于中央集权国家的计划经济。也就是说，生产、销售全部听从中央的指挥，由此对全世界进行资源分配。事实上，任何一个市场经济国家都位于这两极之间。

即使是在企业组织内部进行资源分配，也是由采用市场机制的部分与采用组织机制的部分两部分构成。例如，子公司与事业部在财政上完全是各自独立的。即使是在公司内进行交易，大家也都会考虑到自身的利益。当然，在组织当中，基于上司的命令与调整做出最终决策的机制也占据很大的比重。但就现实情况而言，都是两者的混合。

那么，为什么"看不见的手"与"看得见的手"这两大机制能同时发挥作用呢？

完全倾向于市场机制的市场派会问，"明明只有市场调节就够了，为什么还需要企业组织"。而认为组织在管理机构中所进行的分配更为高效的组织派会问，"为什么社会中除了采用组织机制，还要有市场机制，明明市场机制有时会造成混乱"。

不论站在哪一方的立场，从经济角度来看，两大资源分配机制是按照各自在经济条件上的优劣分开使用的。

以夏普公司为例，该公司曾由一直以来的向外部购买零部件（外部制造）转为公司自行生产（内部制造）。从外部购买零部件时，遵循的是市场交易原则，即该零部件相关的资源分配是在市场机制下以价格为主要信号进行的。因此，报价低的供应商会得到订单。

转为企业内部制造之后，零件生产车间与组装车间之间便会产生交接的环节。这是组织内进行资源分配的典型案例。将生产零部件所必需的资源交给内部车间不仅仅是因为能够提供更低的报价，还因为这是企业经营者思考、判断的结果，是经营者基于企业技术积累等多方面考虑所做出的决定。

在运行两大资源分配机制的过程中，会产生生产成本之外的其他成本。以市场机制为例，它涉及寻找交易对象的成本、做出决定前充分交涉合约条件的成本、为保证合约履行的担保成本等。而在组织内的阶层机制下，涉及的是维持管理组织以及由于交给组织内成员完成所带来的激励机制松动的成本。

我们将这些资源分配机制的运行成本统称为"交易成本"。"交易成本"是为促进资源分配所必需的"调整的费用"，既存在于市场交易之中，也存在于组织内部交易之中。企业应该采用市场机制还是组织机制，这要根据实际情况比较"看得见的手"与"看不见的手"的调整费用。一般来说，人们会自然地选择成本更低的方式。

事实上，企业组织这一资源分配体本身就具备其存在的合理性。因为企业通过"看得见的手"进行调整的费用有时可以更低。

组织擅长积累，市场擅长利用

市场与组织的并行是在历史发展过程中摇摆前进的。

以经济体制为例，1917年俄国革命之后的70年可以说是组织机制得以强化的70年。当时，世界上许多国家开始采取计划经济，形成了一个"组织"。但是，20世纪90年代，市场机制的大潮开始出现。

即使是在日本等采用市场经济体制的国家当中，两大机制的混合情况也是有所不同的。同时，在市场经济的框架下，市场与组织的混合也是随着时代的发展不断摇摆的。20世纪70年代中期之后，撒切尔、里根的改革强化了市场机制，并且于20世纪90年代得到迅猛发展。

IT革命则通过大幅降低市场交易所需的信息交换成本，为市场机制成本的降低提供了技术性的支持，从而强化了市场在混合机制（市场与组织的混合）中的优势。国际金融市场在20世纪90年代的巨大发展也正是得益于以IT革命为背景的"市场部分"的扩大。IT革命不断重建着流通与商业的构造，其所代表的正是扩大市场部分的发展趋势。

但是，摇摆过度回到原点也是历史上常有的事。这20年间持续发展的"市场趋势"也终究会过时。

之所以会回到原点，是由于市场与组织各有其"拿手好戏"，而某一国家的社会全体对该"拿手好戏"的需求程度会随着历史发展不断变化。因此，市场与组织的并行情况也会发生改变。组织的"拿手好戏"是学习，市场是实验。组织擅长积累，市场擅长利用。

这一对比的典型事例便是美国个人电脑产业的发展，即"以鼠标驱动用户界面"这一功能相关的概念、技术的开发与产业化。

开发出这一技术的是复印机生产商施乐。当时，施乐公司在"努力成为未来信息网络的中心"这一理念下，召集了众多优秀的电脑科学家开发新技术。该技术应用之后便产生了今天个人电脑的前身——"奥托"。但是，就在研究者们想要将其作为商品销售时，施乐总部却并未认真地予以响应，也未投入相关资源，因为当时的组织管理层对销售规模、投资以及盈利问题均存有怀疑。

辛苦开发出来的技术却无法得到充分利用，当时的研究者们对此产生了很大的不满。此时，苹果电脑的史蒂夫·乔布斯将他们挖到了自己的团队。在那里，研究者们发明出了如今个人电脑的原型——麦金塔。当时，离开施乐的还有另一个团队，他们在比尔·盖茨的邀请下加入了微软，开始从事Windows系统的开发。自此，两大公司共同开创了个人电脑的时代。

施乐做足了积累，但利用其技术资源的却是苹果与微软以及紧随这两大公司之后的一大批硅谷创业公司。目光敏锐的企业家们在其中看到了商机，充分利用市场这一机制获取大企业积累的资源，并将其转化为商业用途，赚了个盆满钵满。

但是，若是没有之前的积累，企业家们借助市场机制所利用的资源是不会存在的。一般来说，进行原始积累的往往是大型组织。在个人电脑这个案例中，对应的便是施乐这个大企业。而在其他情况中，可能是大学这一组织机构。不论是哪一种情况，不借助组织而完全依靠个人力量积累起来的资源并不多。

再举一个硅谷的例子。在硅谷，IBM进行资源积累，创业公司加以利用的例子是普遍存在的。如果你去走访硅谷那些创业成功的企业家，便会发现其中很多都是IBM的前员工。IBM这个大组织不断进行着积累，在其规模缩减时，其积累的成果便会大量地流向市场。硅谷这一市场的"场"利用的正是这些流出的资源。

市场的优势来源于其组合的自由度，即企业家们能够广泛地对各个组织中的可能性与潜力进行组合。由此，市场中的资源能够根据每一个人的利益得失发生迅速的转移。但是，市场本身是不擅长积累的。与此相对，组织擅长积累。组织指的是，人们形成一个团队、构建稳定的人际关系网，并在其中进行各种各样的学习、积累。在这个网络中，人们一边接受别人的教导，一边学习、积累。但对积累成果的利用，组织并不擅长。

这实际上也解释了美国硅谷得以形成的原因，它是通过对他人积累的成果加以利用而成立、发展起来的一个场，世界各地想要充分利用他人所积累起来的资源的人、公司都聚集于此，由此形成了一个充满活力的大舞台。换句话说，美国的硅谷正在成为"世界性的"场，被带入其中的不仅仅是美国本土的资源。因为全世界的组织所积累的资源，即组织的资源、通过人际关系网积累的资源都会被想要获取它们的人带入其中。

与此相对，日本发展组织机制的时期十分漫长，进行了大量的积累，其中也包括一些没有价值的积累。但这些积累都处于未被各组织充分利用的状态，所以，我们也需要有人将这些资源进行整合并借助市场机制加以充分利用。

换句话说，日本如今所具备的条件有利于创业公司与中小企业获取资源。当然，也存在着其他不利于获取资源的条件。我们无法保证该获取过程一定可以顺利进行，但至少潜力是巨大的。

前文强调了通过市场机制"利用"资源所带来的好处。但是，我们也不能因此忘却组织机制的重要性。虽说市场机制擅长利用，但也并不意味着我们不需要组织机制。因为我们还需要有人进行资源的积累，如果只有利用市场机制，整个社会便难以实现长期的发展。经济学的教科书中虽写着"通过市场进行的资源分配是高效的"，但也只是在论述什么样的利用方式是有效的而已。

市场机制与组织机制的并行体现了社会整体资源分配的本质。重要的是，两者需要共同发挥自身的长处，实现共存。

作为分配机构的企业

序章中从技术转化体、信息载体与资金载体三方面介绍了企业的本质。在本节当中，我们将详细地介绍企业作为资源分配体的本质。由于企业内进行资源分配的组织属于阶层组织，其中必然会诞生相应的权力机构，即以经营者为顶点的权力三角形。

不管人们愿不愿意，企业都会以某种形式在与其相关的人群（提供资金、劳动与管理服务的人员）中进行分配。分配内容至少涉及财富、权力、名誉、时间这四项内容。这四项内容均为企业相关人员十分关心（或者说大部分都会十分关心）的变量。

首先，企业是财富的分配机构。企业在资金的提供者与劳动和管理服务的提供者之间分配着企业生产的附加价值。企业生产的附加价值是财富的源泉。股东以分红的形式、员工以工资的形式接受这种分配。直接决定这一分配的是企业，更直接的决定者是经营者。另外，企业进行着财富的分配。不论基于怎样的支付标准，几乎不存在劳动者享受完全相同薪资的情况。一般来说，决定分配方式的也是企业的经营者。

其次，企业是权力的分配机构。企业的经营行为事实上决定着一系列权力的分配。比如股东与劳动者之间的权力分配、劳动者内部的权力大小等。

再次，企业也是名誉的分配机构。很多情况下，名誉是由职位与工作类型决定的。由于一个企业在社会上拥有的影响力不同，对该企业的社会评价不同，职位与工作类型会在一定程度上决定该员工的社会名誉。

比如，很多人都会这样认为——相比中小企业的社长，大企业的部长虽然可能在财富上不及前者，但他们在社会上更有面子。这一事例说明了"企业内的职位"与"该企业在社会中的重要性"的乘法效应会决定个人的社会名誉。由于决定着个人在组织中的职位以及工作类型的是企业或经营者，因此可以说，企业是名誉的分配机构。

最后，企业还是时间的分配机构。企业会通过劳动时间获得员工的个人时间，剩下的便是员工的空余时间。实际劳动时间的分配是通过工作方式的决定半自动进行的。如今，出现了很多"几乎没有时间在家里跟孩子一起吃晚餐的爸爸"。这实际上是因为企业对他们的时间进行了本不应该由企业进行的分配。考虑到企业这一社会生活的场在个人整个人生中所占据的时间比重，这一"时间的分配"是极其重要的。

事实上，在这四大分配的背后，企业还在进行着另一项共通的分配，即人们之间的工作分配。工作的分配可以说是企业作为四大分配机构共通的基础。究其原因，在很多情况下，其他内容会随着工作内容的分配而被分配。薪资、权力、名誉还有时间，都是根据给谁分配怎样的工作而决定的。

企业这种分配机构的本质，会在社会中引发多种多样的问题。

财富的分配是经济方面平等与否这一社会问题的起源。权力的分配，决定着压抑、异化等一系列心理问题的产生。名誉的分配，很大程度上涉及劳动者的自豪感与自身存在意义的感知。还有时间的分配，也是从家庭问题到子女教育问题等一系列社会问题的根源之一。

企业作为分配机构的作用并不一定与其最基础的本质——"作为技术转

化体的企业"具有直接关联。从这个意义上说，它与企业在社会中的存在意义并非直接相关。相关的是在企业运营过程中必然形成的副作用、附带效果。但是，哪怕只是副作用，企业具有该作用也是难以否定的事实。因此，我们在进行企业的相关思考时，必须考虑到这一点。

企业这一生命体的社会责任不容小觑。

经营者的职责

企业的社会责任十分重大，而对企业这一组织体进行管理的是经营者。在本章中，我们将试着与大家探讨经营者的职责所具有的本质含义。

我们将基于三种观点对这一问题进行讨论。第一种观点认为，经营者的职责是在进行环境管理、组织管理、矛盾管理这三大管理的过程中所体现的不同侧面的结合。

第二种观点认为，应从"为了恰当地进行相应的管理，经营者必须做什么、必须具备什么"这一角度来思考经营者的职责。

第三种观点认为，作为社会环境中的经营者，其职责体现为实际上做着什么样的事。下面分别就这三种观点展开说明。

经营者的四种角色

环境的管理、组织的管理、矛盾的管理，经营者需要恰当地进行这三大管理。因此，他的工作自然会变得十分复杂。同时，正因为工作的复杂性，经营者必须扮演多重角色，最典型的便是以下四种角色。

- 纠纷调解人（消防员）；
- 统领人；
- 战略家；
- 传道师。

第一种角色，作为纠纷调解人（矛盾的解决者）的经营者，我们也可以称这一角色为"消防员"。企业在运营的过程当中，会遇到各种各样的麻烦。比如企业与顾客之间的矛盾、员工之间的矛盾、资金不足的困境等。经营负责人的一大职责便是在相应场合、情况下解决各式各样的矛盾。组织三角形的顶点甚至需要管理最底端的矛盾。关于这一纠纷调节，我们可以将其理解为"解决实际进行三大管理的过程中所产生的问题"。

第二种角色是团队的统领人。组织管理的大部分内容以及矛盾管理的大部分内容都对应着经营者的这一统领作用。创建出和谐的组织关系、激发员工的干劲、按照量才任用的原则给员工安排工作、发挥领导力，"统领人"的工作可谓多种多样。这一工作在很大程度上也是对人的心理、组织力学的"细小用心"的集合。当我们说到"管理者"时，很多人脑海中浮现的其实就是"统领人"这一角色。但我们应该认识到，这一角色仅仅是经营者所扮演的四种角色中的一个而已。

第三种角色是战略家，指的是为自己所带领的团队（单位）绘制出地图以指明方向的人。战略家需要处于三角形的顶点位置。这一角色要明确自身在周围环境中所处的位置，并在此基础上指明方向。环境管理的大部分内容与矛盾管理的大部分内容都属于这一角色的范畴。在日本企业当中，"绘制地图"这一角色的必要性将会越来越明显。

第四种角色是传道师，其本质便是为组织注入相应的价值观，在组织中工作的大部分人都会谋求相应的价值基础，比如自己所做的事的意义、价值、其背后的支撑理念等。"人借食以生，不唯食而生"也可以用来形容企业组织。

只有注入了价值观，企业组织才能超越单纯作为职能组织的阶段，并由此成为对每个人都有意义、拥有生命的社会有机体。价值观的注入对环境的管理、组织的管理以及矛盾的管理也都是必要的。尤其是在需要通过摸索"解决矛盾的方式"以寻求新发展道路的管理中，传道师的角色更是不可或缺，因为只有他才能帮助人们走出困境。

统揽全局的经营者

经营者同时承担着以上四种角色，需要根据实际情况区分自身角色，在不同时候发挥不同的作用。在对自身角色进行区分的时候，经营者必须考虑到企业是一个同时兼具五大本质的社会性存在。因此，企业不仅需要考虑如何分配对资金提供者的回报，还需要考虑到信息的储存、积累以及技术的更新与资源分配的效率。除此之外，企业还需要深刻地认识到其本身是一个财富、权力、名誉以及时间的分配机构。

经营者的工作便是对所有的这些内容进行思考。经营者进行的判断是真正意义上的综合判断，经营可以说是一门综合判断的艺术。

比如，若是过于"宠溺"员工，薪资成本便会压缩企业的收益，最终作为资金载体的企业难以存活。但是，企业若是过度强调其作为资金载体的本质，又很容易引起人员、技术投资削减。这会导致作为信息载体的企业不复存在。因此，经营的任务便是维持平衡。

再举一个例子，无论是企业内的权力机构还是统治机构，若过度地实行民主，便很容易走向恶性平等。但若是因此加强权力的压迫，又会剥夺员工的活力。因此，如何保持综合性的平衡才是经营管理的关键所在。

即使是经营者所承担的四种角色，如果角色分配不均也会带来问题。经营者若是过度强调自身作为"消防员"的角色，虽能发挥小的管理作用，但会使其无法向组织注入价值观。另一方面，若是只扮演传道师的角色，经营者又会无法应对现实中发生的问题，也无法为组织指明方向。因此，经营者需要对自身扮演的角色有综合的把握。

经营者所必需的基础要件——宏观的思维框架与哲学

为了对各种各样的事物做出恰当的综合判断，经营者需要具备哪些要件？

第一，为了认识、理解企业作为一个复杂存在的"宏观的思维框架"。宏观指的是，不局限于企业业务的微观范畴，而是从更高的层面、从整体上把握企业。之所以在这里用了"思维框架"这一表述，是为了强调"对事物的看法"的重要性，即使这一看法可能尚未经过分析，也算不上是系统的理论。事实上，这种宏观思维框架的基础，正是包括本书在内的经营学教科书想要为大家提供的。重要的是，即使可以以教科书中的内容为基础，大家也仍有必要构建出属于自己的思维框架。

第二，经营者为进行综合判断所需的为其提供判断基准的"哲学"。在对事物进行综合考虑之后，最终还是需要得出一个结论，即必须决定应该采取什么样的行动。而为了做出判断或者决断，我们需要能够引导自身做出判断的哲学。没有自身哲学的人只会单纯地计算利益得失而无法做出综合性判断。或者说，他们会在没有综合判断的情况下草率地得出结论。

这一哲学由两部分内容构成。一是环境管理所需的关于环境的自身哲学。经营者要有一张关于企业所处的环境变化、历史变迁的"大地图"，以此对外部环境有所把握、理解。我们也可以称之为世界观。二是组织管理与矛盾管理所需的与集体的形态、本质相关的哲学。我们也可以称之为组织观。

世界观——冷静地看待自己的企业

之所以需要世界观，是因为在我们所处的时代，必须清晰地认识到自己的企业在国际格局中的定位。

不论是世界领先的企业，还是在国际竞争的恶浪中颠簸的企业，都需要冷静地在国际大背景下进行思考。此外，由于国际格局的走向是难以预见的，我们常常需要事先明确企业的方向并在此基础上实现飞跃。

正因为国际格局的难以预见性，我们才必须拥有自己的哲学（理念），形成属于我们自己的世界观。若非如此，我们便难以"理解"重要的事物。在这样一个前路不可预测的时代背景下，理解并不是指"正确地读取"，而是"自我悦纳"。没有世界观的人是无法实现自我悦纳的，他们只会囫囵吞枣地接受他人所说的。这样一来，他们也无从决断。因此，我们需要一定的哲学（理念）以实现企业发展的飞跃。

此外，在第二次世界大战后短短的 50 年间，日本的许多经营者过度地拓展其国际化业务，由此导致日本至今还没有形成自然的定位。

另一方面，"小国日本"的观念偶尔还会出现在人们的想法当中。因此，日本一直没能发表国际性的、世界性的言论。或者说，这种"自卑感"反过来还会让日本人过度地追求世界第一，并以此为傲。可以说，这两种心态都不是理想的状态。为了能够更冷静、以更自然的心态看待日本在世界上的地位，更客观真实地进行思考，世界观是必需的。

组织观——关于团队生理与力学的理解

经营者应具备的第二大哲学（理念）是关于团队的哲学，即组织观。团队拥有怎样的生理与力学？统领大规模且复杂的组织框架应该特别注意哪些问题？组织观便是思考这些问题。

日本企业以其小型组织的经营方式闻名世界。在生产体系的经验、技术积累方面，也具备雄厚的实力。但是，在大规模、复杂的经营管理方面，几乎还没有任何日本企业获得国际上的认可与评价。在大型组织的经营管理领域，源于日本的技术、经验与知识也十分少见。

比如，松下幸之助的事业部制虽在大规模组织经营的领域称得上领先时代的卓越理念，但在涉及多个事业部混杂的"体系"领域，或者说在面对业务范围扩展到全世界的国际经营时，松下电器也十分苦恼。

在对这种大型、复杂的组织进行管理时，我们需要众多企业高层拥有更为深入的组织观。而为了形成这种组织观，经营者需要对组织的生理、力学等进行深入的学习。学习材料既可以是组织理论相关的学术类书籍，也可以是历史类书籍，还可以是隐含着组织观的领导者的相关书籍。不管使用怎样的学习材料，我们都需要基于材料进行深入的思考。此外，我们还应加强对人的理解，以支撑自身的深入思考。

宏观的思维框架也好，哲学也罢，都是经营者从年轻时代起就必须建构好的内容。仅凭对他人观点、看法的"拿来主义"，是无法进行深入的综合判断的。

但是，我们也应该警惕以下情况的发生。即当我们必须就某一复杂的情况做出综合的判断时，很多人会说："因为都说很复杂，所以脑子一下子就乱了。""或者，因为判断标准十分模糊，所以没办法果断地做出决定。"之前的结论还算有道理，但是很多人紧接着会认为"所以还是需要一个框架以简化经营判断"。

从最近的潮流来看，人们常常会将实现股价的上涨作为企业的目的，以此作为简单化的框架。因为若将是否能够实现股价上涨作为最终的判断基准，决策便会更加容易，也更容易获得组织上下的理解。

是否应将股价作为单纯的标准本身存在着很大的疑问，但更严重的问题在于，"因为判断标准模糊不清所以要简单化"这一想法本身与经营者的存在意义是相悖的。经营者就应该对企业这一复杂的情况进行判断，带领这一复杂的生命体发展、前进。

说到底，经营者需要综合判断、统揽全局。对企业内外、企业管理过程中产生的各种各样的矛盾进行综合的判断，这才是经营管理这一工作的本质。

决定分配的经营者

从"技术转化体"到"分配机构"，经营者必须对企业进行综合判断。在日本，劳动人口的绝大多数都在这些企业中工作。这实际上在告诉我们，经营者决定着绝大多数人人生中的境遇。尤其是在企业当中，因为企业作为分配机构在进行财富、权力、名誉与时间的分配时是完全不会顾及个人感受的，所以经营者的责任才会更为重大。

经营者做出的判断会改变人们的财富分配，影响到权力的分布，还会对名誉的分配造成改变。此外，人们在企业活动中所花费的时间也会受到经营者所做出的最终判断的影响。也就是说，经营者不仅仅是知识层面的判断者，还必须为员工之间各种各样的分配做决断。无论个人意愿如何，这些都是经营者必须履行的职责。

"经营者的职责是要实现企业股价的最大化"这种将经营管理简单化的想法并不正确。经营者不仅要提升企业利润，还肩负着重要的社会职责。

那么，对于肩负着如此重任的经营者来说，他们的行为应由谁、以怎样的方式进行监督、如何制定相应的规范，这些问题对于企业本身的健康发展以及与企业相关的人来说，都是十分重要的问题。

这正是公司治理的本质。这一部分内容将在本书的最后一章中进行论述。

练习

- 本章中出现的"作为资源分配体的企业"这一企业本质与序章中出现的技术转化体、信息载体、资金载体这三大本质有着怎样的关系？

- 人们都说，美国硅谷汇聚了来自世界各地想要创业的人、想要在帮助他人创业的过程中也让自己发家致富的人。事实上，其中大多数人创业的"种子"，即某一种积累，都源于在已有的大型组织（比如大企业、大学等）中的所学。而在日本，许多新业务都产生于大企业之中。请从多角度思考这样一种创业机制与日本相应机制的不同。比如，哪一种更适合刚起步业务的长期发展。此外，硅谷的模式在日本是否也有可能实现？如果有可能的话，日本需要具备哪些条件？
- 请读一读松下电器松下幸之助、本田技研工业本田宗一郎以及索尼井深大三位日本著名经营者的传记，从"四大角色""综合判断者"的职责角度，思考他们具体履行了怎样的职责（或以身边的经营者为例进行相同的分析）。

第21章
公司治理

公司治理指的是，由谁、以何种方式来管理公司这一客体。其中最重要的问题在于对经营者进行监督。也就是说，公司治理的核心是对公司的经营者进行管理。

作为一个经济体，企业既是资金的结合体，也是人员的结合体。资金、人员都是企业开展业务活动所必需的。就像所有的硬币都有正反两面，所有的企业也都同时涉及资金、人员两方面的内容，这才是企业的本质。

从资金结合体的角度来看，企业的核心是股东。股东为企业提供"不会逃跑的资本"。而从人员结合体的角度来看，企业的核心便是核心员工。核心员工为企业提供的是"不会逃跑的劳动力"。前一章我们提到了"经营者决定着企业的分配"。而股东与核心员工则拥有对经营者进行深入监督的能力。因此，最本质的问题在于，股东与员工应如何对经营者进行监督。

为了维持企业健康运行，公司治理是必不可少的。它代表着一种制度，或者说是一种惯例。考虑到企业作为社会存在、作为与市场并行的社会资源分配机构所具备的重大意义，我们有必要进行相关讨论，探讨如何将其作为管治的对象。此外，考虑到经营者在企业中作为"在员工间进行分配的决策者"发挥着重大的作用，我们也必须围绕"对经营者进行监督"这一公司治理的内容进行讨论。否则，我们将无法为经营管理的相关讨论画上句号。

以上便是选择公司治理作为本书最后一章的原因。

公司治理是什么

公司治理的定义

公司治理（企业管治）的最简单定义为：为了使企业实现持续性的良好发展，企业中拥有"公民权"的人员影响企业经营管理的行为。

公司治理与企业管理是不同的。企业管理是对企业业务活动的统领行为，其发生在以经营者为代表的经营管理层中。该统领行为是企业中拥有公民权的人员托付给经营管理层、由经营管理层代行的行为。而公司治理指的是，对负责统领行为的经营管理层，尤其是对经营者进行监督。也就是说，对照上述定义可知，影响力的客体为经营者。因此，公司治理也可以按照下面这个定义进行解释。

> 公司治理指的是对企业的经营者进行监督，包括制定规章制度与决定经营者的任免。

在一个国家当中，公民往往会让政府代行管理国家的权力，而他们会通过选举等形式对政府进行监督。公司治理与此十分相似。

上面这个定义体现了问题的核心所在。一般来说，"公司治理"的定义中常常会加入其他两部分内容。其一，通过在定义中添加"管理公司"等语句，将企业进行决策的含义融入公司治理的定义当中。但是，企业进行决策属于"企业管理"的范畴，与"公司治理"是不同的。这种区分有利于大家的理解。

其二，在公司治理的定义中加入关于公司治理的目的、限定公司治理的主体的语句。比如，在定义中添加"为了维护股东的利益""通过股东……"等。这种定义与我们的定义之所以不同，是因为它提前将"期待企业拥有良好表现"的主体限定在了股东身上。或者说，将"企业中拥有公民权的人员"限定在了股东身上。

也就是说，在设定"公司治理"的对象、目的、主体时，我们需要明确其所涉及的范围或定义。比如，确定企业发展方向的决策本身是否应包含在"公司治理"的对象之内？还是说，我们应该将"公司治理"的对象限定在对经营者的监督中,而将决策本身排除在外?因为决策权一般来说是委托给经营者的。再比如,我们是否应该将公司治理的目的与主体限定为股东,还是说,我们应该将更多的相关人员纳入目的与主体中来?

这一部分的讨论也可以说是"公司治理的主权论"所探讨的内容。换句话说,我们探讨的问题其实是"谁才是公司内拥有公民权的人"。因为拥有公民权的人指的就是拥有主权的人。

在决定了公民权由谁拥有之后,我们就该开始讨论所谓的"公司治理机制论"了。这一部分讨论的内容是,我们应准备一种什么样的机制、该机制是否能够有效地对经营者进行监督等。也就是说,对"公司治理"的相关探讨是由主权论与机制论两部分构成的。若将"公司治理"定义为由股东主导、为实现股东利益的统治行为,便会导致"公司治理"本质含义的缩小,相关问题也因此难以得到根本上的解决。

企业主权人与公司管治的参与

在谈及"公司治理"时,我们首先需要明确企业中拥有"公民权"或"主权"的是谁。换句话说,即构成企业这一经济体的主体是谁。以国家为例,构成国家的主体是谁呢?

在一个国家当中,拥有该国国籍或公民权利的人便是构成该国的主体。如果我们谈论的是某国的利益相关者,那侨居于该国的外国人以及该国周边国家的国民也算是该国的利益相关者。但是,当问及"由谁构成了这个国家"时,答案便只限于拥有该国公民权的国民、该国的内部人员。

同样,在企业这一经济体当中,若要说起企业的内部人员、当事人,指的一定是为企业提供其成立所必需的资本与劳动力等基础性资源的人。换句话说,股东与员工(包括经营者在内)才是企业的构成人员、企业的内部人员。

除了股东与员工这两大团体之外,企业还有其他重要的利益相关者。例如,顾客和贸易伙伴。同时,借钱给企业的银行也是其重要的利益相关者。此外,企业所处的地区、社会中的许多人也都很重要。正因为如此,我们在进行"公司治理"的相关讨论时,经常会将这些利益相关者纳入治理主体的范畴之中。

但是,称他们为"企业中拥有公民权的人""企业的主权人"是否合适呢?

不可否认，作为外部存在，他们都在企业这一经济体诞生后与企业有着紧密的利害关系。但是，他们并不是企业的构成人员。换句话说，即使没有他们，企业也还是会诞生。而如果没有股东与员工，企业是不可能出现的。如果没有股东为企业提供的资本，以及员工提供的劳动服务，企业便无从诞生。

决定企业主权人是谁，实际上也是在划清企业内、外的界限。比如，谁是企业的内部人员、谁是外部人员；谁拥有公民权、谁没有公民权。

一般认为，要成为企业的主权人，需要具备两大条件。一是其为企业的诞生提供了不可或缺的资源。二是对企业发展的兴衰承担着最大的风险，并为企业做出了最大的贡献。换句话说，企业的主权人是为企业贡献"不会逃跑的资源"的人。

符合这两大条件的便是冒着风险为企业提供"不会逃跑的资本"的股东与长期为企业做贡献的经营者和劳动者（在这里，我们将他们统称为"员工"）。在员工之中，有的是长期参与企业发展的人，有的则是短期的打工人员，而后者并不符合我们提及的两大条件。因此，企业的短期打工人员不具备成为企业主权人的资格。但是，长期参与企业发展的核心员工为企业的成立、发展提供了必需的"不会逃跑的劳动"，也承担着一定的风险。在这一点上，他们与股东一样，因为股东是冒着风险为企业提供"不会逃跑的资本"。

因此，我们认为，在企业所有的利益相关者当中，只有股东与员工（说得更严格一些，应为核心员工）能成为公司治理的参与者，只有他们有资格享有"公民权"。

顾客也是企业的利益相关者（因为企业的行为会对他们产生重大的影响），但他们并非企业的公民，也算不上企业的内部人员。进一步说，顾客的重要性是远超过股东与企业员工的。也就是说，顾客这一重要的存在，其地位处于股东与员工之上，是企业应该服务的对象。有了顾客的支持，企业才能作为经济体存在、发展下去。因此，顾客是掌握着对企业的生杀予夺之权的外部人员，而非企业的公民。企业的交易伙伴也是一样，他们虽然与企业有着经营上的交易、属于企业的利益相关者，但他们并不属于企业的内部人员。而且，他们承担的风险也很小。

在企业所处的地区、社会中工作、生活的人，他们会为企业提供相应的基础设施并会受到企业行为的影响。他们自然有权对企业实施某种控制，但是，这是一种来自企业外部人员的作用和影响，而非作为内部人员参与企业治理。

其实，"利益相关论"之所以会出现在"公司治理"的讨论之中，也是因为大家觉得只把股东当作企业的管治者不太合适。

大家会理所当然地认为员工与企业的管治也是有关的。但是，考虑到员工与企业的关系属于劳动契约关系这样一种经济上的交易关系，员工也可以被认为是企业的外部人员。事实上，在公司法规定的法人公司当中，"社员"指的是股东。也就是说，在公司法当中，只有股东属于公司这一法人的内部构成者。

但是，考虑到企业是一个组织体，员工（尤其是核心员工）属于企业内部人员这一认识很容易地就被人们接纳了。也正因为如此，人们习惯性地将员工称为"社员"。但是，若是只将员工包括在企业管治（公司治理）的参与者之中而抛开其他的利益相关者，似乎也不太合适。比较稳妥的做法是认为所有的利益相关者都与企业管治相关。

但是，我们需要保持"企业内部人员"的意识，对是否拥有参与公司治理的资格做出清晰的判断。若非如此，企业所有的利益相关者，不论与企业的利害关系紧密与否，都会涌入企业管治当中。这样一来，人人都参与公司治理，结果却是人人都治理不好。

为了避免上述情况的发生，合适的做法是只赋予股东与核心员工参与公司治理的资格。因为作为企业的内部人员，他们对企业活动的参与度极高，且承担的风险巨大。

在企业"管理"方面重视利益相关者是合情合理的，但让利益相关者参与企业"治理"却不合适。

虽然日本现行公司法的相关规定认为，只有股东才算是企业内拥有"公民权"（主权）的权利人，但为了进行更大范围的讨论，我们有必要将员工这一"公民权的候补人选"也算入其中。随后，我们将介绍德国的《共同决策法》。在该法律当中，员工与股东一样被赋予了"公民权"。

如果说股东与员工都是企业的主权人（或者说，至少都属于主权人的候选），那在他们看来，企业应拥有什么样的"理想的表现"呢？这个问题事实上也涉及企业这一经济体在社会中发挥的基本职能是什么。因为充分发挥基本职能是企业实现"理想表现"的最低条件。

企业是从市场中"进口"资源，通过一些转化技术将资源转变为"出口"再提供给市场。也就是说，企业是一个技术转化体。在这个转化过程中，企业的基本职能在于创造商品的附加价值（也就是说，产品在出口时的价值应该高于其进口时的价值）。而为了履行这一基本职能，企业需要拥有使其自身得以立足的资源，即企业内部人员提供的资本与劳动服务。

这样看来，企业的"理想表现"便成了"高效地创造附加价值"。企业若是能高效地发挥其创造附加价值的功能，便能对员工与股东进行附加价值的分配。因此，企业主权指的就是，制定关于创造附加价值的基本政策的权利以及优先享受附加价值分配的权利。此外，由于企业政策的决策、落实、成果的分配等大部分内容都会委托给经营管理层代行，公司治理的实质内容便在于对经营者的监督、任免以及相应规范的制定。这也是"企业主权人应实际参与到公司管治当中去"所指的部分内容。

公司治理的主权论

主权获得认可的三大理论

企业主权的问题说到底还是权力的问题，因为其涉及的是"谁在企业的管治过程中拥有更大的影响力"，即"谁有权力"的问题。

正如前文所说，如果我们将股东与员工（尤其是核心员工）作为主权人的候选人，那么公司治理的主权论的本质便在于，如何让股东与员工共同享有主权。

不论是什么样的社会性组织，其权力结构在一定程度上都属于社会产物。对此，我们可以从三方面来理解：即社会规范会决定组织的权力结构，社会中的组织形态与贡献会受到其权力结构的影响，以及权力结构只有深深地扎根于社会，才能实现持久的运转。从这三层含义上来看，企业的主权分配结构都是社会的产物。

要使这一社会产物在某一社会中生成、定型并且持续地发展下去，仅靠法律法规是不够的。若是得不到人们的认可和接受，它便无法持续地发挥自身的社会功能。

因此，"在社会当中，企业的主权分配要基于什么样的理论才能获得存在意义、得到人们的认可"便成了公司治理的主权论的主要内容。

一般认为，其涉及以下三大内容。一，经济合理性；二，制度有效性；三，社会亲和力。

经济合理性

企业这一社会组织，说到底是一个经济组织体。它是一个兼具人员结合体、资金结合体本质的经济组织体。因此，主权分配结构是否具备"经济合理性"是最重要的。也就是说，不论是"员工主权优先"还是"股东主权优先"，若是不具备经济合理性，都难以得到社会的认可和接受。

具体说来，我们应从"公平"与"效率"两方面来判断某一主权概念的经济合理性。

如果人们认为某一主权分配结构是不公平的，它便不具备经济合理性。公平与否需要从贡献的大小、承担风险的大小以及参与度的高低三方面来判断。

效率指的是，"企业的主要主权人是谁"影响到企业决策时的"决策效率"。在许多经济学的效率概念中，我们经常看到"信息"与"激励"等内容。在这本书中，我们也将从"信息"（信息监督机制）与"激励"（激励机制）两个角度对主权分配结构的经济效率进行讨论。激励机制高效论认为，由于激励机制往往是全面、系统的，基于这样一种机制能够进行正确的决策，人们也会更加努力。而信息监督机制高效论认为，决策人只有掌握了正确的信息才有可能提高决策的正确性。

换一个角度来看，这一经济合理性的问题实际上也涉及"谁为企业提供了竞争力的源泉"这一问题。之所以这么说，是因为企业要想实现持续的发展、拥有持续的理想表现，就必须保持、发展其自身的竞争力，而最经济合理的方式就是让为其提供竞争力源泉的人成为企业的主要主权人。

制度有效性

企业主权的分配是社会的产物。当我们思考它在社会上的认可、接受问题时，除了要考虑到它的"经济合理性"，还应从其他角度予以思考，即"制度有效性"与"社会亲和力"。

简单说来，如果我们不能为某种主权分配方式提供制度上的保障，其（比如员工主权优先）作用便难以持续。这便是制度的有效性问题。除此之外，还有社会亲和力的问题。也就是说，如果该主权分配方式不符合社会上的一般想法、不符合历史潮流，也很难扎根社会。

主权分配方式的有效性涉及两大理论。

一是实用性理论。也就是某一主权分配方式是否能够促进企业业务活动顺利开展的问题。不论理论上多么正确的主权分配方式，如果不能在实际中发挥自身的作用，终究还是无法被人们认可。比如在现实情况当中，员工主权优先的理念可能会使企业在融资方面碰壁。人们会担心奉行员工主权优先的企业难以得到融资。而如果没有资本的注入，企业作为经济体是难以生存下去的。

二是监督的有效性。假设某一企业采取了某种主权分配方式，此时，经营者的经营行为因某种原因（也可以是偶然的原因）导致企业运营出现了故障。在这种情况下，企业是否具备相应的机制能够检查问题、恢复企业的运转呢？这便是监督有效性的问题。也就是说，监督是否有效的问题。

尤其是对"公司治理"来说，这一有效性的问题更是十分重要。因为公司治理的本质便在于对经营者的监督。此外，这一部分内容也会涉及我们将在下一节论述的"主权机制论"。

也就是说，为了使某一主权观念能够在社会中持久、有效地保留下去，我们必须对经营者进行有效的监督。这是我们目前所讨论的内容。但是，主权机制论将进一步讨论我们应对机制做哪些改变以保持主权分配方式的有效性。它是一个过程论。

社会亲和力与权力的正当性

关于主权观念社会认可的第三大理论是社会亲和力的相关理论。

社会亲和力高的主权观念指的是与社会中大多数人的想法接近的观念。或者，有先例的主权观念更容易为社会所接受，这也算一种亲和力。

比如，存在这样一种先例：许多企业都面临着只有进行劳资谈判才能起死回生的危急情况（第二次世界大战结束后不久的日本就处于这样一种状态当中），那么将企业实权交给员工的公司治理方式就会更容易为社会所接受、认可。

一般认为，在社会亲和力理论中，以下内容占据着极大的比重，那就是关于权力正当性的普遍观念与某一主权观念的亲和力。

企业组织的经营不仅会决定企业所拥有的物资的用途，还常常会左右企业员工的命运。也就是说，企业组织的经营将会影响到企业内物资、人员的命运。从这个层面上来说，经营、管理相当于拥有了极大的权力，而对拥有强权的经营者进行监督的权力，便是企业治理。

怎么才能让这种监督权获得正当性呢？为什么人们会允许某一特定团体对掌握着企业物资、人员命运决定权的人进行监督呢？

该问题的本质与国家政治中的权力正当性问题是一样的。一国的政治往往会决定该国的物资与人员的命运。那么，最终掌握这一政治权力的团队是缘何获得了正当性呢？在中世纪的欧洲，这一正当性源于"王权神授"之说。即一国之主的权力是由神授予的。而在现代民主主义社会，基础在于"主权在民"的概念。执政者通过公民选举产生，正当地享有政治权力。

企业也好，政治也罢，人们关于权力正当性的普遍观念深深扎根于社会传统。因此，往往会带有各国自身的特征。我们在后面也会提到，德国与日本的公司治理在构造上具有很多共同点。其原因之一便在于两国国民关于社会权力正当性的普遍观念是相似的，而这是由于两国社会均建立在共同体的基础之上。

关于权力正当性的社会观念，通常有两种。一是将企业看作一个共同体，而权力的正当性来源于对共同体的参与度和贡献，可以称之为"贡献主义"。考虑到员工与企业"同生死、共命运"，员工主权优先也是合理的。这便是权力正当性的社会观念。

二是财产的所有权决定了财产所有者对该财产具有处分的权利。也就是说人们会觉得，一旦获得了"股份"这一财产证券，便理所当然地有权支配与该财产相关的所有人的命运。在土地财产与公权挂钩的社会中,这种正当性观念是约定俗成的。但是,日本与德国很少有这样的传统观念,更多地是基于共同体观念。

公司治理的机制论

使企业从短暂混乱状态中恢复的机制

前文已经提到,公司治理机制论的本质在于对权力、经营者的监督。

在政治学的世界中,有一句名言叫"绝对权力导致绝对腐败"。经营管理的世界亦是如此,其中常常会出现腐败现象。企业组织与制度中如果没有一种能让其从经营者的腐败、能力不足等不健康状态中恢复过来的机制,这种不健康状态可能会持续下去并将企业推入无法挽回的境地。

如果没有规避腐败、使企业重新恢复理想表现的机制,企业组织便无法达成"持续理想发展"这一公司治理的目的。换句话说,如何设定一个能让企业从短期不健康状态中恢复的机制,这既是监督经营者的机制的本质,也是公司治理的核心问题。

当然,企业主权人对经营管理的影响力包含"直接参与"与"间接参与"两种形式。不同的参与方式可以有不同的机制论。但是,考虑到股东与企业核心员工这两大主权候选人各自的人数,以及企业经营管理一般是委托给经营者进行的这一事实,间接参与的机制论将成为我们的核心课题。间接参与便是对经营者进行监督。

以国家政治为例,如果将代行国民主权的国会议员视为主权人代理,那么对他们来说必须经过选举这一"监督机制"的洗礼。此外,首相作为主权人代理中选拔出来的领导者,也必须面对议会选举以及不信任案投票等监督机制。选举也好,不信任案投票也罢,它们都是国民(真正的主权人)间接参与国家政治的机制。

在思考"间接参与机制理论"时,非常重要的一点是要思考能使企业从"短暂混乱"中恢复的机制。也就是说,我们不能只考虑那些已陷入持久混乱状态的企业的恢复机制问题。企业如果到了那样的地步，也就面临倒闭的风险了。如果还要为其创造相应的恢复机制，也只会带来机制讨剩的浪费。

不仅仅是企业，包括政府在内的所有组织都可能会因为各种各样的原因陷入短期混乱的状态。有的是因为运气不好，有的是因为组织自身存在弊病。不管出于什么样的原因，这些混乱都会影响企业的表现。

在这种时候，为了恢复企业的表现，我们首先要拥有一个能给予经营者警告、牵制的机制。也就是说，我们要有一个机制能告诉经营者目前的状况不容乐观，并且当问题出自经营者自身的时候，可以要求经营者下台。

不过，这种监督机制既不是要对经营决策进行全方位的监视，也不是要频繁地对经营业绩进行细查。因为制度化的目的既不在于对经营者进行赏罚，也不在于吹毛求疵。况且总让经营者处在监视下也会带来麻烦。比如经营委托无法开展、机制过度浪费金钱与精力等。

一般来说，我们需要的是对经营者的实力与性格进行长期、综合的评价，判断其是否能够担任企业的掌舵人。如果某个经营者的行为从总体上来看不能满足相关的判断基准，企业组织便会陷入暂时的混乱。为帮助企业摆脱这种困境，监督机制至关重要。

在至今为止关于公司治理的探讨中，探讨的大都是以股东主权为前提的机制论。监察人制度的完善、外部董事的监督、执行官员与董事职能的分化（以此达到对执行官员监督的目的）等，这些内容大部分都是对短期表现不佳的经营者的监督制度以及帮助企业摆脱当前困境的具体方案。

即使规定了以股东主权为前提，关于机制问题也还是会有各种各样具体的、不同的提案。这告诉我们，即使明确了谁拥有公司主权更合适这一问题，公司治理的机制论也未必能得以明确。因为事实上会存在各种各样的变动。

退出与呼吁

那么，如何才能对富于变化的机制论进行整体的把握？

所有组织都不可避免地会出现短暂混乱的状态。为了摆脱混乱，我们也需要有一定的机制。对于这两部分内容，阿尔伯特·赫希曼进行了精彩的总结。

他将其概括为"退出"与"呼吁"两大机制的混合。将组织的"退出"与对组织的"呼吁"相结合，一个能帮助组织摆脱混乱状态的机制便由此诞生。我们应同时利用两大机制，以此设计出能帮助组织整体恢复的机制。

以企业组织来说，"退出"是指退出某一企业组织以表不满。比如员工的辞职、股东的撤资（大多数情况下为卖出股票），此外还有顾客的"退出"，也就是顾客不再购买某一企业的产品。一般来说，各种各样的退出会向企业传递"不满"的信号，亮起企业发展的红灯。由此，企业会开始改善经营，摆脱混乱状态也成为可能。

呼吁机制指的是，通过直接发表意见表明对企业的不满，促进企业经营管理的改善。比如，日本现行的公司法中就有许多关于股东"呼吁"的机制。股东在股东大会上的表决就是最好的例子。

员工呼吁机制指的是，员工通过发言直接向经营者表达不满，以此促进企业经营管理的改善或经营者的更换。虽然存在着各种各样的发言形式，包括会议上的发言、抗议信、当面进行的"谏言"、工会的决议等，但对员工来说，这些形式都存在着一个缺点，即经营者马上会知道是谁发表的意见。这一缺点是由于人事权最终掌握在经营者手中。

退出与呼吁机制以各种各样的形式存在于我们的生活之中。它们是对掌权者进行牵制、制衡的机制。在政治领域，选举这一呼吁机制拥有着极大的牵制力。但在经济领域中，退出机制的有效范围更广。比如，企业之所以能通过竞争机制获得维持自身健康发展的强大动力，基本上都是源于"顾客的退出"（经营竞争中的失败会导致顾客不再购买本公司产品）这一监督机制所发挥的巨大作用。

"退出与呼吁"机制在公司治理中的应用

事实上，"退出"与"呼吁"两大机制经常会出现在公司治理机制论的相关内容中。

比如，对于那些利用"被收购""股价下跌"的威胁对公司治理进行监督的机制，我们称之为"市场导向型公司治理机制"。而对于那些通过金融机构对经营者的影响力监督公司治理的机制，我们称之为"内部控制主导型公司治理机制"。前者主要以美国为代表，后者主要以日本与德国为代表。关于这一点，大家可以参考日本与德国的主银行制度。

可以说，这两大机制一个是以"退出"为基础，另一个是以"呼吁"为基础的。"市场导向型"指的是，市场中股东的"退出"会对经营者形成警告、牵制。而"内部控制主导型"指的是，存在着某个对经营者具有相应影响力的机构，其"呼吁"会发挥警告、牵制的作用。

市场导向型指的是基于资金"退出"的公司治理。事实上，资金与"退出"挂钩是理所当然的。根据人力与资金的本质的不同，我们很容易就能判断出"退出"与"呼吁"哪个更容易。

就资金而言，不论是谁出的、哪里出的一万元，都是一万元。从这一点上看，它的利用范围很广。因此，流通性也很高。这一点可以与人力的专门性以及流通性做比较。企业中的人力是会不断学习、不断积累的。积累的数量与质量都会因本人的资质、努力程度而大不相同。同时，根据所就职的企业的不同，他们的积累也会大不相同。因为每个企业都会有自身鲜明的特色，对于每一个"人"来说，我们不能期望他具有很强的"应用性"，所以他们的流通性是远不及资金的。

上述资金与人力的本质区别实际上意味着人力比资金更难"退出"。同时，由于人力更具有不可替代性，其"退出"对企业造成的损害将比资金的"退出"更大。另一方面，资金的高转用率以及流通性意味着"退出"的容易程度。因此，基于人力的监督机制应以"呼吁"为中心，而基于资金的监督机制应以"退出"为中心。

美国的劳动市场与日本的资本市场恰好与这一结论相悖。前者流通性高，多利用人力的退出机制，后者则以固定的资本交易关系、缩小资金的退出机会为特征。由此看来，两者都有很大的改进余地。进一步说，我们也应该反思一下"日本企业是否具备了人员呼吁的机制"。

正如赫希曼所言，"呼吁"是一个麻烦的过程，"呼吁"本身以及"呼吁得到有效的传递"都十分复杂。但是，"退出"是十分简单的。"退出"虽伴随着一定的损失，但其本身并不烦琐。以股东为例，他们若想要退出，只要卖出股票即可。但他们若是想要"呼吁"，便需要经过各种各样烦琐的流程。比如，他们必须考虑通过什么样的手段才能进行有效的"呼吁"。

所以从实际情况来看，与资金相关的多为"退出"机制。随着股票市场的成熟，其将逐渐偏向市场主导型机制，逐渐以"退出"为中心。

然而，这并不一定是我们所期望的"理想状态"。考虑到对员工而言"退出"的高难度，企业内若是没有便于员工"发声"的机制，便会导致相应监督机制（员工监督机制）的缺失。

创造相应的机制是需要智慧的。公司治理机制设计的一大关键就在于，如何将"呼吁"的机会"巧妙地制度化"。

机制论与主权论的匹配

在"由谁监督""为谁监督"方面，机制论与主权论是息息相关的。当然，也会存在一些共通的、无关主权人是谁的监督机制。比如附加价值生产能力相关的监督机制、对道德行为进行监督的机制等。

一般来说，根据主权分配方式的不同，我们需要与该主权观念相适应的监督机制、恢复机制，也就是说，我们需要能如实体现出主权分配方式的机制。

以股东主权为例，此时需要的是有助于股东进行有效监督的机制。在公司法中，这类探讨有许多，包括相关机制的大框架、为充分落实公司法理念的具体规范、强制性制度规范等。

可以说，日本企业中的大多数人所默认的主权观念均为"员工主权"。这一点将会在下一节中具体介绍。为了落实这种默认的观念，日本企业在制定企业规范时会有意避开以股东主权为前提构建的对经营者的监督机制。当然，这并不违法。换句话说，日本企业是在守法的大框架下，只在形式上落实股东主权的监督机制，而实际上推行的却是员工主权（员工至上）。

但在日本企业中，充分发挥员工主权的监督机制也算不上十分完备。因此，整个日本企业呈现出的是监督机制的"空洞化"，以及公司治理机制论的功能不全。也就是说，在日本企业当中，主权分配方式与监督机制处在不匹配的状态之中。与此相对，美国奉行的是股东主权，且其机制与该主权观念是相匹配的。

一旦出现了"不匹配"，为了迎合主权的分配方式，便会产生机制的僵化。这也正是日本公司治理出现空洞化的原因。

尽管如此，日本企业公司治理的相关探讨依旧是跳过主权论的机制论。这也是我们无法进行认真、高效讨论的原因。也就是说，在讨论机制论时，我们应当充分考虑到其与主权论的关联性。

公司治理的国际比较

美国——摇摆的主权观

关于公司治理的国际比较，已经有很多具有参考意义的研究分析。在这里，我们只从公司治理主权论与机制论的角度概括性地比较美国、德国、日本的法律制度与惯例。

值得注意的是，在进行公司治理的国际比较时，仅从法制角度进行比较是远远不够的，因为这难以反映出真实的情况。所以，我们有必要对惯例也进行考察。此外，我们在考察惯例时虽能借助于现实观察，但大多数人得出的观察结果往往是十分片面的。很少有人能得出全面的结论。趋势、印象方面的因素也很容易影响到我们的观察。接下来，我们试着对美国、德国、日本三国的情况做一个比较。

从主权论的角度来看，美国的法律制度与管理都可以算是"股东主权"。在机制论方面，也可以说是"股东主权"的机制居多（实际情况可能比研究分析的结果还要多）。此外，我在前一节内容中也提及，美国的公司治理主要是以"退出"为主，其市场主导型公司治理的倾向比日本、德国都要高。

但是，从法律条文来看，美国并不比日本、德国更重视股东的权利。关于这一点，深尾和森田做出了这样的阐述："虽然我们常说日本股东的地位低、权利小，但从制度上来看绝非如此。董事任免权、对公司决策的表决权，这些都可以说明他们的权限并不小。"

那么，为什么绝大多数人都会认为美国比日本、德国更强调股东主权呢？主要从事美国法律法规历史变迁研究的学者马克·罗伊在《强势经营者，弱势股东》一书中发表了有趣的言论。

> 美国政治所决定的各种各样的金融法规限制了金融机构对企业股票的持有以及股东权利的行使。因此，在政治的影响下，银行等金融中介机构的职

能被进一步分化，规模逐渐缩小。其结果便导致企业股份持有的分散、股东权利的减弱，而经营者的权力却得到了强化。德国与日本正好与此相反。

美国的这种政治情况体现了其对经济权力集中化的厌恶。也就是说，在美国人的观念中，由华尔街操控的产业支配属于"恶行"。因此，银行的小规模也是为了防止金融机构对产业的支配。

但这样一来，很多人会问："如果说美国的经营者权力很大的话，那为什么通用电气以及 IBM 在 20 世纪 90 年代之后都出现了投资者通过股东权限把经营者赶下台的情况？"也就是说，在股东权利受到制度限制的美国，为什么股东主权的管理模式还很普遍呢？

答案和大家想的正好相反。正因为美国是一个股东主权的国家，我们才需要在制度方面对拥有强权的股东加以制约。若是对其放任不管，便会导致股东主权的过度强化。在这背后，事实上存在着一个为大家所"默认"的社会性常识，即"资本所有＝权力"这一权力正当性理论。

对美国史实的这样一种解读事实上也证明了，如果我们不将公司治理的法律制定与社会普遍希望的公司治理状态相对比，便很容易犯下大错。

虽然存在着这些"限制股东权利的法律法规"，美国在 20 世纪 80 年代之后还是出现了声势浩大的、倒向股东主权的运动，堪称"股东反革命"，其主要源于养老金资产的膨胀。也就是说，随着老龄化社会的发展，人们增加股票这一金融资产的社会需求日益强烈。而这也使得企业开始日益重视股东的价值。

这一系列的发展历程都在告诉我们，一国的公司治理形式并非通过单纯的法律法规即可说明。它是一个极其复杂的发展过程。

也就是说，"股东至上"在美国首先是一种社会共识。但这种共识很容易导致权力向股东的过度集中。并且，这也很容易导致权力向华尔街的过度集中。为了防止这种情况的发生，人们试图通过加强对金融机构的制约以削弱股东权力。但随着养老金资产规模的扩大，越来越多依靠养老金生活的老年人成了各个公司的股东。由此引发了 20 世纪 80 年代之后扩大股东主权的运动。对美国来说，这一运动可谓"一度轮回、重回起点"，因为这符合美国社会的一般观念。

不同的资本主义

法国保险总公司董事长米歇尔·阿尔贝尔认为，至少存在着两种类型的资本主义。一种是以英国、美国为代表的资本主义，即以市场为中心的资本主义。他将其称为"盎格鲁-撒克逊模式资本主义"（也称为"新美国模式"）。另一种是以德国、荷兰等莱茵河沿岸国家为代表的资本主义。这种模式的资本主义以共同体为中心，被称为"莱茵模式资本主义"。在米歇尔·阿尔贝尔看来，日本的资本主义模式偏向于后者。

这两种资本主义的特征对比如下。

	盎格鲁－撒克逊模式资本主义	莱茵模式资本主义
个人观	重视个人	重视集体
经营观	短期	长期
企业观	自由的企业买卖	命运共同体的经营管理
公司治理	以股东、市场为中心	银行、工会
雇佣	自由的雇佣调整	重视雇佣关系的稳定
人才利用	市场调配	公司内教育、培训
薪资差距	大	小
社会结构	贫富两极分化	以中产阶层为主
教育	公立、私立两极分化	企业的学校职能

在米歇尔·阿尔贝尔看来，莱茵模式不论在经济方面还是社会方面都表现得更好。尽管如此，他仍然做出了"各式各样的资本主义会逐渐向盎格鲁-撒克逊模式靠拢"的预测。原因很简单，莱茵模式属于蚂蚁型资本主义（以储蓄为美德），而盎格鲁-撒克逊模式属于蟋蟀型资本主义（以消费为美德）。如果要人们选，人们自然都会选择蟋蟀型资本主义。

要实现这种悲观结论，还是要做出更智慧的选择，这都与人们的政治选择相关。事实上，日本也有很多人认为应该选择盎格鲁-撒克逊模式的资本主义。

德国——共同体观念的体现

从主权论的角度来看，德国的公司治理是在劳资共同决策法的框架下，由股东与员工对主权进行形式上的平等共享。

在德国，这种公司治理有着制度上的保障。比如在德国企业中，决定员工人事安排的最高决策机关为监事会。而在监事会中，股东代表与劳动者代表的人数是一样的。不过，在经营者的选任等重要的决策当中，还是会极力保障股东的意志得以体现。比如让股东代表担任监事会的主席，且在平票情况下，主席拥有再投一票的权利。因此，在德国企业的主权分配当中，股东实际上占了51%，员工占了49%。

从机制论的角度来看，经营者的选拔机制与主权论相吻合，即员工在法律上享有49%的权利参与其中。

德国银行的影响力从机制论看来是十分巨大的。从机制角度来看，德国的银行属于全能银行，不仅经营证券业务，在代管客户持有的股票时，还能享有该股份的表决权。基于这一系列制度的保障，德国银行对企业的影响力是日本、美国无法企及的。

也就是说，不论主权论中的公司主权分配如何，从公司治理的实际机制来看，德国的银行发挥着极大的作用。这在德国企业监事会的构成当中也有所体现，即监事会中的大多数代表来自金融机构，且常常担任监事会主席一职（表21-1为德国代表性企业西门子公司的监事会成员构成。在10位股东代表中，5位来自金融机构）。

即便如此，20世纪90年代之后，德国主张股东主权的运动也不断壮大起来。这一般被认为是受资本主义全球化的影响。与此同时，德国也出现了养老金资产规模扩大的倾向。为确保养老金作为金融资产的回报率，越来越多的人要求公司提高对股东的分红。

但就目前情况来看，德国共同决策制度的基础尚未发生动摇。1998年德国共同决策委员会通过的公司治理改革报告书强调："本报告书的总结态度——在维持共同决策机制的前提下，不断进行制度改革以应对新情况，并保证共同决策机制的灵活运用。"

表 21-1　西门子公司监事会成员构成

股东代表	员工代表
主席（无其他职务）	副主席，机械工
副主席，阿利安兹生命保险公司执行委员会会长	技术工
德意志银行执行委员	车间主任
德累斯顿银行监事会主席	金属工会执行委员
拜尔公司监事会主席	通信架设工
巴伐利亚银行监事会主席	工学学士
德国洪堡基金会理事长	金属工会慕尼黑地区区长
无职务	精密仪器工
瑞士联合银行执委会会长	电机技术工
蒂森有限责任公司执委会会长	金属工会柏林地区区长

德国可以说是世界上唯一一个在法制上非"股东绝对主权"的国家。其员工主权虽为49%，却得到了法律的保障和认可。这也是本书用如此长的篇幅来介绍德国公司治理的原因。

虽然德国的这种理念值得介绍，但其制度的细节方面还是令人存疑的——德国企业监事会中劳方代表的构成是否适合企业主权（被赋予监事会）的相关政策和人事决定？比如，德国很多的经营者都会私下将监事会中员工代表的构成以及他们的经营经验、见解视为一大问题。因为员工代表大多为一线工人，或者监事会的劳方代表中不仅有企业内部的员工代表，还会有很多工会组织的代表。

近年来，德国公司治理方式也出现了"美国化"的趋势。这一方面是因为金融结构自身的变化，比如养老金资产规模的扩大，另一方面是因为比起对主权论这一本质内容的反省，更多的是制度上对现有机制的缺陷的反击。

在很大程度上，德国劳资共同决策法所制定的具体机制带来的是"阶层对立在法律层面上的固化"这一充满讽刺意味的结果。

此处的"阶层对立"指的是马克思主义经济学中所强调的资本与劳动的对立。也就是说，在监事会中，工会组织的代表与企业的经营者会形成相互对峙的局面。"法律层面的固化"指的是，因为法律规定了监事会中劳方与资方代表人数相同，所以对立构造在监事会中体现了出来。换句话说，法律创造了一个"场"，在这个"场"中，资方代表着资本的利益，劳方代表着劳动者的利益，两者发生了正面碰撞，而制度最终会保障资方的胜出。

尽管存在着这一系列的问题，德国确实做足了"法律制度"方面的工作，在制度上保障了员工对公司主权的享有。这大概也是因为其符合德国社会在"所有与支配"方面的社会共识。这种社会共识可以说是自日耳曼共同体形成以来就存在的。也就是说，对于德国人而言，企业不仅仅是那些持有股份的股东的所有物。他们认为，也应给予劳动人民相应的权利。对于德国人来说，这种集体感是十分自然、单纯的。若非如此，我们便很难解释为什么德国可以创造出这样一种世上稀有的法律制度。

日本——急需立足于现实情况的探讨

在"稀有"这一点上，日本也不输德国。只不过不是在法制化的努力方面，而是说日本在与德国相同的"集体感"的作用下，试图实现法律精神与企业现实情况的共存。

从主权论的角度来看，日本企业的公司治理标榜的是"股东主权"，实际上是"员工主权"（说得更准确一些，员工为主，股东为辅）。因此，日本有着与德国一样的集体观念，其员工主权的思维方式也是符合社会普遍观念的。

这种粗略的总结与大多数企业人的实际体验应该是一致的。且一般来说，通过数据对企业实际情况进行分析的学者们应该也会发现类似的结果。

稻上毅等人对现代日本公司治理的实际情况做了相关调查，基于实际情况，他对日本的公司治理模式做出了如下总结。

> 日本的公司治理模式属于内部双重监督体系，由内部晋升的经营者负责、重视企业共同体的持续与发展、与"沉默"的稳定股东相互持股、与主银行进行间接信贷，并保持着与其他利益相关者（尤其是正式员工）的长期信赖关系。

说起当今日本公司治理模式的具体特征，一般可将其简略概括为"标榜股东主权，实则员工主权"。

稻上所概括的特征中提到了"与'沉默'股东之间相互持股"和"重视企业共同体的持续与发展",重视与利益相关者尤其是正式员工的关系,由内部晋升的经营者(可以说是利益相关者的代表)管理公司、进行内部监督这两点。前者表明,日本的公司治理一边"标榜"着股东主权,一边却通过这种手段使股东的权利行使无效。后者则向我们展示了员工主权的实质内容。而"与主银行进行间接信贷"则是在告诉我们,即使是在日本这种公司治理模式下,集资等资金调配的规则也并没有那么宽松。

稻上将日本的这种模式称为"多元主义模式"。实际上,更直接地称其为"标榜股东主权,实则员工主权"更能揭示其本质。

同样基于数据分析并得出日本实际上无限接近"员工主权"这一结论的还有深尾和森田。他们通过调查日本企业经营者对股东与员工的重视程度得出了以下结论。

> 在日本经营管理层看来,维持长期雇佣(基于默认契约关系)是优先于股东利益的最大化的。也就是说,在对企业资产的请求权方面,员工是优先于股东的。

深尾等人将这样的态度表述为"将维持对核心员工的长期雇佣作为一种制约条件,以此参与竞争、谋求利益的最大化"。相比这样一种表述,我们可以直接将其理解为"员工主权"。因为若是被问及是为了谁才参与竞争、谋求利益的最大化,无法直截了当地回答是为了股东。

日本公司治理的这样一种现实情况很容易被认为是对公司法的偏离,但从公司治理主权论的理论来看,其充分具备经济合理性且深深扎根于日本社会、深得人心。也正因为如此,它才能在第二次世界大战后的混乱时期中自然地形成。

但若从机制论的角度来看,日本的公司治理现状实在是不容乐观。目前最大的烦恼在于,几乎没有形成任何与员工主权这一主权观念配套的机制。在使得股东权利失效的过程中,公司法所设定的对经营者的监督机制的有效性也大大降低,由此产生了对经营者的监督机制的空洞化。这是一个很严重的问题。

尽管如此，公司法所"标榜"的"股东主权"的配套机制建立问题却处在热议之中。也就是说，真正需要讨论的机制没有人讨论，意义甚小的机制却受到了人们的热议。这实际上也成了日本公司治理的另一大烦恼。为了化解这一烦恼，我们需要立足于日本企业奉行"员工主权"的这一实际情况展开机制论的讨论。此外，我们还需要具体探讨，怎样的机制设计方案是可行的。也就是说，我们要探讨的是与"员工主权"这一现实情况相符的机制设计问题。

与此同时，在"股东主权"的公司治理机制设计方面，我们也有必要进行进一步的讨论。虽然日本企业以"股东主权"为主，但其企业制度的根基在于股份有限公司制。正如前文所述，股份有限公司制具有深远的意义，没有必要废除这一制度。但是，这一制度也有其缺点。所以，我们需要在充分了解其缺点的基础之上对公司治理的机制论进行全面、充分的讨论。

除此之外，考虑到上市企业日渐成为日本经济的中心，我们在进行相关讨论时也需要考虑到股市所带来的影响。这一讨论也会涉及股份有限公司中双重失责的危机问题。

股份有限公司的双重失责与共同治理

双重失责

在公司治理的过程中，股份有限公司尤其是上市公司面临的最根本的问题在于"双重失责"，也就是说，经营者与股东都不负责。由于经营者管理的是他人的财产，相比运用自身的财产，他们很容易产生懈怠。另一方面，由于股东只关心股价与分红，从对公司经营管理的参与度来看，他们也很容易"失责"。如果是上市公司，后者的问题将更为严重。这种双重失责在股份有限公司成立的初期就已经受到了关注。正如前文所述，亚当·斯密已经有了相关的论断。

这种双重失责其实也可以说是股份有限公司所具备的优势的反面效果。相比其他公司制度，股份有限公司的最大优点便在于，只要具备相应的能力，即使是没有出资的人也有可能成为经营者。这必然会导致经营者失责的发生。对于股东来说，不用参与烦琐的公司管理是股份有限公司制的一大优点，但这同时也是股东失责的根源所在。因此，制度的优势成了其缺陷的根源。从这个意义上，双重失责也可以说是股份有限公司的宿命。

在双重失责当中，关于经营者的失责问题，已经有了各种各样的讨论与改善措施。一般来说，防范经营者失责的制度建立问题已成了公司治理的一大内容，而防范股东失责的机制建立问题却被人们抛在了脑后。

股东失责没有得到充分、认真的讨论是有原因的。因为事实上存在着这样一个前提，即股东是将公司股份作为个人财产持有，他无法"不负责"。但是，由于股东只承担有限责任，在上市公司中，这样的前提便无法成立。基于有限责任产生的失责必然会发生。此外，股东若非直接持有股票，而是间接持股（将股票交给投资信托、养老金基金等投资机构管理），问题便会更加复杂。因为我们无法保证名义股东一定会根据实际股东的最终利益采取行动。

在证券市场中，大量的股票进行着跨境交易。在这种经济环境下，上市公司股东的失责便有可能带来极为严重的后果。或许应该说，股东的失责行为当下就在制造着一些问题。比如，因为股东不予以协助，很多企业都在确定股东名册、收集股东委托书上花费了好大的功夫，有些企业甚至险些因为收不齐委托书而无法召开股东大会。然而，股东的失责不仅限于这些表面问题，还蕴含着更为深刻的问题。

上市公司面临的问题

上市公司的股东可以通过两种途径对公司管理施加影响力。一是决定市场中的股价，二是在股东大会中行使表决权。这两者都蕴含着深刻的问题。

股东可以通过市场中股价的形成牵制经营者。问题是，股价是怎样形成的、谁在此过程中拥有巨大的影响力。证券市场并非经营学学者们所设想的原始市场，而是由机构投资者与个人投资者共同构成的混合市场。也就是说，这是一个业余投资者与专业投资者在同一个赛场上竞技的特别市场。专业投资者在信息收集、分析方面处于优势地位，其对股价的影响力极大。如今，不论是在日本还是美国，混合市场中专业投资者的比重都越来越大。看起来是个人投资者促进了专业投资者的加入。

在这样的混合市场中，个人股东的失责并不会造成特别大的影响。会带来重大影响的是机构投资者，也就是专业投资者的失责。

机构投资者相关的最深刻的问题在于基金管理人的动机与逻辑。众所周知，基金管理人掌控着大规模的资金流通。在美国，基金管理人大多会获得成功报酬这种奖励。而原本应基于更长远的视角采取行动的养老金基金的管理者也同样享受着这种奖励。这样一来，他们的行为便难以避免地趋向"短视"。

对于企业来说，短期行动可以发挥企业危机预警系统的作用，这算是一个优点。但是，短期行动有时也会对企业的经营管理产生负面的影响。对于一部分投资者来说，他们所持有的股票是早晚都要卖出去的。因此，他们希望公司能够尽快实现股价的提升。一旦卖出，之后股价是跌是涨都与他们无关。

这样的投资者难免会对经营者施加短期的压力。在市场中，短期有效的经营政策也更容易受到好评。此外，由于这些机构投资者持有大量的股票，若是在市场上卖出，很容易导致股价的下跌。因此，他们会向经营者施加影响力，告诉他们"这样做股价才会涨"。1980 年，美国经济萧条期间，投资者的"短视"使得企业经营管理发生扭曲，造成了严重的后果。该问题至今尚未得到解决，只是靠高股价隐藏着问题。

为了让股价在市场中的形成过程能对经营者产生正面的影响，我们必须对竞争规则的制定、基金管理人的规范问题进行认真的思考。

还有一个问题，投资者的理论与企业经营理论有时并不一致。正如前文提到的，投资机构的基金管理人很容易采取"短视"的行动。就资金的运用而言，这种行为模式并不会产生过大的影响。因为在投资的世界中，短期目标的不断达成往往会促成长期的成功。但在实业的世界中，往往并非如此。典型例子便是那些长期的研究开发投资，这些投资者的理论若是通过市场被施加给经营者，便会引发深刻的问题。

其中最具代表性的事例便是过度裁员。人员削减从短期来看虽有一定的效果，但长期来看，这也会带来管理成本的上升，因为这会导致员工士气的低迷。抑制对研究开发的投资也是一样，虽然能够增加短期收益，但长期看来未必如此。

另一个具有代表性的例子是股东优先认股权。这是一种刺激性报酬制度，其在短期内具有一定的效果，但长期看来会增加公司的报酬成本。事实上，即使是微软这样的公司，若是算上优先认股权的成本，也会出现赤字。

股东还可以通过另一种途径对经营者施加影响，那便是在股东大会上行使表决权。这种形式究竟能否促进企业更好地进行经营管理，仍然具有很大的不确定性。

当企业处于正常状态时，股东大会便形同虚设。对于那些只拥有小额股份的股东来说，参与股东大会的成本甚至高于他们的预期收益。即使是对于那些拥有大额股份的机构投资者来说，审查财务报表也比出席股东大会更为合理。他们可以通过分析师源源不断地获取公司的相关信息。

通过合理的考虑可知，很少有股东能够通过参与股东大会获得什么好处。可以说，参与股东大会的多是一些有着特殊目的之人。在一些电力公司中，股东大会成了人们反对原子能发电的场所。因此，股东大会的发展未必能促进企业的经营管理。有的时候，甚至还会危害企业的经营管理。我们需要重新审视股东大会的存在意义。

在机构投资者的表决权行使方面，还存在着一个我们必须予以思考的本质问题。即机构投资者算是间接所有人，他们只是股东的代理。但是，正如前文提到的，基金管理人如果在短期激励机制的驱动下行使表决权，有可能影响企业的健康经营，损害到那些追求长期利益的股东的利益。从这一点上考虑，我们也需要制定基金管理人相关的规范。

此外，确认某一时间点上的股东名单、给予他们表决权这一现行制度也渐渐行不通了。随着股票流动性的提高，许多投资者在行使表决权时已经不再是公司的股东了。说得极端一些，一些已经卖出了该公司的股份并通过股价下跌进行投资获益的投资者也会拥有表决权。因此，我们必须讨论清楚，是否应该承认这些股东的表决权。

此外，投资者们在采取行动时大多会从自身投资组合的整体利益出发。这对每一个企业来说未必是有利的。比如，如果索尼股价的上涨会给一些机构投资者带来巨大的利益，那么对于这些投资者来说，他们便很有可能在行使表决权时赞成某项阻碍其竞争对手松下电器发展的提案，以此实现自身投资组合的进一步升值。对于这些迟早会卖出所持股份的股东，究竟应不应该认可他们的表决权？这是我们必须思考的问题。

上述问题在日本与德国并不显著。因为在日本，企业与银行、合作方之间是基于长期契约的合作关系。在德国，他们也会通过将表决权委托给银行等形式对上述问题予以应对。不过，如果日本的银行在"互相持股"方面日渐无力的话，我们还是有必要认真地思考上述问题。

为了改革

为了控制股东失责行为对企业经营管理的影响，我们必须进行各种各样的制度改革。其中最重要的一点在于，企业要明示"股东负有责任促进企业经营管理的健康发展"，仅仅规定股东负有有限责任是远远不够的。

第一，股东大会制度的改革。比如，废除定期股东会议、限定会议决议事项、放宽参与人数限制等。这些方面的改革都是我们需要探讨的。通过这些改革，公司执行委员会的权限会得到放大。我们也有必要进一步探讨公司管理制度的改革、执委会选拔团队的扩大等问题。

第二，关于表决权的规定，尤其是要规范机构投资者对表决权的行使。比如，限制短期持股股东的表决权，规定机构投资者在行使表决权时需公开其投资组合以及投资方针，规定行使了表决权的股东需要在一定时间内继续持有股票等。是否有可能推进这些方面的改革，都是我们必须探讨的。

第三，有必要限制机构投资者的直接影响力。比如限制经营者与证券分析师、基金管理人的接触，公开经营者与他们的会议内容等。

不过，上述制度都存在着各自的问题。而且，它们都有可能带来令人无法预料的反作用，其中最严重的反作用便是导致对经营者牵制作用的弱化。

为促进企业经营管理的健康发展，公司治理的一个基本方法就在于提高那些与公司拥有长期契约关系的股东的持股比例。也就是说，相比那些随时打算卖出所持股份的股东，我们更要提高那些打算长期持股的股东的比例。家族股东虽与企业拥有长期的契约关系，但随着企业的发展，其所持股份会不断下降。为此，我们需要培养长期股东来代替他们。另一方面，养老金基金虽满足长期股东的条件，但其是否能对公司的经营管理发挥积极的作用很大程度上还取决于基金管理人的决策。此外，公司的交易对象也有可能成为与其拥有长期契约关系的股东。

谈到长期股东，其实我们最应将员工作为长期股东的发展对象。他们最了解企业的内部事宜，而且在企业经营的过程中发挥着巨大的作用。但从员工的角度来看，这会带来一定的危险，即收入来源与财产将集中在同一个企业之中。不过，我们可以通过这样一种制度来解决，即统合各式各样的职工持股会，由相应企业的员工代表行使表决权。

同时，我们还可以通过一些规定来为上述制度的创造提供社会帮助。比如导入促进员工持股的制度、可以相对提高长期持股股东表决权的制度等。

当然，这些制度也存在着各种各样的问题。比如，如果提高了员工的话语权，有可能导致"裁员"机制的落后。同时，员工之间的意见也很难统一。但是，为了纠正股东的失责行为，或者说，为了尽可能降低股东失责行为对企业经营管理带来的负面影响，构建更和谐的股东与企业间的关系，我们必须直面这些问题。

练习

- 进入20世纪90年代之后，日本也出现了越来越多认为应该提高股东话语权的意见。为什么20世纪90年代之前没有这么大的反响，而近年来这些意见却增多了？请从全球发展、日本股价的动向等角度进行全面的思考。此外，你对这样的意见是赞成还是反对？请说明你赞成或反对的前提与理由。
- 三井家大元方是江户时代管理商家三井家各项事务的管理机构。经营、管理该机构的并非三井家的家族成员，而是三井家的掌柜。到了明治维新的时候，大元方经历了巨大的转变，发展为日本第二个成立的股份公司三井组（三井财阀的大本营）。作为一个"员工持股公司"，其资本金的三分之一均来源于掌柜、二掌柜，被视为资本家的中枢势力的三井家为什么会以员工持股公司的形式成立呢？其原因与财阀解体之后旧财阀企业转变为持股职工经营模式的原因之间有什么相同点、不同点？

- 哪些监督企业高层的机制充分保障了员工的权利？请从多方面思考这一问题。有人说，现行公司法将监督机制全部委托给了股东以及作为股东代理人的董事。那么，承认员工权利的机制是否就一定会动摇股份公司制度的根基呢？